教育部人文社会科学重点研究基地
中央民族大学中国少数民族研究中心

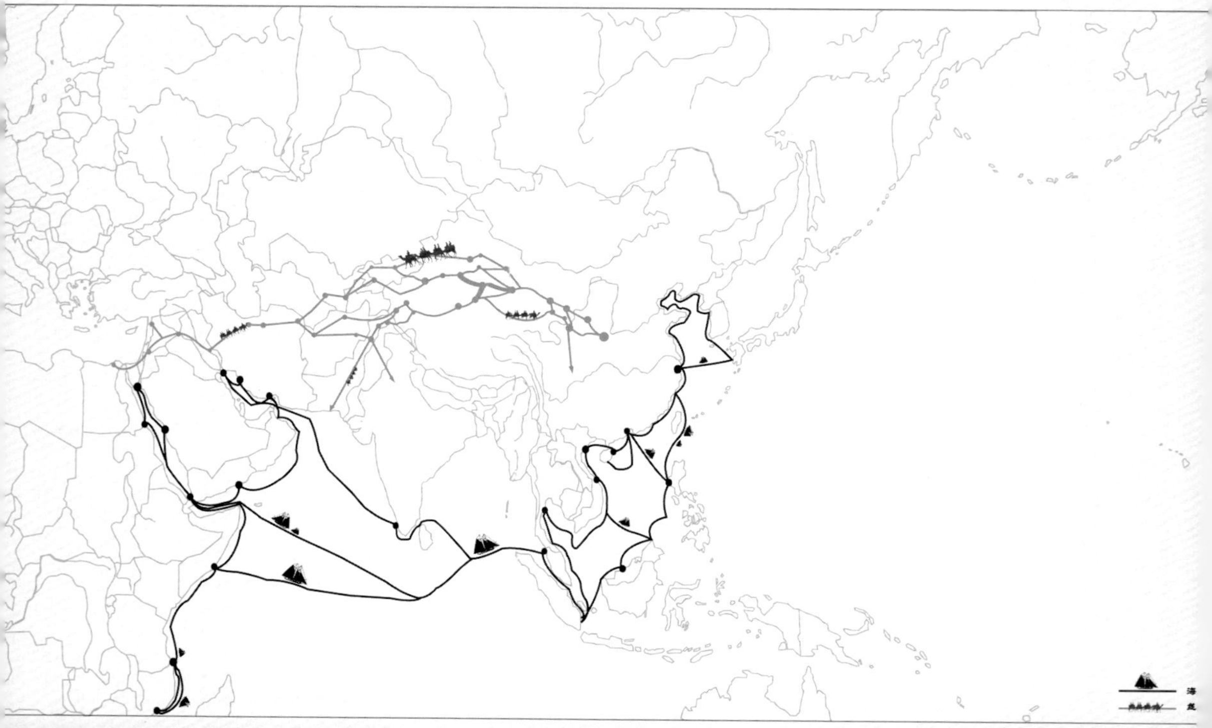

边疆发展中国论坛文集

CHINA FORUM FOR FRONTIER DEVELOPMENT

（2014）

新丝路·新思路

青　觉／主编

张海洋　丁　娥／副主编

中央民族大学出版社

China Minzu University Press

图书在版编目（CIP）数据

边疆发展中国论坛文集.2014/青觉主编. —北京：中央民族大学出版社，2016.6

ISBN 978－7－5660－1116－9

Ⅰ.①边… Ⅱ.①青… Ⅲ.①边疆地区—区域经济发展—中国—文集 ②边疆地区—社会发展—中国—文集 Ⅳ.①F127－53

中国版本图书馆CIP数据核字（2015）第285152号

边疆发展中国论坛文集（2014）

主　　编	青　觉
责任编辑	李苏幸
封面设计	布拉格
出 版 者	中央民族大学出版社
	北京市海淀区中关村南大街27号　邮编：100081
	电话：68472815（发行部）　传真：68932751（发行部）
	68932218（总编室）　68932447（办公室）
发 行 者	全国各地新华书店
印 刷 厂	北京振兴源印务有限公司
开　　本	787×1092（毫米）　1/16　印张：24
字　　数	410千字
版　　次	2016年6月第1版　2016年6月第1次印刷
书　　号	ISBN 978－7－5660－1116－9
定　　价	72.00元

边疆发展中国论坛2014 主题阐释

（代序言）

中央民族大学在教育部和国家民族事务委员会支持下，自2010年起每逢双年举办“边疆发展中国论坛”，旨在作为新型智库平台，围绕发展和治理中的思想观念体制机制等深层问题，邀请各界同仁结合内政外交现实案例，从历史转折、社会转型、政治改革、观念创新和制度建设角度做出学理分析并提出对策建议。本论坛2010、2012研讨了区域民族发展理念、民族宗教创新治理等专题。成果业已结集面世。现将“2014年论坛”主要成果向社会各界隆重推出。

2014年是中国民族区域自治制度确立65年和《民族区域自治法》颁布实施30年。中共十八届四中全会和中央民族工作第四次会议突出了思想解放、依法治国、推动民族区域自治制度建设。中国同时推出了“一带一路”构想，意在营造和平发展的国内边疆和国际环境，努力兼济天下睦邻惠友。本中心在此转折关头，为体现围绕中心服务大局的基地使命，在中央民族工作会议之后举办了“边疆发展中国论坛2014”，主旨是“新常态新常识，新丝路新思路”，研讨主题词是“平等、共享、多样性”。

本届论坛主旨“四新”主张“一带一路”构想要适应边疆民族和沿线国家的语言宗教、文化生态和社会政治需求，构建各民族及各国亲望亲好邻望邻好、平等互信自治自主、互利互惠守望相助的体制机制。

论坛主题词“平等、共享、多样性”具有三位一体的功能关系：

“平等”是对待多样的民族文化语言宗教主体地位和尊严权益关系的基本原则。现代哲学认为此乃个体解放和发展的必要前提。

“共享”指多样平等主体基于公平正义原则，相互承认包容和互惠互利的体制机制。差异不是差距，而是合作共生动力。现代哲学因而概括其为推己及人的“互主性（inter – subjectivity）”。

“多样性”是自然和人文世界的客观常态及主观常识。现代哲学认定它有先验性，而且是发展的必然之道和平等共享的根本前提。

本届论坛提请同仁采用经验事实、实证研究和理性分析视角，结合社会主义核心价值观，揭示多样主体包容尊重、平等参与、共享尊严及惠益的时代精神及其生态、民族、历史、文化、语言、宗教渊源，用多学科多范畴交叉互动的研究视域来体现文化自觉意识和互动博弈共赢机制。就“一带一路”构想而言，本届论坛期待学者关注阿尔泰、汉藏、南亚、南岛、印欧五个语系和萨满教、道教、佛教和伊斯兰教交流互动的共赢经验，分析经济发展和世俗化与民族多样性公平传承的内在张力，揭示国家主导的自外而内、自上而下发展和治理方式的弊端，并根据民族区域自治的原理提出改进建议。

中央民族大学中国少数民族研究中心

2014 年 8 月 31 日

目　录

中央民族大学邹吉忠副校长致辞

尊敬的周明甫主任，尊敬的各位专家：

大家早上好！

经过较长时间的准备，特别是经过最近三个月紧锣密鼓的筹备工作，“边疆发展中国论坛2014”可以开会了！

首先，我谨代表论坛筹备方，向各位专家、特别是远道而来的朋友表示热烈欢迎！对所有与会的嘉宾表示衷心感谢！

同时，要特别感谢国家民委国际交流司俸兰司长对筹备工作的大力支持和精心指导！还要感谢国家民委国际交流司李焕才处长和中央民族大学张海洋教授所带领的工作团队，他们为会议的召开付出了辛勤的劳动、做出了辛勤的努力！

“边疆发展中国论坛”是中央民族大学与教育部、国家民委和国务院发展研究中心民族发展研究所共同发起的学术论坛，自2010年开始，每两年举办一次，前两届分别研讨了“发展方式变革与机制创新”和“百年中国民族宗教治理：经验回顾和现实思考”的主题。今年是第三届。

今年的论坛由中央民族大学与国家民委国际交流司共同举办，主旨是“新丝路·新思路”，特邀国内外相关学科领域的专家学者和实际工作者，根据中国和中亚西亚及周边国家共建“丝绸之路经济带”的战略需要，围绕“平等、共享、多样性”的主题，用多学科交叉研究的视野和实证研究理性分析的方法，分享、交流关于新疆、中亚及周边地区文化交流与社会发展的研究成果，共同探讨“一带一路”建设的理论和现实问题，努力推进相关学科领域的理论创新和相关地区的交流发展。

希望各位专家紧扣会议主题，紧扣学术问题，分享成果，交流思想，凝聚共识。

预祝本次论坛圆满成功！

和平发展理念与新丝路研究

周明甫

（国家民委原副主任，全国政协民族和宗教委员会副主任）

本次论坛开展“新丝路·新思路”的研讨，得到国内外学者的广泛参与，很有意义。借此机会，我就“丝绸之路”的理解，“新丝路·新思路”的新理念及今后研究需要注意的几个问题，简要地谈一谈个人的一些想法，供大家参考。

一、古代丝绸之路：亚欧非各族先民合力构建的文明和平交往范式

说起丝绸之路，在座的各位专家学者都不陌生。丝绸之路作为一个学术概念，是德国地理学家李希霍芬（Ferdinand Freiherr von Richthofen）在1877年率先提出的，之后得到广泛认可而流行开来。不过他当时所指的是“从公元前114年到公元127年，中国与中亚河中①地区以及中国与印度之间，以丝绸贸易为媒介的这条西域交通路线”。最近，也就是半年前的2014年6月22日，在卡塔尔多哈举行的第38届世界遗产大会上，中国和哈萨克斯坦、吉尔吉斯斯坦三国联合申报的“丝绸之路”被宣布为世界文化遗产。这条“丝绸之路”，则主要是指形成于公元前2世纪，兴盛于公元6—14世纪，沿用至16世纪，分布于今中国、哈萨克斯坦和吉尔吉斯斯坦境内的一段。世界遗产委员会把它命名为“长安—天山廊道

① 河中（英语：Transoxiana），指中亚锡尔河和阿姆河流域及泽拉夫尚河流域，包括今乌兹别克斯坦全境和哈萨克斯坦西南部。河中为古代欧亚陆路主商道丝绸之路重要通道。自波斯帝国（前559—前336年）时期开始，该地区先后被希腊、突厥、唐朝、阿拉伯帝国、萨曼王朝、喀喇汗王朝、西辽、察合台汗国、帖木儿帝国等统治。

路网”（Silk Roads：the Routes Network of Chang'an – Tianshan Corridor）。

实际上，根据大多数史学家的习惯用法，一般是把沟通中西方的古代传统商道统称为丝绸之路。按照这样一种理解，“丝绸之路”在时间和空间上，要远比上述两种定义宽泛得多。

在空间上，它以东亚的中国为重要发端，向东、向南、向西辐射，形成东到日本和朝鲜半岛，南到东南亚各国和印度次大陆，西联中亚、西亚，直达地中海沿岸和非洲东海岸的广大地区。由于它的路线既有陆路，又有海路，所以分别称为“陆上丝路”与“海上丝路”；而陆上丝路因地理走向不一，又分为“北方丝路”与“南方丝路”。陆上丝路因各自沿线的地形地貌等自然条件差异甚大、各具特色，因而北方丝路又区分为“草原森林丝路”和“沙漠绿洲丝路”，而南方丝路相应地被称为“高山峡谷丝路”。其中的“沙漠绿洲丝路”就是一般狭义所指的陆上丝绸之路。

在时间上，它在中国的先秦时期可能就已经存在，因为至迟在公元前5世纪的古希腊历史学家①的笔下，就出现了关于“丝国”（“赛里斯”，主要指中国）的记录，说明欧亚之间已存在以丝绸为重要商品的贸易往来。当然，一般以中国西汉王朝时期，张骞奉命于公元前119年第二次出使西域，并最终打通中国与葱岭以西、以南地区的经济、政治、文化交流通道，作为贯通东西的古代丝绸之路开辟的标志性起点。此后直到16世纪中后期，由于气候变迁②和东西方海盗在丝路上横行梗阻，迫使中国实行闭关、海禁政策等复杂原因，丝绸之路才逐渐衰微，前后跨越2000多年。

那么，是什么力量推动了沿线各地各族先民，投身到古代丝绸之路的开辟、维护与经营，并形成了这条人类历史上影响最大、时间最久远、跨区域最多、距离最长，也是最著名的交通路线的呢？我想，这既是长久以来出于生存需要，不甘于自我封闭、不断寻求外向发展的人类本性使然。早期人类经历了在亚非欧大陆繁衍生息，继而扩散到美洲、澳洲乃至太平

---

① 如克特西亚斯，希腊化波斯阿契美尼德王朝的医生。

② 14世纪，出现了气候变迁，中国称其为“明清小冰期”。日渐寒冷的西域地区越来越不适合人类生存，造成西北丝绸之路的东端几乎已经荒废，而西域各古国大多已不复存在，成为流沙之中见证丝路辉煌的遗迹。

洋、大西洋岛屿的过程，或许要从这个方面去找到其原始的驱动力。同时，这也是亚非欧各文明，包括两河流域、尼罗河流域、印度河—恒河流域、黄河—长江—珠江流域及克里特—迈锡尼文明等沿线各个文明发展到一定阶段，人类活动从局部向区域扩张并持续向外推进，最终使各大文明在空间上出现连接和交叠，文明间的交往从间接、断续、小规模，发展到直接、持续和规模化的结果。①

然而，这不应该是全部的答案。我认为，丝路两端和沿线各地的自然条件差异和资源禀赋的不同，以及各地各民族在此基础上创造出来的，既有差异性、又有互补性的物质财富和精神财富，才是把丝路沿线各民族长期吸引到一起，互通有无、取长补短，在互惠交往中促进自身发展的根本动力。

更进一步说，古代丝绸之路之所以能够持续存在达两千多年，更为深刻的原因是沿线各民族包容差异、诚信交往、崇尚和平的人文精神。而在这方面，位处东端、物产丰富、因其文明延绵不绝、实力雄厚而在古代丝路各个重要历史阶段长期处于主导地位的中国，以她“以和为贵”的核心价值取向，以及兼容并包、求同存异、修德来远的一贯风范，发挥了不可低估的引领作用。近代苏格兰学者亨利·裕尔根据古罗马著名博物学家

① 很多考古发现证明：埃及人在很早以前就开始从事北非、地中海及西亚的贸易。大约在公元前14世纪时期，埃及人已经造出了船。在埃及，考古工作者发现了距今5000余年、产自阿富汗的青金石，说明埃及人已经开始沿着这条后来被称为丝绸之路的道路，展开了一定规模的贸易。在埃及，还发现了约公元前1070年的古丝绸残骸碎片，有学者据此推断，这可能意味着至少在公元前1070年埃及可能已经与中国有了间接的贸易往来。

在亚历山大（前356—前323）建立他横跨欧、亚、非三洲的大帝国（前336—前323）后，他的继承者托勒密一世（前367—前282）在前323年最终控制了埃及。希腊人开始积极促进小亚细亚、印度和东非之间通过希腊管辖的港口进行的贸易活动，在陆地上希腊人也一样在贸易领域非常活跃。第一步就是利用帝国在中亚乃至更东方的扩张来打通并控制东西方之间的陆上丝绸之路，帝国东部边境也许已经到达了大宛国（今吉尔吉斯斯坦费尔干纳）。考古发现，在这一带留下了亚历山大大帝在前329年建立的城市——苦盏（希腊人将其命名为“极东亚历山大城”，即亚历山大东征的最远处）。塞琉古帝国（Seleucid，前312—前64）时期，其将领欧提德姆斯窃据大夏和粟特，他和他的后继者、儿子德米特里（死于公元前167年）向四周的塞种人地区、安息和大宛扩张领土。有证据显示，在大夏国王欧提德姆斯（前230—前200）执政时期，其探子曾在前200年左右到达过喀什，古希腊历史学家斯特雷波（Strabo）曾这样评价这次行动：“他们甚至将自己国家的国土拓展至塞里斯（中国）和弗林尼（Phryni）。”当然，这一时期欧亚非之间的接触和繁荣的经贸并非希腊人一家之功，阿拉伯人——尤其是那巴提斯人（前106年为罗马帝国所灭）为中亚的贸易起到了不可忽视的作用。

老普林尼《自然史》、托勒密的《地理志》等载记而撰述的《东域纪程录丛：古代中国闻见录》中，有这样的描写：

> 丝国的地域非常广大，人口众多，它的东面是海洋，是可以居住的世界的尽头，它与巴克特里亚（大夏）相邻，西靠帕米尔高原。它的居民是非常文明化的人，他们谦和、拘束，他们和邻居和平相处。他们在近距离接触时会害羞，但却从不介意出让他们的特产，这些特产里生丝是最多的，也有丝织品，毛皮、铁制品质量一样卓越。（中华书局，2008）

由于和平交往是这条商道上的主旋律，沿线各民族以丝绸之路为桥梁和纽带，结下了深情厚谊，留下了许多历史佳话，丝绸之路也因此被史家称为“友谊之路”。

丝绸之路的开通，对人类社会的发展进步，贡献是巨大的，影响也是多领域、多方面的，给沿线各地区各民族带来的福泽是广远的。丝绸之路实现了亚欧及北非地区物质产品的交换，商品的互通有无，极大地改善了人们的物质生活和经济生产。通过这条纵横交错、四通八达的古代商道，产自中国的茶叶、丝绸、瓷器、玉石等精美物产传向世界，传自西域的葡萄、核桃、胡萝卜、胡椒、胡豆、菠菜、黄瓜、石榴等物种，大大丰富了包括中国在内的东亚人民的食物来源。丝绸之路实现了古代科学技术跨区域的传播，为世界经济的发展发挥了重大的促进作用。中国的造纸术、指南针、火药、活字印刷术“四大发明”辗转播向五洲，造福了人类。仅就欧洲而言，一般认为，中国的四大发明在近代文明产生之前陆续传入欧洲，对欧洲经济、文化和科技发展产生了重大影响：印刷术的传入，改变了只有僧侣才能读书和受高等教育的状况，便利了文化的传播；火药和火器的采用，摧毁了欧洲中世纪天主教的思想枷锁；指南针传到欧洲，使航海家得以进行环球探险，发现“新大陆”，促进了世界贸易和工场手工业的发展。考古学家考证，打井技术也是因为丝绸之路而得以向西传播，为中东北非沙漠、干旱地区绿洲发展，发挥了重要作用。丝绸之路实现了古代文明在不同地理单元之间的传播，中国的汉字、儒学、道教在世界各地产生了重大影响，西方的佛教、基督教、伊斯兰教等宗教的东传，也丰富了东亚文明的内涵，对东亚各国的社会和精神生活产生了深远影响。同时，丝绸之路也为人口流动、民族迁移带来了便利。我们有五千多万华人通过陆地和海上丝绸之路走向世界各地，成为传播中华文明的重要载体。我们又有诸多民族也具备欧洲、阿拉伯世界的人种和文化基因。世界各地大量的出土文物和考古发现也为丝绸之路在人类社会发展进步的独特贡献提供了有力的佐证。

丝绸之路是人类不同文明、不同文化的地区、民族和国家之间平等交流、互通有无、取长补短、互惠共生所形成的和平交往范式。这个范式尽管与秦汉至元明时期中国的繁荣昌盛和积极开辟、尽力维护密不可分，但是，丝路沿线各地、各族、各国的积极参与、共同推动也同样功不可没。古代丝绸之路持续两千多年的顽强生命力，反映了世界人民对交流交往的强烈渴望、对多样共生的理性接纳、对和平发展的执着追求。这是值得人类回味无穷、永远珍惜的美好记忆，也是人类凝聚共识的重要经验基础。

16—17世纪后，不仅因为中亚内陆的气候变迁，更因为不是讲信修睦、求同存异的和平主义，而是崇尚武力、竞技斗狠、信奉弱肉强食丛林法则的殖民主义、帝国主义逐渐主导人类文明发展进程，强者巧取豪夺、蚕食鲸吞，弱者或任人宰割、或拼死反抗，丝绸之路上到处血雨腥风、战乱不断。人祸天灾，导致了丝绸之路的逐渐衰微和最终废弃。这一段不幸的历史，恰恰又昭示我们：没有平等、尊重、友谊与和平，任何能惠及全人类的事业迟早都会被葬送。

二、新丝绸之路：中华民族重启人类文明和平发展的新理念

2013年9月7日，中国国家主席习近平在哈萨克斯坦纳扎尔巴耶夫大学发表题为《弘扬人民友谊　共创美好未来》的演讲，倡议用创新的合作模式，共同建设“丝绸之路经济带”。2013年9月13日，在上合组织成员国元首理事会比什凯克第十三次会议上，各国领袖就“打通‘丝绸之路经济带’、为上合组织的发展注入新的动力”达成了高度共识。2013年11月12日召开的中国共产党十八届三中全会上，“推进丝绸之路经济带、海上丝绸之路建设，形成全方位开放新格局”被正式写入《决定》，概称“一带一路”战略构想。

“一带一路”是在古丝绸之路概念基础上形成的一个新的经济发展区域，它东边牵着亚太经济圈，西边系着发达的欧洲经济圈，以中国为发端，贯通中亚、中南亚、南亚、西亚，连接地中海沿岸及其纵深地区，覆

盖约44亿、超过六成的世界人口，经济总量超过20万亿美元、世界占比接近1/3，被认为是“世界上最长、最具有发展潜力的经济大走廊”，市场规模和潜力独一无二，各国在贸易和投资领域合作潜力巨大。同时，它也是人类文明历史最悠久、民族文化最多元多样、交相辉映、充满活力的广袤区域。假如各个民族、各个国家在传统友谊基础上，进一步加强新时代的经济、文化、政治、社会的交流、交往与交融，必将能成就这一造福沿途各国人民乃至全人类的伟大事业。

问题是：中国政府为什么在人类历史进入纪元后第三个千年的初始，提出重启陆上、海上丝绸之路的倡议呢？我想，这与当前人类面临的困难和挑战是密不可分的。

当今人类面临着十分棘手而紧迫的形势。从客观方面看，关系到全人类命运的难题众多，解决起来困难重重。包括：

人口问题，主要是人口规模急剧膨胀，特别是发展中国家和地区人口过快增长，由此引发人类赖以生存和发展的自然资源供给的全面紧张；

水资源问题，目前世界上有超过10亿人未能用上安全饮用水，20多亿人生活在缺乏充足用水卫生设施的状态下，联合国报告称，到2025年，世界将有接近一半的人口生活在缺水地区；

粮食安全问题，人口急剧增加和人均粮食消费水平的大幅提升，加上水源缺乏、气候变化、可耕地潜力枯竭，世界粮食安全形势日趋严峻；

公众健康问题，肺结核、疟疾、癌症等传统疾病依然在欠发达国家和地区肆虐，每年造成数以千亿计的生命和财产损失；而艾滋病等新的疾病，正迅速在全球范围传播，根据艾滋病规划署提供的数字，2011年，全球艾滋病病毒感染者仍有3400万人，其中新增感染者为250万人，170万人死于与艾滋病有关的疾病，还有680万感染者无法及时得到医治；

环境污染问题，水体污染、空气污染、土壤污染、声光污染、放射性污染及酸雨危害等，尚未得到有效控制，人类家园宜居程度每况愈下；

贫困问题，世界银行2012年的数据显示，到2008年，发展中国家每天消费低于1.25美元的贫困人口为12.9亿，占总人口的22%；而根据《2010年人类发展报告》公布的数据，在104个国家和地区中，约1/3的人口，即17.5亿人，正经受着多维贫困①。

尽管这些问题在各个国家和地区表现的形式不尽相同、严重程度有别，但是，由于经济的全球一体化不断加强，人口的全球性大规模频繁流动势不可当，加上现代科技支撑的交通、讯息等网络和纽带的强有力联结，曾经天荒地远的地球家园已经被勒挤成越来越小的“地球村”，不仅全球性的问题会威胁到人类整体，就是区域性的问题也能通过各种方式迅速向全球传导。全人类事实上已经成为一个休戚相关的命运共同体，一荣俱荣、一损俱损。“各扫门前雪”再也无法保证任何国家、任何民族、任何地区独善其身、独享太平。只有世界各国、各地区、各民族都携起手来，我们才能应对难题、迈向未来。

然而，在主观方面，人类却还远远没有做好团结合作、共赴时艰的精神准备。大国博弈、地区争端、教派冲突、种族歧视、暴力恐怖，暴露出了人类这个命运共同体内部的四分五裂和严重对立。我们将与谁为伍？人类将何去何从？这是考验全世界的政治家、思想家、学者乃至每一个普通公民、关乎全人类前途和命运的大问题。

早在20世纪末，中国著名人类学、社会学和民族学家费孝通教授就曾深刻指出：

> 近二三百年来，西方思想在世界学术界起着主导作用，但在面对全球问题的时候，西方的一些基本思路，出现了很大的局限性，在解决某些问题的同时，又引发出一些新的矛盾。比如，近百年来，随着西方强势文化的扩张，“自我中心主义”在一些人的头脑里大大地膨胀起来，“西方至上主义”“殖民主义”“极端国家民族主义”和“种族主义”等思潮，成了上世纪两次世界大战的催化剂，也是造成很多国际性问题的重要原因。时至今日，世界上极端主义和以暴制暴所造成的种种事端，依然摆脱不掉“以我为中心”的影子。因此，我觉得要更好地理解今天世

① 诺贝尔经济奖得主、印度著名经济学家阿玛蒂亚·森提出的能力方法理论认为，贫困是对人的基本可行能力的剥夺，减贫就是要扩展人有理由珍视的真实自由。而基本可行能力包括公平地获得教育、健康、饮用水、住房、卫生设施、市场准入等多个方面。“多维贫困”源于森的这一理论，是指穷人遭受的剥夺是多方面的，例如健康较差、缺乏教育、不充足的生活标准、缺乏收入、缺乏赋权、恶劣的工作条件及来自暴力的威胁。

界上出现的问题，寻求解决全球化与不同文明之间的关系，就必须超越现有的一些思路，在一个更高的层次上重新构建自我文明和他人文明的认识，只有当不同族群、民族、国家以及各种不同文明，达成了某些新的共识，世界才可能出现一个相对安定祥和的局面，这是全球化进程中不可回避的一个挑战……希望我们在探讨、研究问题时，要把眼光放开、放远一些；思路变得灵活、广泛一些，不要总局限在一些常识性的、常规性的和偏狭的框框里。在探索关系人类文明这样一个宏大的、长远的课题时，我们的思想要有与之相适应的、博大的包容性和历史的纵深感；要充分利用全人类的智慧，发挥多学科、跨学科的优势来进行研究。(费孝通：《“美美与共”和人类文明》)

费孝通教授虽然是以一个学者的身份、从学术的立场说这番话的，但是，却深刻揭示了当前人类面临困局的症结和总根源，因而他所提出的希望，虽然首先是，然而又不仅仅是针对中国的学术界，而是对于一切关注人类前途和命运，有良知、负责任的学者、思想家和政治家都有重要意义的。费孝通教授所指明的，“我们的思想要有与之相适应的、博大的包容性和历史的纵深感，要充分利用全人类的智慧”。在我看来，是可以从古代丝绸之路的人类经验中去感悟、去提炼的。因为古代丝绸之路覆盖了中国、印度、波斯、阿拉伯、埃及、希腊和罗马等古代文明，也是由这些古老文明共同哺育出来的重要成果，凝聚了亚欧非人民的经验、意愿、共识和聪明才智，经受了二十多个世纪风风雨雨的洗礼。它不仅见证了往者的兴衰，而且也示来者以轨则。

那么，“丝绸之路”究竟给我们留下了什么启示呢？

我认为，“丝绸之路”留给当今人类最根本、最重要的启示，就是中国古代哲学所强调的“和而不同”“周而不比”的和平发展理念。和而不同，是说彼此差异的事物不仅应该、而且可以和谐共存、和平共处。周而不比，则是说对所有事物都可以兼容并包，而不必非此即彼、厚此薄彼。古代丝路沿线各民族不正是这么做的吗？尽管这个复杂的路系覆盖地域广阔，其间的文化、文明、民族、种族甚多，差异很大，但各个民族能求同存异、和睦相处、和平往来，这就是“和而不同”；各种文化、文明之间，都能与邻为友、广交朋友，互通有无、取长补短，这就是“周而不比”。有了“和而不同”“周而不比”的广阔胸襟，各民族、各文明才能不断广纳厚蓄，发展壮大。古代的中华文明、印度文明、阿拉伯文明、西方文明，都是善于从其他民族、其他文化、其他文明中汲取营养，从而实现了自身更大的发展。中华文明之所以能够延绵数千年不中断、不衰败，正是得益于与印度文明、阿拉伯文明、西方文明长期而密切的多向互动。

今天，在“一带一路”经济带内，不仅有众多的民族、国家和地区，而且已经形成了东盟、欧盟、阿盟、上合组织等更高层级的区域性组织。这些已经形成的实体和组织，有民族种族之别，有文化文明之别，有社会制度之别，有宗教信仰之别，有利益取向之别。如果彼此拘泥于、固执于差别差异，画地为牢，固步自封，甚至抱持“文明冲突”的消极观念和冷战思维，互相排斥、彼此对立、无序竞争，是不会有什么前途的。只有保持开放包容的积极心态，践行“和而不同”“周而不比”的丝路经验，无论对内对外，不必在种族、信仰、制度等方面强求一律，而是求同存异、互相尊重、平等相待，才能相得益彰、各得其所，才能进一步实现“一带一路”这一更高层次的整合，并以此为基础，实现全人类的共存共荣。

所以，说到底，“新丝路”就是一条和平发展、合作共赢的道路，是总结了人类历史的经验和教训、力图化解当今人类面临的发展困局的新思路，是在人类社会跨入21世纪新阶段、凝聚和体现了人类共同智慧的战略选择，它不仅是中华民族的新需要，也是世界人民的共同需要。这是人类文明和平交往的新呼唤。

三、苦练内功：建设好中华民族美好家园是新丝路建设的重要前提

要把“新丝路”的战略构想变成现实，要让这一美好愿景变成惠及“一带一路”各国人民乃至全人类的宏伟事业，任重而道远。中国有句俗话，“打铁要靠自身硬”。根据本次会议的主题，结合我个人的体会，我认为这句再通俗不过的话至少有以下三层含义。

其一，“一带一路”所覆盖国家和地区的政府和人民，是“利益共同体”“命运共同体”“责任共同体”。这个共同体要对全球化时代的人类共同体做出应有的、不可替代的贡献，首先必须把共同体内部的事情办好，也要把对外的合作共赢关系处理好。一方面，我们要看到，在“一带一

路”建设中，中国具有经济优势、地缘优势和文化优势。中国所倡导的和平发展理念、互利共赢风范，为“一带一路”共同体各国所认可、接纳、响应。另一方面，也要看到，“一带一路”建设中还存在着诸多困难和挑战。各个国家内部和对外关系中都有一系列需要处理的问题，风险犹在；某些大国仍然在操控着国际秩序。我们国家的周边也不平静。国际规则的建构，经济全球化及军事、外交的博弈还可能有不少变数，这些都在考验着中国人的智慧。

其二，中国作为“一带一路”发展战略的倡导者，更要把自己的事情办好。一方面，“一带一路”建设得到了各国各地各族人民的广泛回应，激起了大家对更加开放政策、巨额投资和更快发展的期盼。然而也需要进一步调动各地各方的积极性，整合力量、整合资源，形成合力，作出统筹安排。另一方面，中国仍然是一个发展中国家，当前面临的困难和问题还很多，要实现全面建成惠及13亿人民的小康社会奋斗目标，任务很重，压力很大。其中，困难和问题又特别集中在中西部地区，尤其是西部民族地区。西部民族地区是中国倡导的“新丝路”的重要前沿，解决好西部地区各民族的发展和关系问题，是一项关系全局、影响深远的战略性任务。西部民族地区当前面临的困难和问题不解决，或者解决得不好，要推动“一带一路”发展战略，就会失去物质基础、社会基础和道义基础。而要解决好西部民族地区当前面临的困难和问题，在座的诸位有责任，也最有发言权。

其三，重启新丝路，中国专家学者需要献出大智慧。中国知识分子素有“先天下之忧而忧，后天下之乐而乐”的济世情怀，有“为天地立心，为生民立命，为往圣继绝学，为万世开太平”的担当精神，这是十分值得继承和弘扬的优良传统。在座的各位专家、学者，是国家建设和谐美好社会主义多民族大家庭的宝贵智力资源。你们既生逢盛世，教学条件、科研条件、生活条件持续得到改善和保障；又值国家对内构建和谐社会、对外推进和倡导和谐世界建设的关键时期，建功立业，正当其时。在此，我谨就民族领域的研究提出几个需要抓紧研究的课题，供各位参考。

一是要深化民族问题的理论研究。包括民族发展规律研究，民族区域自治制度研究，社会主义初级阶段民族关系的特点及其发展规律的研究，加快少数民族和民族地区经济社会可持续发展的研究，等等，在坚持中国特色解决民族问题的道路上走得更稳健、更顺畅。始终维护好中华各民族的大团结，以进一步巩固和提升中国是一个和平大国的光辉形象和影响力。

二是加强海外华人的研究。海外华人是中国率先“走出去”的群体，也是世界了解中国的一个重要渠道，是中国的一种形象、一种实实在在的自我宣传。这个庞大的群体，他们的生存、发展现状如何？他们是如何适应当地社会，融入这个丰富多彩世界的？其经验和路径是什么？这些无疑是我们“一带一路”建设的巨大财富和智力支持，进一步发挥这个庞大群体的积极性，也是“一带一路”建设的重要力量。

三是要抓紧和加强世界民族研究。中国是礼仪之邦，入乡问俗、入乡随俗才能够做到有礼有节，否则就容易“水土不服”。中国要和世界各民族一道，推动人类社会和平发展，构建一个和谐世界，必须全面深入了解世界各国各族。这是中国“走出去”和“请进来”的基础，是中国融入世界的基础。

四是要加强文化沟通和文明对话。古人说：“以利相交，利尽则散；以势相交，势去则倾；以权相交，权失则弃；唯以心相交，方成其久远。”世界各族人民要真正实现“以心相交”，前提就是开展文化沟通和文明对话。只有相互了解、理解、尊重彼此的世界观、价值观，知道对方的所忧所惧、所喜所乐、所好所恶，国家之间、民族之间、不同信仰的人群之间才能进行健康、和谐的交往，结成永久牢固的友谊。而文化、文明之间的互译互通，政府之间的交往是一个重要方面，另外，社会组织和民间外交也是另一个不可忽视的重要方面。学者和学术界的国际交流合作，既是民族学、人类学的长处和题中应有之义，也是民族学、人类学学者需要担当的责任。

在以学术服务新丝路建设过程中，既要发挥民族学、人类学学科传统的微观社区研究的精细功夫，又要适应丝路建设在时间上、空间上所具有的大跨度、纵横多维的特点，如费孝通先生所倡导、所践行的那样，自觉兼收并蓄多学科理论方法的优长，不断在理论、方法上实现创新、取得突破，更好地适应时代的需要。新丝路战略为学科发展，为进一步提升中国学者在国际学术界的话语权、构建中国学派提供了大好机遇。民族研究领域的专家学者，面对挑战和机遇，理当顺势而上、奋发有为。对否，请批评。

谢谢大家！

新丝路建设与多民族优势

郝时远

（中国社会科学院研究员）

各位来宾，各位专家学者，大家好！我要讲的是“新丝路建设与多民族优势”，事实上在某种程度上和刚才周明甫先生结语的部分有相似之处。我们对外的开放应该建立在良好内政的基础之上，也就是说内政的这种对外的延伸，才能够使外交取得更好的成就，所谓外交是内政的延伸就是如此。

推进“丝绸之路经济带，海上丝绸之路”建设，形成全方位开放新格局是我国的重大发展战略。2013 年 9 月 7 日，习近平在哈萨克斯坦纳扎尔巴耶夫大学演讲时提出，“为了使欧亚各国经济联系更加紧密、相互合作更加深入、发展空间更加广阔，我们可以用创新的合作模式，共同建设‘丝绸之路经济带’，以点带面，从线到片，逐步形成区域大合作。”2013 年 10 月 3 日，习近平在印度尼西亚国会演讲时又提出，“东南亚地区自古以来就是‘海上丝绸之路’的重要枢纽，中国愿与东盟国家加强海上合作，使用好中国政府设立的中国—东盟海上合作基金，发展好海洋合作伙伴关系，共同建设 21 世纪‘海上丝绸之路’”。这样就形成了“一带一路”的格局，目前已经形成了规划和设计，即将出台。下面我讲三个问题。

一、构建“路、带、廊、桥”大棋局

从“一带一路”，到经济走廊和已经形成的欧亚陆桥，“路、带、廊、桥”展示了中国全方位对外开放的一个大棋局，应该说已经形成了雏形。这个棋局是立足周边，同“一路一带”沿线国家和地区互联互通，商建自由贸易区，通过这样的一种方式来实现。它的目标是合作要更加紧密，往来要更加便利，利益要更加融合。我想这是我们理解“路、带、廊、桥”战略意义的一个基本出发点。

关于“一带一路”的设计或者说长远战略性的思考，并非是拍脑袋突然发生的事情。1990 年 9 月 12 日，中国北疆铁路与哈萨克斯坦土西铁路在阿拉山口接轨，使得东起连云港、西至荷兰鹿特丹，全长 10800 公里的第二条欧亚大陆桥全线贯通。欧亚路桥的贯通已经展示了这样一种对外开放，对外发展的格局。

这条长达 1 万多公里的欧亚大陆桥，以及往北边的西伯利亚大铁通贯的路桥，应该说是两条很大的动脉。1990 年初实现了这样一个连通之后，国内的经济社会发展也相应做出了一个经济带式的设计，也就是说从连云港一直到新疆整体上形成了这条欧亚路桥沿线的一个经济社会发展，包括城镇建设的经济带设计。欧亚大陆桥在中国境内 4100 多公里，东西横跨十个省、自治区，涉及 400 多个县、90 多个市。以大陆桥为发展轴，大城市为核心，节点枢纽城市为增长极，以地带产业布局为依据，能源、原材料开发为动力，经济协作为纽带，形成相对集中成片地发展城市组团。

因此，今天的新丝路战略它是有历史基础的，而且是几十年来不断积累的。当然在 20 世纪 90 年代初还没有提西部大开发战略，那个时候还是以东部发展为重心，按照两个大局的步伐来推进改革开放。

从 2010 年开始，中国和东盟自由贸易区的正式建立，应该说是展开我们今天“路、带、廊、桥”这个大棋局的重要开端。这个贸易区是世界上人口最多的一个自由贸易区，涵盖人口 20 亿，贸易额达到 6 万亿，GDP 达到了 9 万亿美元。中国和一系列国家都在进行自由贸易协定的商谈，进行自由贸易区建立的这样一种筹划。在此基础上，中国与新加坡、巴基斯坦、新西兰、智利、秘鲁、哥斯达黎加签订自贸协定，与海湾合作委员会、澳大利亚、挪威、冰岛、瑞士商建 5 个自贸区。G20 会议期间，习近平主席签署了中国和澳大利亚自贸区完成实质性谈判的协议，也就是说这个自贸区已经是板上钉钉。加快实施自由贸易区战略，是中国新一轮对外开放的重要内容。目的是构建开放型经济新体制，以对外开放的主动赢得经济发展的主动、赢得国际竞争的主动。以周边为基础形成面向全球的高标准自由贸易区网络。这些自贸区的建立也是推动“路、带、廊、桥”的基点。

在自由贸易的过程当中，或者说在这种互联互通的发展当中，能源的需求对中国是非常重要的，当然这是一个世界性的问题。中国能源总量生产居世界第三位，但人均拥有量远低于世界平均水平。中国人均能源探明储量只有世界平均水平的33%。从1992年开始，中国能源生产与消费总量缺口逐渐拉大，能源消费与供应不足的矛盾日益突出。新世纪以来，世界油气逐渐向“中东—中亚—俄罗斯”和美洲两个供给、出口中心地带，美国、欧洲和亚太三大消费中心位移，并与“一带一路”中的能源丝路在“中东—中亚—俄罗斯”供给、出口带和亚太、欧洲两大消费中心区域叠合。与中国设计的“一带一路”这样一个“能源丝路”应该说形成了非常密切的关系，中东、中亚、俄罗斯的供给、出口，和亚太、欧洲两大消费中心区域是高度重合的，也说明这两个地区它的经济的活力不断增强。我们知道能源是发展的动力，对中国同样来说它也是一个瓶颈。

从20世纪90年代初开始，中国的能源生产和消费的缺口就在不断拉大，按照国际能源机构的预测，在2020年我们实现全面建成小康社会这样一个节点，中国石油对外依存度将达到68%。中国是全球最大的煤炭进口国。美国能源情报署（EIA）数据显示，2013年中国已经取代美国，成为全球最大的石油净进口国。

中国原油进口60%主要来自于中东和北非，这样的地区现在面对的不仅仅是一个石油的冲击问题，也包括了政治、经济各方面形势的不稳定的问题。中国进口石油主要采取海上集中运输，原油运输约4/5通过马六甲海峡，面对着制约中国能源安全的“马六甲困局”（the Malacca Dilemma）。所以，开通“一带一路”对于中国未来的发展具有长远的战略意义，而中国的发展对周邻国家、周邻地带，乃至于世界的经济推动和贡献，同样也具有长远的战略意义。

二、中国改革开放的两个大局

前面已经提到了中国的改革开放是以东部率先发展，渐次向西部推进和辐射，所以改革开放无论是第一桶金，还是整个国家综合国力的提高，都是得益于东南沿海的对外开放和率先发展。2000年启动西部大开发实现了经济重心的转移，开启了全面建成小康社会的进程，这是目前我们面对的第二个大局。而第二个大局并不像第一个大局那样能够比较顺利，或者比较迅速地为国家积累财富，存在的困难很大，需要国家和发达地区提供大量的资金、技术、人才、物力等方面的支援。

西部地区不仅总体上是经济社会发展水平滞后的地区，而且也存在着自然条件的制约。关键是西部地区基本上是少数民族地区，陆路边疆地区。所以在1999年第二次民族工作会议的报告当中，关于西部大开发条件业已成熟的论述当中就直接提到了“我国少数民族和民族地区主要集中在西部地区，实施西部大开发战略，也就是要加快少数民族和民族地区的发展。”所以，我们理解西部大开发和解决中国的民族问题密切关联这样一个逻辑关系是没有错的，今天我们同样要用这样一个观点去思考问题。因为在全面建成小康社会的进程中，民族地区的发展任务繁重，是全面建成小康社会的短板、难点和重点。

在2014年召开的中央民族工作会议上，中央对中国统一的多民族国情做了一个“家底”的专门论述，这个“家底”就是更加深刻阐述了中国的基本国情。中国幅员辽阔，自然地理条件迥异，环境、资源、物产、人文等经济社会发展条件南北不同、东西相异。毛泽东过去讲过的，汉族人口众多，少数民族地大物博，或者说东部人口众多，西部地大物博，这个话没有错。西部地区虽然落后，但是对中国来说是资源富集区、水系源头区、生态屏障区，也是生物多样性、文化多样性的地区。同时，也是边疆地区、贫困地区。这是一个优势和发展劣势交互存在，相互影响的这样一个地区。

如果说东南沿海的发展得益于对外开放，那么西部大开发则需要实施对内、对外的双向开放。在这种双向开放和加快发展进程中，国家对西部地区给予了长期的、大力的、而且力度不断增强的财力物力支持，东南沿海地区、内地省市也承担了支援西部大开发的任务和对口支援。但是，这并不意味着西部地区就没有做什么贡献，我们整个国家的资源整体分布就是北多南少，西富东贫，所以北煤南运，西气东输，南水北调，这些重大的战略工程都是在平衡整个国家的经济需求，包括民生事业的改善。这是一个东西部双赢的发展模式，体现了“东西部协调发展，共同富裕”的战略构想。国家、东部地区和内地持续不断支援西部地区的经济社会发展，西部地区的资源优势则以“西气东输”等方式支撑着东部和内地的继续发展。我们今天面对的新丝路经济带的内外沿线合作，事实上就是在中国内陆形成一种对内和对外的双向开放格局，在这种格局中，西部地区将实现一种区位优势的转换，即从改革开放的大后方，转变为对外开放的前沿阵地。东部地区的支援和需求，通过西部地区、边疆地区的对外开放，使中国的经济社会发展成效和成就实现了对外的放大和延伸。

所以，从1997年中哈油气合作拉开序幕，到2014年在传统的丝绸之路沿线已经运营着30多个中外油气合作项目。此外，还包括了中俄之间的能源合作，以及正在探索的包括中国和阿富汗之间的能源方面的合作。“一带一路”关涉的60多个国家，目前为止除了少数国家还没有就此表达态度之外，大多数基本都是表达了积极支持态度，要参与到“一带一路”的建设当中。同时，国内相关省市自治区也都在制定规划，努力跻身于这个经济带中，大家都要在这里面加入其希望，都要从中获得自己所期望的这样一个利益优势的位置，甚至包括青海省的循化县都拿出了参与其中的规划。这也有它的道理，虽然它体量很小，但是它的历史关系和中亚地区的连接非常紧密，2014年11月2日在循化县举行了“2014土库曼斯坦·中国青海循化撒拉族自治县文化交流活动”，显示了它在人文历史方面的优势。

2014年习近平在杜尚别三国首脑会谈中提出“中蒙俄经济走廊”的提议，与蒙古国提出的“草原之路”形成三国的共识。中蒙俄经济走廊依托于古代的“草原之路”（茶叶之路），从南方—北京—张家口—呼和浩特—乌兰巴托—恰克图—伊尔库茨克—莫斯科，也成为相关地区关注的议题。河北省“重走张库大道”，内蒙古、黑龙江等也在筹划之中。这样一条道路虽然已经凋零，但是在“路、带、廊、桥”的建设进程中它很有可能重新复苏并且发挥新的作用。最近蒙古国和中国互联互通签订的最关键的协议，蒙古国铁路的轨距要按中国的轨距重新铺设和设计，这是互联互通最重要的举措。

“一带一路”的建设，多条经济走廊的建设，乃至于中国企业在相关国家的开发建设，本身都是本着一种互利共赢，共同发展，惠及民生这样的基本原则。我也查了一些材料，1997年中国石油和中亚的合作项目启动以来，17年间中石油在当地履行企业社会责任方面做出了非常显著的成绩，累计向沿线各国政府缴纳税费上百亿美元。更重要的是在中亚地区大力实施本土化战略，为当地提供超过3.4万个就业岗位，通过人才交流、培训，提高当地员工的技能，投资400万美元兴建的土库曼斯坦“米干村水厂”已建成投用，是中亚地区最大的单项民生公益项目。互联互通是基础，政策通、道路通、贸易通、货币通、人心通。其中，人心相通最重要，平等相待、义利平衡、各得其所、共享发展成就。这些中国倡导的国际关系的原则，同样也是我们国内处理区域关系，处理民族关系所遵循的基本原则。

因此，这些发展成就体现了尊重历史，符合国情，顺应人心。这次中央民族工作会议，对中国特色解决民族问题的正确道路做出了“尊重历史，符合国情，顺应人心”的概括，这同样是我们在“一路一带”建设对外延伸这样一个进程中能够取得成功的基本立足点。我们要尊重这些国家的国情和历史，我们的支援、开发、合作要符合这些国家的国情，同时要顺应这些国家人民的人心，就是这么简单。

我也摘录了一些中石油的报道，我觉得这些报道是很有启发的。比如，中石油在土库曼斯坦的川庆公司，确定中、土两国工人的比例 3∶7，其中报道当中特别提到当 5000 名土库曼斯坦人穿上了桔红色工装成为川庆石油工人时，让上万土库曼斯坦的农牧民心里痒痒，纷纷想要融入中国石油这样一个开发的大军当中。大概也就在半年多前，或者是更长一点的时间，我听一位新疆的科研人员讲他们在调查当中很多采访碰到的一个非常普遍的问题，就是一些当地的少数民族非常羡慕那些穿着红色工作服的开发工人，我想这是同样的心理和愿望，是相通的，面对的问题是一样的。

中国石油还专门编印了“走进土库曼斯坦”的知识手册发给职工去阅读，尊重当地的民族风俗习惯、宗教信仰，在饮食、婚庆、丧葬、节日等方面严格遵循当地的习惯，而且还举行很多联谊活动。中国职工学习俄语或土库曼语，当地职工学习中文。中国石油在中亚地区各项目开展社会公益活动的资金投入累计超过 2 亿美元，用于支持当地基础设施建设、教育、医疗保健、文化等领域发展。所以，从这个意义上讲，中国内政的民族政策理念在“一带一路”建设的过程中，已经实现了很好的对外的延伸，这是我们应该特别重视的。

同样，中石油在新疆地区有 11 个企业，占中石油资产的 1/5，有职工 17 万多人。这些企业也承担了很多援疆任务。但是，我不知道这些企业在培训和招收当地少数民族职工的比例有多大？企业与当地少数民族之间的互动关系如何？是不是做得比在中亚地区还要好？这些问题还需要调查研究。如果我们做得好，比在国外做得更好，那就要宣传。当然，如果从外交是内政的延伸这样一种认识出发，我们理应在内政方面做得更好。虽然从民族问题的角度、或者民族关系的角度，本来就存在着两个层面的族际关系，一个是我们统一多民族国家中多元一体中华民族大家庭内部的民族关系，一个是民族国家和民族国家之间的国际关系或国家—民族关系。但是，我国的企业在土库曼斯坦坚持正确的义利观，尊重差异，尊重当地的文化、风俗习惯和宗教信仰，通过企业在地化、职工本土化来解决当地农牧民就业、促进当地经济社会发展，这都是我国民族政策的内在要求。因此，中石油在土库曼斯坦取得的成绩，至少证明了作为内政范畴的中国民族政策原则，在延伸到国际关系中所发挥的优越性和有效性。也至少增强了我们对中国特色解决民族问题政策体系、道路抉择的自信心。

三、多民族的优势和对外开放

西部大开发存在着很多不平衡的问题，大都是优势和劣势并存的问题。如资源富集就是优势，但也要科学开发、合理利用，否则就枯竭。文化多样也是优势，但是文化资源流失的现象也很严重。水系源头、生态屏障则是优势与劣势并存，需要保护性利用，否则就成为影响全局的劣势，而且难以恢复。边疆地区同样是优劣兼备的态势，边疆地区本身有巩固边防、国防安全的建设需要，同时它又是对外开放的前沿地带，所以它的潜在优势更加显著。

贫困地区则是劣势，贫困带来的优势只有“穷则思变”。西部地区的贫困状况，是这次中央民族工作会议上的重要议题，习近平、李克强的报告都对此进行了论述。全面建成小康社会，民族地区是短板，是重点，更是难点。全国 14 个集中连片特困地区，11 个关涉民族地区。西部大开发十多年来，虽然民族地区经济增速普遍快于全国平均水平，但与发达地区的差距仍在拉大；综合经济实力显著增强，但自我发展能力仍然薄弱；社会事业全面推进，但基本公共服务均等化水平仍然较低；生态环境恶化趋势得到有效遏制，但发展面临的生态制约仍然明显，等等。

包括像城镇化，人口的职业构成这些很关键的问题上，差距十分显著。2010 年第六次人口普查的资料显示，全国少数民族人口的城镇化率仅为 32. 84%，分别低于汉族 20 个百分点，低于全国平均水平 17 个百分点。一些少数民族的农牧业人口比重很高，如维吾尔、藏、彝族均为 83%，名列各地区、各民族的前茅。应该说这种滞后性和落后性是显而易见的。在未来 6 年中，全国的城镇化平均水平要达到 62%，目前少数民族地区的城镇化的平均水平也只有 32%，未来 6 年我们是不是能提高

10%，这是很不容易的事情，也是不可能的事情。也就是说，未来6年，我们在加快发展的过程当中能够保持现有的差距不扩大都是相当困难的一个问题。可以预见少数民族总体上在教育、城镇化、职业构成、收入分配、健康水平等方面，与汉族、全国平均水平仍将存在显著的差距。因此，坚持大力扶持少数民族地区、特别是少数民族本身的经济社会全面发展，是一个需要长期坚持的艰巨而繁重的任务。

所以，中央民族工作会议指出了全国同步进入小康不等于进入同一水平的小康。这是我们国家我们政府非常实事求是做出的一个判断，我们要利用有限的时间，在抵达全面建成小康社会这个时间节点之前做好最重要的，解决好最突出的那些问题。现阶段需要重点解决的问题：第一，紧扣民生抓发展，重点抓好就业和教育。第二，发挥资源优势，重点抓好惠及当地和保护生态。第三，搞好扶贫开发．重点抓好特困地区和特困群体脱贫。民族地区是全国扶贫攻坚的硬骨头。第四，加强边疆建设，重点抓好基础设施建设和对外开放。

因此，在“路、带、廊、桥”对外开放和中国经济建设发展的新布局当中，应该说给西部地区的发展注入了新的动力，也带来了新的发展契机。我们可以从这些图示看出来，“一带一路”对陆路中亚、西亚和欧洲，海路与东南亚、南亚、北非乃至亚太区域，关涉60多个国家这样一个广大的区域，而对内则是与中国区域发展的经济带的相互连接，相互开放，这是西部地区得天独厚的优势，也是一个必由之路，必须要双方开放，内通外联，实现双向发展，从而使西部地区、民族地区、陆路边疆地区成为内外联通的中心地带。目前这些地区群众困难多、困难群众多，民族地区贫困率发生率是全国平均水平的一半，发展的任务极其艰巨。加强边疆建设，重点抓好基础设施建设和对外开放，这就是我们由内向外支撑“一带一路”建设必备的条件。

刚才周先生说练好内功，你自己内部不能互联互通，你自己内部如果说没有一个经济发展的一种活力的支撑，你的对外开放是没有长劲没有后劲的。所以边疆地区沿边开放是一个新的优势，尽管过去我们已经意识到了这一点，今天它却是切实存在的优势，特别是像西部地区，尤其是像新疆地区它的资源丰富程度，它的历史、民族文化、语言、宗教、人文资源的优势，对于新的丝绸之路经济带的建设恐怕是一个非常重要的支撑。就像我刚才说的循化县十来万人的撒拉族，现在也做出了积极加入经济带建设的规划，它靠什么呢？它有历史文化资源，有语言文化、宗教文化等方面的资源，有很多能够牵连历史关系的这样一些资源。所以，西部在这方面，民族、历史、文化、语言之丰富，特别是新疆地区多文字、多语言等等，这些都需要我们去开发。人文的优势，物产的优势，甚至宗教方面的优势，都能够从漫长的历史过程中获得现实的资源。我们中国历史文献中对中亚、西亚等周邻地区的记载，是非常丰富的。20 世纪 90 年代的时候我接待过来自哈萨克斯坦、吉尔吉斯斯坦、乌兹别克斯坦的一些学者，他们到中国来很重要的合作目标，就是从中国文献中梳理摘录涉及本国本民族历史上的那些记载。这些方面的合作，人文方面的合作都会为我们的"一带一路""路、带、廊、桥"建设提供有力的支撑。

概括一下，一是中国构建"路、带、廊、桥"大棋局，它不是一个地缘政治问题，它的目的是建设内通外联，开创包容的共同体，共商、共建、共享、共荣，而不是谋求地区的主导权，地缘政治的主导权，这和世界上某些国家的地缘战略是完全不同的。

二是中国新疆地区的外部环境中，存在着"三股势力"的影响，需要加强上合组织的密切合作，不断挤压和消除境外"三股势力"的生存空间，这是维护国内稳定、实现长治久安、和谐发展的必要条件。也是实现对外开放的必要条件。

三是内因是变化的条件，外因是变化的依据，这个原理应该说在全球化时代也没有改变。坚定不移贯彻中央民族工作会议、新疆工作座谈会议精神，因地制宜加快西部地区的经济社会发展，尤其是人的发展，人心的聚拢，创造和谐的社会氛围和平等的族际关系，通过因地制宜、惠及人民的发展来铲除滋生极端宗教主义的土壤，在新的丝绸之路建设当中充分发挥新疆多民族的人文优势，这是一个必由之路，也是我们应该有的基本的立足点。

我们说内政是外交的延伸，为什么总是要强调首先把"自己的事情办好"，就是这个道理。前面我们也列举了中石油在中亚地区尊重差异，就业培训，职工本土化和各种"通人心"的公益事业取得的成就，可以说它就是延伸了国内民族政策理念。我们这些政策理念在国外的延伸证明了尊重差异，包容多样观念的先进性；证明了最大限度缩小经济社会发展差距政策的有效性，也就是解决民族问题在物质层面和精神层面的"两把钥匙"不能偏废的问题。这两把钥匙首先要打开国内各民族的"心头之锁”，开放包容，实现和睦相处的交往、和衷共济的交流、和谐发展的交融。

司马迁总结先秦秦汉历史说过，“夫作事者必于东南，收功实者常于西北”。这次中央民族工作会议的报告再次引用了这一历史性的判断，其意义是深远的。我们应该从丝绸之路的经济建设和愿景来看未来的发展，来看待“路、带、廊、桥”所涉及的边疆地区，陆路丝绸之路包括海上丝绸之路一定会成为中华民族伟大复兴的巨大动力和重要标志。

谢谢各位！

作为全球化时代对话新方式的新丝绸之路

〔伊朗〕阿瓦尼（Gholamreza Aavani）

（伊朗世界伊斯兰哲学研究所前所长）

我的演讲题目是“作为全球化时代对话新方式的新丝绸之路”。我认为新丝路是非常重要的，尤为重要的是要使这个新丝路能够做到可持续发展。

当我说到历史的时候，并不是仅仅只关注历史本身，而是希望以史为鉴。历史表明我们建立新丝路的时候要做到共赢，要注意丝绸之路的发展是各种文明一起努力的结果，各种文明还有丝绸之路沿线的各个民族都为此付出了巨大的努力。在现代社会中我们面临非常多的危机，人类所处的环境非常危险，如何从这些文明当中借鉴经验，利用他们的智慧避免这些危机的发生呢？

古代的丝绸之路事实上是存在很久的一条道路，它存在了两千多年。历史上曾有一些现象，把不同地域不同民族连接在一起，涉及的时间非常长，而且地域也非常广，丝绸之路就是这样的一个例子。通过丝绸之路，一些中国生产的纺织品，还有丝绸被运往西方，而西方的胡椒，包括核桃等一些产品运到了中国。除此之外还加强了中国和西方的宗教交流，还有一些文化交流。

德国一位哲学家提出了一个理论，世界主要宗教包括天主教、印度教，曾经出现很多伟大的思想家，包括柏拉图，等等，所有这些宗教的建立哲学家其实都可以沿着丝绸之路找到他们的踪迹。他们或者是出生在丝绸沿路，或者曾经在丝绸之路上旅行。我们可以看到佛教及其他一些重要的宗教思想沿着丝绸之路传播。丝绸之路因而就不只是一条商业之路，而且也是一条思想交换的道路，是人类交换价值观，了解彼此的文化和宗教思想的通道。

这位德国哲学家没有谈到伊斯兰教，但事实上伊斯兰教也是非常重要的。丝绸之路也促进了伊斯兰教向中国的输入，在这个过程当中可以看到有很多人在丝绸之路上旅行。丝绸之路能够达到运输一些药物，或者其他物资的功能，可以看到通过一个城市到另外一个城市，佛教徒们能够帮助不同的政府和当局进行沟通，伊斯兰教徒包括穆罕默德也是通过丝绸之路到达其他的一些中亚国家。我们可以看到很多的学者其实都在丝绸之路沿路和旅行过程当中彼此进行交流，所以如果没有丝绸之路就不可能有这么兴盛的佛教的发展，也不可能有穆罕默德从麦加到其他地方布教。质言之，我们可以看到丝绸之路有它的经济发展的价值，但我们不能忽略在这个过程当中的文化价值和思维的交流。

如何让丝绸之路在当代再次兴盛？除了寄希望于国家之间的交流更加便捷，更加容易，更加可行，我们还要从往圣先贤那里学习更多知识，还应该从佛教、基督教和伊斯兰教那里学习一些基本原则，遵循他们的一些做法。比如说他们来到中国进行更多布道和交流。这些先知和圣贤之间的交流充满了智慧。

当然还包括对政治的促进，政治的稳定性在这个过程当中也能够受益。因为文化的促进是多方面的，在古代中国我们已经看到了这一点。那就是在文化交流和经济交流中，政治交流也达到了巅峰时刻。丝绸之路不仅仅是一种商品交流，而且在文化、文学、艺术等等方面影响很多地区和国家，包括伊朗也不例外。所以我们可以看到不仅是把一些生活必需品进行了传递和交流，大部分时候我们也可以看到人们共同的语言之间能够在文化的层面进行交流。所以从伊斯兰的角度来说，丝绸之路也是有非常长的发展历程。蒙古帝国也在这个过程当中发挥了很重要的作用，能够连接中国、叙利亚和其他一些亖要的国家。当然还包括中国东部的资本与伊朗西部的资本在两个多世纪之久的交流，两地进行了文化、经济、商业方面的沟通，两个地区的资本进行了互融。

所以现在我们要做的事情能够把文化或者是丝绸之路带来的这些利益进行现代化的更新。我们的生活方式也要进行更新。不仅是文化认同，还包括对现代西方的一些规范和准则进行更新，看看能不能够在丝路沿线国家进行接纳和包容，从而得到更新和发展。其实每一个国家都有自己的身份，都有自己的认同，都有自己的价值观，都有自己的文化规范。这个过程当中有人担心危及自己的文化，事实上从丝绸之路的发展可以看到，东西方能够从彼此的文化那里吸取经验互补，取长补短，东方也能从西方的文明那里进行自我丰富，所以他们的文化身份和认同并没有被危及，反而得到了强化和丰富。我们现在可以看到它所谓的遗失了自己的认同和身份，从另外一个角度来说却是得到了彼此的丰富。当然知识分子的交流和活动在其中起到不可或缺的角色，如果没有知识分子进行不同文化之间的沟通和对话就不可能实现文化和文明的传承。所以丝绸之路也是知识传播之旅，不同的科学、哲学、宗教中完整的文本资料都从一个传统传到另外一个传统。

这里有很多例子可举。首先我们可以看到佛教传到中国。随着教义和文本的翻译，佛教从伊朗传到东部，如果没有经卷翻译就不可能实现。伊朗东部在几次大型的翻译活动和运动中都起到非常重要的作用。150 年之前，阿拉伯国家一些经典的文本都是通过一些先哲的翻译活动得以实现的。这些哲人的翻译活动还包括医学的，社会学的，包括印度等一些其他国家的译者进行了这样的文化传播。他们把伊斯兰的社会经济文化的文本翻译成了拉丁文。所以可以看到有很多知名的大学在丝绸之路的这种交流的历史发展过程中新生起来。在社会层面还包括宗教活动都得到了兴盛，其实在这之前很多的文字翻译成了印地文。这在当时是不可思议的，但是我们也可以看到这是随着丝绸之路的发展带来的一个结果。当然在伊朗还出现了很多其他国家文字翻译过来的出版物、杂志或者其他的文本。其中有一个是从波斯文翻译成拉丁文，又翻译成德语、法语和英语。这些翻译我们认为是现代印度神学的一个转折点，也就是几个世纪以前印度的穆斯林的发展，还包括印度教的发展其实都远不及在丝绸之路带领之下的两个世纪的发展速度。在 10 世纪，一些印度哲人的书也翻译成了其他的语言，所以印度的各个方面，不仅是哲学、宗教、文化、艺术，还涉及医学、药学等各个方面。伊朗南部的很多语言文化都介绍到了印度。印度哲学院也通过翻译，了解了西方非常有智慧的一些哲学思想。比如说翻译到拉丁语的这些书籍，印刷术也促进了拉丁语的传播。在中国，我有机会获得了一本关于中国历史的书，也看到了介绍医学方面的书籍。伊斯兰文化在中国也得到了传播和变革。美洲新发现的时候其实也有一次穆斯林的发展。包括造纸业，中国的造纸业对全世界有非常大的影响，还包括火药也是从中国传输到了欧洲，这些新兴技术都极大地改进了欧洲经济的发展速度。

学术上，学科的发展也通过丝绸之路发展到一个新阶段，在伊朗、欧洲当时的人类学发展并不是很先进，穆斯林在宗教学、民族学领域领先，通过丝绸之路在欧洲得到发展和传播，文化交流之后得到了增强。在中国，古代中国的庞大帝国已经涉及中亚的领土，伊朗的西方资本也通过丝绸之路转到中国，学者、工程师、医生等等这些人都是在中国和中亚地区往返非常频繁，他们带来了货物、知识和一些新的信仰。所以，我们可以看到学者、先贤其实都在中西方进行这种交流。蒙古也是一样，我们觉得它是一个非常大的图书馆，伊朗、中国、叙利亚、北非的学者都能够聚集在一起，在蒙古的一次全国性的学术大会中进行探讨，而西方则在两个世纪之后才开展了这么大规模的学术交流活动，这是蒙古的一个说法。蒙古其实也有一些世界顶级的大学，来自于中国和全世界各个地方的学者都会来到这个地方进行交流。

丝绸之路的另外一个特征就是人民产生了很多的智慧，也就是说丝绸之路也传播了民间智慧，还有民间文学。亚历山大征服了印度。印度的民间文学也通过丝绸之路得到了传播。这些民间文学从一种文化传播到另一种文化里。印尼的雅加达也是通过丝绸之路其他地区，反过来希腊的一些文化传播到了这里。所有这些民间的智慧沿着丝绸之路在传播，比如说在一些佛经当中也会看到一些很小的民间故事、寓言，这些都体现了民间文学在丝绸之路的传播。还有一些民间文学从中部波斯传到了阿拉伯地区，还有很多阿拉伯的民间文学也从阿拉伯文翻译到德文和其他文字，比如说《一千零一夜》这本书是从波斯语转译成了阿拉伯文，又从阿拉伯文转译到了其他三种语言。我们可以看到民间的智慧、民间的文学得到了传播，这些民间智慧和民间文学是学者一个非常好的研究和教学资料。

另外，在中国一直会强调心灵的净化，这种人与自然之间的合作是非常重要的，人试图去了解自然的规律，自然和人合作，事实上丝绸之路它也体现了这种自然之美。中国非常崇尚道教以及儒教，道教推崇道的概念，道的概念体现了天人合一，人与自然和谐相处，而不是处于一种对立的关系。它是能够给我们带来好处和利益的源泉，它是一种天的反映，所以这些概念事实上就是体现了自然与世俗世界、人的关系，而传说事实上描述了人与自然之间的关系。上帝在西方概念当中是保护人类不受外部威胁的存在。我们在宗教传统里可以看到世界上曾经流行十月历，每个月有五个星期。这种日历的出现和消退经历了很长的时间过程。我们可以看到世界上有蚕，还有不同的毛毛虫。自然界的生物都有自己生存的方法。蜘蛛通过织网保护自己，蚕吐出的丝可以那么长。这些小生物很容易死掉，但它们还是努力生存。比如说飞蛾扑火，实际给人类的启示就是一种思想的激发，生命的活力，是对生命意义之源的启示。各个行业都是能够从自然当中获取一些启示的。人与自然的关系是非常重要的，人与自然的关系没有一个统一的答案，能够让人跟自然之间达到一个和谐的状态和关系最为重要，我们应该更好地理解自然。自然实际上就是宇宙的一种显现，这一点是不能遗忘的。除此之外我们还要记得在多种文化之中各种手工艺品都是由人来创作和制作的，这是人类的智慧体现，其中有人类的智慧，人类的才智，人类的精神，人类的意义。所以，所有这些艺术作品其实都展示了美和艺术，艺术作品的每一笔每一划，每一刀每一针，都会受到人类精神的影响，在每一个地方人类的艺术作品都给我们很深的触动。所以，每一个手工作品其实都是展示了自然之美和人类智慧。在新丝绸之路项目当中我们都应该关注手工制作品，因为我们在漫长的历史长河当中许多非常棒的手工作品都被摧毁掉了，所以希望能够通过一些技术把这些珍贵的手工作品保存下来，这也展示了新丝路的文化。新丝路也应该与其他的艺术相联系，比如说音乐，音乐是没有国界的，比如说在东方也受到了西方音乐艺术的影响和吸引，音乐其实是一个对话方式，它可以摧毁人的心灵也可以帮人们缔造一个更加纯粹的心灵。在阿桑比克语言中，音乐被认为是一种可以连接上帝的灵性的艺术。所以，非常伟大的音乐艺术家能够起到沟通的作用。还有绘画，很多蒙古绘画家都到了伊朗，他们有非常漂亮的绘画作品，应该说是非常棒的。所以绘画、音乐这些艺术形式都是非常重要的。有一些伊斯兰的雕塑家、建筑家，他们有很好的合作，这种影响力是全球性的。新丝路项目我觉得应该更多关注这些新的艺术形式。宇宙当中可能会有一些新的星球，所有这些星球都结合在一起，就像在座各位每个人代表一个宇宙当中的星球，可能只是我们不知道而已，不了解而已。那可能就是我们的生活之道，我们的生命之道，让我们的生命能够生存下来。我们可以看到所有的星球之间都有一种和谐运行法则。整个宇宙系统里，每个星体都按照法则运行，其中既有个体自性又有整体规则。也许可能有人会说全宇宙当中只有一个星球，只有我们地球，但是我们知道在这个地球当中我们的生命就能够得以延续和发展。现代性破坏了这种狭义的想法。就在两个世纪之前人们每天都在思考这个问题，我也一直在思考，还包括我有自己的一个想法，那就是如果我们真有真主，比如说地球爆炸之后是否还有真主，我们觉得在环境方面的一些考量和思考可能会说这不可能，不可能爆炸。比如说一些其他的星球可能也有生命的存在，如果你不关注这些自然法则，就不可能对这个宇宙有全新的或者是正确的认识，当然这也是取决于东方人的智慧。东方人的智慧对于这些想法对于环境又能做一些什么呢？我觉得几千年来的历史告诉我们，在古代我们看到环境非常脆弱，但并没有破坏自然环境。但西方工业化的发展却使它遭到了破坏。我们每天都能看到环境恶化加剧。一些生命体都受到了致命的破坏。现在我们应该高度重视环境。

最后一点，我们也必须从我们的兄弟姐妹和我们先人那里学习经验创造新的价值，我们不仅只有道德价值，还有很多其他的价值，那就是超精神层面的。比如说人与动物之间的关系，人的动物性和人性，如果说我们现在作为人有一些人应该遵循的价值，还应该有一些其他的价值需要思考。所以，我认为在发展过程当中还有其他的价值是我们需要关注的，比如说在家庭之间的关系。儒家思想告诉我们在家当中你要遵循的一些规则，家庭非常重要，要齐家、治国、平天下，如果没有家庭就不可能有社会价值，社会的发展。所以每个个体在家庭当中的关系，在社区当中的关系，在社会当中的关系，甚至是在全球和宇宙当中多层面的关系都是需要关注的。全球的人性、全球的平等，不要互相攻击。

刚才有些发言人也强调，我们必须要有一种全球性的价值，这样我们每个个人才能够在社会、政治、社区层面得到发展。我们不能忘记新丝路的发展是一些非常有慈善心的人，非常有正义的人，希望能够在新丝路的发展当中传递儒家思想、道家思想，还包括其他不同的宗教思想，这些是非常有道德和非常有诚意的人。我们看到，前现代从波斯到中国可能要花6个月时间完成旅程。但很多人在游行路上，可以经过很多地方，结交很多新朋友。我们在新的丝绸之路建设中应该倡导彼此尊重共同创新，确保和平发展。这一点非常重要，我们必须关注。再次感谢会议组织者和各位学者。

（根据发言整理）

大 陆

——海洋与亚欧的区域化

汪 晖

（清华大学教授）

“一带一路”既是个新理念，又有很强的现实基础。我们现在要把它作为国家政策、国际关系、国际战略和知识理念重新提出和阐释，又有很大难度。这反映出，汉语圈知识领域，对这些新发展的知识准备其实非常不足。例如我们对于“一带一路”沿线涉及的大量区域、文化及其历史条件，研究就非常不够，今后就有个怎么看怎么做的问题。我觉得这个理念非常之好，同时又觉得学界的任务非常重。

“一带一路”的理念极好而任务极重。这首先是因为我们知道理念与实践之间还有很多环节需要衔接。很多好的理念的实施效果却往往不如人意。例如中国提出的很多好理念在国内国外实施，包括在非洲、拉丁美洲实施，都出现过很多问题。另外，1970 年代以来的世界理念发生了很多重要变化，跟我们过去一个多世纪关于这个世界的想象和围绕这些问题形成的理念都有很大不同。这当然跟全球化、中国发展和各个区域的社会变迁有关。

刚才郝时远先生特别提到，我们今天讲的“路、带、廊、桥”计划，跟过去的国家、帝国、大区域构架都不一样。不同在哪里呢？我们说当今中国提出的“路、带、廊、桥”计划的核心观念是“连接”。它要创造出很多连接。连接背后就是互动。互动就是既要相互承认历史传统差别，又要承认这些差异并非一成不变，而是可以通过不断介入连接过程，通过良性互动，形成及产生新的关系。通过连接，新东西可能在其中诞生。我们固然要追溯各种传统、各种观念的历史根源，但我们更要有所预判，知道通过新的连接会产生哪些新东西。

我们非常需要深刻思考“一带一路”这个重大事业的理念。前面的发言人也提到了费孝通先生的“多元一体”理念，古代中国的“和而不同”理念。其中都包含着丰富伟大的理想。当代世界最缺少的就是这些理想和理念。阿瓦尼先生刚才特别说到“精神”，提到丝绸之路不仅是物的交流，同时是精神交流，这个理念很重要。

从学术角度思考“一带一路”能给我们带来更多启发。第一个就是“边疆的非边疆化”。通过“一带一路”的连接，原有“中心”视野所设定的“边疆”概念自然会发生变化。这就是“边疆的非边疆化”。这在过去的历史研究里面已经多次出现。而且每一次新出现的历史叙述，都是因为学者们发现了新的连接概念。我举两个表示连接的新概念。一个是中国历史上从隋朝开始开凿，至宋代完成的大运河。日本一位学者说运河的开凿开启了世界史上的一个大世界。它把亚洲内陆与海洋贸易通过运河连接起来。中国历史从此从黄河中心、长安中心转向了运河，特别是其南端的中心。他说的不是都城，不是简单的政治中心，而是一个地带。运河带成为推动中国历史变迁重要的中心。宋代以后的中国就进入了运河中心的时代。这个人是宫崎市定。另一个是民族学界特别出名的拉铁摩尔，他发现了长城。长城不是一个隔断机制，而是一条连接纽带。它成就了农耕民族与草原民族的互动连接及相互融合。我们知道文化人类学既承认差异又承认融合，人类历史就是相互影响的历史。长城在我们的概念里面是边疆，但在拉铁摩尔的历史叙述里，它就成了中心。内亚洲的长城叙述是以长城为中心叙述中国的历史和亚洲的历史，这是北南双方的另外一种连接。

每一次发现历史当中的新连接，我们理解历史的方法论就有一次大转变。如果当前的“路、带、廊、桥”计划作为新连接点建构起来，我们再审视自我与他者的社会和历史，就会有视角的转换：哪里是中心？哪里是边缘？“多中心”“互中心”“多边缘”“互边缘”这些概念就会涌现。总之，伴随着“边疆的非边疆化”，边疆就不再是边疆。新疆就有可能真的成为亚欧中心。我们看待历史的方式也会发生变化。这里指的不光是经济关系、政治关系的变化，而且指的是历史的关系和历史观的变化。我们对待这些区域的文化、民族、社会的态度也会连带着发生变化。这是为什么这样概念的提出对我们来讲有一个理念转变的需求。除了实践上的方法论，我们需要去解释它，尽管“路、带、廊、桥”计划主要的问题是经济，但我们要把它解释成为哲学的、政治的、文化的和经济的理念。它必定是个复合的概念。

伴随着“边疆的非边疆化”产生的另一个新概念就是“中心的非中心化”“起源的非起源化”。我说“中心的非中心化”，是说如果从连接的角度去理解世界，我们就不会再把这个世界看成是等级性稳定结构，不再认为一个中心支配多个边缘，中心之外都是边缘。帝国主义的主要逻辑就是建立一个中心，把别的地区作为依附于它的边缘或者亚边缘。例如，现代世界体系里的西方中心与世界其他地方的边缘区域中间，还有个亚边缘区。我们从这个意义上理解“路、带、廊、桥”计划，在认识论上极其重要。它使得中心能在一定程度上相对非中心化，同时使得边缘地区显现出主体性和中心性。我们从中心的角度看它是边缘，但在边疆边民的视角里面，它也可以扮演中心者的角色，事实上也有中心位置。宫崎市定发现的运河中心，拉铁摩尔发现的长城中心，布罗代尔发现的南洋，这些都是世界体系大通道里的关键环节。这些地方原先仅仅是中国文明的周边或西方文明的边缘，现在它们恰恰可以作为中心来理解其他区域。这是布罗代尔在他的著作里面讲的，我们总是在发现新连接的点的时候，才能意识到我们的历史观被转变。当今中国特别需要这样的转变。

也是在这个意义上，历史里面有很多的机缘和意义。刚才听了阿瓦尼先生讲的这些故事，以波斯和伊朗为中心，包括蒙古来叙述，我忽然想到哥白尼著作开篇有句名言经常有人引用。那句话跟中国老子的语言有点相似，叫做“你要知道你所不知道你所不知道的”。知道你所不知，这已经是知。但你还要知道你不知道的你不知道。这就更深一层。正如孔子说“知之为知之，不知为不知，是知也”。但哥白尼带有更强烈的探索态度。

现在我们面临“路、带、廊、桥”这个大变局，知识上是非常无知。我们要知道我们自己不知道哪些东西，这是我们探索思考的一个开端。两个东西结合起来使得我们提出来这些问题和概念。“路、带、廊、桥”其实是个巨大的知识挑战。这里面的很多东西我们还根本不知道，而且自己还不知道自己不知道。我们现在需要知道的，正是我们不知道的不知道，这是哥白尼的说法。说到哥白尼，刚才阿瓦尼先生特别提到天文宇宙认识论上的哥白尼革命对西方的影响。我记得哥伦比亚大学有位教授解释过哥白尼革命。他专门研究了当时哥白尼革命前，欧洲对于伊斯兰世界对希腊文献的翻译，再将其翻译回拉丁文。这些东西在欧洲已经失传，但从译文里补充大量伊斯兰数学和天文学知识。没有这些活动，哥白尼革命就不可能。

听到阿瓦尼先生讲这些故事的时候，我马上想到几年前在纽约大都会看新的伊斯兰艺术展览，看到波斯的绘画。我从来觉得工笔画只是中国有的，但看了波斯的人物画和花鸟，才意识到波斯的画和中国画之间有点说不清楚谁是起源，谁先谁后，或者是相互影响着。唐三彩里面也有一些构图是从外国银器引进的。尽管这个技术是中国的，但又对波斯和蒙古的三彩也产生了巨大影响。发现这些连接之后，认识会发生重大的变化。这也就是“起源的非起源化”的意涵所在。

对当代世界来讲，很重要的一点是重新理解现代世界的深层逻辑。阿瓦尼先生特别提到对现代性的怀疑和批判。从历史角度看丝绸之路，意大利就有一位著名历史学家，也是布罗代尔的弟子。十年前，他有一本关于丝绸之路研究的著作，遗憾始终没有翻译成中文。这本书的核心的观点就是，把丝绸之路纺织技术的发展看成英国工业革命的前身，即工业革命前的工业革命。他这本书的题目就是《英国工业革命前的工业革命》。克罗地亚有个博物馆专门展出纺织机器。其中很多是漫长的丝绸之路历史上的纺织机器。随着中国丝绸贸易西去，沿途在伊朗、波斯、其他地区都有了纺织技术。他们把这些技术逐渐融合到丝绸的编织技术里面来，所以这个纽带的认识不能只是单向看一边，而是需要多重地看。每个连接点都有自己生成的新东西。它既不是西方的，也不是中国的，而是在沿途漫长的互动当中产生的，而且越来越精细，越带有各自民族文化，进而又产生了技术创新。到了英国工业革命前纺织技术已经达到了相当高的技术水平，这是布罗代尔的弟子所写的书里面所涉及的一个重要的主题。在这个意义上，我几年前跟中央民族大学一些朋友讨论的时候，曾经提出过一些概念，比如说用“跨社会体系”这个范畴来观察这个世界的变迁，其中就不仅有中国的世界，还有世界的中国。现在看，“路、带、廊、桥”本身就是体系，而且是串联起不同社会的体系，是使不同社会产生密切连接的体系，同时也是促进联合及整合的体系。这个整合不是创造新的控制，而是使得它能够不断互动。所谓的整合，就意味着跨社会体系有可能在条件成熟的时候越来越接近一个跨体系的社会。这里面就蕴含着共同体与社会的关系。世界上从来就是跨共同体的社会与跨社会的共同体并行。人们交往密切了，就像生活在一个社会里面，只是这个社会不是单一的社会，是多重体系的复合体，当然这只是一个理念。但里面包含着的命题却是人类命运共同体的结构。如果我们把“路、带、廊、桥”计划，不仅仅看作经济战略，而是看成一个准哲学的连接理念，再放到19世纪以来世界的历史变迁当中来理解它到底提供了哪些新的意义，我们就有可能实现一些观念更新的制度创新。我觉得我们需要思考应该注意这个计划的实施可能会出现哪些问题，再想办法克服这些困难和问题。

过去十几年二十年，我们学界对区域整合讨论很多，比如“欧亚的区域化”。我们如果按照区域整合化的过程来看19世纪晚期到20世纪到底出现过哪些关于区域化的动力和模型，我觉得现代的两个最重要的推动区域化的动力。它不同于朝贡的王朝之间的关系，而是带有以下特点的新体系：

第一个是资本主义和帝国主义、殖民主义的动力。知识随着坚船利炮，把世界整合到以西方为中心的区域里面去的区域整合。区域和区域化是两个概念。区域是相对自然的范畴，区域化则是动态整合过程。它要建立一个新东西，比如说包括“路、带、廊、桥”，也可以说它是区域化的战略，这里面原来的关系是不清晰的，很难视为一个区域，如果推进它了就是一个区域化的计划，这是第一个新特点。

另外在亚洲地区，为了反对或者回应以欧洲为中心的区域化进程，出现了亚太的区域化进程。亚太区域化浪潮的第一波就是日本当年提出的大东亚主义。这个大东亚主义在几个主要特点上都复制了西方的区域化，因而也是个殖民主义的区域化进程。例如它利用了坚船利炮推进它的区域化战略；试图把大东亚其他区域纳入以日本为中心区域战略里来。其结果必然也是欧洲当年以海洋为中心的区域化。现在回看1920—1940年，日本帝国主义崛起的时代，它的历史学研究里面所谓京都学派的主要认知论框架，就是海洋海权论。这个体系的第二个知识连接点，就是把原有的运河中心推向日本主导的海洋中心。在这个日本中心的大东亚主义的背后，就是把日本建构成一个超大型的、民族主义为内核的帝国主义战略计划。

我们还知道孙文1920年代提出抗衡日本大东亚的大亚洲主义，里面也有几个新理念：一是从地理区域上，说大亚洲主义要把亚洲内陆区域包括进来，而不只是海洋。这非常重要。他讲的并不是海洋，他说从中国、日本，一直到土耳其，中间有伊朗，这些地区都是大亚洲。他的理念里，就有用内陆对抗海洋的含意。海洋毕竟是资本主义扩张的最重要通道。

二是大亚洲范畴框架里面，特别纳入了苏俄。这是孙文很重要的思考。俄国到底算是亚洲国家还是欧洲国家，从来就有很多内部外部讨论。19—20世纪，俄国基本被看成欧洲国家。孙文却说俄罗斯虽然不在亚洲，但新建成的苏联实行了民族平等政策。这个政策就跟中国的王道有关。这当然是超越了实践的理念。政治上，这个理念想把古代中国的王道和现代社会反殖民的社会主义理念结合起来，共同对抗帝国主义。进而就想用内陆与海洋重构，再次建立内陆的中心性，以此抗衡帝国主义海洋战略。这是地缘政治变化的第一个类型。

第二个是冷战时代中国提出的“亚非拉”概念。它继续沿着反帝反殖逻辑而强调革命和民族解放，而且还是个反霸权的概念。这个概念起源于1945—1946年抗战胜利后，由毛泽东提出的“中间地带理论”。1960年代，他又提出第二个中间地带，即针对西方资本主义和东方社会主义两类结盟国家的第三类国家。介于这两级世界之间的第三类国家就是第三世界国家，同时包含着主张非霸权的一些西方国家。这个中间地带理念，到了1970年代，就成了毛泽东的“三个世界”理论。总之，亚、非、拉这个理念的背后还是政治。它的基本理念是针对帝国主义的区域化进行反帝国主义区域化。这个区域化超过了一般的地理区域，以后由此展开许多的社会理念，产生出了不同世界之间的相互的连接，这个是重新界定的连接。

过去二十年里，我们还经常谈到传统中国的相互连接。其中日本的滨下武志教授重新复活了当年美国费正清学派提出的“朝贡贸易”“朝贡网络”概念，并把它扩展成一个网络体系式的亚洲区域。朝贡体系作为网络并不是要恢复中华帝国的中心性，而是强调这不是一个以欧洲式的民族国家为中心的区域整合的贸易关系，它有很多复杂的朝贡的多重的网络。

进而讲到当今中国基本战略跟这个几个理念之间的关系：中国不再坚持原来的亚非拉战略。这是因为全球化，因为中国的改革开放，整个世界构造在中国视野里发生了重要变化。中国要介入全球关系重构。中国一方面不再用原先的亚非拉战略，但是绝不会用日本的大东亚翻版。它跟孙文的大亚洲主义有某种连接但也有不同。它是跳跃式的，点线重新结构起来的观念。这个观念的理论化程度还很低，但从政治实践上讲，还是有些要害端倪可讲：

一是1997年以后，中国提出了“10+1”计划，即东盟10国加中国。后来随着日本、韩国加入，就变成了“10+3”。刚才郝时远先生提到这是当今全球最大的自由贸易区。这个非常重要。由于区域内冷战的痕迹还在，亚洲地区始终没有完全摆脱冷战的阴影，朝鲜半岛问题没有解决。这个过程因而不怎么顺利。而且区域计划内部也有矛盾。比如说日本就提出了“10 +6”，要把美国、澳大利亚、新西兰拉进来制衡中国影响。我们必须面对这样的问题。

二是“9·11”事件之后中国提出“上合六国”，此后又有“金砖五国”，现在又有了金砖五国银行、亚洲丝路开发银行、亚洲大陆桥金融计划。中国显然想用这些逐渐成型的“路、带、廊、桥”的新理念来整合区域内部不同计划的困难。“路、带、廊、桥”作为概念来说，比其他的区域计划更灵活。它没说一开头就要建立整体，因而能在内部留出很多弹性空间。但这类的计划，包括金砖五国的计划已经超出了原有的以单纯的地理区域为中心的区域化过程。它是区域化但不再是简单的地理区域，而是“网络区域”。这是因为当今世界的交通、金融、电信化条件都发生了重大变化。这是我们今天可以看到的“一带一路”涉及的60多个国家发生重叠关系。事实上“路、带、廊、桥”里面重叠了好多的网络关系，所以我说它极其复杂。

实施这样的一个“路、带、廊、桥”计划，我们需要观察一些国家的战略。如美国的地区战略，特别是重返亚洲战略。它的战略重心永远是维持美国在冷战时期形成，但以后越来越难维持的霸权地位。美国的整个的战略总是要以美国为中心，推进双边或多边整合。它有时口头上宣称多边，其实更多还是以美国为中心的多重双边计划，特别是日美、美韩、美印之间的计划。朝鲜半岛的六方会谈，也在逐渐变成朝美双边主导。美国当然也要介入多边计划。希拉里讲重返亚洲的时候，事实上也有一些中印对话项目要由美国做协调人。他们要组织中国或美国在不同地区的计划。总之是个自我中心以双边为核心的区域整合计划，这与中国主张的“路、带、廊、桥”非常不同。

从历史上看，也包括当代，俄罗斯都非常重要。俄罗斯不但现在重要，而且苏联和苏联解体后留下的区域遗产重新整合，对于我们认识亚欧区域化都非常重要。我个人现在看，俄罗斯不算是那么中心，但它的影响在土耳其、哈萨克斯坦和前苏联周边一些地区都有回升。欧亚主义第一波的兴起，就是由1920年因“十月革命”流亡海外的俄罗斯学者，包括历史学家提出的。他们强调“十月革命”是对西方挑战的回应。这在客观上有必要性，但内部整合很艰难。

关于蒙古问题，当年欧亚主义历史学家的争论集中于13到15世纪蒙古帝国在欧亚的兴起。它不仅创造了连接，同时为俄罗斯的崛起提供了抵御西方扩张的屏障，为它赢得了战略空间。在1990年冷战结束，这种观点又由一些俄罗斯学者重新讨论起来。

以上讲的这种欧亚主义，包括在土耳其发生的讨论，都还不是国家政策，只是一些学者的观点。欧亚主义观点的主要核心是超民族主义，用超大型国家来统和这个区域。这是一部分人的观念。中国学界事实上也有类似观点，包括重新探讨原先中华帝国的扩张模式。但今天提出的“路、带、廊、桥”观念在理念和理论上都跟它们有别，因而需要做出新解释。这个新概念既不是民族主义，也不是超级民族主义，而是要强调多中心互动互连的新范畴。这是跟历史上所有范畴都不一样的新范畴。

在这个范畴里面遇到最大的挑战是“路、带、廊、桥”计划迄今为止主要是经济计划，它建立了几大银行，这些银行的扩展所采用的方式还是市场经济的扩张。今后如何让文化、政治和其他领域进入，这是当今中国学界面临的非常迫切的学术任务。专家学者讨论“路、带、廊、桥”时，经常涉及生产过剩问题，讨论我们怎么解决生产过剩，怎么寻找新市场。这就意味着它具有一种危险，即跟19—20世纪一部分欧洲资本主义的逻辑相重叠，即使这个计划里没有军事，也没有大国扩张，仍然要警惕经济霸权一方独大。我们面临的区域文化异质性极高、多样性极大、社会形态非常复杂，因面要使得一个好理念转化成可行的好实践，还有很多工作要做。

在这个意义上我感觉到，学界面对这个概念要采用新观念加以反思和构建。这是对我们真正的挑战，也就是说随着这样的一个变迁，我们虽然离不开旧的概念，我们都要从中汲取资源，但是纯粹套用旧的概念对理解新的现实，无论是国际国内领域都可能会碰到新的问题。从旧观念里提出新问题进而形成新观念，这就是我们今天提出这个问题的意义所在。

（根据论坛发言整理）

去边疆

——意识形态危机下的全球秩序、哈里发帝国及新疆问题

殷之光

［英国埃克赛特大学（University of Exeter）助理教授］

本文试图从观念史的角度，将“新疆问题”与伊斯兰哈里发国（Islamic State）的兴起作为两个具有内在意识形态联系的问题放在一个相同的全球意识形态政治危机的背景下讨论。本文希望超越传统主权国家体的界限，展现全球化时期国家内部与外部之间密切的联系，并进而提出“边疆”（borderland，frontier）观念在今天的全球政治动态中不再具有其理论有效性。取而代之的应当是对在全球范围内后冷战时期意识形态领导权政治的重新发现与强调。本文认为，进入21世纪，那种随着苏联解体而产生的“历史终结”式的新自由主义全球化遇到了新的根本性危机。本文将这种危机概括为“碎片化”（fragmentation）。在意识形态政治方面，这种危机的表现便是极端组织以“9·11”为里程碑，成为美国新自由主义政治的军事威胁，并进而对全球新自由主义政治及治理提出挑战。美国“反恐战争”（War on Terror）这种冷战式的观念，便是这种意识形态冲突的具体化表现。2008年的金融危机，则更是新自由主义全球化模式内部所蕴藏的结构性问题的直接体现。民粹主义（populism）在全球的迅速崛起，种族意识复燃，成为新自由主义全球一体化市场努力的阻挠力量，也直接对新自由主义的精英政治提出了巨大挑战。这种碎片化的倾向体现为一种在种族主义话语遮蔽下的阶级冲突，进一步展现了“后冷战”时期希望政治消亡的深层次影响。

本文将这种“短20世纪”终结后的“去政治化”的世界政治特性视为一种西方政治普遍性话语的危机。这种宣告了“历史终结”的普遍性话语其本质是精英主义的民主。其在20世纪末短暂的兴盛史破坏了在

“短20世纪”世界革命实践中形成的以“人民民主”为目标的代表性政治基础。破坏了“人民民主”这一超越了阶级、种族、国籍、信仰界限的平等政治理想，并进而消解了在这种政治理想下形成的普遍政治认同。今天世界地缘政治中的碎片化倾向便是这种普遍主义政治理想失效的结果之一。这种“碎片化”的倾向同样存在于阿拉伯伊斯兰世界。以IS的兴起为例，本文认为，IS的出现与阿拉伯半岛冷战时期形成的世俗化强人政治在新自由主义全球秩序下的迅速衰落及海湾国家石油财富的极速崛起密切相关。在其兴起的过程中，既充分体现了海湾国家之间在争夺伊斯兰意识形态及地缘政治领导权方面的矛盾冲突，也体现了阿拉伯世界世俗化强人政治衰亡后暴露出来的宗族教派斗争的严重性。然而，IS却又以其伊斯兰世界大同的政治理想与强烈的反自由主义资本主义政治秩序的主张吸引了一部分来自西方，在资本主义生活方式下幻灭的支持者。这种以保守原教旨主义为基础对西方普遍主义政治话语的对抗在伊斯兰的历史上并不少见。19世纪Sayyid Qutb所发展的泛伊斯兰主义（Pan - Islamism）便是案例之一。然而，由于伊斯兰教法内部深层次的分裂，泛伊斯兰主义并不能真正取得意识形态上的统一。

本文认为，在应对泛伊斯兰主义时，应当避免从简单的文明冲突角度出发，陷入“反恐战争”的理论陷阱中。而需要重新检视对“伊斯兰国”在主权观念、教法基础、世界秩序等多重方面对新自由主义全球化话语及现有的民族国家世界秩序提出的挑战。同时，需要理解具有暴力倾向的“圣战”观念作为一种意识形态政治的工具，在伊斯兰教法内部的位置。并在这个基础上有针对性地提出对处理影响新疆的“双泛思潮”的政治策略。

最后，本文还试图表明，以民族国家主权为基础而建立起的威斯特法利亚国际秩序，及在此基础上建立起的二战后国际法结构和国际关系理论语言，无法真正叙述当前“碎片化”背景下产生的一系列新问题。IS这种超出了民族国家地域界限的主权想象更是无法简单地在威斯特法利亚秩序下理解。在这种背景下，中国当下的“新丝路”战略的一个潜在力量便是以欧亚大陆的地理联系为基础，以中国改革开放以来的经济发展为依据，通过发掘传统中国的治理哲学与现代中国的革命政治经验，为“碎片化”的全球政治图景提供一种新的普遍主义理想政治想象。

一、殖民工程："边疆""边界"与问题化新疆背后的理论含混

2009年"7·5"事件之后，新疆迅速在中西文学界与媒体上变成了一个具有特殊性的"问题"，并受到了广泛关注。将新疆问题化的这种倾向中，主流西方舆论普遍强调这一"问题"的特殊性，并将其作为中国当代治理危机的重要例证。一方面，在这种叙述中，"新疆问题"被认为是更广泛的"民族问题"，而另一方面，随着2014年奥巴马政府试图将中国拉入美国全球"反恐战争"（War on Terror）的战略，主要英语媒体在对"新疆问题"的叙述中，又进一步强调其暴力活动与全球"圣战"（Jihad）的密切联系。[①] 从这一角度出发的媒体报道也试图展现中国政府官方对这种叙述的认可。[②] 将中国政府的措施解释为在文明冲突框架下全球反恐的一部分。在这种框架下，"圣战"除了被视作一种对中国政府治理能力的挑战之外，还与西方舆论中对"中国崛起"（rise of China）问题的阐述相呼应，认为极端主义对中国边疆安全环境构成了威胁，因此，中国政府针对暴力活动的打击，也被理解为一种试图用武力方式，扩展其地缘政治影响力的例证。进而对中国和平崛起提出质疑。[③]

此外，当代汉语学者对边疆问题叙述确实常常流露汉族中心史观。并且，受到浓重19世纪欧洲人类学研究眼光的影响，容易将对边疆的研究抽象化为对"民族问题"的脸谱化讲述。其中民族交通融合的线索更显出这种研究模式在苏联斯大林式"民族问题"理论基础上，在理解中国问题上的生硬套用。在对"新疆问题"的讨论中，我们可以梳理出几个基本的政治预设。首先，是对新疆在中国"帝国"秩序中边缘（border）

---

① 例如《华尔街日报》（The Wall Street Journal）最近针对新疆暴力案件的报道中，便强调中东圣战运动极端组织通过网路对新疆维吾尔族穆斯林社群的渗透及其造成的危害。Jeremy Page and Ned Levin, "Web Preaches Jihad to China's Muslim Uighurs: China Says Internet, Social Media Incite Terrorism among Uighur Minority," *The Wall Street Journal* June 24, 2014.

② N. D., "China's Xinjiang Problem: The Net Is Cast," *The Economist* July 1, 2014.

③ Simon Denyer, "China's War on Terror Becomes All－out Attack on Islam in Xinjiang," *The Washington Post* July 27, 2014.

地带地位的表述。[①] 将 1949 年之后中央政府在新疆设立自治区的治理模式，直接理解成遵照苏联斯大林模式形成的少数民族高度自治式结构。[②] 此种帝国秩序的预设同样也被用于理解 20 世纪中国革命之前，王朝时期的治理秩序。在这种帝国秩序中，边疆是差序结构中的外部，中心的从属。而在苏联冷战时期汉学家对中国边疆问题的叙述试图消解当时第三世界国家对于中国和平主张的支持。

"后冷战"时期西方对"新疆问题"最集中的梳理开始于 1998 年的"新疆计划"（Xinjiang Project）。该计划很好展现了美国地区研究领域与情报领域密切的联系。这堵旋转门的存在，直接形成了最基本的美国区域研究的问题意识。自 1998 年起，美国约翰霍普金斯大学中亚—高加索研究院（Central Asia – Caucasus Institute）召集了 18 名美国研究中国明清史、少数民族社会史、人类学、宗教研究、经济学及地理学方面的学者，进行了一项为期 4 年的研究计划。项目的发起人包括前任亚洲学会（Asia Society）主席、老布什政府下的对华政策顾问安熙龙（Robert B. Oxnam）[③]，中亚—高加索研究院创始人、冷战时期重要美国苏联与欧亚问题专家史蒂芬·佛里德里克·史达（Stephen Frederick Starr）[④]，前任美国高级外交官、亚洲共产党区域情报区域情报和研究所（Asian Communist Areas Division of the Bureau of Intelligence and Research）主任、时任亚洲学会主席的卜励德

---

① Graham E. Fuller and S. Frederick Starr, "The Xinjiang Problem," in *Silk Road Papers* (The Johns Hopkins University: Central Asia – Caucasus Institute, Paul H. Nitze School of Advanced International Studies, 2003). p. 4.

② S. Frederick Starr, ed. *Xinjiang: China's Muslim Borderland*, New Edition ed. (Armonk, N. Y.: M. E. Sharpe, 2004). p. 9.

③ 安熙龙在 1981 至 1992 年间担任美国亚洲学会主席。他 1969 年于耶鲁大学获得博士学位，主要研究中国史。其研究兴趣主要集中在明清史。安熙龙是美国政府冷战末期重要的中国问题顾问。在 20 世纪 70 年代末期，便于时任美国驻华代表处联络官的老布什相识。苏联解体之后，他又随着老布什政府的商贸文化代表团访问了中国。关于这部分经历，参见其回忆录 Robert B. Oxnam, *A Fractured Mind: My Life with Multiple Personality Disorder* (London: Hyperion, 2013).

④ 史蒂芬·佛里德里克·史达出生于 1940 年，博士毕业于普林斯顿大学历史系。其最主要的学术成就集中于对中亚苏联加盟共和国的民族及穆斯林问题的讨论。作为后"冷战"时期美国政府重要的中亚地区问题专家，他主持进行过多项美国政府资助的中亚政策研究项目。同时也是美国政府 2001 年之后制定对阿富汗政策的关键智囊人物。2001 年，在其主持下的中亚—高加索研究中心与美国重要智库大西洋学会（The Atlantic Council）联合发表了一份针对中亚地区的战略研究报告。这是美国政府第一份针对中亚地区进行的综合性战略研究报告（Strategic Assessment of Central Eurasia）。这份报告指出，该地区的安全对中国的利益也至关重要。

(*Nicholas Platt*)[1]，以及美国中央情报局喀布尔情报站主任、中东极端主义研究专家格雷汉姆·福勒（Graham E. Fuller）[2]。该项目两个重要成果，一个是由福勒与史达共同撰写的报告《新疆问题》（*The Xinjiang Problem*）[3]，另一个则是福勒编辑，由包括后来美国"新清史"研究学派重要人物蒲德培（Peter C. Perdue）等18名西方学者撰写的《新疆：中国的穆斯林边疆》（*Xinjiang，China's Muslim Borderland*）。[4]

然而，边疆（frontier）作为一个具有特殊意义的概念，实际上强调了包括新疆在内的一系列汉族人口少数区域在帝国秩序中的特殊地位。这种从"边疆"出发对中国历史进行诠释的方法开始于欧文·拉铁摩尔1939年完成的对于中国大陆内边疆的研究。拉铁摩尔强调边疆地区与汉族中心地区在地理环境上的差异造成了当地居民在生活方式、生产方式、社会组织方式等各方面的不同。这两种不同形式的文化之间的接触与摩擦，对历史发展产生了独特的影响。拉铁摩尔的问题意识，产生于他对"中国本部"（China proper）和边疆地区之间互动的认识。从地理上，这条界限以长城内外为准。而从政治与文化层面，这个边疆的界限则随朝代变迁而不停变换。在这个基础上，他希望理解为什么中国没有像美国西进

---

① 卜励德20世纪90年代期间担任美国亚洲学会主席。卜励德20世纪60年代初曾在台湾学习中文，之后被派驻香港领事馆。1968年回国之后，即成为美国国务院下属东亚与太平洋事务局的情报分析官员。不久便调任国务院下属著名的情报与研究局（Bureau of Intelligence and Research）专职负责亚洲共产党区域部门。1972年，他以美国国务院执行秘书处负责人的身份，陪同尼克松总统来到中国。随后1973年，便就任美国驻华联络处（U. S. Liaison Office）的首席政治部（Political section）官员。在整个冷战后期，卜励德作为外交官，服务的地区除了东亚之外，主要集中在第三世界。其中包括赞比亚、菲律宾、巴基斯坦。关于卜励德的简介，参见里根提名其为驻菲律宾大使的报告。Reagan Ronald，*Public Papers of the Presidents of the United States*：*Ronald Reagan*，1987（Washington，D. C.：United States Government Printing，1989）. 401.

② 格雷汉姆·福勒毕业于哈佛大学，主修俄语与中东研究。20世纪60年代开始为中央情报局服务。1982年，福勒成为中央情报局近东与南亚部门情报官，随后1986年成为国家情报委员会（National Intelligence Council）副主席。1988年加入兰德公司（RAND Corporation）。参加新疆计划时，福勒便是兰德公司的高级政治分析师。其主要研究方向是中亚与中东世界的伊斯兰极端主义。

③ 《新疆问题》是约翰霍普金斯大学中亚—高加索研究院下属的"丝路研究"（Silk Road Paper）系列中的第一篇系统长篇报告。Fuller and Starr，"The xinjiangProblem." http：//www. isdp. eu/publications/silk – road – papers. html Fuller and Starr，"The xinjiangProblem." http：//www. isdp. eu/publications/silk – road – papers. html.

④ Starr，*Xinjiang*：*China's Muslim Borderland.*

运动那样，发生汉族大规模向边疆地区扩张的历史。[1]

拉铁摩尔从边疆角度对中国历史进行的分析很大程度上得益于19世纪末期美国历史学家佛里德里克·特纳（Frederick J. Turner）所创立的美国史研究"边疆学派"（Frontier Thesis）。在特纳看来，美国制度的独特性并非来自于其欧洲大陆的传统，而是在美国"族人扩张"（expanding people）过程中被迫适应变革环境的结果。用特纳的话来说，便是"横越大陆和征服荒野的结果"。在这种对边疆不断的扩张发展进程中，美国将边疆原始的经济政治状况改造成为复杂的城市生活方式。[2] 特纳所描述的边疆不仅仅是一个地理概念，更重要的是一个经济与政治制度的边界。这一点与欧洲建立在民族国家观念基础上的边疆认识迥然不同。在欧洲人眼里，边疆是一条明确的界限，从法律上规定了民族国家主权的边界。[3] 然而，特纳描述的边疆更主要的则是一个可以自由扩张的广阔土地，代表了美国新教徒城市生活方式的经济与政治模式最外延。特纳发现，这种外延是流动的，随着"光荣"的西进运动的推进，这个外延不断扩张。而随着1890年西进运动导致的大量（白人）人口西移，美国人口调查局长宣布，一个"连续的、未开发的边疆线（frontier line）"已经不复存在。[4]

在特纳对边疆的论述中，还有一个更为重要的新教普遍主义假设，即对文明与野蛮这一对立毋庸置疑的认同。西进运动的基本合法性来自于那种对蛮荒之地的开发。蛮荒与文明之间的边界则成为特纳理解中的边疆的另一特性。边疆实际上代表了两种生活方式的对立。当作为野蛮的印第安人被彻底消灭，并归化到白人"文明"的城市生活秩序中之后，作为保

---

① 欧文·拉铁摩尔：《中国的亚洲内陆边疆》，唐晓峰译，南京：江苏人民出版社，2005年，第7－8页。

② 特纳在其重要论文"The Significance of the Frontier in American History（边疆在美国历史中的重要性）"中极富诗意地将这种乐观的扩张主义姿态表述为：The peculiarity of American institutions is, the fact that they have been compelled to adapt themselves to the changes of an expanding people－to the changes involved in crossing a continent, in winning a wilderness, and in developing at each area of this progress out of the primitive economic and political conditions of the frontier into the complexity of city life. 参见 Frederick Jackson Turner, *The Frontier in American History*（New York: H. Holt and Company, 1920）. P. 2.

③ 这种对于民族国家边界的认识，及其在欧洲现代国际法意义上对殖民主义问题的影响及其与帝国主义秩序的共存关系笔者会在后文中具体讨论。

④ Turner, *The Frontier in American History*. P. 1.

护移民不受印第安“野蛮人”威胁的边境哨所则也不具价值了。[①] 在这种美洲大陆内部的扩张主义历史叙述中，边疆哨所则成为文明推进的前线。与其说是一个防御性的界限，不如将其看作是一个进攻性的尖兵。在其主导与文明的感召下，则更加促进了美国民族融合的进程。

当然，在拉铁摩尔看来，美国西部开发与中国欧亚大陆边疆历史之间最大的差异在于，后者是两个文明群体之间长期的接触与流动。[②] 在这个意义上，拉铁摩尔的讨论可以对那种从欧洲中心的观念出发，用帝国史与殖民史的态度去理解中国“边疆”历史的倾向提出相应的批评。拉铁摩尔认为，在理解新疆问题时，必须认识到其边疆内涵的多样性，其中有不同种族之间存在的语言与文化边疆（linguistic and cultural frontier），有宗教边疆（religious frontier），有遵循不同制度模式社群之间的政治边疆（political frontier）及对苏联工业化社会、外蒙古共和国游牧制度等多种多样的经济边疆（economic frontier）。[③] 因此，拉铁摩尔提醒，在理解新疆及中国问题的时候，必须摆脱欧美中心的窠臼，同时承认，那种被美国历史进程所认可的“民主制度”（democratic institution），在中国历史进程中可能并不会被认为是“民主的志向”（aspiration toward democracy）。[④] 然而，受到麦卡锡主义的影响，拉铁摩尔并未在当时的英文学界取得太大影响。那种欧洲中心式的“原住民”（indigenous people）对抗中国“殖民”（colonialism）的叙述模式仍旧广泛存在于英文学界对新疆的历史叙述中。[⑤]

倘若离开了两种生活方式界定下的文明与种族冲突，特纳假设下的边

---

① 关于特纳的边疆学派介绍，本文主要参照了杨生茂编：《美国历史学家特纳及其学派》，商务印书馆 1983 年版。此外，1941 年赵敏求翻译欧文·拉铁摩尔《中国的亚洲内陆边疆》（赵译名为《中国的边疆》），在其译者序言中也简要提及拉铁摩尔史观与特纳边疆学派之间的类似之处。参见“引言”，欧文·拉铁摩尔：《中国的边疆》，赵敏求译，正中书局，1941 年。

② Owen Lattimore, *Studies in Frontier History* (London: Oxford University Press, 1962). pp. 135 – 6.

③ *Pivot of Asia: Sinkiang and the Inner Asian Frontiers of China and Russia* (Boston: Little, Brown and Company, 1950). p. 4.

④ *Pivot of Asia: Sinkiang and the Inner Asian Frontiers of China and Russia* (Boston: Little, Brown and Company, 1950). p. 4.

⑤ 关于这类英文发表的新疆研究的综述，可参看吴启讷：《新疆现代史研究述评》，《中央研究院近代史研究所集刊》，第 67 期，2011 年 3 月，第 149 – 184 页。

疆便无法作为美国独特历史发展的动力。同样，在拉铁摩尔对中国历史的叙述中，存在于蛮汉之间的边界也非常重要。与特纳一样，拉铁摩尔描述“中国”边界“不只是划分地理区域及人类社会的界限”，更代表了“一个社会发展的最大限度”。[①] 但是，与特纳不同的是，拉铁摩尔认为，作为帝国地理边界的长城是防御性、限制性的。它保护的是汉人“中国式的经济”，并进而保证帝国能够在最大程度上维持一种“向心性的利益”。[②] 必须注意的是，拉铁摩尔谈到的汉人（Chinese）不单单是从典型的西方体质人类学出发的对族裔差别“科学性”的鉴定，而更是一种从经济生产方式及群体组织方式出发的社会政治学概念。因而，正是在这个基础上，我们才能理解拉铁摩尔所描述的，在这个不断变迁的边疆历史互动中，汉人与非汉人的身份之间存在着流动性。那些“有特殊利益的商人、移民、有野心的职业政客及军人以及其他在边界外寻找机会的人”需要反对并摆脱帝国内部向心的发展趋势，因而脱离中心，成为了边疆利益的一份子。反之，朝向边疆的扩张则能够为农耕经济提供新的土地。[③] 从一定程度上，拉铁摩尔对“Chinese”和“barbarian”的理解更接近于传统中国天下观念中对华夷的认识。其价值，除了对文化差异的辨识之外，更重要的是强调了生产方式的差异。而这种生产方式之间发生的矛盾冲突，实际上构成了中国历史发展的基本动力。长城也并不能代表传统中国秩序的边界。[④]

然而，在当代“新疆问题”的表述中，这一“边疆”概念本身的多样性被替代为一种僵化的民族国家地理边界（border），这便是“新疆问题”显露出的第二种政治预设。当代英语学界对新疆问题的叙述很大程度上继承了冷战时期对苏联民族问题研究的经验与路径。1983 年，在罗伯特·康奎斯特（Robert Conquest）主持下，斯坦福大学胡佛战争、革命与和平研究所在美国新闻署的资助下，召开了一次学术讨论会。3 年之

---

① 欧文·拉铁摩尔：《中国的亚洲内陆边疆》，第 157 页。

② 同上，第 159 页。

③ 同上，第 158 – 159 页。

④ 这一点，在英国年轻学者蓝诗玲（Julia Lovell）对长城的描述中也有体现。蓝诗玲强调长城绝非是一条“精心绘制的边境线”（precisely demarcated borders）。参见 Julia Lovell，绘制的边境 The Great Wall：China against the World 1000 Bc – Ad 绘制的边境 2000（New York：Grove Press，2006）. 16.

后，此次学术讨论会上发表的论文结集出版。这本论文集当时集合了当时欧美资本主义阵营里最重要的苏联研究专家。讨论会的核心议题是“民族问题”（nationalities problems/questions）。在其前言中，罗伯特·康奎斯特表示，西方“当然要支持隶属于苏联各民族的自由”，也不应当忽视“真正俄罗斯民族感情的要求”。

倘若不将今天美国区域研究学界对“边疆问题”的叙述特别是在这套叙述中殖民与反殖民话语本身问题化与历史化，那么我们便很难理解这一研究领域的理论来源及其背后的政治隐喻。今天我们讨论的殖民主义问题，很大程度上来源于欧洲18世纪末期海外扩张过程中形成的一种法律秩序。在这种被今天国际社会所普遍认同的所谓国际法秩序中，那种在欧洲历史中形成的民族国家（nation - state）主权是国际行为的主体。从格劳秀斯时代开始，这一民族国家主权规范便是对欧洲传统中帝国（主要是罗马帝国）的“治权”（*imperium*）及教皇的专制权利（*potestasabsoluta*）的有效拒斥。从这个角度上来看，欧洲历史上现代民族国家的形成，是对原有帝国治权及教权统一的分裂的结果。这种分裂的基础，是在自然共同体基础上发展起来的绝对主义君主权利。对欧洲内部来说，君主的绝对主义主权建立在一个亚里士多德式的“自然共同体”内部。这一自然共同体的基础是“自给自足”（self - satisfaction）。今天“民族国家”观念中的核心概念“民族”（*nation*）来自于西塞罗。其拉丁语词源是natus。指的是有共同祖先的全体人群。这种血缘上的共通性与今天的种族（race）观念相近。然而，缺少了政治共同体（*populus*）的认识，单纯的种族共同体（*natio*）无法形成健康的、具有自我保卫能力、可以独立生存的群体。[①] 种族共同体的自我保卫能力，其形成是一个主权与治权分离的过程。[②] 在民族国家主权观念基础上形成的有限的边界（border）恰恰是对与在帝国治权基础上形成的边疆（frontier）的对抗。其历史动力，恰恰

---

① 参见菲利普·内莫：《教会法与神圣帝国的兴衰——中世纪政治思想史讲稿》，张竝译，华东师范大学出版社，2011年，364－374页。

② Alexander C. Diener and Joshua Hagen, eds., *Borderlines and Borerlands: Political Oddities at the Edge of the Nation - State* (New York: Rowman & Littlefield Publishers, INC., 2010). 4 - 11.

来自欧洲历史中罗马皇帝治权统一的结束与地方封建领主主权分裂的兴起。[①] 其本质上，是对耕作土地（cultivated land）的所有权的确认。[②]

从17世纪开始，从民族国家主权基础上发展起来的欧洲国际法体系也开始用于规范欧洲国家在海外殖民地的行为。而国际法作为一种普遍法（universallaw），其普遍性基础实际上来自于美洲的殖民者们对于欧洲滑达尔（Emer de Vattel）和格劳秀斯（Hugo Grotius）发展起来的国际法规范的进一步诠释。[③] 本质上来说，这种欧洲民族国家国际法体系的普遍性是具有明确边界的，其自然法（Natural law）的特性从根本上将其适用范围规定在信仰基督教的白人世界。格劳秀斯认为，所谓自然法实际上是对"基督徒认可的合法性"（what is lawful for Christians）的认可。[④] 只有从这种17世纪国际法自然法的起源及其发展层面上，我们才能理解殖民主义背后的法律意义。对欧洲国家来说，欧洲内部民族国家的主权是神圣的。其在殖民地行为的合法性，恰恰基于它们对殖民地人民已有主权形式的否认。因而，我们可以发现，这种殖民行为在格劳秀斯国际法中实际上被表述成对未耕种的"无主之地"（*Terra nullius*）的占有以及对海洋这类"无主财产"（res nullius）的使用与分配。离开了对于财产权有意识的分配这一欧洲中心的历史背景，我们便无从理解殖民主义的真正含义。反之，如果简单用当代语境下的"殖民主义"去重新解读17—18世纪世界史范畴内，发生在欧洲及基督教世界之外的主权及治权行为，便显得极其无力。新清史研究中，以殖民征服表述的清朝治权方式，便面临着这种时代错乱（anachronism）的问题。同时，也显示出一种用西方后"冷战"时期国际

① 具体可以参见 Simon Schama, *A History of Britain: At the Edge of the World? 3000 BC – AD 1603* (New York: Hyperion, 2000), 34. See also Christopher Whittaker, *Frontiers of theRoman Empire: A Social and Economic Study* (Baltimore: Johns Hopkins UniversityPress, 1994); Derek Williams, *The Reach of Rome: A History of the Roman ImperialFrontier 1st – 5th Centuries AD* (New York: St. Martin's, 1997); Stephen Mitchell, *AHistory of the Later Roman Empire* (Malden, Mass.: Blackwell, 2007), 81 – 86, 338 – 43.

② 关于主权与财产权的关系讨论，参见 Edward Keene, *Beyond the Anarchical Society* (Cambridge: Cambridge University Press, 2002). 62.

③ 关于美国独立运动过程中托马斯·杰斐逊等人从殖民地财产私人所有权的角度对滑达尔等人的诠释请参见 ibid. 97 – 119.

④ Hugo Grotius, *The Right of War and Peace*, 3 vols., vol. 1 (Indianapolis: Liberty Fund, 2005). 125, 199.

秩序及其意识形态语言对中国问题进行规训的态势。

当然，在法律实证主义的影响下，国际法在19世纪开始渐渐剔除其格劳秀斯以来的自然法色彩。然而，在这个过程中所形成的实证主义普遍性却已经不再服务于欧洲的殖民主义秩序。从民族自决（Self－determination）出发，这种美国式的世界图景将民族国家主权的普遍性扩大到欧洲之外。虽然当代新自由主义全球化秩序中存在着明显的超民族国家式的美国新帝国主义霸权。[①] 但是，我们也必须意识到，这种霸权主义的起源恰恰来自于美国在19世纪末期，通过国际法理论讨论和国际政治实践，以民族自决为基础，对欧洲殖民帝国主义秩序进行的挑战。[②] 美国作为一个新兴的势力，在其新教普世教会（Presbyterian）传教士们的协助下开始将国际法推广到包括中国在内的非西方世界中。[③]

必须强调的是，在中国天下秩序中民族国家主权意识的出现，其历史动力来自于两种西方世界霸权格局更替中出现的冲突。这种冲突的复杂性更体现在从现实主义权力政治的角度出发，不同霸权力量对一种普遍性话语差异性的使用及多重标准的存在。这一多重标准不但存在于两个相竞争的霸权之间，也存在于霸权内部针对不同地区不同问题的不同处理方式上。具体来说，我们既能看到欧洲旧世界殖民霸权针对中央统一性的主权的漠视，也能看到在殖民秩序下，对地方分裂性的自决权的鼓励。[④] 这一现象出现在中国，也出现在阿拉伯世界。在中华帝国与奥斯曼帝国衰亡与19世纪末它们自我转型的历史中，当代政治话语中的“民族问题”作为殖民知识的一部分，开始生根发芽。同时，我们也能看到美国19世纪在西方之外的地区，作为一个新兴的力量，对民族自决及其背后的政治普世话语进行的策略性诠释，以及在此基础上对欧洲殖民世界秩序的挑战。这

---

① Michael Hardt and Antonio Negri, *Empire* (Cambridge, MA.: Harvard University Press, 2000). p. xii.

② 关于美国从威尔逊开始的针对欧洲殖民秩序的政治挑战，参见：Odd Arne Westad, *The Global Cold War: Third World Interventions and the Making of Our Times* (Cambridge and New York: Cambridge University Press, 2007). 15－22.

③ 在19世纪中国，翻译西方国际法的重要美国人包括伯驾（Peter Parker）和丁韪良（W. A. P. Martin）。这一部分的历史和文本分析，我已另文讨论。在此不再重复。

④ 关于欧洲殖民霸权对“民族自决”及国家主权观念在诠释中国少数民族地区问题上的策略性应用，请参见汪晖：《东方主义、民族区域自治与尊严政治——关于“西藏问题”的一点思考》，《天涯》2008年第4期。

种对殖民秩序的挑战很快也发展成一种新的干涉主义霸权。①

19 世纪的特殊性在于在世界范围内，几种普遍性话语之间出现的冲突和在西方普遍主义话语内部出现的欧美新旧大陆之间的分裂，以及在此分裂基础上对这种欧洲国际法秩序普遍主义话语的再诠释。对于民族身份的认同也需要被放在这个背景下理解。从欧洲殖民秩序角度出发，“民族身份”观念的理论基础来自于19 世纪中期发展起来的所谓科学种族主义。②随着19 世纪生物分类学的发展，一种用“科学”的标尺对人类种族进行分类的尝试也开始兴起。除了对人类从体质上进行的分类之外，一个更基本的问题，则是为这种体质性差异提供合理化解释。在环境决定论的影响下，人种的体质多样性被看做是物理环境，特别是耕作条件影响下的必然差异。在古生物学的创始人瑞士解剖学家乔治·居维叶（Georges Cuvier）看来，人类主要分为三种迥异的种群，即高加索白种人（Caucasique）、蒙古黄种人（Mongolique）及伊索比亚黑种人（Éthiopique）。造成这种人种差异的基础是各大洲迥异的古气候环境。这种环境差异进而造成了文明程度的差异。如苦寒的北亚、北欧及美洲森林的环境造就了占据那片大陆的“野蛮”捕猎人，而中亚与非洲的沙漠盐碱地养育了那些游牧的半开化（demi - civilisées）族群。他们一直与周边的农业国家冲突不止。诸如波斯、印度、中国这类农耕国家（les pays cultivés）物产丰富，也反之受富饶所累，因而需要专制集权君主进行组织保护。这种专制主义又阻碍了工业的发展。在居维叶看来，只有不受野蛮人（Barbares）干扰的南欧，气候平和的南欧才是真正的文明（civilisation）的起源。③ 这段叙述中最

---

① 关于这方面的讨论，请参见 Westad，*The Global Cold War*：*Third World Interventions and the Making of Our Times.*

② 不少今天的研究者们策略性地将这一名词称为 pseudoscientific racism（伪科学种族主义）。

③ Georges Cuvier and Pierre André Latreille，*Le ReèGne Animal Distribué D'aprèS Son Organisation*，*Pour Servir De Base à L'histoire Naturelle Des Animaux Et D'introduction à L'anatomie ComparéE*，4 vols.，vol. 1（Paris：Deterville，1817）. 79 - 80。本书 1827—1835 年间由一名英国律师、博物学爱好者 Edward Griffith 陆续译成英文，包括插图在内，共 16 卷本，题为 *The Animal Kingdom*：*Arranged in Conformity with its Organisation*。本段内容的英文译文参见 George Cuvier，*The Animal Kingdom*：*Arranged in Conformity with Its Organization*，trans. Edward Griffith，Charles Hamilton Smith，and Edward Pidgeon，16 vols.，vol. 1（London：William Clowes and Sons，1827）. 95 - 6。

有意思的论述是居维叶对文明的分类。①

从词源上来说，“文明”（civilisation）与耕作（cultivés）密切相关。这一点在之前对殖民权利的讨论中也能得到佐证。然而，一片土地的耕作与否在19世纪殖民知识中并非是“文明”的唯一例证。从居维叶的讨论中，我们发现，工业的发展及在其影响下兴起的社会财富积累及中产阶级个人主义才是现代文明的标志。农业（l'agriculture）与文明是两种不同的人类社会进化阶段。前者的兴盛，并不能直接导致后者的发生。能否从一个落后阶段发展到一个高级阶段（avancé son développement.），一个重要的因素是环境。在居维叶看来，包括中国在内的一些国家，它们仅仅算作是“农耕国家”，社会形式停留在由一个专制主义（despotisme）统治下形成的软弱无力的国民群体，进而被人征服（subjuguer）。在这个意义上，这类农耕国家与“半开化”的游牧民族并无二致。两者之间的冲突关系无非就是动物界中那种捕猎者与猎物之间勉强求生的共生关系。从这种基本的“野蛮/半文明/文明”的生物学分类中，我们也同样可以找到在欧洲殖民秩序中，从国际法及道德层面对其在非西方地区进行殖民活动的合法性叙述基础。在这个基础上，欧洲的殖民被描述成为“文明化任务”（civilizing mission）。其文明指向是非常明确的，即朝向欧洲工业化式的“现代化”计划。在这种过程中出现的对非欧洲白人的经济与政治霸权与其“文明化任务”的普遍主义政治话语出现冲突，同时也出现了对非白人权利的认可与殖民扩张经济效益最大化需求之间的冲突。在这多种冲突之下出现的一系列诸如“原住民问题”（aborigine question）、“黑人问题”（negro question）等，恰恰体现了在这种以社会达尔文主义道德

① 居维叶这一对文明发展阶段的论述在英文新译本中得到很好的表现，原文如下：The glacial climates of the north of both continents（Asia and Europe），and the impenetrable forests of America are still inhabited by the savage hunter or fisherman. The immense sandy and salt plains of central Asia and Africa are covered with a pastoral people，and innumerable herds. These half civilized hordes…rush like a torrent on the cultivated countries that surround them，in which they establish themselves，but to be weakened by luxury，and in their turn to become the prey of others. This is the true cause of that despotism which has always crushed and destroyed the industry of Persia，India，and China. Mild climates，soils naturally irrigated and rich in vegetables，are the cradles of agriculture and civilisation，and when so situated as to be sheltered from the incursions of barbarians，every species of talent is excited；such were（the first in Europe）Italy and Greece，and such is，at present，nearly all that happy portion of the earth. 参见 Philip D. Curtin，ed. *Imperialism*（New York：Harper & Row，Publishers，1971）. 7－8.

历史观及工业现代化为基础的殖民主义普遍话语在理论上巨大的漏洞，也正是这些问题的存在，使得殖民主义普遍话语下建立的世界秩序始终处在冲突与反抗、中心与边缘这类尖锐对立的困境之中。

从这个基础上出发，再去理解西方国际法体系下提出的“民族自决”，便能发现其在根本上并未对欧洲殖民知识中对于历史发展进程及现代化目标作出任何反思。历史发展进程也从未离开那种从野蛮经由“现代化”改造而进入文明的步骤，而现代化的目标仍旧是以欧洲式的工业化为标杆，其核心问题仍旧是土地在财产权意义上的归属。我将这种在“现代化”改造掩盖下的“文明化任务”霸权主义成为一种以秩序建立为目标的“系统殖民工程”（systematic colonial project）。从欧洲内部，这种系统殖民工程是欧洲民族国家工业革命后资产阶级兴起及绝对主权形成的必然后果，从其外部，则体现为利用欧洲知识对世界秩序有意识的系统改造。这种改造的方式针对“半文明”与“野蛮”地区有截然不同的方式。这种伴随着有意识的、内外结合的、有强烈中心霸权意识的殖民工程在19世纪是具有其特殊性的。而利用“殖民”这一话语去理解非西方国家19世纪及其以前的普遍主义话语及其基础上发展起来的政治行为则恰恰弱化了这种话语背后的特殊性，也更无法真正展现其在19世纪世界秩序形成过程中对当下世界的深远影响。

二、碎片化：贸易的殖民秩序与中亚分裂

新疆的“问题化”包含两个层面的认同，一方面是在民族自决及西方人种学基础上对新疆泛突厥民族属性的认同。另一方面，是对该地区伊斯兰属性的认同。这在中国被简化表述为“双泛思潮”对新疆的影响。然而，泛突厥主义（Pan - Turkism）及泛伊斯兰主义（Pan - Islamism）其产生背景以及它们与19世纪殖民工程之间有什么关系，则是需要深入分析的。

欧洲对中国最为系统的地理认识，应当开始于18世纪早期。自康熙四十七年五月十七日（1708年7月4日）开始，在康熙与路易十四的共同支持下，耶稣会士在中国官员的配合下对中国全境开始进行测绘。[①] 这

① 关于康熙《皇舆全览图》的绘制及中文版本考据，请参见李孝聪：《记康熙〈皇舆全览图〉的测绘及其版本》，《故宫学术季刊》，第三十卷第一期，2011年，55－79。

部分成果除了成为康熙五十六年（1717 年）初刻的二十九幅《皇舆全览图》之外，还流传至巴黎，由制图师唐维尔（Jean Baptiste Bourguignon d'Anville）增补欧洲资料，修订编成《中国、鞑靼总图》（*Carte Générale de la Tartarie Chinoise*，1732 年）[①]《中国、鞑靼与西藏新地图》（Carte la Plus Générale et qui Comprend la Chine，la Tartarie Chinoise et le Thibet，1734 及 1737 年）[②]。在 1734、1737 年的两幅图上，虽然对中国西部地区的测绘描述不清，但包含基本山脉河流沙漠，以及重要城市如阿克苏、喀什等。

19 世纪以来针对中国西北部地区的勘绘则多由欧洲主导。其中主要的为俄国率先开始的由北向南朝今蒙古及新疆地区的勘绘。英国皇家地理学会（Royal Geographical Society）翻译了大量这类来自俄国军方中亚地区探险队发回的报告，对后来英国从印度半岛向西藏新疆的勘绘起到了重要指导作用。两者的基本目的均为寻找商贸路线。[③] 而后者则更在 19 世纪后半期的殖民世界秩序中，扮演重要的角色。到 1880 年之后，英国这种所谓“自由贸易的帝国主义”（imperialism of free trade）秩序便开始让位于对大量海外殖民地直接控制的政策。[④] 而就在这一从 19 世纪中期开始的殖民贸易活动中，“东突厥斯坦”开始被作为一个统一的地理区域，指代包括中国新疆在内的广大中亚汗国。这一地理名词在 19 世纪欧洲殖民文献中无具体边界，拼法也略有不同，如 East Turkestan，East Turkistan，Eastern Turkestan 等，也有文件称之为“中国突厥斯坦”（Chinese Turkistan）等。在 19 世纪贸易殖民主义秩序看来，这一地区在 19 世纪实

---

① 这幅地图为黑白。该图不包括当时中国南方省份。该图囊括范围南至北纬 33°线，北至北纬 54°线。向西由于无法详细测绘，因而无准确勘界线。向东包含了今日本及韩国，有明确边界线表示。

② 这两幅地图为手绘彩色。1734 年图标示出了 1732 年图所示地理范围。两幅图最南至北纬 20°线，并包括线以南的海南岛（Isle de Hai – Nan）。最北至北纬 55°线。东西标识均以北京（Peking）为零点，向西至 +65°（至 MerCaspienne，即今里海），向东至 +30°（至今日本）。

③ 关于沙皇俄国在中亚地区的扩张与其帝国政治之间的关系，参见 Dominic Lieven，Empire：*The Russian Empire and Its Rivals*（New Haven and London：Yale University Press，2000）. 210 – 7。关于英帝国的中亚贸易扩张，参见 K. N. Chaudhuri，*The Trading World of Asia and the English East India Company*（Cambridge：Cambridge University Press，1978）. 243 – 5.

④ 关于这部分内容，可参见 Graham D. Goodlad，*British Foreign and Imperial Policy*，1865—1919（London and New York：Routledge，2000）. 30 – 8.

际为沙皇俄国与英帝国两个中心的“边缘”地带。此外，还有包括奥斯曼土耳其帝国在内的伊斯兰帝国的影响以及中国天下秩序中重要的一部分。从历史上来看，诸如河中地区等包含在这一广大地理范畴内的土地，实际治权归属非常复杂，是多种普遍性政治话语接触的现场。因此，即便我们不考虑当代民族国家主权概念在该地区形成时背后的欧洲殖民主义帝国战略背景，也无法真正使用教条的种族边界及民族国家主权模式去消解这种在历史过程中形成的治权复杂性。

沙皇俄国19世纪中期在该地区的贸易扩张行动主要开始于19世纪中亚历山大二世时期。特别是其在针对奥斯曼土耳其帝国发动的克里米亚战争之后。英帝国也希望通过参与这场战争，能够遏制不断向欧洲扩张的俄帝国。作为战争的结果之一，1856年签订的《巴黎合约》将黑海划为中立区，这实际上取消了俄国原有对黑海的专属控制权。同时，战争又使得原先在欧洲政治秩序边缘的奥斯曼帝国进入到了欧洲以民族国家主权为基础的“维也纳体系”中，被接纳到所谓“国家大家庭”（family of nations）中。维也纳体系的普遍性是极具边界意识的。其所倡导的国家主权模式及在此基础上的权力平衡（balance of power）国际关系结构仅仅局限于被认可为“国家大家庭”成员内部，成员之间的关系受条约约束。而在外部，这种以权力为主导的政治结构却不受任何限制。这种霸权主义政治现实于是便形成了19世纪欧洲实证主义国际法话语的基础，进而也使得这种枪炮下的普遍主义话语及其强调的主权模式，一方面成为欧洲基督教殖民主义霸权扩张的工具，有差别地对其帝国边缘的治权进行改造。另一方面，也成为包括奥斯曼帝国在内的这类非基督教的“国家大家庭”新成员对自身治权模式改造的课本。至19世纪末期，日本也成为这一“家庭”的成员。而清朝后期进行的系统变法运动以及随后的民国宪法运动等，也可以被看做是这种“现代”民族国家主权模式在非基督教国家内的吸收与内化过程。这一过程在一些学者看来是一种“法律帝国主义”（legal imperialism）。[①] 同时，在这一过程中，欧洲国际法及其背后的实证

---

① 参见 Turan Kayaoglu, *Legal Imperialism: Sovereignty and Extraterritoriality in Japan, the Ottoman Empire, and China*（Cambridge：Cambridge University Press，2010）. 而关于20世纪以来东突厥斯坦独立运动的历史叙述，请参看王珂：《东突厥斯坦独立运动：1930年代至1940年代》，香港中文大学出版社，2013年。

主义法理思想也对这种非基督教国家内的法理秩序进行他者化的叙述。[①]

《巴黎合约》签订于1856年3月，同年9月21日，俄国便向楚河河谷地区派出了一支勘探队。这支勘探队由俄国阿拉套地区（Alatau）地区指挥官命令，军官P. 谢苗诺夫（P. Semenoff）带领，从今天阿拉木图境内的俄军韦尔内堡垒（Fort Vernoye）出发，最远到达伊塞克湖（Lake Issik - Kul）西岸。在其考察报告中，这一包括伊犁在内的广大地区被称为东突厥斯坦（Eastern Turkistan）。[②] 这一欧洲/俄国中心的含混名词后来在该地区民族主义兴起的浪潮中被作为分裂主义者们使用的口号，这则更显示了19世纪维也纳体系在欧洲以外地区扩张所形成的矛盾状况。[③]

俄国在中亚地区的扩张对英帝国在亚洲的边疆形成了重要挑战。作为对俄国中亚扩张活动的回应，英国殖民政府也开展了对中亚的探险活动。其目的主要是为了打开从旁遮普地区通向以新疆为主的中亚地带的商贸路线。1868年5月25日，在皇家地理学会年会上，时任学会主席的罗德里克·玛奇森爵士（Sir Roderick Impey Murchison）发表了长篇演讲。这篇演讲系统地叙述了英国贸易殖民主义下的世界秩序及战略重点。其中针对中亚（Central Asia）与中国西部（Western China）地区的部分，也充分反映了当时英国政府在中亚及西藏新疆地区的贸易扩张意图，以及在这种意图之下对该地区治权问题的法理认识。在玛奇森爵士看来，“东突厥斯坦”地区是两个殖民帝国边疆间的缓冲地带。他提到的“东突厥斯坦”包括莎车（Yarkand）、喀什（Kashgar）和于阗（Khotan，即今和田）。他清楚地认识到，“东突厥斯坦”及包括云南等省份在内的地区是在中国治权下的。而该地区的穆斯林动乱则“清除”（sweep away）了中国政府官员，建立了独立政府，并进一步影响到了四川、甘肃、陕西等地。这种分

---

① 从对美国抨击中国人权问题的分析出发，这一倾向被一些学者称为“法律东方主义”。参见 Teemu Ruskola, Legal Orientalism: China, the United States, and Modern Law（Cambridge, Mass: Harvard University Press, 2013）.

② 报告1869年被译成英文，发表在伦敦皇家地理学会的机关刊物上。参见 P. Semenoff, “Narrative of an Exploring Expedition from Fort Vernoye to the Western Shore of the Issik - Kul Lake, Eastern Turkistan,” *Journal of the Royal Geographical Society of London* 39（1869）. 311 - 38.

③ 关于新疆东突厥斯坦独立运动在俄国帝国扩张历史中形成的背景，特别是其形成与俄国鞑靼斯坦境内发源的“扎吉德”（Jaddids）新式教育运动的关系，参见潘志平：《俄国鞑靼斯坦‘扎吉德’运动与近代维吾尔启蒙运动——新疆‘东突厥斯坦’运动的缘起》，《西北民族研究》2014年第3期。

裂的独立政权虽然暂时阻碍了英国缅甸殖民地向中国内陆的贸易活动，但却有效地成为了英国殖民边疆的缓冲地带，防止了俄国对英国印度殖民地的威胁，并连接殖民地通往中国内陆的贸易路线。在他看来，英国印度殖民政府与这些英帝国边疆（British frontier）之外①的那些“好战且居无定所的自由骑兵”（bellicose and unsettled Free Lances）之间的合作是非常明智的行为。在此基础上，他对当时英国支持下的阿古柏伯克叛乱（Yak-oobKooshbegee）做出了高度评价。②

18 世纪末期英国在印度特别是孟加拉与旁遮普地区的殖民活动，除了大大提高了这一地区的粮食作物产量之外，更重要的是通过棉花种植与布匹生产，将这一地区编织进了英帝国贸易殖民主义的网络中。这一过程，超出了原有自然法基础上形成的以耕作（cultivation）为法理根据的殖民秩序，而将这种以基督教普遍性为基础的“文明化任务”转化成了以商业资产阶级为基础的“商业化运动”（commercialisation mission）。③与前者不同，后者所形成的世俗化的世界秩序中，其格局不再是意识形态的冲突，也不需寻求在一种神权意志下进行的平等教化。相反，则更希望在一种差序世界格局中，维持贸易的垄断与利益的最大化。正是从这种贸易殖民主义霸权角度出发，英帝国对一个具有独立地位的“东突厥斯坦”的支持才有了实际价值。玛奇森爵士演讲之后，英国旁遮普地区殖民官员托马斯·福斯（Thomas Douglas Forsyth）主持撰写了一份详细的备忘录。这份备忘录建立在 1861 年 7 月 20 日，托马斯·蒙特哥米瑞（Captain Thomas George Montgomerie）向旁遮普政府提交的报告基础上，进一步描述了从旁遮普地区通向“东突厥斯坦”莎车之间可能的陆上贸易线路。1861 年的报告中记录了三条路线。第一条通过克什米尔（Kashmir）及莱镇（Leh，今印控克什米尔地区列城县）；第二条经过蒙迪（Mundee）、库尔卢（Kullu）至莱镇；第三条为实验性开拓路线，经斯卡都（Skardo）或拉达克（Ladak）。报告指出，所有路线均通过中国领土。1868 年新报

① 这片地区在他看来西至阿富汗斯坦（Affghanistan），北至于阗、莎车。

② Roderick Impey Murchison, “Address to the Royal Geographical Society,” *Proceedings of the Royal Geographical Society of London* 12, no. 4 (1 January 1867). 262 – 3.

③ 关于英帝国在孟加拉地区殖民政策的变迁及其从殖民贸易角度出发对该地区的现代化改造，请参见 P. J. Marshall, *The Making and Unmaking of Empires: Britain, India, and America C.* 1750—1783 (Oxford: Oxford University Press, 2005). 147.

告指出，经由这三条路线进行的贸易活动受到许多限制，其中最重要的包括高昂的人力成本，受克什米尔大君（Maharajah）控制的莱镇地区又有高昂的税费，从旁遮普边境喀喇昆仑山脉（Karakorum）的艰难地形，以及莱镇至莎车之间沿途的安全。[①] 因此，福斯的报告建议，应当开通一条从莱镇至莎车的新贸易路线。在其报告开头，他附了一份详细地图，指出了这条可能的贸易途经。这条路线沿班公错（Pangong Lake）南岸，沿卡莱博士（Dr. H. Carley）1868 年 8 月 16 日报告的从 Changchenmoo 山谷至喀拉喀什河（Karakash River）的线路至莱镇。[②] 由于路途相对平坦，且 1868 年时克什米尔大君降税，沿此线进行的贸易盈利更高。报告格外指出，总体说来，旁遮普至莎车的贸易线路非常艰苦，因而，此报告“不是为英国商人”服务的。而是要同该地区适应了这种艰苦状况的其他国家（即俄国）相对抗，[③] 开拓出一条与中国经由中亚地区的贸易通道。报告还指出，随着阿古柏动乱，中亚地区的茶叶供应受到阻碍。而开拓这条通道，则能够将旁遮普地区坎格拉（Kangra）产的茶叶输送到莎车，并经由莎车转向中亚其他地区。[④]

这种以贸易为基础的殖民主义秩序从根本上区别于中国建立在文化认同基础上的天下秩序，也不同于基督教普遍话语及科学人种学基础上对世界秩序的认知。这种秩序并不希望建立一种统一的政治共同体，相反，由于小型政府更容易屈服于这种贸易殖民主义的霸权，进而为其提供更低的税率。因此一个碎片化的治权结构虽然在贸易路线上造成一定的安全隐患，但从整体殖民工程的角度出发，小政府则更符合 19 世纪欧洲殖民霸权的利益。这一点，从 19 世纪历史中，英帝国对在旧帝国秩序边缘发生的“民族独立”运动的支持中也能得到印证。

三、理解阿拉伯帝国：ISIS 的兴起及其不平等本质

在简单阐述了分裂主义在 19 世纪欧洲国际法秩序背景下的起源及其

---

① T. D. Forsyth, “Memorandum on Routes from the Punjab to Eastern Turkistan,” (Punjab: Punjab Printing Company, Limited, 1868). 6 – 10.

② Dr. H. Cayley, “Report on the Route to the Karakash River Via the Changchenmoo Valley and Pass,” (Lahore: Punjab Printing, Limited, 1868). IOR/V/23/341, No. 2.

③ Forsyth, “Memorandum on Routes from the Punjab to Eastern Turkistan.” 14.

④ Ibid. 20.

复杂性之后，我们再看今天的泛伊斯兰主义的蔓延才更有意义。随着第二次世界大战的结束，以欧洲为中心的殖民世界秩序衰退。美国的兴起及其建立的世界秩序继承了欧洲 19 世纪国际法体系构建的民族国家秩序，并试图将其边界延伸到欧洲之外的世界中去。一次世界大战历史性地挑战了维也纳体系的合法性及其效率，其残酷性也动摇了这种欧洲的世界秩序的道德普遍性。而欧洲国家大战正酣之际，美国总统威尔逊（Woodrow Wilson）则在公共信息委员会（Committee on Public Information，CPI）积极的宣传下，渐渐成为一个新的"普世道德权威"（universal moral authority）继承人。[①] 威尔逊用"权力的社群"（community of power）替代维也纳体系强调的"权力的平衡"。这种世界秩序的基础来自于对民族自决的支持以及在此基础上的全球自由贸易（free trade）。威尔逊认为，通过民族自决而独立建国的政府，其正义性必须建立在人民共识基础上（governments derive all their just powers from the consent of the governed）。如此形成的国际秩序不单单符合自由和平的人类道德目标，也符合美国利益（American interest）。[②] 作为美国挑战欧洲殖民秩序贸易垄断的普世性话语，"民族自决"在一战时期成为包括中国在内的许多非西方国家想象平等政治的有效途径。然而，作为美国的全球战略，民族自决背后的支撑力量则是军事干涉主义。威尔逊时期，1914 年美国干涉墨西哥独立战争，通过武力向韦尔塔将军（General Victoriano Huerta）施压，迫使其下台。1915 年，威尔逊又授权美国武装入侵海地。这种在枪炮下推行的民族自决自由主义在拉丁美洲激起民族主义者们的反抗。而在亚洲，在 CPI 的不懈宣传努力下，中国知识分子中那种对威尔逊新国际秩序的乐观主义，在巴黎和会上的失败之后，很快也被强烈的民族主义情绪所替代。

从本质看来，20 世纪初期美国兴起时被作为全球战略提出的"民族自决"观念，并未真正走出 19 世纪欧洲维也纳体系中那种建立在军事力量基础上的贸易差序霸权。其对世界问题的认识仍旧停留在欧洲民族国家兴起时，在绝对主权观念与自由贸易基础上形成的对"国家利益"的认识。这种认识框架下的"国家利益"本质上是一种财产所有权（property

---

① Erez Manela, *The Wilsonian Moment: Self－Determination and the International Origins of Anticolonial Nationalism*（New York: Oxford University Press, 2009）. 21.

② Ibid. 35.

right)。从财产所有权出发的西方自由主义（Liberalism）政治，实际上是基于现实主义（Realism）结构框架下的。这种实际上的现实主义政治也使得自由和平等从一种真正具有普遍性的话语蜕变为一种世界范围内对所有权的争夺，以及对于政治体制排他性的认同方法。在此基础上实践的“民族自决”因而最终必然无法承担平等政治的大同任务，反而会进一步造成世界政治的碎片化（fragmentation）危机。在意识形态政治方面，这种危机的表现便是以“9·11”为里程碑，成为美国新自由主义政治的军事威胁，并进而对全球新自由主义政治及治理提出挑战。美国“反恐战争”（War on Terror）这种冷战式的观念，便是这种意识形态冲突的具体化表现。2008 年的金融危机，则更是新自由主义全球化模式内部所蕴藏的结构性问题的直接体现。民粹主义（populism）在全球的迅速崛起，种族意识复燃，成为新自由主义全球一体化市场努力的阻挠力量，也直接对新自由主义的精英政治提出了巨大挑战。这种碎片化的倾向体现为一种在种族主义话语遮蔽下的阶级冲突，进一步展现了“后冷战”时期希望政治消亡的深层次影响。

正是当代国际政治普遍主义话语中存在的这种逻辑困境，使得其无法对当前国际社会已有的主权体及制度形式作出有包容性的合理阐述，也无法对诸如“伊斯兰国”这类“反现代化”的政治方式作出有效批评，更无法对由私有企业、国家或各类经济贸易体垄断形成的霸权及不平等作出回应。这种差序且排他的普遍主义话语一方面把“边疆”僵化为财产所有权的边缘，另一方面，又将其视为霸权扩张的暂时边界。而发生在这种“边疆”内的种种问题，被冠以“文明冲突”的标签，人为地将其与“中心”发生的不平等政治下的对抗区别开来。不可否认，极端主义成为一个问题是伴随着新自由主义全球化兴起的。今天的文明冲突论述，企图将新自由主义霸权及其在全球范围内促生的对抗合理化为本质性的差异。正如“新疆问题”一样，更广大的中亚第三世界国家在今天重新走回了世界全球化的视野当中，只是这次不同的地方在于，第三世界不再是全球政治想象的可能性空间，而成为需要被治理的全球安全漏洞。这种安全在反恐战争的话语中，成为美国政治意识形态霸权的武器。而通过对反抗问题的反思，本文希望提出一个更为基本的问题，即为什么 20 世纪后半叶第三世界解放浪潮中反抗霸权的平等政治大同关怀，到了今天却被极端主义及民粹主义这种分裂的政治所替代？

今天阿拉伯地区的问题，来源于二战后去殖民建国运动及强人政府的崛起。在这一时期，绝大多数阿拉伯国家完成了国家机构层面的现代化改造。然而，这种体制上的现代化运动并未真正伴随中国式的社会革命现代化过程。其中重要一点，是作为传统主义基础的伊斯兰教并未能经历彻底的现代化改造。这是所有发生彻底内乱的阿拉伯国家中所面临的一个共同问题。而在海湾君主制国家里，这一现代化过程仅仅发生于基础设施建设的物质层面。意识形态上，它们仍旧停留在建立于部族习俗基础上的伊斯兰教。从这个意义上来讲，伊斯兰教派的冲突，则与部族认同密不可分。2010年年末出现的阿拉伯动乱实际上存在几个重要前提。首先，是强人政府在20世纪90年代以来新自由主义经济全球化背景下经济主权的丧失以及海湾君主制国家在石油美元支持下的迅速强大。其次，是奥巴马政府中东战略的收缩与向亚洲的转向。再次，是新自由主义全球化造成的区域阶层不平等及作为其对抗力量的伊斯兰主义的扩张。最后，则是海合会国家针对地区与伊斯兰事务领导权问题的争夺。

阿拉伯动乱从一开始就是一场代理人战争。近些年，阿拉伯半岛上冷战时期形成的强人政府在各种力量影响下纷纷倒台。而今天影响了伊斯兰世界的“伊斯兰国”（al – Dawlah al – Islāmīyah fil'Irāq wa ash – Shām，即 ISIS）便在这种环境下诞生。它不像现代民族国家主权体，而更像是一个松散的游牧帝国。它没有明确边境，其内部的认同基础在宗教层面上来看是极其单一的，但从其民族成分上来看，却又非常多样。“伊斯兰国”的特殊性，必须从其政治上提供的那种政教合一的伊斯兰大同想象开始谈起。ISIS组织名中所使用的“الدولــة”（al – Dawlah）发源于公元10世纪的阿巴斯王朝（黑衣大食）。其本意有回转、时间段的意思，与现代民族国家秩序中的“国家”（State）概念有所不同，“al – Dawlah”更接近“王朝”（Dynasty）的意义。[①] 同时，这个词还强调了一种政治合法性在政权更迭过程中的交替，阿巴斯王朝的政治学家用“dawlah”来描述自身这种旨在替代伍麦叶王朝，继承伊斯兰“天命”的行为。因此，在这个意义上，这个词也非常接近中国传统政治叙述里“汤武革命顺乎天”中“革命”

① Franz Rosenthal，“Dawla，” in *The Encyclopedia of Islam*（Leiden：Brill，1991）. 177 – 8.

一词的意义[①]。恰是在19世纪阿拉伯世界世俗化浪潮中，这一概念中政教合一的伊斯兰理想政治想象渐渐消失，被西方概念中的“国家”所取代。[②]

跳出当前简单的“反恐战争”话语来看ISIS，便可以发现，在地缘政治诉求之外其更深层次的意识形态政治目标。ISIS所要求建立的所谓“哈里发国”除了是一个伊斯兰政教一体的理想“乌玛”（Ummah）之外，更是一个复古的帝国企图。其所希望继承的，便是阿巴斯王朝建立的那个中心在阿拉伯半岛的阿拉伯人的哈里发帝国。与之前的萨拉非主义（salafism）原教旨组织相比，ISIS同样也以对伊斯兰教法的狭隘诠释为基础，对（西方的）物质生活方式及其在阿拉伯世界进行的霸权主义侵略进行暴力对抗。[③] 然而，ISIS的政治想象超出了一般意义上19—20世纪阿拉伯与中亚伊斯兰国家中旨在驱逐外来侵略者的武装“圣战者”（مجاهد，mujahedeen）运动，而变成了一种主动向外扩张的阿拉伯帝国主义。随着2001年“9·11”事件，基地组织作为一种极端力量，对美国全球霸权以及背后的新自由主义政治秩序进行了全球性的挑战。这在美国保守主义观察家看来，代表了“宗教的东方”（religious East）对“世俗的西方”（secular West）进行的挑战。[④] 这种文明冲突式的表述预设了西方语境下的“文明”概念的普遍性，将这种暴力对抗简化成了对现实“美国利益”的挑战，将暴力本身归结于伊斯兰作为“前现代”（pre－modern）宗教与“现代”秩序之间矛盾的结果。这样一来，这种暴力“圣战”（جهاد，jihad）得以在伊斯兰世界中生长发展的社会意识形态基础便被忽略，进而造成诸如“9·11”一类的暴力恐怖袭击事件被看做是一群人主导下的

---

① 关于对这段历史的叙述以及对“dawla”作为“革命”含义的阐释，参见：Chase F. Robinson, ed. *The New Cambridge History of Islam: The Formation of the Islamic World Sixth to Eleventh Centuries*, 6 vols., vol. 1（Cambridge: Cambridge University Press, 2010）. 255－64.

② Nazih N. Ayubi, *Over－Stating the Arab State: Politics and Society in the Middle East*（London and New York: I. B. Tauris, 1995）. 21－2.

③ 关于伊斯兰教法在极端主义运动中的重要作用，请参见笔者另文：《伊斯兰律法语境下的瓦哈比主义——“反恐战争”与当代伊斯兰教法的失衡》，《区域：亚洲研究论丛》第3辑（即出）。

④ Bernard Lewis, “The Roots of Muslim Rage,” *The Atlantic*（September 1990）. 10.

“突发事件”（*an event of surprising disproportion*）。[①] 而在此之后 ISIS 的出现，用西方那种以现实国家利益为基础的国际秩序语言与策略，则更无法理解。

现代意义上的阿拉伯国家大多出现于 20 世纪初奥斯曼土耳其帝国解体之后。在这以前，该地区的政治基础来源于部落或松散的部落联盟以及在此基础上产生的帝国。19 世纪，在欧洲殖民秩序中，又诞生了一批殖民托管国家。[②] 在 20 世纪后半叶西方的政治表述中，这一过程被简单化为一个线性的过程，现代化被看做是阿拉伯世界脱离宗教的蒙昧，走向世俗社会的简单过程。[③] 然而，这类对阿拉伯伊斯兰世界现代化的线性阐释却无法对今天极端主义的复兴作出合理解释。新一代学者重新从殖民主义对奥斯曼帝国的影响历史出发，对这个问题进行了有价值的反思。他们超出了一般性的西方中心现代化叙述单一视角，以伊斯兰律法与西方式的现代法律体系之间的冲突为基础，对伊斯兰内部的变革话语进行了梳理。[④] 但是，这类从土耳其现代化进程出发的讨论却忽略了一个基本的现实，即极端主义实际上来自于奥斯曼帝国的边疆。其中对当代世界格局影响最深远的瓦哈比主义出现于 18 世纪的内志省。[⑤] 这种基于贝都因部族习俗的

---

① *The* 9/11 *Commission Report*：*Final Report of the National Commission on Therrorist Attacks Upon the United States*，（New York：W. W. Norton，2004）. 339 – 40.

② 关于在威尔逊提倡的“民族自决”诉求与英国殖民秩序压力下出现的阿拉伯世界建国希望浪潮，请参看 Aaron S. Klieman，*Foundations of British Policy in the Arab World*：*The Cairo Conference of* 1921（Baltimore and London：The Johns Hopkins Press，1970）. 关于英国殖民秩序在阿拉伯半岛退潮之季对海湾国家建国的影响，参见 J. B. Kelly，*Arabia*，*the Gulf and the West*（London：Weidenfeld and Nicolson，1980）. 105 – 63.

③ 这类论述集中在对奥斯曼帝国解体和土耳其共和国建立的历史分析上。这类讨论比较有影响的包括 Niyazi Berkes，*The Development of Secularism in Turkey*，Reissued ed.（New York：Routledge，1999）. 以及初版于 1969 年的 Bernard Lewis，*The Emergence of Modern Turkey*，3 ed.（New York：Oxford University Press，2001）.

④ 参见 Carter Vaughn Findley，*Turkey*，*Islam*，*Nationalism*，*and Modernity*：*A History*（New Haven & London：Yale University Press，2010）.

⑤ 关于瓦哈比主义的起源问题，参见笔者另文《伊斯兰律法语境下的瓦哈比主义——“反恐战争”与当代伊斯兰教法的失衡》，或 Michael Cook，“On the Origins of Wahhābism，”*Journal of the Royal Asiatic Society*，*Third Series* 3，no. 3（July 1992）. 关于瓦哈比主义教法内容与贝都因人部族习惯及生活方式之间的社会关联，请参看在 19 世纪瑞士人类学家、东方学学者 Johann Ludwig Burckhardt 对阿拉伯半岛西北部贝都因社群的考察报告整理成的文献，John Lewis Burckhardt，*Notes on the Bedouins and Wahabys*（London：Henry Colburn And Richard Bentley，1831）.

伊斯兰教法宗派是今天 ISIS 的理论基础。其创始人穆罕穆德·伊本·阿布杜·瓦哈比（Muhammad ibn Abd al – Wahhab，1703—1792）明确希望通过这样的教法改革，清除奥斯曼土耳其帝国给伊斯兰教内部带来的神秘主义、求智主义倾向。1744 年，穆罕穆德·伊本·阿卜杜勒·瓦哈比与穆罕穆德·本·沙特（Muhammad bin Saud）结盟，沙特家族为瓦哈比派提供武力保护及经济支持，而瓦哈比信众则为沙特家族对抗奥斯曼统治、统一阿拉伯部族及伊斯兰信仰、行使政治权利、清除基督徒犹太教徒，并进行领土扩张等“圣战”行动提供宗教法理学论证。在约翰·伯克哈德（Johann Ludwig Burckhardt）看来，瓦哈比教派信众类似于基督教中新教清教徒（Puritanism）。他们依照村落部族为单位，听从教长的指示，严格遵守伊斯兰教形式上的规定。在这种瓦哈比主义的社会结构里，个人与教权最重要的联系体现在缴纳天课（زكاة，Zakat）的义务上。[①] 与奥斯曼帝国的官方伊斯兰信仰相比，他们一方面拒绝承认奥斯曼“哈里发”（khilāfa）的宗教权威，另一方面，却严格遵循分散各部族教长的权威，以《古兰经》为唯一真理，进而形成了一种多中心的教权结构。

直至今天，沙特，特别是来自沙特境内的个人，仍旧是这类瓦哈比主义组织重要的资金来源。[②] 然而这种看似排外的极端主义到了今天，特别是在 ISIS 的进一步诠释下，却被装扮成了一部分穆斯林的新希望。据西方媒体报道，至今为止有超过 500 名的 ISIS 成员来自法国、英国。[③] 另有消息说，ISIS 战士里先后有超过 2000 名欧洲人及 100 多名美国人。[④] 越来越多的证据显示，ISIS 迅速兴起得益于伊拉克及叙利亚的内乱。[⑤] 前者主

---

① *Notes on the Bedouins and Wahabys*. 101 – 6.

② 参看美国联邦调查局报告。“Combating Terrorism：U. S. Agencies Report Progress Countering Terrorism and Its Financing in Saudi Arabia，but Continued Focus on Counter Terrorism Financing Efforts Needed，”（Government Accountability Office，2011）. http：//archive. org/details/242250 – combating – terrorism – u – s – agencies – report – progress.

③ “Two Arab Countries Fall Apart，” *The EconomistJun* 14 2014.

④ Michael S. Schmidt， “U. S. Pushes Back against Warnings That Isis Plans to Enter from Mexico，” *The New York Times* 15 September 2014. 或参见有关报道，如 Elizabeth Dickinson，“The Case against Qatar，” *Foreign Policy*（September 30 2014）. http：//www. foreignpolicy. com/articles/2014/09/30/the_ case_ against_ qatar_ funding_ extremists_ salafi_ syria_ uae_ jihad_ muslim_ brotherhood_ taliban

⑤ 具体请参见美国国务院反恐局 2013 年报告。“Country Reports on Terrorism 2013，”（Bureau of Counterterrorism，United States Department of State，2014）. 7 – 8.

要是以反对美国2003年入侵伊拉克的行动为核心，后者则表现为对阿萨德政府的武装对抗。而ISIS在叙利亚的活动借助了西方政治话语中“反专制”“反极权”以及“人权”等普遍主义概念，成功地吸引了大量来自世界各地、特别是西方社会的成员。[1] 在ISIS的意识形态话语中非常强调通过对伊斯兰原教旨主义生活方式的推广来对抗西方影响下的物质主义。

除了瓦哈比本人之外，ISIS在意识形态方面的重要资源还有其他两名古典伊斯兰教法学者：伊本·塔米亚（Taqî ad – Dîn A□mad ibn Taymiyyah）和其弟子伊本·卡亚米（Ibn Qayyim al – Jawziyyah，即 Muhammad ibn Abu Bakr），两人均属保守主义罕百里教法学派（Hanbali School）的信徒。伊本·塔米亚出生于13世纪蒙古入侵时期的哈兰（Harran）。在他看来，积极对抗蒙古人对阿拉伯的入侵是伊斯兰的一种圣战。这种“圣战”是穆斯林得以获得最终幸福的道路。[2] 在伊本·塔米亚看来，伊斯兰的本真理解仅体现在所谓“伊斯兰原初三代”（Salaf）中。当然，即便是对“原初三代”的教法解释在萨拉菲派内部也并不统一。[3] 今天以沙特为主导的瓦哈比主义，其作为意识形态政治的特色，便是希望通过对瓦哈比主义团体的支持，进而达到统一教法解释权的目的。而ISIS的活动，则从武装上为这一教法统一的努力提供了帮助。这一点，从ISIS所谓的“哈里发”Abu Bakr al – baghdadi的名字中便有很明确体现。用地名而非家族名作姓体现了罕百里学派及瓦哈比主义的重要特点。而Abu Bakr则是萨拉菲主义者强调的正统四大哈里发时期第一位哈里发、先知穆罕穆德的岳父阿卜杜拉·伊本·阿比·库哈法的通俗称谓。这种认主独一、反对奢侈生活的教法诉求实际上成为今天ISIS对抗新自由主义普遍话语的有效武器。

仔细分析ISIS及其重要前身组织如基地组织伊拉克分部（Tanzim Qaidat al – Jihad fi Bilad al – Rafidayn，即 Organization of Jihad's Base in Mesopotamia）和伊拉克圣战舒拉议会（Majlis Shura al – Mujahideen fi al – Iraq，即 Mujahedeen Shura Council Iraq）的政治话语，我们便能发现它展现的是一套完全与现代西方新自由主义政治话语不同的普遍主义逻辑。首

---

① Ibid. 73.

② Rudolph Peters, *Jihad in Classical and Modern Islam*: *A Reader* (Princeton: Marcus Wiener, 1996). 254.

③ 关于萨拉菲派的教法传统及其分裂的特色，参考杨桂萍：《当代赛莱菲耶及其对中国穆斯林的影响》，《回族研究》，2013年第1期。

先，与当代观察家们描述的不同，ISIS宣告成立的“哈里发国”实际上是对奥斯曼土耳其帝国的“哈里发”制度的反叛而非继承。[①] 1299年成立的奥斯曼土耳其帝国虽然继承了伊斯兰教传统里的哈里发制度，然而在其边疆省份的阿拉伯人看来，这一突厥人建立的帝国实际上是对阿拉伯人的入侵。因此，ISIS建立的“伊斯兰哈里发国”从其形式上，极大地模仿了公元13世纪灭亡的最后一个阿拉伯帝国王朝——阿巴斯王朝。[②] 其黑底白字的标志性旗帜便直接让人联想到阿巴斯王朝的纯黑色军旗。黑旗是阿巴斯王朝时期重要的战争隐喻，通过对中世纪教法学者伊本·马贾（Ibn Majah）整理的《圣训》（Hadith）中一段神秘主义表述的重新阐释，阿巴斯王朝借此赋予其领土扩张战争以神圣意味。[③] 这段圣训中被今天极端组织武装圣战支持者引用最频繁的一段话是：“从东方会升起黑旗，会以前所未有的方式杀死你。……如果你看到了从呼罗珊来的黑旗，要排除万难加入那支军队，因为这是马赫迪（مهدي，mahdī 即救世主）哈里发的军队，它会长驱直入到耶路撒冷，无人可挡。”[④] 在这段隐喻中所指的呼

---

① 关于这类西方观察，可以参看 Ghaffar Hussain，“Iraq Crisis：What Does the Isis Caliphate Mean for Global Jihadism?” *The Independent* 30 June 2014. http：//www. independent. co. uk/voices/comment/iraq – crisis – what – does – the – isis – caliphate – mean – for – global – jihadism – 9573951. html. 以及 Nick Danforth，“The Myth of the Caliphate，” *Foreign Affairs*（19 Nov. 2014）.

② 当然，从10世纪开始，阿巴斯王朝开始渐渐分裂，至13世纪随着蒙古人的入侵，阿巴斯王朝退至北非地区。其王朝仍延续至16世纪，最后为奥斯曼土耳其帝国吞并。但是，随着其政治与文化中心巴格达的沦陷，作为阿拉伯帝国的阿巴斯王朝也在13世纪终结了。P. M. Holt，“Some Observations on the Abbasid Caliphate of Cairo，” *Bulletin of the School of Oriental and African Studies*，*University of London* 47，no. 3（1984）. 501 –7.

③ 这段话《圣训》的英译为：The Prophet Sallallahu ‘Alaihi Wa Sallam said：“*Before your treasure*，*three will kill each other—all of them are sons of a different caliph but none will be the recipient.* ***Then the Black Banners will appear from the East and they will kill you in a way that has never before been done by a nation.*** ” *Thawban*，*a companion said*：*Then he said something that I do not remember by heart’ then continued to say that the Prophet*，*praise and peace be upon him*，*said*：“If you see him give him your allegiance，even if you have to crawl over ice，because surely he is the Caliph of Allah，the Mahdi. ***If you see the black*（*meaning war*）*flags coming from Khurasan*（*Afghanistan*），*join that army*，*even if you have to crawl over ice*，*for this is the army of the Caliph*，*the Mahdi and no one can stop that army until it reaches Jerusalem.*** ”

（Son of Majah，Al Busiri，Al Hakim，Ahmad Nuaym，Ad – Daylami，Hasan，son of Sufyaan，and Abu Nuaym.）引自：http：//www. islamformankind. net/Islamic% 20Prophecies/Black% 20Banners% 20from% 20Khurasan% 20Afghanistan% 20to% 20Jerusalem. html。黑体为笔者所加。

④ 中文为笔者根据上引英文翻译。

罗珊（Khorasan）含混地指代今天阿富汗及周围广大的中亚地区。另外，近来愈发受到美国反恐战略重视的叙利亚内战武装组织“呼罗珊集团”（Khorasan Group）其成员据称也大量来自于该地区的阿富汗及巴基斯坦境内。①

从其假想的行政区域来看，ISIS 构想的新阿拉伯世界帝国是以阿拉伯半岛，特别是瓦哈比主义诞生的内志地区为中心的。然而，这种地缘政治上的差序结构却被一种暂时的穆斯林统一想象及在此基础上的“民主”话语所掩盖。2006 年，ISIS 前身伊拉克圣战舒拉议会发布了一则视频，视频中 6 名武装分子发表了一段被称作“沐香者誓词”（□ilf al - Mu□ ayyabīn，Oath of the Scented Ones）誓言。誓词表示，要“团结一切受什叶派和十字军压迫的逊尼派兄弟，帮助所有受压迫者（the oppressed）重新获得他们的权力。即便付出我们的生命也在所不惜……将安拉的语言在世上重奉为至上，复兴（restore）伊斯兰的荣光”。② 而再看 2004 年 1 月本·拉登在半岛电视台上发表的讲话，也非常明确地批评了犹太—西方联盟的十字军（Zinoist - crusader chain of evil）对伊拉克的占领，将西方对穆斯林世界的战争称为“宗教经济战争”（religious - economic war），并将对这种占领的武装反抗称为“圣战”（jihad）。③ 这份宣言与其说是宗教的，不如说是一份调动伊斯兰传统资源反对西方普遍主义的政治宣言。宣言中充满了对各类标签的感情式使用与对伊斯兰教法词汇的策略性含混。他声称，穆斯林兄弟们当前苦难的境遇，源自于“我们……缺少对伊斯兰宗教系统与正确的认识”。他批评了阿拉伯世俗政府受到西方影响，而将矛头对准了他们的穆斯林兄弟。而这些人实际上与西方执政者们（ruler）一

---

① Kate Brannen，“Exclusive：U. S. Renews Air Campaign against Khorasan Group，” *Foreign Policy* Nov. 5 2014. http：//thecable. foreignpolicy. com/posts/2014/11/05/exclusive_ us_ renews_ air_ campaign_ against_ khorasan_ group.

② 这段誓词的英文翻译为：We swear by Allah…that we will strive to free the prisoners of their shackles，to end the oppression to which the Sunnis are being subjected by the malicious Shi'ites and by the occupying Crusaders，to assist the oppressed and restore their rights even at the price of our own lives… to make Allah's word supreme in the world，and to restore the glory of Islam… 引自 “Islamist Websites Monitor No. 8”，The Middle East Media Research Institute，http：//www. memri. org/report/en/0/0/0/0/0/0/1910. htm.

③ Camron Michael Amin，Benjamin C. Fortna，and Elizabeth Frierson，eds.，*The Modern Middle East*，*a Sourcebook for History*（Oxford：Oxford University Press，2007）. 292 – 8.

样，均在议会政治与民主话语的掩盖下（use the guise of parliaments and democracy）谋求个人利益。本·拉登号召，解决这种困境的根源来自于伊斯兰本身。本·拉登遵循传统的瓦哈比主义模式，号召一种多中心的对抗模式。在他看来，各个群体都应当有一个他们所支持的领袖，而这些领袖主要来自于教法精英（Ulama）。这种多中心的组织模式在意识形态层面又是统一的。这个目的通过由这些精英组成的议会（Majilis）来实现。他们不但是教法权威，更是在此基础上形成的伊斯兰政治权威。这一结构，构成了今天ISIS基本的政治系统，而哈里发的存在，无非是在这一体系上添加一个象征性的神圣权威，回应了那种延续阿巴斯王朝阿拉伯哈里发帝国的历史想象。

四、结　语

在今天我们谈论的边疆问题背后，隐藏了“短20世纪”终结后的“去政治化”的世界政治中一种普遍性话语的危机。精英主义政治及以贸易帝国主义为基础的全球秩序淡忘了最广大的普通人民。这种秩序在20世纪末短暂的兴盛史破坏了在“短20世纪”世界革命实践中形成的以“人民民主”为目标的代表性政治基础，破坏了“人民民主”这一超越了阶级、种族、国籍、信仰界限的平等政治理想，并进而消解了在这种政治理想下形成的普遍政治认同。今天世界地缘政治中的碎片化倾向便是这种普遍主义政治理想失效的结果之一。这种“碎片化”的倾向同样存在于阿拉伯伊斯兰世界。ISIS得以在短时间内获得众多相应，在一定程度上似乎是这种对普遍主义话语及其代表的希望政治的追求，以及碎片化政治现实共同作用的结果。虽然由于伊斯兰教法内部深层次的分裂，这种虚假的普遍主义即便在伊斯兰世界内部也无法真正取得统一。但它却又以其伊斯兰世界大同的政治理想与强烈的反自由主义资本主义政治秩序的主张吸引了大量来自西方，在资本主义生活方式下幻灭的支持者。

吊诡的是，这种伊斯兰内部的教法分裂可以成为对抗极端主义蔓延的有效武器，传统地缘政治角度下权力的对抗（realpolitik）与平衡也可以有效制约在其背后的政治力量。但是，必须跳出这种19世纪以来形成的话语方式，才能真正为这个起火的世界提供有历史性意义的方案。在中国传统正史叙述里，对边疆的描述是包括在对治理史的梳理过程中的。边疆代表的是一个不断扩张的对天下的理解边界，而非霸权的边界。中国当下的“新丝路”战略的一个潜在力量便是以欧亚大陆的地理联系为基础，以中国改革开放以来的经济发展为依据，通过发掘传统中国的治理哲学与现代中国的革命政治经验，为“碎片化”的全球政治图景提供一种新的普遍主义理想政治想象。今天所强调的“去边疆”其含义便基于此。

中外边疆理论及其功能分析

徐黎丽　田俊迁

（兰州大学中国边疆安全研究中心教授，兰州大学历史文化学院副教授）

近些年来，随着中国陆疆、海疆危机不断出现，迫切需要进行边疆具体问题和边疆宏观理论的研究，以便为国家解决边疆问题提供理论指导和解决方案。但由于各国利益与边疆息息相关，边疆诸多问题与地缘政治、国际关系及各国内政相联系，难以形成统一的边疆理论体系。因此边疆诸多问题一直成为困扰各国且有时成为影响各国生存与发展的大事。中国自古以来就有自己的治边方略，但不同王朝因为边疆问题不同而采取不同的战略和策略，且一直停留于治边的行为层面，从理论上进行系统梳理的成果不多。因此，当今中国面临全球化对国家边疆带来的挑战时，无论在理论和实践层面都有一些应接不暇。本文从梳理国内外公认的边疆理论入手，论述这些理论在解决边疆问题方面的功能。

一、国外边疆理论

国家时代的边疆问题一直是困扰国家的重要问题之一。综观国外传播较广的边疆理论，大多为发达国家的边疆理论，这些理论内容不同，但均有自己的独到之处。下面分别论述。

（一）欧洲边疆理论

欧洲是边疆理论的发源地和集大成者。这不仅源于欧洲列强是地理大发现后首先遇到殖民地国家边疆问题的国度，也因为欧洲在古老的罗马帝国和后来的众多小国边疆治理中积累了解决边疆问题的经验与教训，最终得以上升为各种各样的理论。得到广泛认同的边疆理论如下：

欧亚心脏地带理论。这一理论是欧洲相对成熟的边疆理论之一。其代表人物是麦金德。早在 1904 年，他在《历史的地理枢纽》（ Geographical Pivot of History）一文中将世界划分为 3 个区域：“一为欧亚大陆中心的一片由草原和沙漠构成的内陆区域，一为由围绕欧亚大陆的边缘陆地形成的‘内新月形地带’，包括德国、奥地利、土耳其、印度和中国，一为由近海岛屿、南北美洲、澳大利亚等构成的‘外新月形地带’，由海路可以到达，被称为边缘地带。”① 其中“欧亚大陆中心的内陆区域是一个巨大的天然要塞，三面（ 除西面外）山系环绕，且河流主要流入内陆湖泊或北冰洋，因而历来系海上人无法到达的区域。各种游牧民族在历史上一直控制着这片广袤且人烟稀少的区域，他们对于自身所面临的周期性爆发的地理问题和社会经济问题的通常反应是黩武主义，这里的自然条件及马和骆驼的机动性使他们能不断汇集起强大的军事力量，从而对边缘地区造成严重的威胁。”② 然后他又“根据历史上欧亚大陆中心地带的游牧民族对边缘地区的压力程度，将古典时代后的历史划分为三个时期，即前哥伦布时代、哥伦布时代、后哥伦布时代。前哥伦布时代的特征是欧洲被围在一个狭窄区域内，且不断受到来自内陆中心草原的游牧民族的威胁；16 世纪的地理大发现使世界进入了哥伦布时代，新航路的开辟使欧洲得以从海上迂回到游牧民族的后方，从而抵消了中心地带的战略优势；但进入 20 世纪后（ 后哥伦布时代），技术发展使欧亚大陆中心地区同边缘地区的力量对比再次发生了根本的变化。”③ 于是他得出的结论是：“当我们考虑对这个广阔的历史潮流所作的迅速回顾时，不是觉得明显地存在着某种地理关系的持续性? 欧亚大陆上那一片广大的、船舶不能到达、但在古代却任凭骑马牧民纵横驰骋而今天又即将布满铁路的地区，不是世界政治的一个枢纽区域吗?”④ 后来他将其修改为心脏地带，并在地理范围上有所扩大。扩大的方向是：“一则向南扩展到中亚细亚山地，一则向西扩展到黑海和波罗的海水域。如此，曾经抵制欧洲帝国主义统治的唯一重要的国家——中国的大部分也位于心脏地带之内，尽管只有新疆和蒙古西部地区位于枢纽地区之内，而从易北河到亚得里亚海之间的东欧地区也被囊括在心脏地

---

①②③ 张世明：《拉铁摩尔及其相互边疆理论》，《史林》，2011 年第 6 期。

④ Halforg J. Mackinder，The Geographical Pivot of History，The Geographical Journal，Vol 23，No. 4，1904.

带之内。”① 后来他的这一理论就成为美国地缘政治学家尼古拉斯·斯皮克曼的战略名言：“谁控制陆缘地带，谁就能统治欧亚大陆；谁统治欧亚大陆，谁就能控制世界。”②

德国的国家空间有机体理论。这是德国地理学家拉泽尔（Friedrich Ratzel）的边疆理论。他认为“国家作为一个可以不断生长的空间有机体，首都是其头脑、心脏与肺腹，边疆是它的末端器官，生长的地域就成为它的四肢，公路、铁路、水道则是它的循环系统。”“地理的扩张，更加如此的是政治扩张，是运动中物体的所有特性，交替地前进扩张和倒退收缩”，“这种运动的目的是为了建立国家而征服空间。”③ 在此基础上“纳粹德国的地缘政治学理论曾提出过‘人为边疆’，豪斯霍弗等人把‘人为边疆’又称为经济的、军事的、防御的、文化的、司法的边疆。”④ 可见边疆是以人为中心的综合地理、政治、文化、军事等各个方面的国家边缘地带。

英国的“殖民地边疆”理论。英国在一战之前是世界上拥有殖民地最多的国家，对殖民地的深刻认识是这一理论产生的前提。我们从这一理论的代表人物寇松有关控制殖民地的话语中理解其理论内容。他认为：“正是帝国对印度的征服把我们推向了必然前进的潮流，这种潮流使我们敲开了中国的大门，使我们（的疆土）与暹罗的北部边疆复合。”他“强调了解远东各国边疆、边界的迫切性，建议英国的外交部、印度事务部搜集有关的资料，为以后的外交决策服务。”早在19世纪末他就指出远东还有少数国家“政治边界尚未确定”，一旦“政治归属、政治边界确定下来，商业的开发就将启动。”一战之后，随着英属殖民地的不断瓦解，他非常关注日益脆弱的英帝国边疆，特别是英属印度的持久安全，主张以更加有力的前进政策加以维护，即“沿着上千英里的遥远边境线，将出现我们20世纪的初防骑士。”⑤ 与此同时，为防范俄国革命之火蔓延，他提出一条临时的苏波边界线——“寇松线”，把应属于波兰的一切地区都划归

---

①②张世明：《拉铁摩尔及其相互边疆理论》，《史林》，2011年第6期。

③ Geoffrey Parker，Western Geopolitical Thought in the Twentieth Century，Sydney，1985，pp 11-12.

④ 董欣洁：《冷战期间西方边疆理论的发展》，《中国边疆史地研究》，2005年第2期，第23页。

⑤ See Geoffrey Parker，Western Geopolitical Thought in the Twentieth Century，p. 33.

波兰。由此可见，殖民地边疆理论是为英国进行殖民统治服务的。

西欧的"维达尔传统"与欧洲一体化的边疆理论。"维达尔传统"是欧洲走向一体化的思想和理论基础。它既强调地理研究的整体性，又关注地缘政治学中的人文主义精神。以此为基础，法国的地缘政治学家"提倡一种以国际合用为基础的边界的互透性，认为只有开放的而不是隐藏在高墙后面的社会才能产生高度的文明。这一学说为欧洲一体化运动奠定了思想基础。欧洲一体化的核心是把各国的主权逐渐转移到共同权力机构手中，才能实现欧洲的统一。"① 可以说强调地缘、弱化欧洲各国边界是欧洲当代边疆理论的核心。

（二）美国边疆理论

美国边疆理论随着美国国家利益的不断外延而变化。以下四个边疆理论不仅反映了美国不同时代对边疆的认识，也体现出美国的全球战略。

移动边疆理论。这是特纳的美国本土边疆理论。"特纳认为1890年前美国边疆是不断移动、变化着的，这一过程正是由于'自由土地区域的存在'，'大西洋边疆'过去的皮货商人、矿工、畜牧者和农民波浪式地相继越过大陆，出现'西进运动'。"②他"认为边疆促进了美国特殊的民族性的形成，边疆使美国民族摆脱'旧社会'的思想束缚，使美国社会有着强烈的'拓荒者'的精神，因而边疆是美国式民主的产生地，边疆为美国社会发展提供了'安全阀'"。③ 可见对于美国本土边疆，特纳强调人在边疆中的重大能动作用。

"新边疆"理论。这是肯尼迪政府时期随着美国科技发展出现的边疆理论。即"利用美国先进的技术和强大的经济实力去开拓新的领域，迎接新的挑战，在空间技术上赶超苏联，并在其他领域保持美国的领先地位。"④ 这一理论主要是与苏联争夺制空权，为巩固其世界霸主地位服务。

"高边疆"理论。继肯尼迪政府的"新边疆"理论之后，里根政府时期以格雷厄姆为首的美国研究小组又提出了"高边疆"理论。这一理论

---

① 董欣洁：《冷战期间西方边疆理论的发展》，《中国边疆史地研究》，2005年第2期。

② Frederick. Jackson. Turner, The Frontier of American History, Henry Holt and Company, New York, 1920, pp 1-38, 311-334.

③ 孙宏年：《相对成熟的西方边疆理论简论》，《中国边疆史地研究》，2005年第2期。

④ 董欣洁：《冷战期间西方边疆理论的发展》，《中国边疆史地研究》，2005年第2期。

的核心是“保护性战略防御”体系。“这是一种分层的战略防御体系。由天基防御系统、覆盖面更广的天基保护系统、陆基点防御系统和民防系统四个层次构成。格雷厄姆认为：‘高边疆’研究的目的是最大限度地利用美国的空间技术，实现下列目标：（1）消除由于苏联军事力量所形成的对美国及其盟国的现有的和日益增长的威胁；（2）用‘确保生存’战略取代‘相互确保摧毁’这种危险的理论；（3）既提供安全又促进挖掘空间巨大的工业和商业的潜力。”① “高边疆”理论有其独特的军事和经济目标，“其军事目标就是美国的战略防御计划，即改变核均势的局面，抢占太空的战略控制权，使苏联的核武库失去作用，确保美国及其西方盟国单方面的生存。其经济目标是开发和平利用太空的商业能力，也就是把太空工业化。”② 即美国通过高边疆理论达到最大限度开发利用太空资源和抢先占领太空空间。

“新帝国”边疆理论。美国乔治敦大学教授约翰·伊肯伯里从 7 个方面总结了“新帝国”理论的内容：第一，致力于维持美国的单极霸权世界；第二，对全球性的威胁以及如何应对这些威胁做出全新的分析；第三，先发制人去进攻是唯一有效的消灭威胁的办法；第四，重新确定“主权”的含义，因为恐怖分子没有主权的约束，因此，美国也不能受主权的约束，可以在任何地方先发制人；第五，各种多边合作机制是对恐怖分子做出迅速反应和打击的制约因素；第六，在反对恐怖威胁方面，美国需要发挥直接和不受任何约束的作用；第七，美国传统的现实主义和自由主义战略已无法解决美国当前面临的安全问题。③ 由此可见，新帝国边疆理论是美帝国主义思想的充分体现。

“利益边疆”理论。“新帝国论”直接催生了“利益边疆”的产生。此种理论认为，要保证国家的安全，必须使自身的“利益边疆”远远大于“地理边疆”④。正如于沛所说：“利益边疆回答的是国家利益的范围，战略边疆则是回答国家利益的战略要求。国家利益是主权国家制定内外发

---

① 朱听昌、刘菁：《争夺制天权——美国“高边疆”战略的发展历程及其影响》[J]，《军事历史研究》，2004 年第 3 期。

② 董欣洁：《冷战期间西方边疆理论的发展》，《中国边疆史地研究》，2005 年第 2 期。

③ G. John Ikenberry，“America's Imperial Ambition”，Foreign Affairs，September/October 2002，于沛：《经济全球化和现代西方边疆理论》，《云南师范大学学报》，2009 年第 5 期。

④ 于沛：《经济全球化和现代西方边疆理论》，《云南师范大学学报》，2009 年第 5 期。

展战略的基本依据。在全球化时代，国家利益日益呈现全球化趋势，这样，维护国家主权有两方面的意义，一是维护领土边疆；另一是维护国家的利益边疆或战略边疆，只有清醒地认识到这一点，才能主动地应对西方大国利益边疆或战略边疆的拓展，积极反对各种形式的霸权主义，真正地做到维护国家的主权利益。”① 也就是说，美国可以随时根据国家利益需要而进入任何一个有地理边疆的国家。

（三）沙俄—苏联—俄罗斯边疆理论

恢复世袭地产论。这是沙俄早期向外扩张的借口，因为扩张必须涉及沙俄的边疆，因此借恢复世袭地产的名义扩大疆土就成为其边疆理论。沙俄政府认为他们“所要恢复的世袭地产包括两方面，一是作为留里克王朝的继承人要恢复祖传‘世袭地产’，二是作为罗马帝国继承人要恢复第三罗马。”② 在此理论指导下，沙俄的疆域不断扩大。

浩罕继承论。19 世纪末，沙俄为侵占我国萨雷库勒岭以西的帕米尔地区，又提出“浩罕继承论”，这一理论是恢复世袭地产论的延续。“沙俄谎称这些地区历史上属于浩罕，浩罕又被沙俄侵占，沙俄因此有权继承这些地区。”③结果由于我国清朝政府腐败无能，使这些地区成为沙俄的疆土。

民族自决权理论。“十月革命”后，以列宁为首的苏维埃政府在批判沙俄边疆政策及理论的基础上，提出解决边疆问题的“民族自决权”理论。这一理论的实质是：把反对资本主义的革命斗争同实现一切民主要求的革命纲领和革命策略结合起来；反对无条件的民族自决要求，民族融合才是民族自决权的归宿；民族自决权的行使必须是被压迫民族在自愿的基础上，通过体现绝大多数人意愿的合理或合法途径，脱离压迫民族，成为独立国家；联邦制是适用于当时俄国及其沙皇统治下的被压迫人民及被压迫民族解放的，并在解放后作为实行充分的民主集中制的唯一道路④。即让边疆各族人民自己选择自己的归属，实行的结果是边疆各族人民自愿加

---

① 于沛：《经济全球化和现代西方边疆理论》，《云南师范大学学报》，2009 年第 5 期。

②③ 黄盛璋：《驳无耻的浩罕继承论》，《中俄关系史论文集》，兰州：甘肃人民出版社 1979 年版；转引孙宏年：《相对成熟的西方边疆理论简论》，《中国边疆史地研究》，2005 年第 2 期。

④ 尚伟：《列宁的“民族自决权”理论及其意义》，《马克思主义研究》，2011 年第 12 期。

入苏维埃政权。

缓冲与突破理论。冷战期间苏联的边疆理论在总体上可以概括为缓冲与突破。所谓缓冲是指“苏联在边疆外围建立一系列的缓冲地带以保障自身安全，”所谓突破是指“尽可能冲出西方的包围圈，在欧亚大陆的边缘得到新的突破口；也通过在世界各地建立苏联的军事基地，扶植亲苏政权和进行经济、军事援助等方式在全球扩展苏联的影响，并与美国争霸。”① 这突出地表现在海疆方面。早在冷战初期，苏联海洋战略的指导思想只限于近海防御。20 世纪 50 年代中期，苏联改近海防御为“远洋进攻”。到 60 年代中期，苏联远洋进攻的海洋战略最终形成。具体表现在世界各地攫取了很多海军基地、港口和机场设施的使用权，以夺取制海权并控制海上交通要道②。20 世纪 70 年代至 90 年代，苏联的边疆理论仍沿袭缓冲与突破的传统，“在冷战的正面战场欧洲搞缓和，在侧翼的亚非地区进行扩张，采用迂回手段谋求世界霸权。”③ 从后果来看，苏联的边疆理论收到了极好的拓土效果。苏联解体后，俄罗斯继续实施这一理论。

二、国内边疆理论

（一）西方中国边疆理论

近代以来，一些西方学者致力于中国边疆研究，并创建了有关中国边疆理论。其中集大成者为拉铁摩尔和费正清。

互相边疆理论。这是美国著名汉学家拉铁摩尔的理论。他认为，“长城边疆地带是草原部落团结与分裂循环的一个因素，也是中国王朝兴亡循环的一个因素。中国主要的核心利益需要一种封闭的经济、一种自给自足的社会和一个绝对的边疆，但边疆的内在本质所包含的力量会使边境倾向草原，这种情况强迫整个中国要全力以赴维护该边境，边疆地区的局部利益使绝对边疆的理想模型的边缘变得错综复杂，使其无法将中国和亚洲内陆两个世界截然分开。中国农业和社会的进化，对草原边境民族产生压力，从而促成真正草原社会的形成。在这个意义上，游牧循环至少有一部

---

① 叶自成主编：《地缘政治与中国外交》，北京：北京出版社 1998 年版，第 124 页。

② 董欣洁：《冷战期间西方边疆理论的发展》，《中国边疆史地研究》，2005 年第 2 期。

③ 刘德斌主编：《国际关系史》，北京：高等教育出版社 2003 年版，第 454 页。

分是中国循环的结果。另一方面，游牧社会一经形成后，游牧循环所造成的力量使之能够以独立的形式影响中国的历史循环。”① 由此可见，他不仅从边疆来解释中国历史和亚洲内陆边疆社会，而且根据亚洲腹地农耕文明与草原文明间互动往来的拉锯状态，将双方交汇之边疆视为这两种文明的黏合剂，从而提出中国内地王朝与草原游牧社会在历史循环中构成互相边疆。

冲击—反应模式。这是美国另一位中国通费正清的中国边疆理论。他长期致力于中国东南沿海通商口岸外贸历史研究。他的研究结论是：“西欧是内源式经济增长，此后向世界其他地区扩张。近代以来的世界历史确实是以西方为中心展开的。没有西方扩张这一‘外生变量’，古老的中国将一直维持传统状态。因此中国现代化的模式是西方冲击、东方反应的‘冲击—反应’模式（impact－response model）。”② 即中国作为国家的发展，是欧洲扩张冲击的被动结果，好像与中国内部几千年的发展无关。因此有人评价费正清的“冲击—反应”模式体现了一种“外因决定论”③。但正因为西方列强的入侵，中国人首先受到冲击的区域就是陆疆和海疆地区，因此这也是西方有关中国的边疆理论之一。

（二）本土边疆理论

古代守中治边理论。中国古代中央王朝治边思想的核心是“守中治边”“羁縻四夷”“德泽洽夷”“守在四夷”④。如“不以蛮夷而劳中国”“欲理外，先理内”“治安中国，而四夷自服”⑤ 等话语就是这种思想的反映。在这种边疆思想的指导下，常视边疆为代表异己文化的异邦或蛮狄，以自身为华夏正统，制定治边的方略，如“以蛮夷攻蛮夷，中国之长算”⑥“以藩为屏”“以夷治夷”⑦“亦无常法，临事制宜，略依其俗”⑧。关于具

---

①②③张世明：《拉铁摩尔及其相互边疆理论》，《史林》，2011 年第 6 期。

④ 方铁：《古代“守中治边”“守在四夷”治边思想初探》，《中国边疆史地研究》，2006 年第 4 期。

⑤ 司马光：《资治通鉴》卷 193《唐纪九》“贞观三年十二月”条，北京：中华书局，1956 年。

⑥ 刘煦等：《旧唐书》卷 194 上《突厥传》，北京：中华书局，1975 年。

⑦ 方铁：《古代治理边疆理论与实践的研究构想》，《社会科学战线》，2008 年第 2 期。

⑧ 范晔：《后汉书》卷 87《西羌传》，北京：中华书局，1965 年。

体的治边措施，则有羁縻之治、土官土司治策、改土归流、和亲、盟誓、纳质、教化、互市、屯田等。正如方铁所说："有向边疆地区的移民、设治、驻兵、进行军民屯田；与边疆地区的蛮夷和亲及盟誓；在边疆地区实行羁縻政策与军事镇守相结合的统治方法；要求边疆蛮夷纳质与定期朝贡，利用互市等经济手段羁縻与控制边疆蛮夷；开发边疆地区，汲取其资源和产品为己所用等。"[①] 在处理边疆冲突时也提出了"合纵连横""远交近攻"等应用于战争的策略。由于西北自古以来就是边事居多的地方，因此历朝历代对西北边疆尤为重视，正如宋人王象之所言："朝廷御边，重西北而轻东南。"[②] 这主要源于古代的疆域主要以陆疆为主，而西北陆疆的安宁与否，直接关系到中心在长安的国家的安全。

民族区域自治理论。这是中国共产党根据中国国情解决边疆问题的理论。其主要内容是：第一，建立民族自治地方；民族区域自治是中华人民共和国领土之内，在国家的统一领导下，执行统一的宪法，以少数民族聚居区为基础的区域自治。一切民族区域自治的地方，都是中华人民共和国不可分割的一部分。第二，设立自治机关。民族区域自治是少数民族人民的自治，是少数民族当家作主、自己管理自己的内部事务。自治机关是我国人民民主专政在少数民族地区的具体形式，是国家统一领导下的一级地方国家政权；第三，行使自治权。自治机关依法行使自治权，管理本民族、本地区事务。民族区域自治的核心是自治权的行使[③]。由于绝大多数少数民族聚居边疆，因此民族区域自治理论就成为中国当代解决边疆问题的指导思想。

不同边疆学科中的边疆理论。"边疆学"的发起人中国边疆史地研究中心的马大正教授认为，边疆学的使命就是研究边疆危机中的各种问题。如他认为鸦片战争之后出现过边疆研究两次高潮。"第一次，是在鸦片战争后，资本主义列强用鸦片和大炮敲开了闭锁的清帝国大门，一系列不平等条约的签订导致西北、东北、西南边疆相继出现严重危机，以魏源、何秋涛、夏燮、梁廷楠、曹廷杰等为代表的具有爱国主义思想的地主阶级学者深感大清帝国国运日落，为捍御外侮，巩固边防，乃发愤潜心地边疆研

---

① 方铁：《古代治理边疆理论与实践的研究构想》，《社会科学战线》，2008 年第 2 期。

② 王象之：《舆地纪胜》卷 1 ，《广南西路门》，北京：中华书局，1992 年。

③ 金炳镐：《中国民族区域自治理论要点概说》，《中国民族教育》，2007 年第 10 期。

究。他们的著作至今仍不失警世之用。这一研究发展的势头至清末而不衰。第二次，是在本世纪20年代至40年代，一批接受资产阶级史学理论与方法的中国学者，痛心深重的民族危机，希冀通过边疆问题研究，抒发国人爱国热诚。他们孜孜耕耘，取得了令世人瞩目的成果。一时学人辈出，学术团体和刊物如雨后春笋，用群星灿烂形容此时研究发展盛况，并不为过。”[①] 因此边疆危机促使人们关注和解决边疆问题。“边政学”[②] 的边疆理论主要体现在“边疆的出现从来就带有明显的政治色彩，而理论界提到边疆政治学高度的实践过程并不长久，就是因为现代民族国家的定型和现代世界格局的形成在上个世纪中叶才完成。只有当边疆政治的特殊地位在整个社会政治经济文化生活中的作用突出出来后，理论体系的产生才是不可避免的。但对古老的中国来说，近代以来频频出现的疆域危机，就已经促使中国知识分子中的有志之士开始从边疆政治的高度去思考边疆危机的政治经济原因。”[③] “边防学”认为，边疆与领土、边界、边境等概念是边防理论的基本范畴，边防学“是一门研究国家边境防卫、边境管理、边防建设活动基本规律，并指导边防实践的综合性应用性军事学科。”[④] 从“边防学”的视角看，我国的陆疆有东北边疆、北部边疆、西北边疆、西南边疆；我国的海疆有黄海海疆、东海海疆和南海海疆；我国的空疆则包括陆地领土的上空和海疆上空的广大空域。鉴于中国近代边防指导思想的失误，导致中国近代边防的全面危机，新中国成功实行了军事强边、政治安边、经济兴边、屯垦戍边、科技固边战略[⑤]。“边安学”则认为边疆作为一个国家的特定地域，安全是其首要任务。安全不仅是作为国家实体的物理边界安全，更是作为国家守边的各族人民的人身安全和心理安全。此说注重全球化背景下当代中国边疆的非传统安全问题及其引发的各类危机，注重根据以“和谐”为目标探索边疆地区安全治理的规律

---

① 马大正：《当代中国边疆研究者的历史使命》，《中国边疆史地研究》，1992年第2期。

② 1942年，吴文藻先生发表《边政学发凡》最早提出“边政学”概念，该文阐述了研究边政学的目的及重要性；提出了边政学的性质、内容及与有关学科的关系，初步形成了边政学的框架体系。《边政学发凡》一文刊于1942年《边政公论》第1卷。

③ 吴楚克：《建设当代中国边疆政治学应有的理论思考》，《中央民族大学学报》，2003年第6期。

④ 李星主编：《边防学》［M］，北京：军事科学出版社2004年版，第13页。

⑤ 李星主编：《边防学》［M］，北京：军事科学出版社2004年版，第142－177页。

与模式[①]。

三、中外边疆理论的功能分析

首先，中外边疆理论为不同时代的边疆界定提供了依据。当人类早期生活局限在埃及、巴比伦、中国和印度时，人类向往的是文明的中心而不是边疆，因为那时人类作为地球物种之一的数量只是生活在适合人类生长的地区。随着人类数量不断增长，不仅地球上适合人类居住的地区已经全部被人类占据且划界，而且不适合人类生存的太热或太冷的地球表面也因人类具有文化的力量而改造成适合人类居住的地区并划界，这样就出现了边疆。“从这个意义上看，边界或边疆问题从一开始就具有政治性。边疆是一种发展的概念。边疆概念和理论具有鲜明的时代性。”[②] 而边疆的政治性和时代性是边疆理论产生的前提，也是边疆或边界概念产生的前提。在陆疆时代，“谁控制了欧亚大陆，谁就掌握了世界”的麦金德陆疆理论就成为欧亚大陆不同国家划界的依据。但由于陆疆时代的国家经历了人类不同生产方式的转变，其中“农业社会中的国家发展，大都以自然边疆为基础，而在工业社会，人类大范围频繁交往逐渐形成一种制度和潮流。自工业革命以来，人类社会在物质生产方式、生活方式、思维方式、行为方式和交往方式等方面，与农业社会相比都发生了质的变化，国家利益迅速向更大的地缘‘势力范围’延伸，在其直接影响下国家的战略控制线往往会超越边界。”[③] 其结果就是地理大发现后的海疆时代的到来。在海疆时代，出现了“领海”或“海疆”的问题，“曾经两次出任美国海军学院院长的马汉，在认真总结和研究人类历史上的海战及其影响后，1890 年撰写了《海权对历史的影响》，强调‘制海权决定了一个国家的国运兴衰’，创立其影响人类历史进程的海权理论。”[④] 而他的海权理论则对海疆界定奠定了基础；在空疆时代，“领空”被纳入国家主权的范畴。空军战略理论家意大利人杜黑（1869—1930）“在 1921 年出版的《制空权》一书中提出：天空比海洋更重要，战争取胜的关键是掌握制空权；制空权包括空中

---

① 余潇枫、徐黎丽：《边安学刍议》，《浙江大学学报》，2009 年第 5 期。

② 董欣洁：《冷战期间西方边疆理论的发展》，《中国边疆史地研究》，2005 年第 2 期。

③④ 于沛：《从地理边疆到“利益边疆”——冷战结束以来西方边疆理论的演变》，《中国边疆史地研究》，2005 年第 2 期。

交通控制权和空中作战成功两部分。”① 20世纪中期以后，随着太空航行、星球探测等技术日益成熟，拥有这些高科技技术的美、苏（俄）等大国首先提出高边疆、战略边疆等理论，这就为天疆或空疆界定奠定了基础。我们从现有的一些边疆概念的界定和分类中就可以看出边疆理论对边疆界定的重大影响。如有人认为：“边界包括了陆地边界、海上边界、空中边界、地下边界，甚至还有一些对国家利益来说十分重要的无形边界。边疆就是由这些真实的或无形的线所组成的面。”② 一些疆域的观念也与边疆理论有关。如“陆疆、海疆、空疆的观念自出现以来就与国家的利益密不可分，并对国家生活发生重要的影响。冷战期间，第四种疆域——‘天疆’，也就是太空边疆的观念开始出现。”③ 经由理论指导的边疆概念又通过法律手段确定和认可。如“二战之后，国际法明确规定，国家领土是指完全隶属于国家主权下的地球空间部分，也就是指主权国管辖之下的全部国家疆域，由领陆、领海、领空和领底土（底层领土）组成。它在组成部分上增加了‘领底土’，而在领土构成要件上则取消了‘宗主权、保护或委任统治’与主权的同样重要性。”④ 1982年通过的《联合国海洋法公约》也规定：“海域种类包括领海、内海、群岛国的群岛水域、毗连区、专属经济区、大陆架、公海、国际海底区域和用于国际航行的海峡。”⑤ 空疆也以条约的形式得到公认。“空间边界涉及内层空间和外层空间。国家主权只能及于领土之上的空气空间，不能达到外层空间。1967年签署的《外层空间条约》等条约认为：外层空间是对全人类开放的空间，是全人类的共同继承财产，是共有物而不是无主物，各国均可探索和利用，但必须是为全人类谋福利，任何国家、组织不得通过任何方式提出主权要求，禁止将外层空间用于军事和战争目的。”⑥ 如今随着信息化时代的到来，“谁掌握了信息，控制了网络，谁就将拥有整个世界。”于是“信息边疆”就成了陆疆、海疆、领空和太空之后的“第五边疆”⑦。这种界定与认可也是信息边疆理论指导的结果。因为“谁能占有信息社会，

① 于沛：《从地理边疆到“利益边疆”——冷战结束以来西方边疆理论的演变》，《中国边疆史地研究》，2005年第2期。

②③董欣洁：《冷战期间西方边疆理论的发展》，《中国边疆史地研究》，2005年第2期。

④ 王铁崖、田如萱编：《国际法资料选编》，法律出版社1982年版，第496－497页。

⑤⑥ 董欣洁：《冷战期间西方边疆理论的发展》，《中国边疆史地研究》，2005年第2期。

⑦ 黄立军编著：《信息边疆》，新华出版社2003年版，第13页 。

谁就能称雄全球以至整个宇宙。不难预料，占有或垄断信息资源，必会成为世界各国的奢望，攫取信息资源赖以生存的信息空间以拓展各自的信息疆域，必会成为世界各国的战略目标”。[①] 同样，利益边疆理论也是利益边疆概念兴起的原因。“经济全球化的深入发展，使作为经济全球化载体的跨国公司四处安家，国际垄断资产阶级对‘利益边疆’的追求也愈来愈加狂热，”[②]利益边疆随之成为西方大国寻找走向本国疆域的实践指导。

在中国，守中治边的理论也是中国古代人边疆概念形成的基础。正如方铁所言：中国古代边疆有如下几个特点：“首先，古人多以‘华夷’不同文化分布的差异、区域经济开发的强弱等作为划分核心地区与‘边疆’的分野。主要为蛮夷所控制、经济显然落后于核心地区的僻远之地，通常被认为是边疆乃至徼外。其二，封建王朝的疆土范围，不同时期不仅常盈缩改变，而且封建王朝与其他政权实体之间，疆界多存在犬牙交错的情形，或因双方拉锯争夺及长期对峙而产生大小不一的缓冲地带，这些犬牙交错与属于缓冲地带的区域，通常也被视为边疆。其三，封建王朝对边疆及徼外蛮夷多实行‘来则纳之，去则不追’，鼓励朝贡以收羁縻之效的政策；历代还有一些他国商旅假托使节朝贡以邀厚利，而封建王朝多视为其国归附的象征，并赐朝贡者以名号及财物，因此封建王朝‘边疆’的范围，有时含混甚至迷茫难知。”[③] 正是这种古代边疆认识和理论的含混，才使得中国古代陆疆的概念也比较模糊。因此边疆理论对边疆概念及其界定的指导作用由此可见一斑。

其次，为谋求各国利益提供理论指导。这是人类选择以国家作为普遍生存保障以来的必然结果。“地理大发现”使传统亚欧大陆国家边疆发生改变。它的后果“不仅促进了世界各地区的联系，而且加速了世界各国的解体与重组。在亚、非等地的帝国衰落之后，民族国家逐渐成为主导的地缘政治形式，成为地缘政治中的实体。它们之间为争夺土地、人口等资源，进行了长期征战。近代边疆理论正是在这样的时代背景下形成与发展的。”[④] 而近代边疆理论也恰恰反映了各国利益所在。因为“从近代主要

---

① 黄立军编著：《信息边疆》，新华出版社 2003 年版，第 23 页 。

② 于沛：《经济全球化和现代西方边疆理论》，《云南师范大学学报》，2009 年第 5 期。

③ 方铁：《古代治理边疆理论与实践的研究构想》，《社会科学战线》，2008 年第 2 期。

④ 章永俊：《西方近代边疆理论的初步发展》，《中国边疆史地研究》，2005 年第 2 期，第 2 页。

的资本主义民族国家的兴起过程来看，重商主义往往借助强大的王权作后盾，掠夺殖民地、扩大对外贸易。16 世纪开始的商业战争是新兴的英、法、荷兰等国家与西班牙和葡萄牙争夺商业霸权而发生的，其目的即在于争夺欧洲以外尚未被占领的土地或海域。重商主义推动了资本主义的殖民扩张，造成了全球格局和世界版图的重大变动，也因之推动了各国边疆以及领土、疆界等变动。”① 经过几个世纪的国家历史的变动与发展，全球化代替国家化成为人类社会生存与发展的主流。但全球化与国家化之间既有联动也有矛盾。为了在全球化过程中保护本国利益，西方军事理论家认为：必须使自身的“利益边疆”远远大于“地理边疆”②。因此利益边疆就为西方国家维护自己国家利益提供理论指导。美国近代以来出台的任何边疆理论都是为了在全球化的背景中谋求本国的利益。如克林顿时期的美国国务卿奥尔布赖特之所以把世界上的国家分成 4 类：即“国际体系内的国家”“过渡国家”“失败国家”和“无赖国家”都是为推行美国霸权主义的强权政治提供理论依据，为日后的某一天对这些国家实施打击奠定了基础③。新帝国理论更是西方国家对全球化时代国家利益的保护。如 2000 年意大利学者安东尼奥·奈格里与美国学者迈克尔·哈特合著的《帝国——全球化的政治秩序》一书认为：“我们已经见证了经济和文化方面交流的不可抗拒、不可扭转的全球化。伴随全球市场和生产的全球流水线的形成，全球化的秩序、一种新的规则的逻辑和结构，简单地说，一种新的主权形式正在出现。帝国是一个政治主体，它有效地控制着这些全球交流，它是统治世界的最高权力”。作者强调“新的全球的主权形式就是我们所称的帝国”，帝国“真正地统治了整个‘文明的’世界。没有国界限定它的统治权”。“帝国的出现又是和民族—国家正在衰落的主权，以及它们对经济、文化交流不断减弱的控制力联系在一起的。”④在这种

① 章永俊：《西方近代边疆理论的初步发展》，《中国边疆史地研究》，2005 年第 2 期，第 3 页。

② 于沛：《从地理边疆到“利益边疆”——冷战结束以来西方边疆理论的演变》，《中国边疆史地研究》，2005 年第 2 期。

③ 于沛：《经济全球化和现代西方边疆理论》，《云南师范大学学报》，2009 年第 5 期，第 4 页。

④ [美] 迈克尔·哈特、[意大利] 安东尼奥·奈格里：《帝国——全球化的政治秩序》，江苏人民出版社 2005 年版，第 1 - 4 页。

边疆理论支撑下，美国政府从2002年9月20日开始“放弃了以前在全球事务中的多边政策，正式采取了一种帝国姿态，即基于帝国主义和帝国价值、带有神权政治弦外之音的所谓的‘布什主义’”。[①] 由此可见，任何边疆理论都是国家利益的直接或间接反映。

再次，为解决边疆具体问题提供解决方案。中国古代的治边方略就是中国古代边疆问题的解决之策。如“古人认为中国是世界文明的中心，王朝的核心区域与其他地区之间的关系，其密切的程度依距离的近远而逐渐递减；古人重视对边疆乃至徼外的‘蛮夷’进行羁縻与教化，不同于西方常见的武力征服与广征赋税。封建政治家考虑治边方面的问题，较重视国际通道的畅通与安全，注意边疆诸地域板块以及统治中心之间的关联，这些都表明他们十分重视并较熟悉边疆地区的地缘政治关系。”[②] 熟悉中国历史的拉铁摩尔之所以以中国边疆作为研究对象，其主观意愿是为西方解决中国边疆问题服务，如他在《中国的亚洲内陆边疆》中这样写道：“19世纪末，在帕米尔高原、喀喇昆仑及西藏探险的诱因之一，就是害怕那里有一条可供炮兵及运输车辆使用的通道。这种恐惧消除之后，东北边疆可以说是死的，而唯一的要求就是要维持这个死的状态。只要中俄两国的势力能够被摒于这个地区之外，英国便可以保持沉默，一年可以节省几百万英镑的军费。”[③] 由此可见其主观目的是为英国提供国家战略服务。海疆空疆理论的出台也是为了解决地球的海洋和太空问题。如17世纪初意大利学者真提利斯“提出了国家领土包括毗连的海域的主张，由此领海的概念开始形成，从而将海洋区分为领海和公海。但领海范围应有多大，却众说纷纭，莫衷一是。3海里说、6海里说、8海里说、12海里说、100海里说是这一时期的主要观点。1782年，意大利法学家加利亚尼根据宾克舒克的理论以及当时大炮射程约3海里的事实，提出了领海宽度为3海里的主张。第一批接受这个限度的国家是美国和英国，后来，法国、日本、荷兰、比利时等不少国家的领海都采用了这一宽度，因为它既维护了沿海各国陆上的安全利益和一定范围内海洋利用和控制的权利，同时又不妨碍

① 瓦西利斯·福斯卡斯等著：《新美帝国主义》，世界知识出版社2006年版，第15页。

② 方铁：《古代治理边疆理论与实践的研究构想》，《社会科学战线》，2008年第2期。

③ Owen Lattimore, Inner Asian Frontiers of China, New York: American Geographical Society, 1940, p. 236.

各国在 3 海里以外的海洋自由活动。”[①] 以后随着海洋和太空在人类生活地位的提高和人类对海洋天空可控能力的提高，1944 年签订的《国际民用航空公约》中就规定：“本公约所指一国的领土，应认为是在该国主权、宗主权、保护或委任统治下的陆地区域及其邻接的领水”，缔约国承认“每一国家对其领土上空具有完全的和排他的主权。”[②] 随后《芝加哥公约》《国际航班过境协定》《国际航空运输协定》进一步明确各国空中疆界“沿领陆、领水的疆界垂直划定，对其领陆、领水之上的空间有完全、独享的主权。”[③] 有了海疆和空疆理论的支持，各国的海疆和空疆问题得以在全球背景中解决。因此边疆理论为解决边疆一些具体问题提供了依据。

---

① 章永俊：《西方近代边疆理论的初步发展》，《中国边疆史地研究》，2005 年第 2 期，第 11 页。

② 王铁崖、田如萱编：《国际法资料选编》，法律出版社 1982 年版，第 496 - 497 页。

③ 孙宏年：《相对成熟的西方边疆理论简论（1871—1945）》，《中国边疆史地研究》，2005 年第 2 期。

论边疆研究范式的转变

［俄罗斯］马克思（Maxim Mikhalev）

（俄罗斯“文明对话”智库研究员）

Ecumene 并不是一个单一实体，它是众多文化板块的马赛克拼接，创造出我们这个星球上多元文化的图景，正如地球表面是由不同板块相互连接成的一样；与此同理，一个庞大而多元的国家能在其领土内容纳多种截然不同的文化。这些文明板块的设计和叠合，部分地是出于自然力量的塑造，比如它们的存在、形成和发展必然难逃气候和地形的限制。干旱和洪涝、山脉和河流、森林和沙漠塑造了这个星球的面貌，同时也界定了那些常常是模糊的边界，把一个完整的文明或几个不同的文化分隔开。但是不要忘记，自然条件在历史长河中鲜有剧烈变化，倒是人类自身的行为对塑造和再塑造文明板块产生了更戏剧性的影响。这是因为，人的因素往往很难提前预测，他们有难以理解的逻辑，而且大多时候很不稳定。战争与和平、道路和路障、科学发现和人为灾难，常常会消除边界或者扩张边疆——这个过程，我们常称之为历史。文明板块的大小和形状随着各种社会的出现、发展、变异、重叠、分割、合并、消失而不断变化。与此同时，分隔文明板块的边界线也在改变；可是，每提及我们所栖居世界里的文化马赛克，人们总会忘记那些不起眼的边界线。

这是不幸的，因为在现实中，虽然这些边线变动频繁，但它们会迅速固定，并变成一种独特的实体，而且保有自己的身份。这就像走廊和房间的区别，它们连接或分隔房间，但本身不是房间。边界不是幻觉，也不仅是纯抽象体，这些边线在地图上都是真实存在的，确实存在也确实发挥作用。也许更有甚者，它们还往往导致全球性变化，塑造各个文明板块的命运，使它们对峙或合作，有时破坏或切碎旧板块，有时又产生出新板块。所以，边线往往是令人生厌的东西。地质学家都知道，地壳中与此类似的边线，它的扩张、缩减或者单纯一个转向都可能使地球构造剧烈变化，产生诸如地震、海啸等自然灾害。让我们假设文明之间相互接触的边线也有类似的功能：也许在别处看来纯属区区小事的微弱波动，当它沿着文明的分隔线发展，就可能能获得巨大的势头引起 Ecumene 的晃动，扣动影响世界发展的扳机，不亚于地球板块的碰撞引起整个世界的崩溃。事实的确如此，在这些领域里发生的微不足道的小变化，可能引起远远超过其原始规模的大变化。这其中的作用机制是值得格外关注的，理解了这个机制，可以帮助人们采取必要的预防措施，管理社会灾难，并避免可能的严重后果。不过，边线既是必要的存在也有潜藏的危险；既是平衡杆也是威胁。这个世界有时需要彻底地翻新以甩开过去的束缚，因此，如果我们能发现一种睿智的方式去处理这些边线内部的发展变化，那么，它们就可以很好地服务于人类，而不至于产生伤害。一般来说，文明板块之间的边线，那些真实存在的而不是虚构的边线，应成为那些试图了解人类发展方式的类学家的主要兴趣。

公平地说，那些把世界分解成不同居住区域的、分隔文化的线络已经引起了足够的重视和研究。可是，即便边界研究已取得很大进展，但对边疆——也就是毗邻边界线的土地——的性质认识仍然不够。因为大多数研究是关于边界对周围文明板块的政治和文化影响，比如边界问题引起的摩擦和紧张局势，或与此相反，研究边界提供的合作机会。对这些问题的研究受到学者们的青睐，而边疆作为一个独立实体的性质却仍然没有纳入社会科学家们的研究范围。换句话说，对于边疆的思考通常只是思考它所分隔开的实体，而从未把它看作一个单独的存在。这可能是出于大多数研究者未能认识到，边界不只是抽象的两个板块之间的分界线，而是有其内在逻辑并依此逻辑出现和发展的无形的存在。事实上，任何边界，虽然围绕着文明板块，但却并不直接属于那些板块——它是独立的；我们可以把边界想象成一个有孔的链子——链子的孔里不存在它所连接的那个社会和文化里的物质，存在的是不同种类的物质，让我们暂且把这个不同种类的物质叫做“空虚”。这些孔即使减少到最低限度，也仍然到处存在。因为两个或多个文化板块间千变万化的拼图轮廓总不会天衣无缝，空隙、隧道和孔洞缔造出形状怪异的断裂，而在我们的理解范围里，它们构成了实际的边疆。

这些镶嵌其中的“空虚”像是社会结构表面滋生的阴菇一样，有自己的生命；虽然变化莫测，但它们是客观的存在。它们有生有灭，历经完整的生涯。它们游移无定，彼此融合又分裂，变化着形状、大小、深度和宽度；他们进步、倒退或者凝滞不前。虽然它们看起来依附于主体对象——也就是那些文化板块，但事实上，表面的不规则与内部的无形填充物联系更紧密。如果从不同的角度去观察，那么内在的物质可能会变空隙为昭彰，变隧道为桥梁。事实上，边疆如同任何一个孔一样，只有从系统内部向外观察时才看起来是空的，是没有物质填充的小罅隙。但事实上，如果从系统外部去观察的话，孔代表进入载体中的剩余能量，自身疆域的消失反而扩大了它的存在。边疆，换句话说，就是一个实体，它是面对不同种物质的有形入侵时超越 Ecumene 的存在，可我们往往错误而傲慢地把它视为了“空虚”。实际，“客物质”这个词语应该能更好地反映与正常社会物质的对抗。因此，边疆为细心的研究者提供了无与伦比的机会去窥视不同类型的、超越了封闭体系的、侵入其中的东西。源于此，它们就很值得我们将其作为客观研究的对象，而不仅仅被当作周边文化实体的衍生物。恰是它们的断续性可以让我们窥视到通常无法领略的现实。就像眼罩上的缝隙给我们提供了看到真实世界图景的机会一样，边疆也给我们提供了进入那种现实的快速通道。换句话说，没有形体的边疆充满了不同于社会内部结构的物质，为我们提供了通向未知的大门，因为它让来自外面世界的光线得以穿过并进入到内部世界。如此看来，它们就提供了关于更大世界的无与伦比的知识源泉，那个更大的世界虽然就在我们身边，但从来未被发现。至少，未被现代科学发现。

对于这种探索，有几个障碍横在脚下，而所有的障碍，都是基于当前的科学范式。事实是，现在很大程度上仍是实证科学，它否认通往其他现实的大门，也拒绝承认其他现实的存在，暴力地否认抽象的实体、原则或力量，实证科学甚至没有尝试去看一眼就否认以上存在。实证科学是关于逻辑上可解释的、感官上可感知的、可触摸的和可见的一切，而那些它无法解释的、不可察觉的、碰不到的和无形的东西超越了它能达到的深度。实证科学只是简单地对违背其唯物和感性范式的东西视而不见。结果，从目前来看，好战的理性完全否定了任何超出其认知范围的存在，从而导致整个宇宙的很大一部分都默默退出我们的视线，因为人类越来越单纯地依赖科学，而失去了学习、体验、影响大宇宙的工具。庄子可能提到过这个问题。他说“有机械者必有机事，有机事者必有机心。机心存于胸中则纯白不备。纯白不备则神生不定，神生不定者，道之所不载也”。在这种情况下，充满了“空虚”的难以捉摸的空洞地带立即被标上纯粹胡说的标签，而无法得到严肃认真的研究对待。

不仅是根深蒂固的形而上学的蔑视导致了边疆研究的困境。另一个阻碍其研究进展的偏见，是视空虚地带为一切消极因素爆发的港口，这也导致了人们从恐惧到不屑的各种成见。这些地方一直被认为是具有传染性的、不可触碰的。毕竟，它们让存在于社会表面以外或者以下的物质得以表现。这是危险的，也着实让人避而远之。因此，虽然有时也被浪漫化和理想化，但边疆问题更多时候是被逃避、恐惧、忽略，而且如果可能的话，置之不理。一旦它们吸引了大家的注意，事情反而会变得更糟，因为在这种情况下，它们会被视为整合或消除的对象，人们的研究重点也不再是去理解它、助益或保存它内部的客物质，而是如何寻找驯化、开发、囊括、统一和剥夺其权力的有效途径。再举个例子，任何一个好管家如果见到墙上的裂缝，就会觉得不安，并将尽最大努力阻止它继续扩大；差的管家则会挂一幅画遮住这个孔，使自己忘记它的存在。那么，一个强大的社会试图整合和发展内外边境上的文化和政治空隙，用自己的社会内容去填补这个空隙，进而抹平这个空隙；而不够强大的社会则宁愿闭上眼睛，假装看不到空隙的存在。但是，这两种态度无非都是把空隙看作来势汹汹的负面的东西，他们忙于围堵自己发现的不连续性，或在空隙周围树立坚不可摧的墙。他们把这些区域视作对社会稳态的致命威胁，并尽可能消除或减少与它们的接触，通过创建无数的禁忌和障碍，把“健康”区域同“传染性”土地分开。这是所有主流社会对边缘领地的态度，而人类学家也无一逃离这种支配性态度的影响。因此，虽然相关出版物众多，但多数作者只是反映修补边境空隙的方式，阻止它们发展，很少有提出保护那些漏洞、探索那些缝隙的作者。

这种态度应重新加以考虑。关注构成边疆的空洞很有必要，不仅关乎慈善，也有实用目的，它们的存在对于世界体系的健康运作和发展至关重要。事实上，我们可以说，如果两个文明板块之间没有间隙，那么它们只能生硬地碰撞对方，造成冲突和阻碍，而空虚的存在提供了滑动和周旋的空间，终致和谐发展。此外，所有这些隧道、空隙和空洞使人们能够认识到另外的现实，打破日常生活的单调无意义，获得知识的源泉，造福社会。这些在边疆地区司空见惯的能量，这些沿着内外边界吹拂的风，这些透过社会体系断续表面沐浴了这个世界的光线，它们都充分可用。空隙可以是破坏性的也可以是创造性的，最终结果在很大程度上取决于人们如何处理它们，因此无视和根除不是最好的策略。正如，电可以烧毁房子，也可以温暖漫长的冬季，边疆的能量和波动最终会导致破坏还是增长，这取决于它们被引导的方式。因此，对社会结构断续性的恐惧和不满，应该转换成真正的兴趣。如果加以区别对待，地图上的空隙区域为不同板块之间的沟通开启了方便之门，这些门产生的波动足以打破周围结构，把它们变成重要的权力中心，也因而成为联结世界的基本点，产生旋转的动力。它们将创造一个中轴，树立起地标，并产生能量，温暖和照亮我们的世界，为人们服务。

诚如上面所说，本文企图引起一场讨论，将边境研究的范式从设法吞噬驯养它们转移到认识它们对人类的关键作用，维护边疆的独特性。认真学习边疆的性质，可以改变人们对边疆的态度，最终可以实现这些地区亟需的政策修正，也可以改变主流社会对待文明边缘的人们的方式。而此研究的部分个人动机，是出于笔者对不断渗透到我们现实中的、一些来自中间地带的异物质所具有的若隐若现的权力和魔法的沉迷；此外，现代国家一般都企图调用庞大的资源来消除边疆问题，但若大家真正理解边疆问题，并设法维持边疆的独特文化与智慧的本然状态，是否会对现代社会有更多助益呢。当下对待边疆问题的态度和政策俨然应加以修改，这就是本研究的目的。最后，但也同样重要的是，居住在 Ecumene 这样特殊地域的人也让笔者深深着迷。他们定居在一个与我们完全不同的环境中，他们接触到我们无法靠近的地域能量；他们是特殊的人群，而他们的技能、知识和智慧也许能惠及我们所有人，这反过来又能让他们获得主流社会的认可和尊重。不幸的是，就目前中央区域的发展范式、传统上对边际的恐惧或者蔑视、新的远程技术轻易实现的同质化来看，这些人几乎没有机会避免外在的破坏性影响，没有机会避免以“进步”名义而进行的文化迫害、同质化和驯服。长此以往，地球人的智慧和才华可能会丢失殆尽，而这些富有智慧和才华的人也很快会遭遇绝迹。整体而言，写这篇文章挑起辩论的原因，是要鼓励对边疆问题的重新思考，是要丰富我们对其独特性的认识——边疆并不只是划分文明的无形实体，它还是一种拥有生命的存在——借此，希望吸引人们对其巨大精神和文化潜力的关注，并最终改变科学界、决策者、生活在对边疆而言甚为中心的那些人们对它的认知态度，从而，为树立一种不同的、看待边疆和其居民问题的基本方法，贡献微薄之力。

这种态度的改变不仅会让生活在边疆的人受益，也会让居住在中央之地的人得助。假如针对边疆的政策变为旨在保护、研究和珍惜其文化，一改此前强迫其现代化和同质化的政策，那么，居住在边疆的人们就能脱离没有尊严和地位的复杂生境，能恢复自信和意志，以此来发展自己的文化，并对这种文化的价值重新产生信念。这可以防止他们变得边缘化和富有煽动性，因为只有牢牢扎根于自己的文化生活中，人们才能和谐地生活。当前政策制定者们往往忽视这一点，他们以为大量的现金注资是让人快乐和忠诚的最终方式。边境和平、本土人民的统一已经实现，但边疆态度的转变可以带来更大的效果。系统学习边疆客物质的基础一旦奠定，边疆所拥有的独特世界观将为其他地方的人们所见。如此，他们可以丰富自己的生活、了解世界的复杂性和多样性。因此，不仅居住在边界的人获益，我们大家都会从中获益，这就是这篇文章的目的，希望不论是处理边疆问题的政策制定者，是乐于探索并学习边疆性质的科学家，还是孜孜不倦地要为神秘谜团一样的世界提供最终答案的所有人，都能从中得到启发。

前面提到，充满客物质的无形实体的出现、成长和发展是在文明板块之间，在接缝不太吻合的地方所留下的空隙里。正是在这里，在这些空隙、空洞和沟壑里，我们认为，构成了实际的边疆，我们用这个异物质代替“空虚”的说法并对此进行更多的阐述。为了避免长期广泛应用的“边疆”一词在专业文献和大众之间引起混乱，我们在以后的文本中，将使用中国古代的一个词语“欧脱”来代替一个处于领土之间的地方[①]。这个词指涉的就是毗邻边界的土地，因为某种原因变成三不管地带，它被锁定在两个独立板块之间，由他们共管，或者说独立于双方之外，谁都不管。欧脱相对于边疆而言，不属于任何文明板块，而是落入它们之间的灰色地带，具有自己相对独特的身份。不同于两种文明的任何一方，也不同于任何社会结构，它充满了来自社会结构之外的、穿越了社会结构表面裂缝的客物质。

瓯脱是完全自发出现的，而理论上来说也可以被检测到——也就是发

① 瓯脱是一个汉语词汇，出自《史记·匈奴列传》，指两国分界的缓冲地带。

现那些具有断续性的地方。目前尚不清楚，是这种外来的侵入力量造成了这种断续性并进入社会当中，还是社会本身的薄弱点招致了来自外部的入侵。最有可能的是，这种动态关系好比河流和山谷的相互作用：地质变化导致山脉分裂、沟渠形成，为水流提供了最初的自然路线，河水渐渐穿过山川，侵蚀两岸，渐渐扩大河床。事实上，任何社会结构都被包含在异物质中；相互交织的碎片拼凑起来，针迹并不总是完美，接缝比较宽松，隐藏着断裂的可能。自然因素决定了文明马赛克的拼接方式——比如风景和气候就会造成拼接图案的不同，提供了分割线的基本走向，描绘了瓯脱地区的基本轮廓。这种分割往往可能在文明板块的最薄弱点上出现，抑或在边线上，抑或在接缝里，它们本来应该汇集不同部分构成整体，现在却由于种种原因成了分裂的原因。假如整合社会机体不同器官的力量松懈了，结构的完整性受到了挑战，那么，社会机体的关节和缝隙就会成为入侵目标。在这种情况下，薄弱环节会成为客物质最有可能到达的地方。如果结构不即刻修正自身故障，封锁掉破口，那么，反物质就会像毒瘤一样寄生于结构机体上，毁掉它的稳定状态。根据初始故障的性质和入侵发展的方式，入侵结果会出现不同状态：整体结构有可能出现穿洞；或者仅在表面出现凹陷，引起细小变形但不致穿孔；或者出现一个空腔切断原来的入侵、套在系统内，就像一个小桶里面的气泡[①]。

人类作为一个系统，使用简单的指导方针就可以检测到这种不连续性。容易遭受入侵的区域基本是毗邻边界的土地，因为这里有不同的社会和文化机制相互摩擦碰撞，有时重叠，有时远离，彼此间留下一定的距离。这些黑洞的形成可以归因于行政的或者文化地理的边界，前者是社会结构本身发展的结果，后者则反映人类空间更深层次的多样性——这取决于地形地貌。政治法规，种族强制，意识形态壁垒，封锁交通要道或河流堤坝，人烟稀少，无法逾越的天然鸿沟，例如沙漠、湿地、沼泽和高原——这些都可以定义和重新定义边界和边民，形成分割线，从而增加客物质入侵的潜在可能。

---

① 为避免混淆，应明白本文探讨的现代“瓯脱”与过去那种任何中央集权政体都鞭长莫及的“瓯脱”鲜有共同之处。现代世界的民族国家，大都严格控制其边界，至少对整个领土在一定程度上都施以权威，“瓯脱”应被看作是描述文明板块间的文化过渡区的方便比喻，而不是超出任何政治接触的领土。

然而瓯脱并不是固定的实体，它们也是难以捉摸的、短暂的，它们也经历出现、发展和消亡的过程，反映其主体对象的历史进程。瓯脱之地极度善变，其内容物的形状和强度随着时间和环境的变化而变化，交叉融合，收缩扩张，抑或重建。随着文明的消亡或河流的干涸，某些曾经一度蓬勃发展的文化也许变得暗淡，而被另一个不断强大起来的社会制度，或者哪怕是一条简单的新路，吞噬掉两者交互过程中的空隙，消灭掉二者间的“虚无”地带，重新创造一个边界以防止外来的入侵。应当强调的是，并非所有的瓯脱都意味着实际意义上的瓯脱，也并非每一个瓯脱时时刻刻都会给客物质提供方便，因为毗邻的文明板块有能力阻塞 Ecumene 的穴位，防止它们发展壮大、牵动太多主体事务。为了激活瓯脱之地，需要撤退和削弱全部或至少其中一个想要吞噬它的文明板块，方此，才能让外力渗透，从而转化成实际的瓯脱之地。这种变幻莫测我们很难检测和研究，在现实中，存在于断续社会空间里的瓯脱，只有在社会时间也出现断续时，才能出现。

但是，请不要错误地认为我们需要研究旨在全面描述处理边疆问题的方法；我们也不应该对空隙的发展或客物质的性质作深刻的哲学总结。那是哲学家或政治家要处理的问题。我们作为人类学家，研究的是人，恰是文明板块之间、居住在缝隙、隧道和空隙周围的人，那些经常受苦的人，他们不在这里，不在那里，而总是在无间道里的人，他们才是我们真正的兴趣。这其中主要的原因是，穿过社会结构的不连续性可以引用维克多·特纳对想象的族群的描述来分析。他们的家或是在既定社会的边缘或是在不同类别之间，既不在这里，也不在那里，而是沿模糊和不确定的边缘齿痕，在划痕里、焊缝中、隧道里，靠近结构当中的关节和空虚处。特纳提到，communitas 自发地涌现在夹缝中，介于社会地位和社交场合之间，其实就是我们认为的活跃的瓯脱之地。特纳指出，神话、符号、礼仪、哲学和宗教体系以及优秀的艺术作品，往往出自这样的边缘群体，这些事实进而被传递到它的阈限、边际、较低级状态，但本文认为，并非是这种状态本身激发了创造，而是因为它相对靠近社会结构中断续的边缘，因而更容易受到客物质的侵扰，communitas 中的一些人能借此将其转化成创造力。同我们惯常所见的正常社会主体完全不同，这种侵扰提供了在别处不可能体验到的多元化世界观。正是这种进入文明之间的带有不同能量的入侵物，让那些有产阶级眼中的“人渣”获得比牢牢扎根于结构中的人更多的力量和创意。当微弱的光通过细小的孔进入结构内，偶然暴露在这种照射中的人便被激发出灵感，他们心灵中留下永不磨灭的印记，他们从无止境的无意义现状中解脱出来。

遭遇这些异类物质入侵的结果是，不论愿意与否，这些土地上的居民获得看待事物的不同视角并成为神谕、先知和学说创始人。于是，如果有谁敢于大胆地去理解生活和工作在现代瓯脱地带的人的精神世界、他们的内心，如果有谁能深切地感受他们的忧虑和希望，仔细阅读和解释他们的梦想和愿景，那么这个人将能走近事实、发现事实的多样性。当然，即便生活在瓯脱地区的人们，即便他们对充满缓冲地带的命运安排司空见惯，也不是每个人都能接受和拥抱这种原则和命运。对于宗教和特别敏感的人们来说，这里的日常生活仍旧充满神秘的代码和不祥的声音。那些被祝福的或者被诅咒的人，他们被赋予特殊天分去体会、目视、触摸和解释那些超越理性范畴的信息，并将他们获得的能量传达给普通百姓。人类学家在这些中间地带游走的时候的确应该注意寻找类似的人物。生活并工作在文明边线上的混沌地带的先知、神秘主义者、宗教人士、巫师、作家、艺术家、音乐家们，假如碰巧遇到时代交替，并注定捕获时代精神，那么，这些被选择传递古怪想法的人就可以引导我们超越未知领域，前提是，我们乐于冒险让自己沉浸到他们梦想的海洋中。他们能够挖掘未知，并通过艺术、文学、音乐和说教，把难以捉摸的无形图像转换成有形的、常人可感知理解的东西，我们无论如何不该错过从他们那里获得知识的机会。

综上所述，我们研究的对象将是生活在文明板块之间的人们，或者可以说是生活在瓯脱地区的人们，他们的理念、愿景、图像、思想和宇宙观，而研究的时间维度，则截取当地社会制度更替之时，穿越时空裂缝的潜在客物质将创造力注入那些空间内，而那里的人们可能无意中介入其中。换句话说，研究将集中在瓯脱之地居民和他们的世界观上，这种世界观是世界文化遗产中重要的、目前仍在被探索的部分。

促进旅匈华人融入匈牙利社会

——以匈牙利国家税务与海关总局和匈牙利东方语言学校项目为例

〔匈牙利〕贝山（Dr. Sándor P. Szabó Ph. D.）

（匈牙利东方语言学校校长）

各位女士，各位先生：

大家好！

非常感谢力提普·托乎提教授对我的介绍！其实，我有两种身份，既是匈牙利东方语言学校的校长，又是匈牙利国家行政大学中国行政、经济与社会研究院的院长。今天作为东方语言学校的校长向各位介绍一下我校的一个重要项目。

今天的演讲题目是《促进旅匈华人融入匈牙利社会——匈牙利国家税务与海关总局和东方语言学校的项目》。公元前2世纪，丝绸之路开辟以来，中国和匈牙利之间的贸易往来就非常频繁。我跟大家说一个故事吧！几年前考古学家在布达佩斯王宫，在现在的匈牙利总统府区域，发掘一个16世纪遗址的时候，发掘了很多历史文物，包括许多中国瓷器：茶杯、茶壶，等等。这时候，匈牙利历史博物馆的工作人员打电话找我，请我过去，帮他们断定中国瓷器的年代。经过研究我断定，在总统府区域被发掘的中国瓷器是明代的、16世纪的瓷器。有意思的是，除了真正来自中国的瓷器以外还有一些仿造的瓷器。当时在奥斯曼帝国和一些其他地方中国的瓷器经常被仿造，但仿造品的材料和质量跟真品显然不同。这一切说明，虽然16世纪还没有运输公司，没有集装箱，没有物流中心，也没有世界贸易组织，但在匈牙利和中国之间，货物一直在流通。

从20世纪80年代末开始，不仅中国货物来到匈牙利，而且中国商人也开始大量地涌入匈牙利。随着中国的改革开放，20世纪80年代末90

年代初，在中国出现了一股出国热。那时候，大批中国公民来到了匈牙利。主要有两个原因：一是中匈两国在 1989 至 1992 年之间实行互免签证。匈牙利当时基本上没有限制中国公民入境。中国公民一旦拿到了护照，来匈牙利就非常简单了。二是 20 世纪 80 年代末 90 年代初，对许多中国人来说，匈牙利是具有吸引力的目的地。当时的匈牙利已经具有较高的生活水平并有许多好的商业机会。另外，因为匈牙利 1989 年以前也是社会主义国家，中国民众对匈牙利具有比较多的认识。

一开始的时候，来匈牙利的中国人绝大部分是做小买卖的。他们一般是背着背包乘坐跨西伯利亚火车到匈牙利，到了以后在市场上，或者在马路边上出售他们背包里运来的货物。他们当中大多数人不断在中国和匈牙利之间来往，贸易活动的三种重要任务，就是进货、运输和销售，一般都是由他们自己一个人完成的。以当时的中国收入水平为准，这些往返来回跑的，背着背包的中国商人一般获得了相当好的收入，可以说他们踏上了致富的道路。

大概从 1992 年开始，越来越多拥有大量资金、经济基础非常雄厚的中国商人和中国公司来到匈牙利，他们在匈牙利建立了进出口贸易公司，投入了大量的资金，开始从事进出口贸易和货物批发。从 90 年代初开始，越来越多的中国人定居在匈牙利。与此同时，在匈牙利出现了很多从事其他经济活动的中国人，有的开了中国餐馆，有的成立了为当地华人提供某种服务的公司，比如说旅行社、律师事务所，等等。90 年代很长一段时间内生活在匈牙利的中国人大概有 5 万人左右，目前大约有 1. 5 万华人生活在匈牙利，匈牙利仍然是中国人最多的中东欧国家之一。

1989 年以后，在匈牙利出现了华人少数民族社会。这个华人少数民族社会是比较封闭式的。这主要有两个原因。一是生活在匈牙利的华人当中会讲匈牙利语的人相对来说比较少，不少人存在着语言上的障碍。二是匈牙利的华人当中有许多人不是特别了解当地的文化。因此大多数旅匈华人主要在中国人的圈子里活动。这一切就会造成一系列的问题。其中包括：（1）旅匈华人一般对当地法律法规非常不了解；（2）他们缺乏很多重要的信息。

对一个少数民族社会来说，有两件事是非常重要的，一是保留自己的文化和民族个性，二是融入当地主流社会。匈牙利政府和匈牙利老百姓在这两个方面都给华人少数民族提供了不少帮助。比如说，匈牙利政府在布达佩斯建立了中匈双语学校，这个中匈双语学校在欧洲是独一无二的，是一所国立小学。该小学帮助生活在匈牙利的华人子女保留他们自己的语言文化。长期住在匈牙利的中国人都可以让自己孩子上这所小学，而且是免学费的。小学生在双语学校一边学习他们自己的语言文化，一边学习匈牙利语和匈牙利文化。另外，当地的匈牙利公民与旅匈华人一起建立了中国文化中心。中国文化中心经常举办各种中国文化活动，帮助当地华人保留自己的文化。除此之外，匈牙利的一些政府机构、社会组织和个人启动了一些帮助旅匈华人融入当地社会的项目。下面我想给大家介绍一个这样的项目。

2010—2013 年之间，匈牙利东方语言学校和匈牙利国家税务与海关总局一起完成了一个帮助旅匈华人融入匈牙利社会的项目，这个项目是在欧洲一体化基金的大力支持下完成的（项目编号为 EIA 2009/3. 3. 2. 2. 和 EIA 2011/3. 6. 4. ）。这里，我首先对匈牙利国家税务与海关总局和东方语言学校做一个简短的介绍。

匈牙利国家税务与海关总局（Nemzeti Adó – és Vámhivatal）同时负责国家税务管理和海关管理的任务，有三个主要工作领域：税务管理、海关管理和刑事侦察工作。运用税务、海关与刑事法律中所规定的手段，全面管理和保护国家财政收入，维护国家经济秩序。匈牙利税务与海关总局的一个重要目标是为客户提供高水平的、及时有效的咨询服务，协助客户能够遵循相关法规，为客户提供快速的、现代的、与客户为友的服务。国家税务与海关总局同时承担 1155 种任务，征收匈牙利财政收入的 92%。它的员工总数约为 22500 人，其中包括政府公务员、海关员、财政侦察人员以及蓝领工作人员。它分为三个级别，上级机构为国家税务与海关总局，中级机构为大区级税务管理局、大区级海关与财政检查局以及大区级刑事侦察管理局，下级机构为州级税务管理局以及州级海关与财政检查局。

匈牙利东方语言学校（Keleti Nyelvek Iskolája）是匈牙利规模最大的教授汉语以及其他东方语言的语言学校。东方语言学校于 1995 年成立，原来是匈牙利罗兰大学的机构，后来由于规模大了，所以分出来了，成为一个独立的基金会。匈牙利东方语言学校自 1995 年成立以来，坚持不懈地致力于促进中匈两国关系的发展，在两国关系中起着桥梁作用。东方语言学校培养了许多为中匈两国政府之间、企业之间和民间交流的发展做出了巨大贡献的人才，其中包括许多精通汉语并深入了解中国国情的外交官、企业家、国家行政机关工作人员及媒体、艺术、科学、文化、教育工作者等。

2010—2013年间，匈牙利东方语言学校和匈牙利国家税务与海关总局在促进旅匈华人融入匈牙利社会的项目框架内做了各方面的工作，其中包括以下几个方面：

一、对旅匈华人税务与海关法规方面的知识进行了多次调查；

二、建立了匈牙利税务与海关总局的官方中文网站。匈牙利海关与税务总局是全国第一个建立中文网站的政府机构；①

三、建立了跟税务与海关事务相关的中文社交网站；②

四、编写出版了多种介绍匈牙利税务、海关法规和经济环境的中文书，其中包括：

1.《欧盟海关系统的法律基础 —— 现代化海关法典》（贝山、白帝主编，布达佩斯：东方语言学校基金会出版社，2011年［P. Szabó Sándor – Bédi Sándor szerk., Budapest, Keleti Nyelvek Iskolája Alapítvány, 2011］）；

2.《匈牙利海关与税务管理》（贝山、白帝主编，布达佩斯：东方语言学校基金会出版社，2011年［P. Szabó Sándor – Bédi Sándor szerk., Budapest, Keleti Nyelvek Iskolája Alapítvány, 2011］）；

3.《匈牙利经济环境与税务、海关法规》（贝山、白帝主编，布达佩斯：东方语言学校基金会出版社，2013年［P. Szabó Sándor – Bédi Sándor szerk., Budapest, Keleti Nyelvek Iskolája Alapítvány, 2013］）；

4.《匈牙利税务与海关法规》（贝山、白帝主编，布达佩斯：东方语言学校基金会出版社，2013年［P. Szabó Sándor – Bédi Sándor szerk., Budapest, Keleti Nyelvek Iskolája Alapítvány, 2013］）；

五、编写出版了好几本中文手册，其中包括：《税务登记的基本规定》《与购买不动产有关的规费义务须知》《发票、购物凭证开具基本规定》《旅客须知》《开始从事经济活动的纳税主体交纳普通流通税义务的基本规定》《出售房地产所得收入的纳税义务》等；

六、将编写出版的中文书和中文手册免费赠送给旅匈华人；

---

① 网址如下：http：//nav. gov. hu/cn/fooldal。

② 网址如下：http：//shuiwuhaiguan. hu/。

七、为旅匈华人多次举办了介绍匈牙利税务、海关法规和经济环境的会议；

八、在匈牙利国家税务与海关总局开设了中文咨询窗口，为旅匈华人提供税务与海关事务方面的免费中文咨询服务；

九、在匈牙利发表的各大中文报纸上刊登了许多与匈牙利税务、海关法规和经济环境相关的文章、广告、通知、信息；

十、在国家税务与海关总局举行的记者招待会上提供中文翻译。

调查结果显示，匈牙利东方语言学校和匈牙利国家税务与海关总局的上述项目明显提高了旅匈华人的税务、海关和经济环境方面的知识，提高了国家税务与海关总局和旅匈华人互相之间的信任，增强了双方之间的合作，有效地帮助旅匈华人融入匈牙利社会。

本人认为，少数民族融入当地主流社会有好几个方面，不仅要帮助他们能够在文化上融入当地主流社会，也要帮助他们融入当地的经济环境。物质生活是生活的非常重要的部分，因此，如果能做到这一点，对当地主流社会和少数民族社会都是十分有利的。

谢谢大家！

对 20 世纪 20—30 年代中亚地区民族—国家划界的反思

张　娜

（中央民族大学教授）

一、对“中亚”这一概念的界定

关于“中亚”这一地理概念，学术界一般有狭义和广义的界定。狭义的“中亚”一般是指阿姆河和锡尔河流域，即现今乌兹别克斯坦、吉尔吉斯斯坦、塔吉克斯坦和土库曼斯坦四个共和国所处的亚洲内陆地域。哈萨克斯坦共和国的南部也常常被包括在这一地域内。因此，在前苏联及现在的俄罗斯、哈萨克斯坦、乌兹别克斯坦等独联体国家学者的著作中，“中亚”一般是指除哈萨克斯坦之外的其他四个国家所处地域，俄文为“Средняя Азия”，而将中亚五国称之为“中亚和哈萨克斯坦”，俄文为“Средняя Азия и Казахстан”。

广义的“中亚”有不同的界定：

前苏联及俄罗斯等国学者将广义的“中亚”称之为“中央亚细亚”（Центральная Азия）。《苏联百科辞典》将中亚界定为“南起昆仑山脉，西到帕米尔、天山山脉和准噶尔山西支，北达阿尔泰山、唐努乌拉山和外贝加尔山，东至大兴安岭，有些人主张包括西藏。”但在很多俄文著作中“中央亚细亚”（Центральная Азия）就是指包括哈萨克斯坦在内的中亚五国所处的地域。

也有中亚学者认为，中亚是一个历史—地理术语，因为有的称呼只用于特定的历史时期。在 19—20 世纪，中亚曾被称为“突厥斯坦”（Туркестан），主要指突厥语族部落和部族居住的广袤地区。

在俄属突厥斯坦的地域上，沙俄政府 1865 年建立了突厥斯坦省，

1867 年建立了突厥斯坦总督区。从 1886 年起总督区正式更名为突厥斯坦边区，包括七河省、锡尔河省、撒马尔罕省、费尔干纳省和外里海省。此外，还包括沙皇俄国的两个附属国——希瓦和布哈拉。

十月革命后，苏维埃政府在突厥斯坦的地域上先后建立了：突厥斯坦苏维埃社会主义自治共和国（1918—1924 年），布哈拉和花拉子模苏维埃人民共和国（1920—1924 年）。民族国家划界之后成立了乌兹别克苏维埃社会主义共和国和土库曼苏维埃社会主义共和国（1924—1925 年），塔吉克苏维埃社会主义共和国（1929 年），吉尔吉斯自治州（1924 年），卡拉卡尔帕克自治州。突厥斯坦北部属于哈萨克苏维埃社会主义自治共和国（1920 年）。从此，“突厥斯坦”这一术语逐渐被“中亚”这一术语所取代。

目前，“中亚”（Центральная Азия，Central Asia，Inner Asia）这一术语，根据 1993 年 1 月独联体国家首脑阿拉木图会晤时所使用的术语内涵，它包括前苏联五个加盟共和国：哈萨克斯坦、乌兹别克斯坦、土库曼斯坦、塔吉克斯坦和吉尔吉斯斯坦，即现在五个独立主权国家。

二、20 世纪 20—30 年代的中亚民族国家划界

（一）划界前中亚地区的民族状况

中亚自古以来就是多民族融合的地方。在归并于俄国之前，整个中亚地区的居民民族自我意识淡薄，人们在日常生活中的认同主要建立在社会等级地位（贵族和平民）、宗教信仰（逊尼派、什叶派和伊斯玛仪派、苏菲派各兄弟会组织）、经济文化类型（定居、游牧、半游牧、山区）、所属地理区域（布哈拉人、撒马尔罕人、苦盏人、大宛人等）、血缘关系、所属的氏族—部落等基础之上。每个汗国，甚至每个地区的居民都有自称，并划分出不同的社会地位或类别。当一个人或者一个群体来到异地后，能很容易地在相应的社会等级或拥有相同名称的族群中找到自己的位置，那时各民族间的界限并不十分清晰。当地各族人民可以自由地迁徙，不受限制地交往。

19 世纪下半叶，中亚归并于俄国之后，为了便于管理，俄国政府需要制定统一的居民名录表，用以统计并进行自治管理，于是就以文化—语言，即民族特征来划分居民。

1897 年俄国在中亚地区进行了第一次人口普查。在普查过程中，主要是对持何种母语进行调查，因而讲何种语言就成了确定民族属性的基本特征。这次人口普查报告于 1904 年才完全公布，共有 8 个主要族群：萨尔特、乌兹别克、卡拉吉尔吉斯、卡拉卡尔帕克、吉普恰克、喀什噶尔、塔吉克和突厥—鞑靼人。突厥—鞑靼族群的人口数量占居仅次于萨尔特人的第二位。这个类别中包括了所有难以确定属性的族群，即茨冈人、阿拉伯人、玉兹人、阿富汗人、蒙古人（卡尔梅克人）、印度人等。

十月革命后，苏维埃政权继承并利用以往的民族分类研究成果，并在此基础上逐渐形成了一个新的民族分类模式，即国家构成的民族分类模式，这个模式将科学范畴变成了社会行政范畴。对殖民性质的分类模式而言，重要的是区别出能代表某一类型人的类别，而新模式的重点是将每一个独立的人归入某个类别。

（二）划界的背景

1. 俄国二月革命后争夺中亚地区领导权斗争异常激烈

1917 年俄国二月革命后彼得格勒发生政权变更的消息于 1917 年 3 月初传到突厥斯坦后，整个中亚地区政治生活迅速发生变化，争夺地区领导权的斗争异常激烈，政权归属重新配置。首先在塔什干，然后在中亚的各个地区出现了三个平行的政权机构。第一个机构为俄国临时政府的突厥斯坦委员会。第二个平行政权机构为工人和士兵代表苏维埃。第三个机构为突厥斯坦的穆斯林民族中心。

在整个 1917 年间，各个派别内部和派别之间，为夺取突厥斯坦领导权和对未来制度走向及社会改革的解释权展开了激烈的斗争。1917 年十月革命胜利的消息传到突厥斯坦后，塔什干工人和士兵代表苏维埃利用其在军队中的影响力，废黜了失去合法性的突厥斯坦委员会，宣布建立新的政权。在 1917 年 11 月，苏维埃政府建立了一个新的管理机构——突厥斯坦人民委员会。

2. “泛突厥主义”分子活动积极

1917 年之后，随着君主政体的倾覆，中亚出现了一群精英人物，他们都称自己为“突厥人”，很少称自己为“乌兹别克人”等。这些精英们开始积极实施“大突厥斯坦”方案。所谓的“大突厥斯坦”包括突厥斯坦边区、草原边区、布哈拉和希瓦。1917 年他们共召开了 4 次全突厥斯坦穆斯林代表大会。第四届穆斯林特别代表大会将中亚地区的泛突厥主义活动推向高潮。大会宣布突厥斯坦领土自治，选举了突厥斯坦自治政权机关，成立了突厥斯坦临时自治政府。但是，突厥斯坦自治政府并没有存在多久。1918 年 1 月召开的突厥斯坦第四次苏维埃代表大会宣布浩罕自治政府及其成员非法，自治政府头目被逮捕。

1918—1919 年哈萨克人 T. 雷斯库洛夫也提出了“大突厥斯坦”方案。他认为，就其民族学成分和其他方面情况而言，突厥斯坦是突厥民族共和国。他提出了取消将突厥民族按本质和名称划分成鞑靼人、吉尔吉斯人、巴什基尔人、乌兹别克人等的传统民族分类，不再建立小的独立共和国，而是将各民族联合在突厥苏维埃共和国周围，以团结和吸引没有成为俄罗斯苏维埃联邦社会主义共和国组成部分的其他突厥民族。苏丹格里耶夫还与鞑靼扎吉德分子阿赫马德共同设想建立一个以联邦形式为基础的图兰国家，包括突厥斯坦、哈萨克斯坦、喀什噶尔、希瓦、布哈拉、阿富汗以及伊朗的突厥部分。

3. 苏维埃政权实行建立联盟政策

20 世纪 20 年代初，布尔什维克党对其实行的政策进行了修正，从对抗转为与不同社会力量和团体结成战术和战略联盟。布尔什维克党开始在包括突厥斯坦在内的与俄罗斯族文化传统不同的边疆地区实行类似的建立广泛联盟的政策。

（三）中亚民族划界及民族国家建立概述

中亚民族划界是布尔什维克党巩固苏维埃政权在前俄罗斯帝国非俄罗斯地区地位政策的重要组成部分。

早在 1920 年雷斯库洛夫提议建立“突厥共和国”方案后，莫斯科就开始讨论将突厥斯坦划分为数个民族地区的问题。当时的中央或许认为，在一个辽阔、富饶的地区建立一个独立的国家体，存在着其退出统一的苏维埃联邦国家的危险。后来，这个提议成了“泛突厥主义”“泛伊斯兰主义”等概念出现的基础。莫斯科派来的，以伏龙芝为首的突厥斯坦工作委员会推翻了“突厥共和国”的方案。与“泛突厥主义”相对立的将突厥斯坦按民族地域划分的方案就在此时出炉。

但当时中央也考虑到，进行这种划分必须做好充分的准备，必须具备一系列的条件，首先要加强苏维埃政权，并将布哈拉和花拉子模改组成社会主义共和国。1920 年 2 月，俄罗斯联邦全俄中央执行委员会建议其下属的突厥斯坦中央执行委员会和人民委员会提出划界方案，但在深入研究突厥斯坦的政治、经济和文化形势之后认为，1920 年进行突厥斯坦民族国家划界是不合时宜的。

列宁在审阅了全俄中央执行委员会突厥斯坦委员会和俄罗斯联邦人民委员会的材料之后指示，要详细地研究划界的具体条件并进行认真的准备。同时提出要绘制突厥斯坦民族志地图及其他地图，将突厥斯坦划分成乌兹别克、吉尔吉斯和土库曼三部分，并要详细阐述这三个民族融合与分化的条件。

虽然当时还没做出民族国家划界的决定，但已经在基本的政府政权制度方面和所有管理层面上，建立了乌兹别克、吉尔吉斯（哈萨克）和土库曼这三个民族的党团。此后，对“各民族的民族自决权”最佳形式以及行政和经济活动的合理组织形式不断进行探索。在中亚地区先后成立了突厥斯坦、布哈拉和花拉子模共和国民族州和民族区，召开了土库曼、哈萨克、吉尔吉斯、乌兹别克民族代表大会及其他会议。1922 年，制定了突厥斯坦共和国行政区划总体规划。为了顺利地进行划界工作，突厥斯坦苏维埃自治共和国政府编撰了突厥斯坦民族志地图，成立了本地居民风俗习惯研究科学委员会，完成了大量划界准备工作。

如上所述，“民族划界”这个想法本身并不出自中亚，而是来自莫斯科，并于 1923 年年底提上了议事日程。苏维埃政府这次还把突厥斯坦、布哈拉和花拉子模共和国列入了划界进程当中。1924 年的春天，中央政府说服地方精英必须进行这项改革。1924 年 6 月 12 日，俄共（布）中央政治局通过了“关于中亚共和国国家划界”的决议，这标志着民族划界进程的开始。

最初的划界方案是：在现有中亚国家部分领土上成立一个大的乌兹别克民族加盟共和国，在部分领土上组建土库曼民族加盟共和国，再将部分领土划归作为俄罗斯苏维埃社会主义联邦共和国组成部分的哈萨克民族自治共和国（该自治共和国成立于 1920 年）。还计划成立 3 个自治州：隶属于乌兹别克斯坦的塔吉克自治州，隶属于吉尔吉斯（哈萨克）民族自治共和国的卡拉卡尔帕克自治州，隶属于吉尔吉斯（哈萨克）民族自治共和国或俄罗斯苏维埃社会主义联邦共和国的卡拉吉尔吉斯（吉尔吉斯）自治州。

为了确定新成立共和国的领土边界，在俄共中央委员会中亚局属下成立了领土委员会，由伊萨克·捷连斯基担任主席。在莫斯科方面，由斯大林负责主持此项工作。在苏联中央执行委员会第二次会议之后的很短时间内，中亚新共和国的建国程序实际上已经完成。1924 年 11 月突厥斯坦、布哈拉和花拉子模共和国中央执行委员会专门会议通过了该委员会自行解散的决议。在新建立的共和国内成立了革命委员会，领导新共和国及自治州苏维埃成立大会的准备工作。

20 世纪 20—30 年代，中亚地区经过大规模的民族划界以及建立民族国家的工作，最终划分出了乌兹别克、土库曼、哈萨克、吉尔吉斯、塔吉克等民族，并据此迅速建立了 5 个民族加盟共和国并全部加入苏联。

三、对中亚民族国家划界的思考

（一）历史的评价

20 世纪 20 年代中亚地区进行的史无前例的民族国家划界使中亚地区有史以来第一次出现了五个以民族名称命名的国家。这是中亚历史上具有里程碑意义的重大事件，对中亚的现代民族过程产生了重大的影响。不同立场的人对此事件有不同的评价。

在前苏联的相关文献中，1924 年的中亚民族国家划界大都被解释为中亚各民族的自由意愿和共产党民族政策的胜利。认为中亚民族国家划界、苏维埃民族共和国的建立以及自愿加入苏联使每个民族能够相对集中在各自的“政治实体”中，这样可以消灭民族不平等现象，能够取得与俄罗斯民族同等的地位，促进了中亚的劳动群众参与苏维埃建设，加强了中亚各民族与俄罗斯及其他民族之间的友谊，为消除中亚各民族经济、文化的落后创造了有利条件，加快了这些民族聚合成社会主义民族的过程。

尽管如此，对此事件也有许多消极的评价。俄国著名东方学家 B. 巴尔托里德院士认为，1924 年中亚民族国家划界时所采用的民族原则完全不符合中亚当地的历史传统，不符合中亚的历史发展，中亚历史上形成的相互联系的整个体系被摧毁。民族共和国的建立打断了中亚的自然发展过程，产生了新的紧张和冲突根源，极大地减缓了公民社会的形成速度。

还有学者认为建立新的民族国家的具体方案是在塔什干和莫斯科的办公室里秘密做出的，是出于政治目的。莫斯科想在俄国东方建立一个

"试验地"，即建立能分化敌对力量，并将语言及其他民族特征相近的大的居民群体联合起来的民族国家，使其成为俄国在东方传播革命思想的前沿阵地。按着斯大林的观点，突厥斯坦是使东方走上革命之路的最重要共和国，这不仅仅由于突厥斯坦是东方民族融合的地方，还由于其"东方腹地"的重要地理位置。

同时，中亚还被视作与英国对峙的前沿阵地。在布尔什维克党的政策中，对外政策方面占据着非常重要的位置。布尔什维克党期待并竭尽全力促进那里的民族革命，民族思想成为输出商品，它帮助苏维埃俄国在全世界的舞台上进行表演。

许多著作中都将1924年的民族划界评价为"克里姆林宫埋设的地雷""克里姆林宫绘图者的魔鬼计划"等。还有更形象的表述说中亚民族是"斯大林民族政策的大锤在被毁灭的文明残骸上打造出的新民族"。

乌兹别克斯坦科学院历史所出版的《20世纪初的突厥斯坦》一书对此事件做了较为详细的评价。该书作者认为，中亚民族划界政策是布尔什维克党精心构想出来的举措，是同主要的思想及政治敌人——民族解放运动作斗争的需要。为了实现这个强加在中亚各民族身上的政策，需要投入大量的时间和精力。在四年时间里，对突厥斯坦、布哈拉和花拉子模共和国各民族的民族意识进行大规模的压制，人工加快一体化进程，加速民族认同的形成。这一行动自始至终都是中亚党的工作人员在俄共中央及其全权代表的领导下进行的，缺乏考虑各民族意愿的机制。

作者还认为，民族划界设想的实现是布尔什维克成功的战术手腕。首先，民族解放运动不论是思想上，还是实践上都受到了明显的打击。随着民族国家的成立，中央将该地区民族的注意力从外部敌人转到内部问题，这对中亚的民族解放运动即刻产生影响。从20世纪20年代中期起，民族解放运动就开始消退。许多运动的思想家和领导者认为在当时那种情况下继续进行解放斗争没什么前景，就移居国外，将斗争转移到国际舞台上，期望吸引国际舆论来解决中亚问题。

将新成立的民族国家视为中亚各民族的"民族国家"也未必合理。因为随着这些国家加入苏联，签署加盟苏联协定，以及俄共中央委员会中亚局、中亚经济委员会和其他类似于全苏联制度的保留，所有国家所具有的政权功能和权利都受制于中央。它们完全没有主权和独立，实际上只相当于苏联行政经济区。这些民族国家从诞生之日起，其角色就已被确定为为中央利益服务的原料供应地。

（二）现实的思考

首先，20 世纪 20—30 年代的中亚民族划界及民族国家建立强化了主体民族的地位，这就引发了主体民族与非主体民族之间的矛盾及冲突，尤其是在苏联解体之后。比如在民族划界时，有大量的乌兹别克人被划到吉尔吉斯斯坦，主要居住在吉尔吉斯斯坦南部的奥什州、贾拉拉巴德州和巴特肯州。吉尔吉斯斯坦的乌兹别克族一直致力于民族自治，提高在国家权力部门的地位和赋予乌兹别克语官方语言地位，但不论是在原苏联，还是在独立后的吉尔吉斯斯坦一直没有成功，乌兹别克语的地位不升反而下降。这引起了乌兹别克族人的强烈不满，乌兹别克族和吉尔吉斯族之间的关系一直处于紧张状态，1990 年和 2010 年发生了两次大规模的族际暴力冲突。

其次，20 世纪 20—30 年代的中亚民族划界及民族国家成立的消极影响在费尔干纳盆地得到了集中体现，并相应地引发一系列影响该地区安全与稳定的问题。

此次划界将费尔干纳盆地划分给乌兹别克斯坦、吉尔吉斯斯坦和塔吉克斯坦三个国家，使这个原本在政治版图上独立的经济和文化整体彻底消失了，继而变成了乌吉塔三个苏联加盟共和国的边缘地带。如果说苏联时期三国之间的边界形同虚设的话，那么随着苏联的解体，乌吉塔三个加盟共和国成为独立的主权国家，三国之间的行政区域界限变成了实实在在的国界，成为独立国家的标志。随意划分而形成的复杂边界线，使费尔干纳盆地成为世界上飞地最多的地区之一，共有 8 个飞地，其中 4 个属于乌兹别克斯坦，2 个属于塔吉克斯坦，这 6 个飞地均位于吉尔吉斯斯坦西部的巴特肯州，因此该州被称为“飞地之州”。此外，在乌兹别克斯坦和塔吉克斯坦还有 2 个属于吉尔吉斯斯坦的飞地。

众多“飞地”的存在使该地区成为三个国家的国界线未能最终勘定的主要地区。尤其是使三国难以对边境地区进行有效的管理，使该地区犹如“无界”之地。对飞地主权及资源的争夺严重损害了盆地三国之间的关系，使三国难以在该地区进行有效的合作。飞地也成为当地居民关系紧张的根源，边境冲突不断发生。所有这些都为该地区以极端主义为特征的恐怖主义组织“乌伊运”和“伊扎布特”从事跨境恐怖活动提供了有利条件，使该地区成为这些恐怖组织产生和发展的最佳场所。“费尔干纳问题”已经引起国际社会的关注。

当然，费尔干纳盆地的民族冲突以及极端主义等问题的产生是由地缘政治、社会、经济等一系列历史和现实原因造成的，但该地区民族过程中发生的将一个完整的经济文化体一分为三的事件应该是该地区现存问题的主要诱因之一。

总之，我们应从中亚民族划界中吸取这样的教训，应该尊重民族的自然发展规律和历史上形成的现状。人为地加速民族过程，过分强调民族意识，虽然能暂时促进民族发展，满足一时的政治利益，但最终会导致事与愿违的结果。

哈萨克民间神话的神奇形象

——生命之树

〔哈萨克斯坦〕吐尔逊·朱热特拜（Zhurtbay Tursyn）

（哈萨克斯坦国立欧亚大学奥特拉尔图书馆研究中心教授）

魔幻的神树，即自古以来就被刻画在石头上的生命之树，雕刻在器具和木头上，编制在哈萨克族的花毯和花毡上，绣在彩锦和被褥上及其床帘上，其最古老的样式是刻在石头上的围绕太阳生的神树。在公元前10至7世纪的帕孜热克遗址中发现了编制有“生命树”图案的花毯和彩色帘子。而20世纪出土的匈奴单于头冠上的“鸟”“云雀”也有相似寓意，就类似于哈萨克人常说“幸福鸟落在你的头上。”俄罗斯圣彼得堡艾尔米塔什博物馆珍藏馆中珍藏着描述有民间爱情长诗《阔孜阔尔撇西—巴彦苏鲁》中恋人阔孜和巴彦在神树下相会的金牌。在中世纪和近代的岩画乌斯特热特和芒古斯山地区的喀拉尕什和喀木斯拜遗址里的“莫坎（神树之意）石”①；此外在《恋人的丰碑》《长生树》《花蕾石》《永葆长青的主宰》《刻着栎树像的石头》《刻着柳树的石头》的作品中都有关于宇宙“永恒生命”的象征意义的描述。

神树是生命之巢，即神树的神奇力量能战胜死亡。可知世界转眼成了不可知的世界，幻想故事主人公只有骑上大鹏在浩瀚天宇翱翔，才能最终达到目的地。

神树是永生的开始和保障，是有限与无限，光明与黑暗，今世与后世，天与地，生与死，奇妙与普通及复杂与神通之间的媒介。神树的空间是在七层天上、在七层地下，包罗世间万物，在太阳下的库妮凯的国度；

① 吐尔逊·朱热特拜：《生命树》，第34、35页。

在地下世界的蛇王——巴波的王国，在特斯肯山另一麓铁木尔汗的王国。[①] 在民间信仰中，神树的树枝即天空，树桩是大地，树根是地下世界，或表现为生命不可知的世界，死亡是其界限。就是因为民间有这样的信仰，哈萨克人崇拜旷野上的独树，并在树枝上系白布条。

神树在哈萨克古代传说和故事中是宇宙时间和空间之中永恒的“手柄”（Осьмира，Мировойстолп，Мироваягора）。神树是生命力旺盛的象征，是时间和空间的分界线。

依据从古至今的神话传说，甚至是终身寻找永生的阔尔库特和阿山海戈[②]，还是周游天地三界的叶尔托斯特克，在找到神树之后就无路可走了，再往前是另一个空间的开始，到了那个空间的人是不会回来的。为此，不管什么样的故事结局都会在神树下找到最终答案。

一、神树形象的来源及其表象

（一）神树形象的来源

神树不是人为种植的树，它是唯一主宰创造的原生神物，为此有永生的特质。它是造物主的今世标志。如果它枯萎，那生命也将衰竭，死亡导致末日来临。神树绝对不能让时间停止，死而复生的人也会经历第二次生命历程，即进入宇宙时间后，又从空间中返回。例如，叶尔托斯特克周游地下世界而归来，叶尔赛因死里逃生，骑黄骠马的肯德拜在有生之年能进入天国再回归都就是其佐证。若不是造物主的恩赐，故事中的凡人靠自己能力是永远找不到神树的。

（二）表　象

神树的位置在哈萨克族民间爱情叙事诗《阔孜阔尔撇西—巴彦苏鲁》中这样讲述道：“在两地长成了参天大树，两棵树的树梢在空中重合。”[③] 在这里谈及神树的树枝与天交织在一起，而麦素尔·居素甫版中有这样的

---

① 库妮凯、蛇王巴波、铁木尔汗都是哈萨克民间幻想故事中的代表性作品《太阳下的库妮凯》和《叶尔托斯特克》中的人物形象——译者注。

② 阔尔库特和阿山海戈都是古代哈萨克历史人物，在民间有很多有关他们的传说，其中具有代表性的有《寻找乐土的阿山海戈》《逃避死神的阔尔库特》等作品。

③ ［哈］《阔孜阔尔撇西—巴彦苏鲁》，阿斯塔纳：弗连特出版社 2002 年版，第 368 页。

诗行：

啊！年轻人请注意听我讲述，
从箴言酌句中吸取教训。
古书云，天宇中有棵树。
学识渊博的诗人这样描述神树：
天国中叶子硕大的神树，
树根在天，树梢在下面，
垂向大地，如日般耀眼。
数不尽的美果结满枝头，
吸取着天地之精华。
八个天国长满此树，
诉说着过往云烟，
无以言表其盛况。
果实中包含美味，
天国房屋用它建造。

诗句中的“美果”就是后世的果实，即永恒安逸的象征，使读者不会乏味。“像幻影般出现，气势磅簿，顺其万变。”“享受是虚无的，而人都长生不死，永葆三十三岁的年龄。”有歌，但无曲！“夫人们每天都能变成少女。”无人知晓的神秘空间，只有无曲的歌声。哈萨克人把这说成“终极时间的完结”原因：

树木的枝叶风华正茂，
众人一致信奉造物主。
每个树叶上都有人名，
人死其叶子也会脱落。

之后时间、欲望、幻影世界都不会使人担心，因为那里没有神树，一切都随着过往云烟、虚幻世界一起消声灭迹。

二、神树是游牧人衡量时间的尺度

根据故事情节往好的或坏的方向发展，神树的名称、功能、空间都与过去、现在或者未来相互交织。神树的时间和空间之间周期尺度在民间幻想故事《叶尔托斯特克》得到了巧妙的安排，其中的神树是过去、现在和未来的衡量标准。例如，爬上参天大树的叶尔托斯特克一眼望见过去岁月的驼队。

故事情节：在他们家门前有一棵大树，一个树桩上面分叉，叶尔托斯特克的父亲早上爬上去的话中午才下来，中午上去的话，晚上下来，并且从不允许叶尔托斯特克爬这棵树。有一天他想啊想，还是爬上了树。他瞧见在远处的海市蜃楼中走来一个驼队，队伍的前面清一色都是少男少女排成行载歌载舞而来，之后的队伍全都是成年男子和他们的夫人也是欢声笑语地走来，队伍的最后是老头们和老太太也兴高采烈地走来。看到这种奇怪的情形叶尔托斯特克惊奇地问父亲。父亲这样解释道："孩子啊！你看到的是已经过去时光的幻影，那是别说是活人就是死人都无法企及的幻影。"

这里世界变幻的幻影是创世神话里多层世界的表现。那是在游牧人的艺术想象中被称为"变化的世界"或"变迁的世界"的"虚幻世界"。对于"虚幻世界"而言，空间是自身变幻和交替的现象，是造物主和被造物的意识里酝酿的绝对物，其原因在于："它是世界过往云烟的花朵——幻影，不管生命还是死亡与之无关。"

将很久、很久以前生活的叶尔托斯特克与远古存在的"幻影世界"联系起来的纽带是神树。根据神话观念，叶尔托斯特克本人也是在幻想空间和时间里诞生的。这里神话根源具有一定的自然依据，因为"晾在毡房天窗上的胸脯肉"滋养叶尔托斯特克的老父老母，他们住一宿的白铃铛刺赐予他们年轻的生命，也是就在这里的天窗（撑杆）和白铃铛刺具有创生特性。

三、神树——游牧人的空间意识

根据游牧民族古老的信仰，《叶尔托斯特克》中通过毡房的天窗使天神——腾格里统治的无穷空间神化，而胸脯肉（töstik）指代浩瀚的宇宙。用永恒的五个元素：天、地、火（锅）、水、神树（天窗、撑杆、白沙枣、白铃铛刺）的神力来给生命（叶尔托斯特克）系带。他出生在能望见“幻影世界”的“一个树桩上面分叉”的神树底下。那位寻找与幻影世界关联的父亲形象也是神奇的。他每天两次爬上神树目送幻影世界里少男少女（出生），男子及夫人（成长），老头和老太太（终结），欢送每一个时代。要实现追逐这个迁徙的幻影的叶尔斯托克的理想并不是天神的义务。时间的驰骋者，即故事中的神马（夏勒奎热克）、黄棕色马、黄骠马、大鹏、飞毛腿、猎狗都追不上那个世界。叶尔托斯特克是通过神树周游两个世界（地面世界和地下世界），最后还是依靠神树重返地面。当他回到地面时变成骑着白马的白发苍苍的老头。这时当年他的妻子肯杰凯与母驼和腰缠的白丝带的约定兑现——“当叶尔托斯特克安全归来或死亡时，母驼产驼羔，腰上缠绕的白绸带自然解开”，然后“叶尔托斯特克变成小伙子，肯杰凯则变成新娘子，坐骑也变回五岁的牡马。”这儿肯杰凯本身就是神奇形象，她的耳环不和其他八个姐姐的耳环放在一起，而是单独挂在顶着天窗的柱子上，或者说九个姐妹当中肯杰凯是最出众的，独一无二的。坐骑夏勒奎热克是肯杰凯的时间家产，生命嫁妆，女人的花样年华，正是幻影世界中成年男女的驼队。赶上这样花样年代的叶尔托斯特克想赶上远古时期的红尘，但他不能企及。自然世界孕育在母驼肚子中，它被肯杰凯用时间的白绸带捆绑了起来。也就是说世界的自然根源禁锢在母体里，通过父亲之力孕育。肯杰凯腰上的白绸带的解开预示着神话中的旧世界的终结和新世界的开始。

四、时空观念在民间文学作品中共同体现

时间和空间之间尺度的周期在《叶尔托斯特克》故事的各个变体中各有不同表现。在有的版本中时间停止，有的版本中时间已过，而另一个文本中叶尔托斯特克则出现在未来。例如，在麦素尔·居素甫版本中讲述的9子娶妻的故事。健忘的父亲忘记给自己9个儿子讨媳妇，为此惊讶的成吉思汗这样谈道：“祝你如愿，心想事成！无人能真正理解别人所想的。你在家里思考的内容谁又能知道？没有人会搭理无所事事的人，愚公可以移山，只要下定决心，就算是神树也能找到，你为何不游走四方寻找呢？”崇拜神树周游世界的健忘老人终于找到了9个未来儿媳。这9位女子未出嫁的原因，她们的母亲是这样解释的：“你寻找的9位女子9位都会被找到，真主有自己的安排！我的孩子不是因不好才嫁不出去，只是一

直都找不着门当户对的，合适的人家，有些是人不对，有些是地方不适，更有些是时间和时机不搭边。”

我们难以断定古代的哈萨克人什么时候开始使用准确计时法。这里的“时间和时机”是时间和空间二者的统一体。健忘者的9个儿子和夫人的9个女儿，其中年长的，至少也有40岁。然而把这与“时间和时机”来计算的话，那刚好是宇宙时间。在这里讲述者为表述将要发生的事件，给听者埋下伏笔。也许，就算我们不知道“时间和时机”，但以前他们可能有自己的测算方法。而刚好在这里，故事讲述人将听者的注意力引向“相对的时间”，然后与爬上参天大树或神树顶端看到过去和未来迁徙的队伍的叶尔托斯特克的行为联系起来，“时间和时刻”明确标注。可惜的是，麦素尔·居素甫的版本的结尾缺失，为此我们无法明确故事中时间和空间的统一与时机间的关系及界限。但《叶尔托斯特克》的篇幅较短的另外一个版本中对此有所交代。

《叶尔托斯特克》的三个版本能够互为补充，达到了包含世界性认知、世界性艺术认知、世界性艺术观念的诗性神话的高度。故事中作为天与地、地上和地下世界，自古以来“迁徙的世界”的纽带的神树都有三种：门前的参天大树（幻影世界），地下的参天大树，地面上的常青神树。这就是三界中的今世和后世，空间和时间的标志。而《叶尔托斯特克》中的神话色彩和意识的无穷表现在三界在一个神话宇宙时间里展开。因此，其中的夸张也具有高度的诗性寓意。

参考文献

1.［美］斯蒂·汤姆森：《民间故事母题索引》，印第安纳大学出版社，1955年。

2.［哈］《民间故事》（第4卷），阿拉木图：加祖士（作家）出版社，1989年，第67、68页。

3.［哈］《阔孜阔尔撇西—巴彦苏鲁》，阿斯塔纳：弗连特出版社，2002年，第56页。

4.［哈］塔斯玛干别托夫：《碑文》，阿斯塔纳：别热勒出版社，2002年，第392页。

乌兹别克斯坦的包容性政策与族际关系

〔乌兹别克斯坦〕依山霍加耶夫·卡玛力金
(Ishonkhodjaev Komoliddin)

(乌兹别克斯坦对外友好协会副主席)

乌兹别克斯坦刚刚迎来了独立23周年纪念日，各项建设事业成绩斐然。毋庸置疑，国内和平、稳定和民族团结是取得这些成就的基础条件。独立以来，乌兹别克斯坦的民族包容性文化得到了迅速发展，这为国家的繁荣和灿烂未来奠定了基础。

国家元首多次强调：乌兹别克斯坦多民族的人口要与乌兹别克斯坦民族自觉意识和复兴精神紧密结合起来，才能极大地推动社会改革和民主发展，为乌兹别克斯坦融入国际社会创造适宜的条件①。

独立以来，在各民族之间相互尊重的基础上，乌兹别克斯坦实现了民族平等，加深了相互理解，因为这些问题一直被当作保障人权与自由的优先方向而得到了解决。乌兹别克斯坦民族的包容性文化具有深厚的根基，也为此做出了许多贡献。

乌兹别克斯坦各民族在中央和地方各级政权中拥有广泛的代表性，他们中有很多人担任了参议员、国会议员以及地方自治机关代表、大型企业和组织的领导。马哈拉（译者注：伊斯兰国家特有的市民自治组织）由多民族成员组成，目前已有来自数十个民族的代表担任其首领：俄罗斯人，鞑靼人，哈萨克人，朝鲜族人，维吾尔族人，亚美尼亚人，塔吉克人以及其他民族。不分民族成分，所有公民的劳动成果都可以得到国家的高

---

① 伊斯兰·阿卜杜加尼耶维奇·卡里莫夫：《临近21世纪的乌兹别克斯坦：安全的威胁、进步的条件和保障》，塔什干，乌兹别克斯坦，1997年，第69页。

度评价，独立以来已经有数百位来自不同民族的公民被授予政府奖章。

作为公民社会的一种体现，乌兹别克斯坦颁布了《非政府组织和非营利组织法》，140 多家民族文化中心根据该法开展活动。它们作为社会组织，不仅顺利地发展着自己民族的传统文化，而且发扬尊重各民族文化价值观的精神，在青少年中开展着教育活动。他们把自己作为海外散居民利益的表达者，作为公民自治组织解决着日常生活中的各类问题。一些民族文化中心还开办周日培训班，不仅青少年，成年人也可以从中了解自己民族的历史、文学、传统方面的知识，学习自己的民族语言。不少民族文化中心还与一些专注于乌兹别克斯坦境内各民族语言教学的普通教育学校合作开展活动。目前乌兹别克斯坦的一些学校在教授乌兹别克语的同时，也教授俄语、卡拉卡尔帕克语、哈萨克语、塔吉克语、土库曼语、吉尔吉斯语以及其他语言。很多高校专门为这类学校培养教师人才，全国所有的大学都开设俄语语文系或教研室。

除此之外，国家的电视广播公司也用各种语言播放节目。国家电视台和广播台开办了专门讲述多民族乌兹别克斯坦生活的栏目“同一个家”“乌兹别克斯坦——我们共同的家园”。报纸和杂志也用多种语言印刷出版。

根据国家元首提议乌兹别克斯坦成立了乌兹别克斯坦与外国文化教育联系及友谊社团委员会和共和国跨民族文化中心，致力于完善民族关系，满足各民族的民族精神需要，为民族文化中心提供实际帮助和方法指导以保存和发展各民族的风俗习惯，开展多层次的工作以确定包容性原则和发展跨民族关系文化，联络各种国家和社会组织参与解决这些问题。这两个机构的主要活动方向保障国外同胞和国内各民族公民积极参与到国家的社会政治和经济生活中来，积极参与全民节日以及其他重大事件时重要活动的筹备和举办。

乌兹别克斯坦与外国文化教育联系及友谊社团委员会和共和国跨民族文化中心与许多国家和社会组织开展密切合作，例如妇女委员会、宗教委员会、公民社会研究院、国家青少年社会运动“卡玛洛特”“塔斯维利·奥伊纳”联盟、“马哈拉”基金会、“努罗利”基金会，等等。近年来他们共同举办了各种研讨会、圆桌会议、展览和音乐会。

用乌兹别克语和俄语出版了二十多本探讨民族文化发展问题、国内团结理论和实践、跨民族和跨宗教信仰关系中的包容与和谐方面的书籍。比如，《乌兹别克斯坦——我们共同的家园》（2001 年）、《民族和睦与宗教包容——进步的因素》（2003）、《乌兹别克斯坦——包容之国》（2007）、《乌兹别克斯坦宪法——我们伟大未来的保障》（2009）、《乌兹别克斯坦独立后跨民族关系的发展》（2012），等等。这些作品的作者都是跨民族教育领域中的学者和实践家，他们从多个角度审视了历史和现代的包容性，概括了乌兹别克斯坦在形成稳定的民族和睦和宗教包容关系方面的历史经验。

正如国家总统所说，乌兹别克斯坦各民族在使自己的文化与乌兹别克斯坦文化和世界文化紧密联系的同时，也获得了统一的心性、共同的行为哲学。这是统一的精神支柱，独立这些年来它一直是民族和睦的源泉。

今天，我可以自信地讲：各民族传统文化和精神价值的发展，与包容性和民族关系文化一道，已经成为独立的乌兹别克斯坦和平和稳定的组成部分。

现代社会思潮中民族团结的特殊性

〔塔吉克斯坦〕P. Л. 达夫拉托夫
(Davlatov Ramazoni)

(塔吉克斯坦国家统一和复兴运动协调员，哲学副博士)

当今时代正处于人类社会的工业化发展阶段，由于其制度模型、社会联系和相互影响极其复杂，产生了多种关于社会一体化本质的新的理解方式。对该问题看法的变化与人们对社会生活运行条件理解和阐释方式的变化密切相关。法国社会学家埃米尔·涂尔干对这一变化做了很好的描述："现实中，人们不是按照社会本来的样子去描述和解释社会，而是探索社会应该成为什么样子，应该如何组织社会以使其尽可能地更加完善。但社会学家研究社会的目标完全不同，仅仅只是为了认识和理解社会，就像物理学家、化学家、生物学家研究诸多物理、化学、生物现象一样。社会学家的任务是明确地确定自己研究的社会事实，揭示其中存在的规律。同时拟定其他情况，假如发生了其他情况，则可运用自己已经制定的科学原理加以解释。"① 所以，由于人们在实际中如此运用理论，社会一体化的内容再也不受主观意志的制约，而是根据客观需要和社会生活条件有规律地形成。因此许多关于社会一体化本质的系统观点试图寻找这些社会事实以及它们的运行规律，在这方面它们与之前的观点和社会思维方向不同。

这一过程中最重要的事件当属"社会一体化"这一先前用其他词语和概念解释的术语获得了自己的理论依据和形式。在社会哲学思维发展历史中法国思想家莱昂·维克多·奥古斯特·布尔茹瓦为此做出了卓越贡献②。莱昂·维克多·奥古斯特·布尔茹瓦（1851—1925）从事该问题的

① 涂尔干：《社会学和社会科学》，载于《理论社会学》，第一卷，第6-7页。

② X. У. 伊济耶夫：《民族一体化研究的理论观点》，杜尚别：Donish出版社，2007年。

研究在很大程度上源自于其政治活动生涯和教育背景。他从巴黎大学法学系毕业，获得法学博士学位后开始在政府部门担任要职。1895 年他当选总理，组建了自己的内阁，成员多为极端社会学者。布尔茹瓦政府把解决社会问题作为自己的优先方向，制定了社会纲领，用累进的所得税资金加以实施。这项政策遭到人们的抵制，1896 年 4 月他被迫下台。布尔茹瓦关于社会一体化的主要思想在他的同名著作《一体化》中有所阐述。在著作中布尔茹瓦声讨了 18—19 世纪个体主义学说，他认为，现实中并不存在彼此独立的个体和国家，而是由共同生活事实联系起来的人们联合体。因此每一个联合体的成员都从社会中获取利益，担负着对他人和社会的义务以及对祖先、后代的义务。为了增强人们的社会责任感，他认为必须在《权利宣言》的基础上增加《义务宣言》，以号召增强全社会的一体化意识。1900 年在巴黎召开了第一次以一体化思想为指导思想的“社会教育大会”，第二年在巴黎社会科学高等学校组织了“社会一体化哲学”方面的专业讲座。布尔茹瓦的社会一体化学说以这种观点为基础：人们之间的默契就像契约一样，由于它的存在，人们在获得社会赋予的利益的同时也担负着相应的社会义务。布尔茹瓦把这个契约称作“准契约”，他认为每一个公民社会都担负着自己的社会义务。这种调节相互义务的政策最为公平。因此社会一体化学说解决了如何更加平等地分配财富、如何通过社会一体化的办法实现社会平等的问题。

布尔茹瓦主张，社会一体化论是一种社会主义，但这种社会主义并不意味着集体主义。个人自由、私有财产受到保护是他的理想。在将人类解放进化理论即“（人类解放）永远不可能实现”“社会不平等自人出生以来就存在，永远不能克服”思想与通过阶级斗争的方法反对资本主义、进行革命的社会主义思潮进行对比之后，布尔茹瓦否定了后者。社会一体化理论不承认国家对人的主导权，国家只是个人利益的表达者，国家通过调节社会关系，帮助人们履行自己对后代、对同辈以及对祖先的义务。因此，社会一体化理论尝试在综合个体自由和集体社会主义的基础上达成社会一致。根据社会一体化理论，这两种互不相容的意识形态之间可以找到趋同点。

德国社会学家斐迪南·滕尼斯在其名著《共同体与社会》中对当代社会生活中社会一体化理论的形成特点做了大量分析。滕尼斯在确定自己所研究的社会一体化现象在现代社会科学中的地位后，开始研究这个问题。尽管它（社会一体化）被看作人的精神组成部分，滕尼斯把社会一体化视为社会科学研究的核心问题，因为这个组成部分在某种程度上服务于人的社会性，把一批人与其他人联系起来，使他们连在一起，"激励或者刺激他们共同协作和相互协作……这个人类思维的产物得到的结果对于保持共同的本质必不可少。这个本质在公社、国家、教堂这些经常被视为现实元素，而有时被视为超自然事物的重要形式中得以完结"①。

滕尼斯把社会一体化与各种社会组合、联系归为一体："社会联系追求成为一种相互依赖的形式，意味着一个人的意志会影响另外一个人的意志：激励或者束缚它，或者既激励又束缚，如果一个人的意志伴随另外一个人的意志，或者与另外一个人的意志相联接或者混合，就出现了共同的意志，这种意志可以理解为总体意志，因为它是相互依赖的……同样，一个人与另一个人相联系，他也可以与许多人一起相联系，而这些人之间又是彼此联系的，因为组成共同体的每一个个体的意志是总体意志的一部分，是受其支配的。总体意志可以表现个性或者通过各种方法使其凸显出来。总体意志可以在不确定的长时间内保持不变，但是它可以随着时间推移在其不断更新的状态中发生变化……"② 在这里滕尼斯列出了发生在初等和大型共同体中的社会一体化理论特征，把它们归为不同的信任程度。

在这方面，不少研究滕尼斯的现代学者提到了伊布尼·赫东（Ибни Халдун）关于"asabia"和"umran"中信任边界理论的影响。这在某种程度上是合理的，因为滕尼斯在划分共同体（Gemainschaft）与社会（Gesellschaft）之间各种界限中所体现的不同层次的社会一体化时，首先提出了各种包含不同形式和信任程度的方法。以这些不同形式和信任程度为基础，在共同体和社会的界限中形成了各种独特的社会关系。在共同体中所形成关系中自然形成的血亲关系占主导地位，以此为基础产生了原始的共同生活形式（族群、种族联盟、氏族公社，等等）。这种情况下人们共同耕作，共同居住，结成氏族公社或政治联盟。紧接着，随着其他血统人类的进入，这种生活形式发生了新的变化，开始了新的一体化阶段。"与此同时，共同生活的原始基础继续发生变化，在个人主义出现后才消失。但它的真正意义在于：社会生活没有减少，而是社会共同生活在继续

① 斐迪南·滕尼斯：《共同体与社会》，载于《理论社会学》，第一卷，第 216 页。
② 斐迪南·滕尼斯：《共同体与社会》，载于《理论社会学》，第一卷，第 223 页。

发展，获得更大的力量，最终超越由个体需要、利益、愿望和决定产生的其他新的相互协作关系”[①]。此时的一体化是建立在共同体成员理性意志的基础上的，因为这些成员把一体化视作改善自身状况的手段和工具。

另一位著名的德国思想家马克思·维贝尔提出了与上述有关社会一体化本质观点类似的看法。他把社会一体化现象放在社会关系中加以研究。因此，在维贝尔看来，社会一体化首先是一种重要的社会关系现象。由于社会关系的开放性或封闭性，产生了相应类型的一体化现象：(a)传统共同体的一体化，其成员由亲情和共同劳动联系在一起（例如家庭和氏族）；(b)封闭社会关系的一体化，其成员一般受到控制（典型的例子：政治联盟）；(c)社会化生产中的一体化，其成员依靠自己劳动获取收益（例如开放的贸易社会）；(d)特定状态下的一体化，例如劳动社会中的一体化（如合作社）。[②]

显然，维贝尔把社会一体化看作社会关系的一种重要特征。社会关系由于自身的开放性或封闭性构成了相应的形式、一体化类型：“如果和只要一个世界的意识形态和社会秩序不禁止能够或擅长社会协作的人参与相互社会协作，社会关系（所有共同体或社会化）对外界来说就是开放的，反之，假如这个世界的意识形态和秩序不允许人们参与社会协作，或者限制参与和附加条件的允许参与，那么社会关系对这外界来说就是封闭的”。开放性和封闭性可以由传统决定，也可以由效率、合理的价值和目标决定。合理的封闭性也可以产生这些现象：在达到目标或取得结果之后，社会关系可以给予成员通过一体化协作的方式或者利益平衡的方法在关系内部和外部满足自己的利益的机会。[③]

还有一位研究社会一体化问题的著名学者——乔治·西姆梅尔，他从划分自然界中一体化与社会生活中一体化之间差异的角度开始研究这个问题。在他看来，这个差异在于：“自然界中一体化与社会生活中一体化的关键差异在于：自然界中一体化只有在主体观察时才能发生，而且只能在互不联系的元素中形成；而社会一体化只能在自己的元素中形成，因为这

① 斐迪南·滕尼斯：《共同体与社会》，载于《理论社会学》，第一卷，第243页。

②③ 马克思·维贝尔：《主要的社会学概念》，载于《理论社会学》，第一卷，2002年，第130页。

些元素是有意识的，是能够融合的，这种一体化不需要观察者”。[①]

至于人类社会中的一体化的基础，西姆梅尔认为有三个独立的因素，这是自然界中一体化形成过程中不可能找到的。这三个因素是：理解、爱情和共同劳动。也就是说，如果自然现象的一体化是人类意识的产物，那么社会一体化就不完全是意识的因素，而是源自人类社会生活的现实。在这方面他强调：“空间存在的片段汇集到观察者的意识中，成为某种一体化，但这种一体化又不是个体的集合可以实现的。因为此处聚合的这些东西——独立本质、精神中心、个人统一体等不可能完全与另一个主体完全相同，否则就会失去个性……换言之，社会是‘我的观念’，就是说，社会是建立在意识能动之上的。因为其他人对我来说是如此地现实，就像我自己一样。他也会感受到这种现实性，与物质的现实性不同。”[②]

这一时期一些著名的社会思想家提出的关于社会一体化在当代社会关系体系中居于优先地位的观点在很多政治法制观念中得到重视。因此这些观点成为许多社会政治制度的内容之一。众多这样的观念中，法国著名学者波尔多·莱昂·狄骥（1859—1928）的研究比较有代表性。他在其名著《国家、客观法和实在法》中指出：任何社会的基础都是人的不平等，从而导致社会被划分为不同的阶级。为了减少各个阶级之间利益矛盾激化的可能性，社会需要一体化。一体化是彼此联系的人们由于共同需要以及为了分配劳动和种族成员而相互依存的事实。一体化有意识的事实产生了社会规范，这种社会规范高于国家和实际法。在狄骥的理论中所有的社会阶层都有平等的生存机会，也为社会的存在和发展做着贡献。狄骥不主张所有的社会阶层一律平等，他认为人生来就不平等，每个人在社会中所处的状况不同，因此他们就应该享有不同的，而不是完全一样的法律地位。至于个体的权利，狄骥则完全否定了这个概念，而且经常提到人们肩负义务。他呼吁用“社会功能”的概念替代“主体权利”。关于社会一体化学说，狄骥指出，“个体不享有任何权利，他只应履行社会义务”。狄骥在私有财产的问题上也持这种观点，不把私有财产看作个体的权利，而视之

---

① 乔治·西姆梅尔：《如何形成社会?》，载于《社会学文选》，加尔达里基，2003 年，第 76 页。

② 乔治·西姆梅尔：《如何形成社会?》，载于《理论社会学》，第一卷，2002 年，第 316 页。

为社会义务，“个体要自由、完全地履行社会功能”。狄骥还试图证明私有资本主义财产的必要性和有益性……

法国著名社会学家埃米尔·涂尔干也是研究当代社会关系中社会一体化本质问题的大家。很多研究者认为，涂尔干涉足这一领域的研究与他所处的社会环境有关，当时的法国面临着各种困难，急需寻找维护社会政治秩序的方法：涂尔干时代的法国社会不和谐，秩序混乱，如何才能维护好社会秩序？涂尔干的实践和政治活动就是为了解决这些问题。他第一本重要作品的题目是《社会分工论》。在这本著作中涂尔干用社会学观点去审视历史，从而得出一个结论：任何人类社会都需要一体化，就是说人们需要一种感觉——他们是相互依赖的。[①]

涂尔干介绍了一种形式的一体化如何随着社会的变化转化为另一种形式的一体化。他把这些一体化形式称作机械和有机一体化。在它们的相互转化过程中社会结构始终处于基础地位。结构简单的社会产生机械一体化，结构复杂的社会产生有机一体化。这个模式的主要原理是所谓的社会现实主义，也就是说，把社会看成“社会体”或者“社会有机体”。该有机体中个体与群体之间的联系不仅仅是外部的，而且已经灌输到意识结构内部。这一般来讲是指社会价值、规范、塔布（原始社会中的一套禁忌，据迷信说法，违反塔布要受到超自然力量的惩罚）、制裁机制。这个价值体系的危机会导致消极的社会过程，产生社会混乱。也就是说，导致整个机制机能失常。由于社会一体化由“机械性”（外部强制的）向“有机性”（自觉规范的）演变，对价值规范调节机制信任的缺失或瓦解过程是客观的。

克服一体化危机的主要办法就是提高权利意识水平，这需要借助教育机构和宗教文化学校。如果个体权利系统不能促成有机地开展社会协作，任何一个国家和一体化自身都不能克服危机。分析涂尔干这些观点的时候，П. 别尔格尔说道：“可以从历史角度看待不同类型的一体化现象，涂尔干划分了这两种基本的一体化类型，他称之为机械和有机一体化。在原始和早期社会所特有的机械一体化中，人们整体地联系在一起，这与以家庭为单位的一体化是不一样的。当代社会中的有机一体化是一种更加复杂的类型，在这种一体化中基础的联系形式不仅仅是相互从属感，而且是

① П. 别尔格尔，Б. 别尔格尔，Р. 柯林兹：《个性导向社会学》，2004 年，第 51 页。

各种协议关系的复杂交织。由机械一体化联系在一起的社会建立在信任和喜好之上，相反，由有机一体化联系在一起的社会却建立在法律和理性之上。”①

作为对上述问题的补充，还需指出，涂尔干的机械一体化运用范围不仅限于原始和早期社会，任何具备原始人际关系的传统社会中都可能存在这种一体化。

著名德国社会学家尼可拉斯·卢曼用现代社会哲学观点深刻探究了这个问题。卢曼的研究依据是“一体化”这个概念内涵在解释不同社会现象时的不同实用性。在逻辑上对这个概念的理解难度在于摈弃社会现象的矛盾方面。而没有这种矛盾是不可能理解社会生活的。矛盾是社会存在和社会现象发展的必要条件。“冲突可以保障那种通过号召诚实奉公实现的东西——也就是相互渗透关系中的高效联系。这不仅体现在正进行斗争的政党内部一体化关系中，也正好适用于自己的竞争对手。失去敌人的它会感到失落，缺少行动动机。如果冲突变成了稳定的认同路线，那么人就不能找到理由把众多偶然性归为一个事件。很难找到这样的机会，在如此众多内部机缘参与下，在社会系统中把普遍的一体化与行为义务如此紧密地联系在一起。”②

正如上文所述，在提出“一体化是如何在社会系统中产生的?”这一问题后，卢曼开始了对社会一体化关系运行条件的分析。他指出，这个问题可以针对不同的系统提出，因而存在多种答案。例如，心理系统和社会系统中一体化的表现和运行条件大不相同。“关于这个问题有多种答案，取决于问题的提问对象是心理系统还是社会系统。在心理系统中一体化是通过意识构成的，而在社会系统中一体化是通过交际构成的。”③

一种社会体系中一体化的实现和运行条件具有自己的特点，因此另一种社会体系中促成一体化实现的条件不可以直接转移过来。这首先是因为各种社会体系之间的因果关系和他们周围的世界是不一样的。为了证明这个结论，他把逻辑论证系统与心理系统做了比较，得出它们的相同点和不同点。他指出：“社会系统是交际型的，因此创造出关于偏离交际的矛

① П. 别尔格尔，Б. 别尔格尔，Р. 柯林兹：《个性导向社会学》，2004 年，第 51 页。

② 尼可拉斯·卢曼：《社会系统》，圣彼得堡：科学出版社 2007 年版，第 511 页。

③ 尼可拉斯·卢曼：《社会系统》，圣彼得堡：科学出版社 2007 年版，第 478 页。

盾……交际能够实现了一体化（也因而会产生可能的矛盾）是因为它（交际）联系着三次选择：信息、传达和理解。虽然交际的参与者们理解的内容和他们掌握的知识面各不相同，信息、传达、理解这三个过程实际上被一体化了。即使最透彻的交际也不能让一个人完全看清另一个人，但交际确实创造了必要的透明度。在这个交际一体化的作用下，社会系统形成了对自己有重要作用的矛盾。”①

在当代社会政治思维中，当讨论一些国家向民主治理过渡的特点时，“一体化”这个主题经常会被提到。在众多阐释国家向民主过渡特点的观点中，Д．罗斯托乌的动态模式成功地解析了这种向国家统一或者一体化转化的过程。“唯一的前提条件——国家统一是这种模式的立足点。‘国家统一’这个概念不包含神秘的躯体和血统类型和信奉它的日常誓词，或者精神分析论中个体的趋同，也不包含全体公民的某种伟大的政治使命。它指的是潜在民主中的绝大多数公民不应该怀疑或者在选择政治属性的时候不犯思想错误。当社会中出现了潜在的分裂迹象的时候国家统一的要求就遭到践踏。这种分裂迹象就像我们在哈布斯堡王朝或奥特曼帝国看到那样，在今天的一些非洲国家中也存在着。相反，在阿拉伯世界中的很多国家里存在很强的统一吸引力。”②

罗斯托乌的这种观点与其他关于现代化的理论不同。他自己也察觉到，与那些对民主过程做功能解释的观点相比，他的观点是全新的。他认为自己的观点可以对民主过程做“遗传解释”。遗传解释首先关注那些试图或追求发展民主制度的国家的历史进程。在实现这个愿望的道路上国家应该经历由四个主要阶段组成的民主化过程。这四个主要阶段中，达成国家统一这个阶段占有特殊地位。国家统一被视为任何一个社会成功向民主过渡的必要前提条件。这种统一通过各种方法和在不同条件下实现，但它一般是自发形成的，停留在口头上是不够的。在一些情况下，经济因素，比如落后的经济，对国家统一的形成产生显著的影响，而在其他情况下却影响不大。“国家统一是向民主过渡的唯一前提条件，意味着民主不需要某种最小程度的经济发展和社会分化。这种经济和社会因素只是间接地成为国家统一或潜在冲突的可能基础。一些学者喜欢援引这些经济和社会指

① 尼可拉斯·卢曼：《社会系统》，圣彼得堡：科学出版社2007年版，第479页。

② Д．罗斯托乌：《向民主过渡：动态模式的尝试》，1996年，第5期，第5页。

标作为民主的前提条件，但它们在某种程度上是令人怀疑的。总是可以找到一些非民主国家，它们的这些指标的发展水平高得令人怀疑。”①

罗斯托乌指出，国家统一不仅仅是社会发展中的转换瞬间和过渡阶段，而是相反，当其他阶段发生时，它不会丧失自己基础性的重要意义。如果没有这种一体化，不但不会出现民主，反而会出现完全相反的政治结果——按照地区、民族或其他特征划分的分裂和割据局面。例如，在社会各阶层斗争加强的时候国家统一就起着重要作用，它是防止社会分裂的基础：“社会分裂有自己的限度，这是由国家统一的要求决定的。国家统一不仅仅为民主奠定了基础，而且存在于其各个阶段。”②

（本文翻译：张玉洪，中央民族大学外国语学院俄语专业
2012级硕士研究生）

①② Д. 罗斯托乌：《向民主过渡：动态模式的尝试》，1996年，第5期，第6页。

俄罗斯联邦的民族关系状况及其治理策略

何俊芳[①]

（中央民族大学民族学与社会学学院教授）

俄罗斯历史上一直都是一个多民族国家。根据最新的2010年全俄人口普查资料，在俄罗斯居住有193个民族、族群，总人口共计1.43亿，其中俄罗斯族占人口总数的77.7%[②]。这种多民族的人口结构状况历来是俄罗斯政府在其国家治理中必须要考虑的重要参数。

苏联解体后，俄罗斯经历了从民族分离主义盛行到目前的族际关系状况基本良好的过程。这一局面的出现，与俄罗斯政府在吸取前苏联民族关系治理经验教训基础之上实施的一系列策略密切相关。本文所要重点探讨的，就是在巨大的社会转型过程中，为重建俄罗斯联邦、为促进族际关系状况的改善俄罗斯政府采取了哪些治理策略。

一、俄罗斯联邦的民族关系状况

苏联解体后，关于俄罗斯境内民族关系的总体状况可主要从各自治共和国与联邦中央之间、命名民族与以俄罗斯族人为代表的非命名民族之间的关系层面展开。

在各自治共和国与联邦中央的关系方面，自1990年6月12日俄罗斯宣布自己为主权国家不久，俄境内的自治共和国也利用苏联宪法赋予的民

① Д. 罗斯托乌：《向民主过渡：动态模式的尝试》，1996年，第5期，第6页。

② 这些民族群体共使用277种语言和方言，其中89种语言使用于国家教育体系（30种作为教学语言使用，59种作为课程学习）http：//www. gks. ru/free_ doc/new_ site/perepis2010/croc/perepis_ itogi1612. htm。

族自决权，仿效俄罗斯主权宣言陆续发布了自己的主权宣言，试图摆脱俄罗斯中央政府的控制和扩大民族独立自主权，俄境内原有的16个民族自治共和国均自行通过立法升格为主权共和国。其中有的共和国竭力谋求国家独立，有的要求作为“主权国家”加入俄联邦，有的要求与俄联邦签订国家间条约，用邦联代替联邦，并宣称本共和国的宪法高于俄罗斯宪法，明确表示有权退出俄联邦。在各共和国中，车臣和鞑靼斯坦是民族分离倾向最为突出的两个共和国。在这种形势下，为缓和民族矛盾，防止俄罗斯的再解体，俄联邦议会于1992年1月通过一项决议，允许其境内的16个民族自治共和国和5个民族自治州中的4个自治州升格为共和国。1992年3月31日，除车臣—印古什和鞑靼斯坦这两个共和国外，随着其他86个联邦主体签署《俄罗斯联邦条约》，俄境内普遍的民族分离主义势头得到遏制，国内紧张的民族关系状况也有所缓和。1994年2月15日，俄联邦总统与鞑靼斯坦总统签署了权力分享条约，俄联邦中央给予鞑靼斯坦一系列主权，鞑靼斯坦则放弃了得到特殊地位的要求，从而使鞑靼斯坦的分离主义倾向问题获得了圆满解决。1994年底，俄出兵车臣，暂时阻止了车臣民族分立主义者闹独立的势头，1997年《俄罗斯联邦和车臣共和国相互关系基本原则协定》的签署，标志着车臣正式加入了俄联邦；从1999年开始随着第二次车臣战争的进行，车臣的民族分立主义势力遭到了毁灭性打击。近些年来，虽然因经济、政治等各方面的原因在联邦中央与共和国之间出现摩擦，车臣分裂分子也不时地制造暴恐事件，但从总体上而言，随着俄罗斯政府一系列理顺地方与中央关系措施的落实，使曾经十分紧张的民族自治地方与中央之间的关系得到了很大程度上的缓和。

在各共和国命名民族与当地俄罗斯族人、其他民族之间的关系方面，也经历了从很不和谐到相对和谐的过程。苏联解体后，随着社会的急剧转型及各共和国自治程度的提高，在各共和国出现了巨大的社会结构重构过程，一些共和国的命名民族利用其在政治上的主导地位，使其自身不仅在权力结构中，而且在其他社会结构中占据优势地位，甚至享有特权，这使得其他非命名民族在权力分享、资源竞争与分配中处于不平等地位。这种状况必然导致族际冲突，使族际关系处于不和谐状态。在这种情况下，以俄罗斯族人为主体的非命名民族群体组织起来利用社会运动的形式对抗命名民族的利己主义，反对其民族主义政策与计划，甚至有时向俄联邦中央政府请愿，以维护非命名民族群体的平等地位和自己的各项权益。在双方博弈的过程中，随着社会的不断整合，随着联邦政府、地方政府促进族际关系、解决民族问题的政策、措施的落实，各共和国内部的族际关系也得到了很大的改善。

二、俄罗斯政府治理民族关系的策略

（一）行政管理体制方面，在民族地区实行不含有民族自决权的民族区域自治制度

根据苏联宪法，加入苏联的各加盟共和国拥有退出联盟的民族自决权，这为苏联的解体提供了法律依据。苏联解体后，为避免国家再解体的可能性，俄罗斯虽延续了苏联时期的联邦体制，但在1993年12月以全民公决形式通过的《俄罗斯联邦宪法》中取消了各共和国的民族自决权。就是说，与联邦条约不同，该宪法只承认联邦共和国是联邦成员，而非主权国家。根据该宪法，在俄罗斯实行民族区域原则与行政区划原则相结合的联邦模式，联邦结构建立在它的国家完整、国家权力体系统一、在俄罗斯联邦国家权力机关和俄罗斯联邦成员的国家权力机关之间划分管辖对象和职权、俄罗斯联邦各民族平等的基础之上。该宪法确定，俄联邦共有89个联邦成员，包括21个共和国、6个边疆区、49个州、2个联邦直辖市、10个民族自治专区和1个自治州。根据该宪法，各共和国享有高度自治权。如共和国可以有自己的宪法、国徽、国旗、国歌和首府；可以有与俄语并用的官方语言，甚至可以有附属于联邦的共和国国籍；共和国还可以在其权限内颁布各种法律，可以与俄罗斯联邦、其他联邦成员以及其他国家签订条约和协议，拥有一定的国际主权，甚至设有外交部，但无权推行独立的对外政策；不经共和国的同意，不得更改其领土等。

普京上台后，为了加强国家的统一领导，建立了中央对地方的垂直管理体制，并力图弱化区域自治体的民族因素。如将全国划分为7个大区，由中央政府派人直接管理；同时改革了联邦结构和地方领导人和国家杜马的选举办法，建立了“垂直立法体系”和“垂直行政体系”，有效地强化了国家的管治能力。另外，强调“俄罗斯联邦主权及其各构成部分的主权，被授予其整个多族裔人口，而非授予各族群。没有任何单个族群能够

拥有独占权利，去控制领土、政治制度及资源。”①这表明，在俄罗斯出现了一种新的政治趋势，即是一种公民原则，它趋向于国家构建以弱化民族因素与区域自治体的联系及各种分裂的可能性。

（二）文化方面，实行民族文化自治政策

在苏联时期，许多少数民族对民族语言和文化不受重视的状况颇为不满，这种不满曾与苏联整个民族问题交织在一起，成为引发民族冲突的导火线之一。因此，在文化领域，俄罗斯除继续构建以俄语为载体、由各族人民文化丰富并发展着的全俄罗斯共同文化的同时②，主要对散居的民族成员及那些没有本民族自治实体的少数民族实行“民族文化自治政策”，为这些民族群体成员保存和发展自己的语言、文化创造有利条件。如根据1996年7月颁布的《俄罗斯联邦民族文化自治法》的相关规定，各民族群体根据自身的文化需求，不仅可以创办非国立的各级教育机构，还可以创办用民族语言传播信息的各类大众媒体，也可以建立非国有的剧院、博物馆、图书馆等各种文化活动机构等，这就为少数民族群体的语言、文化的保存和发展创造了条件，特别使很多人口较少民族获得了保存自己语言、文化、习俗与传统的额外的可能性。

（三）在个体和群体权利方面，坚持人权和公民权高于民族权利的原则

独立后的俄罗斯不再坚持苏联时期长期实行的各民族平等的法律准则，而是主张人权和公民权③高于民族的集体权利，民族权利被涵盖在公民权利之中。为此，俄罗斯联邦在国家法律层面上均没有强调民族平等和民族权利，如在《俄罗斯联邦宪法》（1993年）中强调人和人的权利与自由具有至高无上的价值，承认、遵循和捍卫人与公民的权利和自由是俄

---

① 《俄罗斯报》1994. 2. 25。

② 根据2010年的人口普查资料，在俄罗斯，99%的俄罗斯各族裔人口都能用同一种语言俄语交流，俄罗斯甚至比许多看作是民族—国家的大、小国家在文化上更具有同质性。

③ 所谓公民权，是指作为公民国家的公民，不论他们的文化、种族或宗教如何，都享有同样的权利。公民的权利是维系公民国家统一的纽带，是公民国家的核心。公民权独立于族属意识、宗教、文化和种族。公民对国家的认同是一种与族属意识、民族身份相分离的政治认同。

罗斯联邦国家的义务（第 1 章第 2 条）[①]。1996 年 6 月颁布的《俄罗斯联邦国家民族政策纲要》则进一步强调指出：各民族公民拥有平等的权利和自由，俄罗斯民族政策的主要目标是捍卫人与公民的权利和自由，承认人是最高价值，加强俄罗斯全体公民精神道德的一致性和共同性。在俄联邦颁布的《俄罗斯联邦民族文化自治法》（1996）、《俄罗斯联邦公民和睦协定》（1994）等与民族问题相关的重要文献中，也均未阐明民族平等和民族权利的内容，但这些文件都一致强调在俄罗斯联邦实行人权和公民权利优先的原则。俄罗斯联邦宪法第 19 条第 2 款还明确规定："国家保障人和公民的权利与自由平等，不论性别、种族、民族、语言、出身、财产状况和职务状况、居住地点、宗教态度、信仰、对社会团体的归属关系以及其他情况。禁止因社会、种族、民族、语言或宗教属性而对公民权利作出任何限制"。其他基本法律和法律文件也从不同方面规定了在俄罗斯无论是人口较少民族还是命名民族，公民拥有的权利一律平等。

（四）构建并强化对俄罗斯国家民族的认同

俄罗斯作为一个拥有 100 多个族体的联邦制国家，其复杂的族裔人口结构、众多民族区域自治体的存在等，无疑对其共同的国家认同产生着一定的张力，特别是在车臣、鞑靼斯坦、图瓦、雅库特等共和国的命名民族中对首先作为是俄罗斯联邦公民的认同度并不是很高。为此，以季什科夫为代表的一些俄罗斯学者提出了构建"俄罗斯民族"这一在公民意义上而不是种族、族裔意义上的国家民族，以达到将俄罗斯各族人民团结为统一民族的目的。构建俄罗斯国家民族认同，首先需要从统一社会思想，增强国家内部凝聚力开始。为此普京提出了"俄罗斯新思想"作为凝聚俄罗斯社会的价值观，其核心是"爱国主义和强国意识"。这一思想被提出后，已在全国范围内开展了一场以弘扬俄罗斯历史传统，强化爱国主义和强国意识为宗旨的全民教育运动，希望重新唤起俄罗斯民众早已淡忘的思想意识和俄罗斯传统的文化价值观。目前，虽然俄罗斯统一民族的真正形成尚需时日，但俄罗斯政府采取的一系列强化对国家民族认同的政策措施已取得了一定的成效，俄罗斯公民对政府、对国家内外政策的认同度已有所提高，对国家的归属感和认同感已有所加强。

---

① 《俄罗斯联邦宪法》，莫斯科：大纲出版社 2005 年版，第 3 页。

（五）促进民族群体间的宽容与理解

苏联解体后，随着苏联时期原有价值观的逐步瓦解以及生活水准的持续下降，一些民族成员之间关系的紧张和不宽容程度日益加深。民族成员间的矛盾和不相容的局面已成为俄罗斯实现民族和谐、和平共处及构建公民社会的主要障碍之一。因此，为了促进个体间、民族群体间的宽容与理解，1991 年俄罗斯政府颁布了《公民法》，从法律上消除了对各非俄罗斯族的歧视；1992 年通过了《俄罗斯联邦教育法》，规定教育内容应能促进不同肤色、民族、种族、宗教信仰和社会团体的人们彼此的理解；1994 年，俄罗斯政府又颁布了《俄罗斯公民和睦协定》，推动各公民、民族之间和平共处；2002 年，俄罗斯国家杜马通过了《关于反对极端主义活动的联邦法》，意在反对从恐怖主义到宣传民族、种族、宗教等领域的偏见及歧视行为等。此外，俄罗斯的一些城市还不定期举行“族际宽容日”等活动，注重培养市民的宽容精神，以达到促进各族裔和睦相处的目的。如圣彼得堡市政府针对自身存在的问题，制定了“2006—2010 年民族、文化间关系和谐及预防冲突、加强宽容性的计划”。该计划强调，宽容性是保证多民族的俄罗斯社会完整，保障人权和自由，建立民族间和平与和解的基础。

媒体作为传播信息的主要渠道，对人们的观念和行为产生着十分重要的影响，因此俄罗斯政府规定，其主流媒体在节目内容上要体现不同种族、民族平等的原则，禁止传播有关种族主义、文化民族中心主义、民族分离主义、极端民族主义的言论。对那些有传播种族、民族和宗教仇恨，号召用暴力方式解决问题倾向的报纸和其他出版物进行定期的评估等。另外，为了弘扬民族文化的多样性，在俄罗斯开设有不同语言的电视频道和广播电台，转播民族文化协会和有关各共和国各方面的报道；开办有维护和平的宗教节目，其中包括不同宗教的杰出代表参加的宗教节目。总之，俄罗斯大众传媒的主导思想旨在促进民族多元文化的发展，警惕民族主义、分离主义思想的渗透，宣传各个民族的优秀文化，增进民族之间的交流，增强民族之间的宽容、理解与相互信任。

（六）对土著小民族实行特殊保护政策

自 20 世纪 90 年代初开始，随着苏联的解体和俄罗斯境内经济危机的出现，在苏联时期主要靠国家税收和其他社会保障措施维持卫生保健、教育和供给的土著小民族[①]面临着生存的威胁。为保障这些人口较少民族的生存权和发展权，从1991年起俄罗斯就土著小民族问题通过了30多项联邦法，其中最重要的是1999年颁布的《关于保障土著小民族权利》的联邦法。此外，联邦下属各级机构还发布了1000多个与土著小民族相关的正式法律文件。这些法律法规对土著小民族居住区的土地使用、矿产资源和森林资源的开发及其补偿、经济发展模式、生态环境保护等方面都做出了具体规定，使土著小民族的生存环境和经济、文化等各方面的发展都得到了一定程度的特殊保护。

除上述策略外，为促进族际关系的和谐发展，俄罗斯联邦政府和地方政府还采取了很多其他具体措施，在此就不一一赘述。从总体上看，俄罗斯独立20多年来，随着俄联邦条约的签署、新宪法及1996年国家民族政策构想的实施，以及普京上台后采取的如中央对地方的垂直管理体制等一系列巩固国家统一性的措施，不仅使俄罗斯的统一和完整性得以保持，极大地降低了国家分裂的危险性，而且为形成全俄国人共同的公民意识、巩固民族间的和睦关系及精神同一性创造了前提条件。此外，在保障北高加索地区的政治稳定性方面也取得了明显的成效，还建立了保障人口较少土著民族权利的法律机制；在发展民族文化自治、保障公民和民族教育及发展民族语言的权利等方面也取得了显著的成就。但与此同时，在俄罗斯的族际关系领域仍有一系列尚未解决的问题，这些问题有些是由当代俄罗斯在形成自由开放社会和市场经济的过程中由于巨大的社会变革引起的，有些则是由一些不恰当的民族政策所导致的。另外，在当代的俄罗斯，与排外、族际不宽容、族裔的和宗教的极端主义、恐怖主义相联系的问题仍具有现实性，2010年12月发生在莫斯科的民族激进主义分子与来自高加索地区移民之间的大规模民族冲突事件，再一次凸显了俄罗斯仍存在比较严峻的民族问题。因此，在新的社会发展条件下，俄联邦在考虑到解决新产生的民族问题、当前的族际关系状况及其发展前景的情况下，已对国家的

---

① 根据俄罗斯第82—Φ3号《关于保障土著小民族权利》的联邦法（1999年4月30日），“土著小民族”是指居住在其祖辈历史上分布过的地区、保存着传统的生产和生活方式（主要指从事狩猎业、渔业、海洋业的群体）、在俄罗斯联邦少于5万人并自我认为是独立的民族共同体的民族。

民族政策发展战略做出了适度调整，在2012年12月19日颁布的《2025年前俄罗斯联邦国家民族政策战略》中，除继续把巩固俄罗斯联邦多民族人民的全俄罗斯公民意识和精神同一性、保存和发展俄罗斯的民族文化多样性、保障人和公民的权利与自由平等、和谐民族关系作为战略目标外，针对人口负增长而引入大量移民的问题，同时把促进多族裔移民在社会和文化方面的适应与整合列为了5项战略目标之一。当然，俄罗斯的族际关系要走向真正和谐，还要待以时日。

被遮蔽的另类当代“胡天下观”及其他

姚新勇

（暨南大学教授）

一

近十余年来，中国内地主流学界兴起了一股重谈“天下观”的热潮，一些来自不同学科的著名学者的思考，都不同程度地交集于此。例如王铭铭先生的“三圈天下观”①，赵汀洋先生从世界哲学体系对“天下”的重新打量②，马戎先生的“文化多元、政治一体理念”中的中国历史“天下结构”③，汪晖先生的“跨体系”理论对“天下观”的更进一步的丰富化的阐述④，等等。相关学者的言说自然各有其侧重点，但是天下中国观大致可以概括为以下几个层面的辩证关系：其一，传统中国不是种族性的共同体，而是文明或文化性的共同体，文明（其主要形式表现为儒家文明）与否的分野，构成了文明的华夏与野蛮的夷狄之分野；其二，以华夏文明为核心的传统中国的空间性表现为中心（中原）与边缘（中原四周的少数民族地区）共构的“天下中国”；其三，一方面在中华区域不同民族间政治、军事、经济的“物质性”互动的推进下，另一方面更在华夏文明核心观之精神性纲领的统辖与整合下，就在空间上形成了幅员辽阔的以朝

---

① 王铭铭认为中国的天下观几乎是从其初具形式之时就是“中心汉族区域—少数民族区域—海外区域的三圈”形式。为此他的《作为世界图式的“天下”》（载赵汀阳主编：《年度学术2004》，中国人民大学出版社2004年版）进行了颇为壮观、浩繁的考证。

② 参阅赵汀洋：《天下体系：世界制度哲学导论》，江苏教育出版社2005年版。

③ 马戎：《民族社会学导论》，北京大学出版社2005年版，第41~67页。

④ 参阅汪晖：《东西之间的西藏问题（外二篇）》，北京三联出版社2011年版。

贡制为基本体系的中华帝国，在时间上形成了绵延不绝数千年的“天朝”——文明中国；其四，进入近代以后，在西方帝国主义以及后崛起的日本帝国主义的压力与威胁下，传统天朝不得不发生转型，由“天朝”向现代“民族国家”形态转型。而现代中国的基本结构形态正是由这种复杂的历史文化时空关系演变而来的，因此，中国并不是什么怪异的传统帝国残留形式[①]，而是特殊的、不同于世界其他各种国家形态的特殊的共同体。

这股重说“天下”的热潮自然不是空穴来风，而是有着深刻的内部与外部之因。从内部来说，它体现了中国国家体制转型所面临的合法性危机，一方面表现为中国国家由以往的社会主义阶级国家合法观向中华民族传统文化合法观的转变；另一方面表现为针对日益明显的民族认同多样化和族群冲突的现实，学者们重构中国国家合法性的努力。而对外部来说，天下观之重新提起，既包括对西方世界对中国内部民族问题反应的反应，同时更是针对“中国的崛起”与美国所主导的世界霸权体系相冲突之现实的理论回应。尽管今天主流学界的重论天下有了新的开拓[②]，但其在本质上并没有摆脱传统天下言说的自中心看周边、自中原观四夷的视角。然而历史总是如此单向度吗？恐怕未必如此，至少早在主流学界开始规模性地重新审视“天下”之前，在少数民族文学那里，就已经出现了另类不同视角的打量、结构“天下中国”的写作。例如哈萨克诗人乌曼尔阿孜·艾坦的长诗《天狼》，满族诗人巴音博罗的《悲怆四重奏》（诗集），白族诗人栗原小荻的《东亚圣马》（长诗）、《血虹》（大型诗剧），以及“新时期”以来“蒙古帝国”叙述中的一些作品。下面请笔者稍作择要介绍二三。

二

（一）跨越大陆的天狼

中国的历史不仅漫长，而且它在相当的意义上又是一部中原农耕文明

---

① 在许多西方人的眼中，中国是一个难以理解的怪异的存在，就是相当理性、富于西方文化批判意识的哈贝玛斯也认为，“史前”传统帝国的怪异性的现代遗存。见哈贝玛斯：《后民族结构》，曹卫东译，上海人民出版社2002年版，第74页。

② 譬如王铭铭的“三圈观”、汪晖的“跨体系的社会”。

与草原文明不断交往、碰撞、融合的历史。但是数千年的正史虽对此一历史多有书写，但却基本都是从中原的角度来打量的，而与此相关的诸多文学作品，也持同样的视角。例如有关汉代中原与西域的历史，不是汉武帝征伐西域夺取汗血宝马、班超36勇士平定西域等赫赫武功，就是张骞身陷大漠但却矢志不移的爱国情怀，再就是细君西嫁赋“悲仇”的感伤。即便是出生西域的李白和确为“胡人”① 之后的纳兰性德，也未能摆脱传统“东方叙事”的窠臼②；而在新中国各族人民大团结、兄弟情义理念指导下的曹禺先生的《王昭君》，在深层处仍然可说是新时代的“和亲赋”。然而，在“新时期”哈萨克诗人乌曼尔阿孜·艾坦先生的笔下，一切都发生了变化，历史的目光、抒情的诗源，发生了根本性的倒转：

> 正是这匹天马/跃上了汉武帝的神邦/又带领千军万马/浩浩荡荡/娶回了一位/东方的美人//莫非就是在这座山坡上/细君公主第一次走进了/乌孙王赐给她的婚床/那精致的图案/布满了美丽的毡房③

远古金戈铁马的浩荡之势，再次引面扑来；古代君王的雄才霸气，重新跃然纸面。但是同样的传说这次却有了不同的讲述。这次不再是十万铁骑下天山，而是天山神马跃上汉武帝的神邦。也不再是“年年战骨埋荒外/空见葡萄入汉家”（李颀：《古从军行》），而是浩荡之阵娶回了一位东方美人。早已成为汉语读者心理无意识的自东向西、由中原及西域的文化视角，就被断然反转为由西向东的“凝视”、发声；所带来的是话语言说主次关系、中心/边缘身份的换位，甚至是细节的变化。例如细君《悲仇歌》中“毡为墙”“肉为食”“酪为浆”等描写，属粗笔勾勒，这当然与其为短作相关。但问题不在于篇幅的长短，而在于文化视角的性质。边地悲愁的“东方视角”让人联想到的注定只可能是“毡裘为裳兮骨肉震惊/羯膻为味兮枉遏我情”（蔡文姬：《胡笳十八拍》），而不可能是“精致的图案/布满了美丽的毡房”。所以细君公主是“走进了”了“乌孙王赐给

---

① 用“胡”并无贬义，而是在少数族裔主体性的“我是胡人”的意义上使用。

② 不妨对照阅读李白的《千里思》《王昭君》，纳兰性德的《蝶恋花·出塞》等。

③ 乌曼尔阿孜·艾坦：《天狼》，张孝华、叶尔克西译，新疆青少年出版社2001年版。

她的婚床”。“走进”状貌的是从容、自在，才与“娶”“婚床”“精致的图案”相匹配（《天狼》）。“走进……婚床”，按照汉语的习惯，这明显是一个错句，床只能被上、被躺，怎能走进？但这恰恰是游牧民族的毡房起居布置的真实表现。

当然诗人并无意于从单一的视角来将细君传说一味地喜剧化，我们仍然听到那“一支支哀婉的思乡曲/唱彻了多少个/草原的黎明”。但是这一次，不再是东方公主的哀婉，而是“远嫁异邦”母亲的吟唱，聆听母亲悲愁的是“细君腹中躁动”的胎儿：母亲你“可知苦涩的泪水在你的/血管里流淌/也滴落在了你腹中/胎儿的脸上”？

依然是我们所熟悉的公主哀怨，但却有了我们所不熟悉的情感——儿子对于慈母的深深的情义。就这样，那被千年单一视角“隔断而连”的“汉家—塞外”[①]，被异族同胞改写为两个血肉相连的“对等家园”的整体性大陆：

> 饱经沧桑的老人/说我是狼的后代/我也就是一只幼狼/汉武帝给了我生命/黄河水为我作了洗礼/昆仑山是我/永恒的福祉[②]

然而，乌逊的铁骑、细君的眼泪，远非哈萨克族源神话的全部，诗人重构民族起源史诗的神思，把我们的视野由东方移向更远的西方，移向“遥远的古罗马”，给我们讲述着那陌生而又神奇的“人与兽之间的/原始情愫”，那“寡居的母狼”，敞开那“阳光照射”的乳头，抚育那“名字叫昆弥”的“濒死的儿郎”。

（二）那条名叫“女真”的河流从我们的血液中汩汩流往华夏的海洋[③]

相比哈萨克诗人来说，满族诗人巴音博罗的中心位移的大历史重述却

① 无论是“秦时日月汉时关，万里长征人未还”；还是“燕支常寒雪作花，蛾眉憔悴没胡沙”，实际都是先将塞外流沙之地，视为人间绝境，然后再以征人血、公主泪等，将中原与塞外联系在一起。

② 乌曼尔阿孜·艾坦：《天狼》。

③ 语出巴音博罗：《龙的纪年——巴音博罗诗歌精选》“自序”，时代文艺出版社2004年版。

要来得艰难曲折，因为在其重述历史的道路上，横亘着一道“历史罪人”的巨闸：

> 你能用纪念碑一样沉重的泪水/举起他们吗!? /无法承受一个王朝的悲伦/无法用箭簇射伤哀叹/无法用车擎追逐时光/历史坐在英雄和败类的对峙中空眠①

“纪念碑”几乎是所有民族建构认同必须的神圣物象，它既可能是“人民英雄纪念碑”那样直接的现代纪念碑建筑，也可能是巴特农神庙那样的古代建筑，还可能是伊斯兰文化中的先圣的拱北或麻札，也有可能是一些更为零碎、细小但却具有民族或族群历史整体性、延续性阐释可能的物品，比如中国传统的玉器产品②。但是一座纪念碑，“不管它的形状和质地如何”，只要它能发挥建构民族认同的功能，就“总要承担保存记忆、构造历史的功能，总试图使某位人物、某个事件或某种制度不朽，总要巩固某种社会关系或某个共同体的纽带，总要界定某个政治活动或礼制行为的中心，总要实现生者与死者的交通，或是现在和未来的联系。”③显然，在巴音博罗文本的写作与阅读语境中，那座“纪念碑”应该是矗立于北京的“人民英雄纪念碑”。

作为一个中国人，巴音博罗无意否定这一现代中华民族巨大的精神图腾；但作为一个中国的满族，他却有着其他族群的人所难以体会的沉重。这纪念碑所凝聚的百年中华民族英勇奋斗、自强不息的辉煌，是他的荣光；但1840年以来中华民族所遭受的耻辱，则是一个女真的后裔绝对不愿默然承受的历史之重。他，巴音博罗，一个“努尔哈赤的纯种后裔”，则想以自己诗歌悲怆的轰鸣，震醒那恢弘而苍凉的满民族历史：

> 从历史看不见的深处/有一朵花莞尔一笑/像蓬松的火烈鸟掠过幽暗大地/向史前飞去 有一朵花/迷茫过我 和我手中的庞大帝

---

① 引自巴音博罗：《悲怆四重奏》，辽宁民族出版社1994年版。

② 巫鸿著，郑岩等译：《礼仪中的美术：巫鸿中国古代美术史文编》，生活·读书·新知三联书店2005年7月版。

③ 参见巫鸿、孙庆伟：《九鼎传说与中国古代美术中的“纪念碑性”》，《礼仪中的美术：巫鸿中国古代美术史文编》，第48页。

国……（《悲怆四重奏·罂粟花》）

所有激荡人心的舞姿/都在哗哗剥落的金色时光中/缓——缓——平——息……那或是沉缓或是激越的节奏/那或是欢快或是悲苦的旋律/那出征时的蔽日旌旗 那狩猎时的烈烈雄风/那溶于莽又超于莽的豪爽狂放的魂魄/都在一瞬间得到了最完美最充分的/展现……（《悲怆四重奏·莽势空齐》）

熟悉新时期少数族裔诗歌的人，或许会从不同族裔诗人的诗作中，发现一种共同的深层结构，即“伫立的物象与主体性精神行走之间的相互映照关系”所形成的“精神朝圣”的结构。在此结构中，那些被呈现的“静物”，大都具有神圣性兼地标性。相对来说，藏诗的神圣地标所指涉的空间幅度与文化包容度较为具体，始终局限于雪域高原①；彝诗文化空间向度虽然跨越到了遥远的拉丁美洲，但其意象基本定格于那片“用彝文写下的历史”的土地上②；而《天狼》则呈现出由西向东、由东向西、由小毡房到宇宙的反复的时空交错；但是它们都不具备《悲怆四重奏》那种一寸寸抚摸中华山河的贴切、细致与浩荡。

（三）“蒙古帝国叙事”中的天下视野

如果说上两例所涉及的都是单个作家的写作，那么以蒙古草原为中心打量“中华天下”的历史叙事，则在“新时期”以来的“蒙古帝国叙事”中以集体性情状呈现。众所周知，成吉思汗或蒙古帝国的历史，在新中国长期以来都是相当敏感的，但20世纪70年代末“改革开放”以来，相关题材却在蒙汉等多族作家那里开始复兴，截至目前，小说作品至少以数十部计，另外还有多部电影、电视剧、甚至诗歌等体裁形式。其中的不少作品，不管质量如何，都直接或间接地涉及到了蒙古与中原、蒙古族与汉族之间的关系。

例如包永清先生的《一代天骄成吉思汗》的开篇：

---

① 参见姚新勇：《朝圣之旅：诗歌、民族与文化冲突——转型期藏族汉语诗歌论》，《民族文学研究》2008年第2期。

② 参见姚新勇：《家园的重构与突围——转型期彝族现代诗派论》（上、下），《暨南学报》，2007年第5、6期；

> 成则为王，败则为寇，无论古今中外，概莫能外。天下大事合久必分，分久必合。岂不看我中国自黄帝以氣三皇五帝到夏、商；周、秦，秦统一中原七雄，始称始皇，汉又分西、东；后来魏、蜀、吴三国争雄，魏胜而合。后又有南北朝、隋、唐、五代十国；宋、辽、金、夏；……时分时合，来来去去；忽盛忽衰。
>
> 蒙古的历史桑沧，不亚于中原。匈奴人分为南北，南者甫去，北者西迁，余者留原地，融合于蒙古。蒙古自哈布勒汗时统一部众、到也苏该巴特尔被害，又陷入四分五裂．各部互相争强争霸，如同装在口袋里的牛羊犄角，互相顶撞，正如《秘史》中所说，是一个“星空翻转，诸国征战，无暇在床上安眠，你争我夺，天下大乱的局面”。①

很显然此一开篇直接借鉴了《三国演义》的开场，而且也首先是将蒙元历史定位于整个中华历史的谱系中，在取得这样的合法性后，作者才转笔去写“蒙古的历史”。当然包先生的这种处理并非纯粹出于策略，因为，既自豪地叙述成吉思汗的历史，又将其放在大中华历史框架中加以观照，这种方式在作品中还多次出现。

我们再来看另一位蒙古族作家苏赫巴鲁的《大漠神雕》的开篇：

> 虎儿年（1206年），被金帝国嘉封的北方镇安招讨官成吉思汗，派他的“箭的传骑”，向金帝国皇帝完彦璟（章宗）呈报说：北方诸部，像七月无风的牧野那样平静，格外平静；像九月无雨的湖面那样安宁，非常安宁……
>
> “七十岁的老章宗，听完一折呈报后，仅存的四颗大牙顿时酸痛起来，比山杏子还厉害。他想：会有什么平静和安宁呢？此刻，他立即想起了关于铁木真的事情”②。

相比《一代天骄成吉思汗》的开篇来说，无疑这一开场的艺术性更高，“仅存的四颗大牙顿时酸痛起来”这一描写，不动声色地就将成吉思

① 包永清：《一代天骄成吉思汗》（上），第1页。
② 苏赫巴鲁：《大漠神雕》，第199页。

汗的伟力与广元的影响突显了出来；而且与其艺术更为优秀一致。苏赫巴鲁先生的蒙古民族情感，似乎也表现得更为纯正。但是尽管如此，尽管作者用“金帝国皇帝”这样的称谓来不动声色地彰显一个少数民族王朝的地位，但是它仍然首先顾及成吉思汗部落、蒙古帝国崛起与中原的客观联系。而且苏赫巴鲁先生在讲述蒙古民族诞生神话时，还采取了蒙汉同源说[①]，并且有意加了一个“尾声：圣主陵园”，与开场的先祖起源相对应，将有关“成吉思汗陵”的传说、制式祭祀方式及保护承传，由元及明、清到新中国一以贯之。

三

通过上节的分析，我们集中地看到了一种少数族裔回归本族群精神家园与重构多元一体中华民族共有精神家园的一体性关系，或可将其概括为“以少数族裔为‘天下中心’的大中华抒情或叙事”，或可更为简明扼要地概括为“胡天下观”。将此纳入到转型中国的当下现实，它具有重要的启示。

首先，它形象地说明了，中国的多族群关系，并不同于后殖民理论所揭示的那种简单的主流与边缘的二分关系。毋庸置疑，在我们这里，无论是在经济还是文化方面，多族群关系并非一派和谐、不分主流与边缘，没有问题与冲突，否则这样的作品也不会出现。但是西方殖民主义与被殖民地的关系是无历史互动关系支撑的、飘洋过海跨地域的征服与被征服、殖民与被殖民的关系，而汉族/少数族裔、内地/边疆的关系，则是一个中华大区域间的不同地区人群之间的长期互动所形成的中华民族共同体的关系。因此，“胡天下观”的写作，对于当前少数族裔文学界所存在的简单套用后殖民批评话语的现象[②]，就是一种有力的警醒[③]。

其次，“胡天下观”的存在，对于主流文化界具有更重要的批判与警醒性。汉语主流文化界对于传统天下观的重释，都是以中原、儒家文化为

---

① 见苏赫巴鲁：《大漠神雕》，第1页。文中原注，“哈呑高勒：即黄河，有圣母、皇后之意。”

② 参见姚新勇：《中国少数民族文学界的后殖民批评》，《二十一世纪》（香港），2008年4月号。

③ 当然本文所谈的现象与宝力格先生所论述的“协合民族主义”相近，不过他是在一种特殊的“两强一弱”的三方关系基础上来讨论作为弱势的少数民族如何争取自己的权利，而本文所讨论的现象则是在新中国的格局下，更为广泛的中国内部多民族文学场域中所发生的情况，两者存在相当的差别。参阅 *Collaborative Nationalism: The Politics of Friendship on China's Mongolian Frontier*, by Uradyn E. Bulag

中心的，即便是一些人类学者的文章，本质上也未能避免这种中原或汉文化本位观。相关言说所发生的对话，不是局限于主流话语圈，就是发生在与境外学者的对话①，但却几乎没有任何主流学者注意到少数民族作家早就开始了以少数族裔文化为核心的新型天下中国观的建构。如果主流社会对于这种诉求不闻不问的话，怎能想象与少数族裔一起携手共建新型中华民族认同呢？

其三，通过这种对照比较我们可以更清楚地发现，不管是打着华夏普世文明的天下观，还是以本族群或少数族裔文化为本位的“胡天下观”，都与中国的族群及文化的多样性存在着内在的紧张，这一点反应在“胡天下观”中尤其明显。如果说起源于华夏但却由中华多民族共同推进、发展的儒家文明，都可能因其核心的“华夷之分”的文化、族裔歧视性而难以担负重构中华民族认同的重任的话，那么建立于某一规模更小、影响更为有限的族裔本位性上的天下观，又何以担负此任？因此这就给我们提出了这样的要求：必须跳出各种形式的族裔文化本位认同的局限，站在更为现代性的包容、平等、民主、自由的基础上，去重建中华民族的认同。

然而，现实的状况则不容乐观。汉语主流知识界与少数族裔知识界缺少对话，双方几乎是各说各话。而具体到我们这次会议的主题来说，没有一个充满活力而又包容、和谐、稳定的边疆，国家新丝绸之路建设的宏伟蓝图，恐怕也是难以变为现实的。因此，如何克服各种狭隘意识，在强化一体性时包容多元性，在诉求多样性时思考一体性，就成为摆在我们大家面前的一个非常重要且急迫的问题。

---

① 读者不妨在“共识网”（http：//www. 21ccom. net/）中搜索“帝国”一词，就可以发现许多相关例子。

互动与创新

——新丝路视野下的北方民族史研究

白玉冬

（日本学术振兴会外籍研究员　大阪大学/内蒙古大学教授）

长期以来，学术界有个既定成俗的提法“北方民族”。就其活动地理空间、包含对象而言，各界同仁对北方民族的理解不尽一致。不过，学术界主流往往把北方民族与语言学领域的阿尔泰语系民族结合起来，史学界所言北方民族，更多情况下代指阿尔泰语系突厥、蒙古、通古斯三大语族民族[①]。北方民族史研究，基本上是以蒙古高原游牧民族历史研究为主。

历史上北方民族的活动区域，主要包括内外蒙古高原及其东、南、西临近地域以及西伯利亚。不过，新疆地区的民族，往往被归入西戎之中，新疆地区的历史，更多情况下被归为西北民族史或中外交流史领域。自古以来，新疆是多种民族、语言、宗教、文化等相融交汇、共生发展的大舞台。相比西北地区丰富多彩的民族研究资料，以《二十四史》北狄传为主的汉文典籍，长期以来是国内北方民族史研究的核心资料。限于史源的单一性，思路的程式化，当今的北方民族史研究，某种意义而言，处于瓶颈阶段。不久的将来，或许会步入鸡肋阶段。

当前，全球化浪潮席卷世界，情报信息瞬间传递。从雅鲁藏布江河谷到大兴安岭丛林，从阿尔泰山之巅到南沙岛礁，再也不是遥远。正值国家倡导建设丝绸之路经济带，营造和平发展环境之际，笔者感到，作为一名人文学领域的研究人员，我们每一位学者都有一份责任与义务。

笔者才疏学浅，只是利用北方民族文字（突厥鲁尼文、回鹘文、蒙古文）文献资料，从事北方民族（突厥、回鹘、契丹、蒙古）历史的教

① 亦有学者主张朝鲜语、日本语也属于阿尔泰语系，此另当别论。

学与科研工作。在此，我谨结合自身的教学与科研体会，就新形势下北方民族史研究可能的发展方向，略表拙见。我个人意见，无法代表史学界，某些看法，或许与些许蒙古高原历史研究大家意见相悖。不过，如果能有益于今后的国内民族史研究，我愿意充当这个“罪人”，以期为中国民族史研究贡献薄力。

一、中央欧亚、西域与北方民族史研究

国际史学界通行的学术术语中央欧亚（Inner Eurasia），产生已有年限。这一提法，最早是在20世纪40—50年代，由美籍学者丹尼斯·赛诺（Denis Sinor）提出[①]。这一学术术语的核心理念，体现在把人类文明重要发源地的旧大陆（包括欧亚大陆与北部非洲）的中央部分视作一个联动的整体。其地理范围，约东起大兴安岭，西达东欧草原，南抵阿富汗南部—里海—黑海，北扩西伯利亚。在欧亚大陆东部，主要包括东北西部，华北北部，河西走廊，青藏高原，新疆，内外蒙古高原以及西伯利亚。其所涵盖的区域，基本上以干燥、半干燥地区为主，分布着广阔的草原、半草原、荒漠、半荒漠与沙漠、绿洲。就其历史上的居住群体而言，包括狩猎民、游牧民、半狩猎半游牧民、半农半牧民、绿洲农耕民与商业民。这一学术术语，实际上是抹消了以往与当今国与国之间的边界，自然有其不足之处。笔者对这一术语，有条件、有选择性地部分支持。

针对舶来品中央欧亚而言，简洁明了的西域一词，则是地道的中国特产。自2000年前张骞凿空以来，西域一词在中国即积淀已久。狭义的西域是指新疆地区，广义的西域，包括帕米尔高原以西直达地中海沿岸地区。显而易见，西域所覆盖的地域，大部分与中央欧亚重叠。总之，不论西域也罢，亦或中央欧亚也罢，均与丝绸之路密切相关。

传统的丝绸之路，始自西安，北上经河西走廊或青海湖—柴达木盆地，穿越新疆通往西亚与欧洲[②]。而中国北方的草原丝路，基本上与唐通

---

① 中央欧亚概念的定义，见塞纳（著）、王小甫（译）《论中央欧亚》，载北京大学历史系民族史教研室（编）：《丹尼斯·赛诺内亚研究文选》，北京：中华书局，2006年，第1－24页。

② 除此之外，亦有由四川经云南通往印度半岛的南方丝绸之路以及海上丝绸之路。因已超出本文范围，兹不详述。

回鹘三路相一致[①]。即，由今阴山中西部通往漠北腹地的“中受降城入回鹘路”，由河西走廊沿黑河北上抵达漠北的“居延路”以及沟通漠北与新疆的“回鹘路”。以蒙古高原为统治核心的游牧政权阶段——如柔然、突厥、回鹘以及大蒙古国时期，上述草原丝路把蒙古高原与其南面、西面紧密结合在一起。

文献史料与考古学资料反映，肇自赤峰草原的契丹王朝，在挺进与统治蒙古高原腹地时，曾沿着克鲁伦河—土拉河一线修建长城与边防城[②]。这些边防城，不仅是保障契丹北部疆域安定的前沿，更是契丹与北方狩猎游牧民之间交易的榷场。同时，契丹与高昌回鹘、喀喇汗朝等西域政权，保持着密切的经贸往来。连接契丹与西域地区的草原丝路之走向，值得重新过目。

《蒙古秘史》谈到，穆斯林商人阿三带着羊群顺着额尔古纳河收购貂鼠皮到达巴泐渚纳湖（位于呼伦湖附近）结交铁木真[③]。而由北京一带北上的长春真人丘处机则经由呼伦贝尔，沿克鲁伦河—土拉河一线西上穿越蒙古草原，《长春真人西游记》明确记录丘处机一行途经契丹边城遗址。与上述两例相同，笔者以为，连接契丹与草原腹地乃至西域地区的草原丝路，绝大多数情况下应沿着克鲁伦河—土拉河一线的契丹边防城西行[④]。另外，亦有学者提出，在蒙古高原北缘一线，有貂皮之路[⑤]，丝绸之路，由中原东北行，经由东北连接朝鲜半岛、俄罗斯远东地区乃至日本北海道[⑥]。

---

① 详见严耕望：《唐通回纥三道》，《唐代交通图考》第2卷《河陇碛西区》（《中央研究院历史语言研究所专刊》第83号），1985年，第607－633页。

② 参见米文平：《辽代边防城考》，作者著《鲜卑史研究》，郑州：中州古籍出版社，2000年，第246－260页；今野春樹：《遼金代の長城について——その目的と機能の比較》，臼杵勲（编）：《北東アジア中世遺跡の考古学的研究》，札幌学院大学人文学部，2005年，第48－62页。

③ 乌兰（校）：《元朝秘史》，北京：中华书局，2012年，第206页。

④ 钟焓先生认为，辽代连接东西的交通路线，从西域喀喇汗朝出发，经由沙洲、丰州前往辽朝京城。钟先生的观点，建立在将伊斯兰史料记录的“可敦城”视作呼和浩特昭君墓“青冢”。此说有待商榷。见钟焓：《辽代东西交通路线的走向——以可敦墓地望研究为中心》，《历史研究》2014年第4期，第34－49页。

⑤ 李成市：《古代東北アジア諸民族の対日本通交——穢·渤海·高句麗を中心に》，《東アジアの古代文化》第96号，1998年，第87－88页。

⑥ 王小甫：《“黑貂之路”质疑——古代东北亚与世界文化联系之我见》，《历史研究》2001年第3期，第83－87页

综上所述，蒙古高原通过上述草原丝路与贸易路，与其东西南北四面连接在一起。蒙古高原的历史，与其四周密切相关。在狭义上的北方民族史，即蒙古高原历史研究处于萎靡不振的特殊阶段，我们有必要审时度势，对此重新定位。

诚然，对历史学研究而言，微观上的地域史研究必不可少。不过，笔者以为，如何把地域性的研究做大做活，使之与宏观背景相融结合，这才是当前史学研究价值所在。内外蒙古高原历史的相关研究，如何才能吸引国内、乃至世界范围内学者的眼球，应足以引起国内民族史研究大家的重视。否则，一味地闭门造车，虽部分达到自我发展的目标，但无疑会加剧与史学研究前沿间的隔阂与差距。长久下去，恐怕会为史学研究主流所抛弃。借用新疆社科院某位资深学者之言，“内蒙古与新疆近在咫尺，我们不应老死不相往来。”我想，这句话寓意深刻。我们在注重地域史研究的同时，更需要挖掘新材料，利用新方法，有必要就蒙古高原与周边地域间，在政治、经济、宗教、文化等多重领域上的相互融通，进行科学性的探讨与研究。

二、突厥、回鹘与蒙元历史研究的新视点

蒙古高原历史，是北方民族史的重要组成部分，更是中国史不可或缺的有机组成部分。以国学大师王国维为首的老一辈学者以及当今的新一代学者，在这一领域辛勤耕耘，为我们积累了丰厚的研究成果。如何继承并发扬前辈学者的优良传统，值得我们青年一代去认真考虑。这里，笔者着重于“新”字——新阶段、新思路、新史料、新问题、新方法，就新形势下的北方民族史研究，略谈体会。

近年，运用新发现、新出土的文献与碑刻等资料，通过与史籍的互证以推进相关问题之探讨，已是国内外历史学界的关注热点。不过，史料只是一团璞玉，开阔的视野，科学的方法，缜密的考证，则是精雕细磨成就经典的坚实后盾。笔者致力于利用北方民族文字文献史料与西域出土文献，诠释蒙古高原历史。就笔者研究领域而言，作为最新的研究，齐木德

道尔吉、沈卫荣、荣新江、罗新、乌云毕力格等学者佳作难得[①]，值得一读。

针对蒙古高原历史研究的特殊性而言，我们不能一味强求新的史料，对现有文献史料的进一步分析挖掘与科学的考证，尤显重要。与北方民族历史相关的民族文字文献资料，主要包括粟特文、藏文、突厥鲁尼文、回鹘文、契丹文、西夏文、女真文、蒙古文、八思巴文、察哈台文、满文等文献。即便是伯希和之类的天才，恐怕也难以全面掌握上述文字文献。此处，笔者聚焦突厥至蒙元时期的蒙古高原，侧重突厥鲁尼文、回鹘文、蒙古文碑刻与出土文献，略述一二。其他文字文献史料，自有专家探讨，兹不深究。

首先，突厥鲁尼文是中国北方民族最早使用的民族文字，突厥鲁尼文文献研究在国际学界经久不衰。国内该方面研究，虽起步较晚，但近年取得了长足进展。国内有不少学者以为，突厥鲁尼文文献数量极少，且早已刊布完毕，史料价值有限。实则不然。除耿世民先生介绍的突厥、回鹘的大型碑文与敦煌出土占卜文书之外[②]，蒙古国尚有上百个题记刻写[③]，叶尼塞河上游俄罗斯境内存在约155处碑铭或题记[④]。另中亚塔拉斯地区存在约13处、阿尔泰地区存在约80处，以及哈萨克斯坦等地亦有碑铭题记等[⑤]。国内除原有龟兹与吐鲁番等地的刻写之外，近年，新疆二河子、内

① 齐木德道尔吉：《从原蒙古语到契丹语》，《中央民族大学学报（哲学社会科学版）》2002年第3期，第132－138页；沈卫荣：《重构十一至十四世纪的西域佛教史——基于俄藏黑水城汉文佛教文书的探讨》，《历史研究》2006年第5期，第23－34页；荣新江：《阚氏高昌王国与柔然、西域的关系》，《历史研究》2007年第2期，第4－14页；罗新：《虞弘墓志所见的柔然官制》，作者著《中古北族名号研究》，北京大学出版社，2009年，第108－132页（原载《北大史学》第12辑，2007年）；乌云毕力格：《喀尔喀三汗的登场》，《历史研究》2008年第3期，第23－33页。

② 耿世民：《古代突厥文碑铭研究》，北京：中央民族大学出版社，2005年。

③ 详见 Azzaya Badam, *Moğolġstan'dakġ Runġk Yazıtlar*（《蒙古的鲁尼文碑铭》），*Türk Bilig* 2010－20，pp. 67－81.

④ 叶尼塞碑铭详见 Д. Д. Васильев, *Корпус Тюркских рунических памятников бассейна Енисея*（《叶尼塞河流域突厥鲁尼文文献汇编》），Ленинград，1983.

⑤ 关于中亚地区突厥文碑铭的详细介绍，参见哈萨克斯坦官方网站 http：/// bitig. org，以及 Л. Н Тыбыкова / И. А Невская / М. Эрдал, *Каталог древнетюркских рунических памятников Горного Алтая*（《阿尔泰山地区古突厥鲁尼文碑铭目录》），Горно－Алтайский Государственный Унив，2012.

蒙古达茂旗、西安均发现突厥鲁尼文刻写或碑铭。蒙古国境内，更是发现了后突厥汗国时期大型碑文。而且，敦煌、吐鲁番、米兰等地，亦曾出土突厥文写本文献①。更应引起国内学者注意的是，叶尼塞河上游发现的碑铭，绝大多数是墓志铭，且大部分与唐五代历史相关。进言之，突厥鲁尼文文献并非全部解读并释清完毕。如原字 ⋈，时至今日，尚无满意答案。至于突厥文碑铭中存在的不明民族名称、地理名称等众多语言学、历史学、文化人类学等方面问题，比比皆是。

其次，回鹘文文献——包括高昌回鹘王国与蒙元时期的出土与碑刻文献在内，对蒙古高原史与蒙元史研究而言，绝对称得上是个宝藏。回鹘学学界，自早期的缪勒（F. W. K. Müller）、羽田亨、勒寇克（A. von Le Coq）、邦格（W. Bang）、葛玛丽（A. von Gabain）、克劳森（G. Clauson）、马洛夫（C. E. Малов）等起，直至今日的阿斯木森（Jes P. Asmussen）、茨默（P. Zieme）、克拉克（L. Clark）、庄垣内正弘、百济康义、小田寿典、梅村坦、森安孝夫、松井太等一大批国外学者，以及耿世民、伊斯拉斐尔、阿不都热西提·亚库甫、张铁山等国内学者在内，对此早已关注多年，并取得了丰硕的成果。受篇幅所限，请恕笔者不能一一详尽介绍。不过，国内历史学界，荣新江、刘迎胜、党宝海等少数学者除外，似乎对回鹘文文献关注不足。

回鹘文文献，除小部分碑铭外②，还包括主要出土于吐鲁番③、敦煌莫高窟④与黑城遗址⑤的写本文献，以及见于新疆、河西走廊、内蒙古等

① 详见 Catalogue of ancient Turkic runic monuments of the Altai Mountains，http：//bitig. org.

② 关于碑铭文献，耿世民先生刊出了大部分研究成果，兹不详述。

③ 主要研究参见柏林藏吐鲁番文献研究丛书 *Berliner Turfantexte*，*Berlin* 的 1、2、3、5、7、9、13、18、20、21、25、26、28、29 卷。文书目录参见古代突厥文写本目录集 *Alttürkische Handschriften*，*Stuttgart* 的 5－15、18 卷。另俄罗斯科学院东方学研究所圣彼得堡分所藏有大量回鹘文献，庄垣内正弘、吐古舍娃（Л. Ю. Тугушева）等学者正陆续刊出中。

④ 详见 Abdurishid Yakup，Uighurica from the Northern Grottoes of Dunhuang，《ユーラシア諸言語の研究：庄垣内正弘先生退任記念論集》，京都，ユーラシア諸言語の研究刊行会，2006 年，第 1－41 页；阿依达尔·米尔卡马力：《敦煌莫高窟北区新出回鹘文文献综述》，《敦煌学辑刊》2009 年第 2 期，第 81－88 页。

⑤ 吉田顺一、其木德道尔吉（编）：《ハラホト出土モンゴル文書の研究》，东京，雄山阁，2008 年，第 183－199 页。

地的题记刻写等[①]。由于众所周知的原因，回鹘文出土文献的绝大部分，散藏于欧美等地。回鹘文文献，包括宗教、世俗两大类在内，数量庞大，对回鹘、蒙古等北方民族历史及其彼此间宗教、语言、文化方面的交融史研究，大有裨益。

第三，蒙古文出土文献与元代硬译体公文，对蒙元时期中国北方多民族间的交融史研究至关重要。原有的蒙古文碑刻文献除外[②]，黑城遗址出土的蒙古文文书[③]与吐鲁番出土蒙古文文书[④]，是了解元代亦集乃路与新疆地区历史文化的活化石。从中可以看出，在元朝大一统之下，蒙古与党项、回鹘等西北民族间的文化上的互相认同。而包括《元典章》[⑤]《至正条格》[⑥]《通制条格》[⑦] 等在内的元代大批硬译体公文[⑧]，则是元代蒙汉文化互相认同融通的典范。

综上，笔者就突厥蒙元之际北方民族历史研究可能的新视点，以突厥文、回鹘文、蒙古文文献与元代硬译体公文为主，笼统地进行了介绍。如何充分发挥这些文献的应有价值，有待于我们不同领域专家学者的深入挖掘。

三、互动与创新：构筑贯通草原东西南北的彩虹桥

精美的建筑，源自设计者的匠心慧眼。在史学研究日新月异发展的今天，我们面对的，不仅仅是澄清历史事实，掌握历史脉动，更应该是

---

① 关于上述回鹘文题记刻写，包括笔者在内，日本弘前大学教授松井太组织的科研小组近年正持续进行调查，部分成果已经由松井太刊布。

② 参见 D. Tumurtogoo, *Mongolian Monuments in Uighur – Mongolian Script (XIII – XVI Centuries): Introduction, Transcription and Bibliography*，台北，中央研究院语言学研究所，2006 年。

③ 吉田顺一、其木德道尔吉（编）:《ハラホト出土モンゴル文書の研究》，第 12 – 182 页。

④ D. Cerensodnom&M. Taube, *Die Mongolica der Berliner Turfansammlung*, *Berliner Turfan Texte* 16, Berlin: Akademie Verlag, 1993.

⑤ 陈高华、张帆、刘晓、党宝海（校）:《元典章（大元圣政国朝典章）》全四册，天津古籍出版社，2011 年。

⑥ 韩国学中央研究院（编）《至正条格校注本》，首尔，2007 年。

⑦ 方龄贵（校）:《通制条格校注》，北京：中华书局，2001 年。

⑧ 主要研究参见亦邻真：《元代硬译公牍文体》，载作者著，齐木德道尔吉、乌云毕力格、宝音德力根（编）:《亦邻真蒙古学文集》，内蒙古人民出版社，2001 年，第 583 – 605 页（原载《元史论丛》第 1 辑，1982 年）；宫海峰：《蒙元时期硬译文体中的一种特殊否定句式》，《内蒙古社会科学》2009 年第 5 期，第 55 – 60 页；宫海峰：《〈至正条格〉文书解读研究》，《内蒙古大学学报》（哲学社会科学版）2013 年第 4 期，第 98 – 107 页。

“知其然，知其所以然，知其必然”。透过历史现象，抓住事物本质，掌握发展规律，服务当今社会，这是我们史学研究者的信念与义务。原材料已初具雏形，那我们如何把它加工成一道精美的菜肴呢？

首先，文字文化在北方草原的传播问题，值得细细品味。突厥文在北方草原突厥、回鹘与黠戛斯境内风行一时，为何悄然湮灭？是否与回鹘移居文化更为发达的天山南北，亦或与其改宗摩尼教和佛教有关？包头发现的突厥文题记位于连接漠南与漠北草原丝路沿线，这喻示什么？敦煌、米兰、吐鲁番发现的突厥文写本，均位于丝路沿线，这是否反映丝路沿线不同地域间的文化交流？924 年出征漠北的耶律阿保机，“诏砻辟遏可汗故碑，以契丹、突厥、汉字纪其功”说明了什么？看来，10 世纪初期的漠北，仍然存在适合突厥文生存的环境。了解突厥文字的阿保机，偏偏模仿汉字创建契丹大字，除民族自强心外，似乎更说明契丹对曾统治过自己的回鹘人所持有文化的摒弃，对汉文化的认同。日后，发展成欧亚大陆东部最强盛国家的契丹，直接带来了女真文字的产生。然而，契丹虽在同一时期长期统治蒙古高原腹地，但契丹文字文化为何没有在蒙古高原扎根？相反，回鹘文字文化却在这里生根发芽，其背后有何背景？早期原始的回鹘文，与晚期的粟特文几无二致，出土文献中甚至二者相杂，或把回鹘文错写成粟特文。这种文字文化传递上鲜活的例子，我们在回鹘文与蒙古文的关系上，亦能见到。蒙古语与突厥（回鹘）语之间，除宗教词汇外，存在众多的共通或相近词汇。这些词汇，是属于阿尔泰古语在二者中的残留，亦或属于彼此之间的包容与吸收？自早期的兰司铁（G. J. Ramstedt）、鲍培（H. H. Поппе）、克劳森（G. Clauson）等，至当代的罗新、裕勒麦孜（Mehmet Ölmez）、中岛善辉、照日格图等，在这一方面研究均有建树。关于这一问题，我们是否更应该把历史学研究成果与语言学研究结合起来进行探讨？包括成吉思汗名号在内，其背后有何历史背景？这些，都有待于我们去进一步分析挖掘。

其次，唐代以后宗教文化在中国北方的流传，更需要关注。这里所言宗教，主要指萨满教、摩尼教与佛教。萨满教是世界不同民族在原始信仰基础上发展起来的，包括对上天崇拜在内的民间信仰活动。后突厥汗国碑文，无一不透露出突厥人的这一原始信仰。看来，虽然佛教在第一突厥汗国时期曾短暂流传，但显然佛教并未对突厥人的思想施加过重大影响。包括叶尼塞碑铭在内的突厥文碑文，表达方式往往为第一人称。逝者以第一人称讲述自己的丰功伟绩，教诲在世的一代，是否与日本学者护雅夫所言萨满教巫师的意识转换（出神）有关？而突厥文占卜文书所蕴含的文化人类学信息，更值得深究。

代替突厥而成为草原霸主的回鹘，曾崇尚摩尼教。而回鹘改宗摩尼教的契机是，牟羽可汗出兵助唐镇压安史之乱。回鹘西迁后，摩尼教是否曾在北方草原继续流传？有学者主张，耶律阿保机曾借助回鹘摩尼教，强化其统治的正统性。果真如此，那阿保机为何不采纳回鹘用于书写摩尼教经典的突厥文、回鹘文乃至摩尼文？11 世纪时期，基督教在漠北的流传，是否与蒙古语与突厥回鹘语中的共通词汇的产生有关？

高昌回鹘，约 10 世纪起开始崇尚佛教。回鹘佛教对北方佛教，尤其对早期的蒙古佛教，曾给予影响[①]。笔者对此不予否认。而回鹘佛教是否对契丹佛教有过影响，值得深思。反观回鹘佛教的产生，除新疆本土的吐火罗佛教、粟特佛教之外，敦煌、吐鲁番等地盛行的汉地佛教是其重要源流。近年，王丁先生从柏林藏吐鲁番文书中，发现一件契丹大字夹注回鹘文的写本残片[②]，日本龙骨大学橘堂晃一教授指出回鹘文圆觉经中存在的契丹、西夏佛教要素[③]。这似乎说明，契丹对回鹘文化，亦曾有过影响。那么，回鹘佛教与契丹佛教中相同要素的存在，视作汉地佛教在不同地域的残存与表现，是否更为合理呢？

五台山作为汉藏佛教共享的文殊圣境，元明清直至现代，有着巨大的吸引力。包括汉、藏、蒙古等族在内，热衷于朝拜五台山。晚唐五代时期，五台山崇拜在西北地区是个普遍现象[④]。汉文五台山赞还曾被翻译成回鹘文[⑤]。

① 除回鹘佛教外，沈卫荣先生指出蒙古人接受藏传佛教有深刻的党项西夏背景。见沈卫荣：《重构十一至十四世纪的西域佛教史》，第 32 – 33 页。

② Wang Ding, Ch 3586 – ein khitanisches Textfragment mit uighurischen Glossen in der Berliner Turfansammlung, In: D. Durkin – Meisterernst et al. (eds.), *Turfan Revisited—The First Century of Research into the Arts and Cultures of the Silk Road*, Berlin: Dietrich Reimer Verlag 2004, pp. 371 – 379 + 2 Fig. & 2 Pls.

③ Kitsudō Kōichi, Notes on the Commentary to the *YUNJUE JING* in Old Uigur, In: *Acta Orientalia Academiae Scientiarum Hungaricae* 67 – 3, 2014, pp. 313 – 318.

④ 主要参见荣新江：《曹氏归义军与中原的文化交往》，荣新江：《归义军史研究——唐宋时代敦煌历史考索》，上海古籍出版社，1996 年，第 247 – 265 页。

⑤ 主要参见茨默（P. Zieme），Three Old Turki 五臺山讃 *Wutaishanzan*，《内陸アジア言語の研究》第 17 辑，2002 年，第 223 – 239 页。

笔者一行在敦煌榆林窟，发现与五台山崇拜相关的回鹘文或蒙古文题记[①]。那我们是否可以对这一现象，进行跨越民族界限的、综合性的考察？

第三，北方游牧民族与南方农耕民族交融史研究视角，必不可缺。始自匈奴秦汉，直至近代，北方游牧民族与南方农耕民族在中国北方大地，在农牧交接地带，互通融合，共同构筑起中国史上的华丽篇章。突厥、回鹘与黠戛斯的碑文，以及契丹相关文献所见源自汉语的官职名称，值得深入分析。通过与不同时期北方民族固有官职体系的对比，是否能够发现一些规律？契丹官职中明显为汉语音译的部分，是否真的借自突厥与回鹘？同时，在北方民族与中原王朝的交往中，以粟特人为主的商业民所起的润滑剂作用，我们也不应该忘记。唐代的国际化，恰恰反映唐文化与北方、西域等多种民族文化间的互相融通。

蒙元时代，虽东西方物质文化交流得到进一步加强，但南北文化间的互动，并未减弱。蒙古国境内出土的元代汉文资料，值得进一步考察。元代白话文对日后的北方汉语口语影响如何？元代蒙古文公文，在格式与表达方式上，是否受到唐宋时期汉文公文书影响？

相比而言，回鹘与蒙元之间的蒙古高原历史，存在许多不明之处。部分学者，对这一时期蒙古高原历史倾向于排斥。实则不然。晚唐五代与宋代，蒙古高原腹地的游牧民朝贡中原王朝，与中原或西北地区间保持着经贸与政治上的往来。这说明当时中原王朝的恩信，业已在北方草原得到认同，草原上的游牧民，需要在与南方政权的交往中获得肯定，增强政治上的自信感。显然，北方草原游牧民的强盛，与南方中原政权息息相关。我们完全可以结合敦煌出土汉文、回鹘文、粟特文、藏文等文献，就这一时期北方民族与中原政权、西北地方政权间的互动，进行进一步探讨。

余　论

以上，笔者围绕突厥蒙元之际，以蒙古高原历史为核心的北方民族史研究可能的发展方向与存在的问题，提出了自己的看法。正确与否，有待前辈学者与专家同仁的评判。笔者的研究，将致力于为上述问题提供一个

---

① 松井太：《敦煌諸石窟のウイグル語題記銘文に關する劄記（二）》，《人文社会論叢》（人文科学篇）第32号，2014年，第27－44页。

尽可能完美的答案。

受研究领域所限，笔者对明代以后的蒙古高原历史研究，将不进行评述。不过，笔者仍然主张在搞好微观研究的同时，更应注重蒙古高原与周边地域间的互动与影响。举例而言，作为东蒙地区藏传佛教中心，辽宁阜新的瑞应寺护法殿里至今仍供奉着关公，并建有关帝庙。每年农历 6 月 24 日，瑞应寺都要举行隆重的“关公法会”（蒙古语意为“祭老爷”），当地各族群众云集此处，祭拜关公。笔者以为，这不仅与清代北京藏传佛教的关公信仰有关，更应与阜新当地历史上蒙汉文化间的互相认同关系密切。毋庸置疑，满蒙关系史与蒙藏关系史在北方民族史研究上意义重大。但东北与西北地域广阔，人口众多，民族不同。假如我们能够把视野稍微放宽放大，笔者相信，上述研究定会进一步吸引国内外其他地区学者的关注。或许，这可能是一个更有影响力的选择。

总之，我们应该以扬弃的态度来看待蒙古高原历史研究。单调自封的研究，有可能会被画上呆板肤浅的符号，有可能会使北方民族史研究走入死胡同。当前的北方民族史研究，更需要的是——跨学科、多语言、广地域的综合性研究。这也是笔者研究的宗旨所在。

谢谢大家！

作为中国亚洲内陆边疆的东北的特殊性

——与拉铁摩尔对话

唐　戈

（黑龙江大学政府管理学院社会学系副教授）

一、拉铁摩尔论西藏、新疆和内蒙古

当前，中国人类学和民族学正处于转型时期，即从过去的社区研究和单一民族研究转向区域研究。这其中拉铁摩尔的《中国的亚洲内陆边疆》一书功不可没。

1940年，拉铁摩尔出版了《中国的亚洲内陆边疆》①，提出了“中国的亚洲内陆边疆”的概念。这个概念与王铭铭近年所提出的“中间圈”②的概念有些相似，都指环绕着汉族地区或分布在汉族地区以外的少数民族地区。只不过我们从《中国的亚洲内陆边疆》一书的具体内容来看，“中国的亚洲内陆边疆”的范围要小一些，具体指从西南（西藏），经西北（新疆）、华北（蒙古），一直到东北的广大地区。

在《中国的亚洲内陆边疆》一书中，拉铁摩尔对作为中国亚洲内陆边疆的西藏、中亚（新疆）、蒙古和满洲（东北）等4个地区进行了论述。这4个地区相比，西藏和蒙古的情况比较简单，都是相对单一的生态地理环境上生活着相对单一的民族，该民族有着相对统一的宗教信仰。

来看西藏。除去喜马拉雅山南麓一少部分地区外，西藏绝大部分地区

---

① 拉铁摩尔：《中国的亚洲内陆边疆》，江苏人民出版社2005年版。

② 王铭铭：《中间圈——“藏彝走廊”与人类学的再构思》，社会科学文献出版社2008年版。

都为一整块高原，即青藏高原所覆盖，并且青藏高原的主体部分就在西藏境内。与相对单一的生态地理环境相合，在西藏，只有少数几个人口较少的民族（包括未识别民族）分布在喜马拉雅山南麓地区，其他绝大部分地区都只有藏族的分布。并且藏族的文化，特别是宗教信仰对其他几个民族有很深的影响。绝大多数藏族都信仰藏传佛教，只有一少部分藏族还保留有苯教信仰。苯教是佛教传入前藏族人民的本土宗教，佛教传入后吸收了苯教的有效成分，形成具有藏民族本土特色的藏传佛教，而苯教在其后的发展过程中也吸收了藏传佛教的有效成分。

再来看蒙古。拉铁摩尔笔下的蒙古包括内、外蒙古，我们这里只谈内蒙古。与西藏相比，内蒙古的生态地理环境表现为更加单一的草原，称“内蒙古草原”，它是更广阔的内亚草原的一部分，是其分布的最南端。谈到民族，在内蒙古草原，除了位于其东北部的呼伦贝尔草原有其他民族分布外，其绝大部分地区都只有蒙古族的分布。拉铁摩尔谈到了蒙古族的喇嘛教，即藏传佛教。其实，在藏传佛教之外，蒙古族，特别是生活在内蒙古草原东部的蒙古族一定程度上还保留着萨满教信仰，而萨满教是蒙古族在接受藏传佛教前就已经存在的本土信仰。关于蒙古族的萨满教信仰，我们在后面还要谈到。

与西藏和内蒙古相比，新疆的情况相对复杂一些。首先从生态地理环境上看，以天山为界，新疆明显地可以区分为南、北两大单元。南部，即南疆为环绕着塔克拉玛干沙漠的绿洲，拉铁摩尔称之为“绿洲与沙漠”。北部，即北疆为位于准格尔盆地四周的高山草场。与生态地理环境相比，新疆的民族成分更为复杂一些，除去汉族，共有 10 个世居少数民族。但如果对这 10 个民族进行分类的话，我们发现新疆的民族成分并没有想象的那样复杂。这 10 个民族中有 5 个民族的语言属于阿尔泰语系突厥语族，其中包括人口最多的维吾尔族。如果以宗教信仰作为标准，新疆的情况就更为简单，这 10 个民族中有 7 个都信仰伊斯兰教。如果再进一步，将南疆和北疆分开，我们发现南疆的情况甚至比西藏和内蒙古还要简单，即环绕着塔克拉玛干沙漠的若干绿洲上分布着单一的民族——维吾尔族，他们有着统一的伊斯兰教信仰。

二、东北的多样性与边缘性

与作为中国亚洲内陆边疆的西藏、新疆和内蒙古在生态地理环境、民族和宗教信仰上的相对单一性质相比，同样是中国亚洲内陆边疆的一个有机组成部分的东北在这三个方面却呈现出多样性的特点。拉铁摩尔论及东北的第五章所使用的标题是“满洲的农田、森林和草原”①。

东北的农田位于东北的中南部，包括南部的辽河平原和北部的松嫩平原，是华北农田及更广阔的中国农田分布的最北端。东北的森林位于东北的北部和东部，包括大、小兴安岭、长白山及其余脉张广才岭等，其中大兴安岭的北部是分布于北半球北部的环北极亚寒带针叶林（泰加林）带分布的最南端。东北的草原位于东北的西部，是内蒙古草原及更广阔的内亚草原分布的最东缘。总之，在生态地理环境上，东北明显地可以划分为3个相对独立的地理单元，并且这3个地理单元分别是广布于亚欧大陆北部的三大地理单元的一部分，而且分别位处这三大地理单元的末端。

与生态地理环境的多样性相一致，东北自古以来就是一个多民族和多文化分布的地区。抛开汉族，金毓黻将东北古代的民族划分为三大族系，即肃慎族系、东胡族系和秽貊族系。其中肃慎族系分布于东北的中部，包括中南部的农田和北部的森林地带；东胡族系分布于东北的西部，包括西部的草原地带和位于其东侧的部分森林地带；秽貊族系分布于东北东部的森林地带。从语言上划分，肃慎族系的语言属阿尔泰语系满—通古斯语族；东胡族系的语言大体属阿尔泰语系蒙古语族；秽貊族系的语言大体属古亚细亚语系。

来看当代东北的民族与文化。东北共有包括汉族在内的12个世居民族，其中汉族、回族、满族、锡伯族、一部分达斡尔族和一部分鄂温克族分布于中南部的广大农田地区，从事农耕；鄂伦春族和一部分鄂温克族分布于北部的森林地带（包括大、小兴安岭），从事游猎；蒙古族、一部分鄂温克族和一部分达斡尔族分布于西部的草原地带，从事游牧。除此之外，朝鲜族分布于东部的丘陵地带，从事农业（稻作）；赫哲族分布于作为松嫩平原一部分的三江平原的大河地区，从事捕鱼；俄罗斯族主要分布于呼伦贝尔草原向大兴安岭的过渡地带，从事农牧业；柯尔克孜族（哈卡斯人）分布于嫩江西岸，从事农牧业。

总体上看，东北当代各民族的分布基本与古代三大族系的分布相吻合，比如属于肃慎族系的满族和锡伯族（属满—通古斯语族满语支）分

① 拉铁摩尔：《中国的亚洲内陆边疆》，江苏人民出版社2005年版，第103页。

布于中南部的农田地区，同属肃慎族系的鄂温克族和鄂伦春族（属满—通古斯语族通古斯语支）分布于北部的森林地带；属于东胡族系的蒙古族分布于西部的草原地带；属于秽貊族系的朝鲜族分布于东部的丘陵地带。

东北在文化上的多样性将永远持续下去，这是因为东北西部的草原地带由于干旱和土层薄等特点只适合从事畜牧业，不适合农耕；北部的森林地带由于无霜期短等原因也不适合农耕。这一地区连同东部的森林地带一直以来其传统的生计方式就是狩猎。近代以来，特别是新中国成立以来森林采伐业成为这里占支配地位的生计方式。20 世纪 90 年代末随着天然林保护工程在这一地区的实施，森林养殖业成为新的占支配地位的生计方式。但无论怎么变，这一地区始终与农耕无缘。

三、东北的聚合性与中心性

东北在生态地理环境上的边缘性从另一个角度理解就是聚合性和中心性，即它位处亚欧大陆北部 3 大地理单元的聚合点上，是这三大地理单元的中心。内蒙古草原是内亚草原一部分，而内亚草原是更广阔的亚欧草原的一部分。亚欧草原位于亚欧大陆的中部，在地理上具有连续性，是一个整体。其分布自东向西，自南向北，包括中国的内蒙古、蒙古国、中国新疆北部（北疆）、俄罗斯的中南部、中亚和东欧的东部。生活在该地区的各民族自古以来就从事游牧业，以马为代步工具，放牧牛和羊。环北极亚寒带针叶林（泰加林）带以白令海峡为界，分亚欧和北美两块。其中亚欧针叶林（泰加林）带自西向东，自北向南，包括北欧、俄罗斯的北部，中国新疆的北部（阿勒泰地区）及东北的西北部（大兴安岭北部），在地理上具有连续性，是一个整体。生活在该地区的各民族自古以来就从事游猎业，以驯鹿或马为代步工具，以生活在该地区的各种野生动物为狩猎对象。与亚欧草原和环北极亚寒带针叶林（泰加林）带相比，亚欧大陆北部农田的分布缺少连续性，大体可以分为东亚和欧洲—中亚两块，位于东北中南部的农田是东亚农田的一部分。

拉铁摩尔《中国的亚洲内陆边疆》一书的主题是关于分布于中国广大的中南部地区的农耕文明与分布于中国北方的草原游牧文明之间的互动。拉铁摩尔对这两大文明之间的衔接与互动区域予以了特别的关注。在以汉族为中心的中国传统的史学观中这一地区是边缘，但在拉铁摩尔眼里这一地区恰恰是中心。与这一地区相比，东北多了一种文化，即森林游猎文化，是农耕、游牧与游猎三大文明—文化的衔接与互动区域，是这三大文明—文化的聚合与中心之所在。拉铁摩尔关注的是农耕文明与游牧文明的互动，东北则包含了4种类型的文明—文化的互动，除了农耕文明与游牧文明的互动，还有农耕文明与游猎文化的互游、游牧文明与游猎文化的互动及农耕、游牧与游猎这三大文明—文化的互动。

另外，与东北作为亚欧大陆北部三大地理单元的中心相合，东北正好位于东北亚的中心，是东北亚的中心之所在。东北亚作为亚洲的一部分，自东向西，自南向北，包括日本、韩国—朝鲜、中国的华北和东北地区、俄罗斯远东和东西伯利亚东南部地区以及蒙古国。从地理位置上看，东北正好位于东北亚的中心，日本、韩国—朝鲜、俄罗斯远东和东西伯利亚东南部地区、蒙古国及中国华北地区正好分布在它的周围，拱卫着它。

四、近代东北的跨国移民

东北的聚合性及它作为东北亚中心的地位，在近代东北亚地区跨国移民潮中得到了充分的体现。在近代，自19世纪60年代到1945年第二次世界大战结束，来自中国内地及周边俄罗斯、朝鲜和日本等东北亚各国的移民大规模移民东北，东北成了东北亚地区跨国移民的“众矢之的”。

这有一个前提，即清初对东北地区的封禁。清康熙年间，曾在今辽宁、吉林两省境内修建“柳条边”，以防止此边墙以南的汉族进入边墙以北地区，即作为当时中国的统治民族满族的发祥地，所谓“龙兴之地”，其目的是防止生活在封禁区内的满族被汉族同化和保持满族文化的纯正性与延续性。柳条边据说是“设方土堆，高、宽各约三尺，上面插柳，因此称‘柳条边’”①。“柳条边，从山海关长城起，东北行到今天辽宁省威远堡，又从威远堡东行转南到辽宁省凤城县，共长一千九百五十余清里。因修建在前，称为老边；复从威远堡北行转东到吉林省舒兰县西的法特，长六百九十余清里，修建在后，称为新边；统称盛京边墙。”②

柳条边的修建的确起到了阻挡汉族北进的作用，到清咸丰年间，在一百余年时间里，少有汉族越过柳条边进入所谓封禁之地，而柳条边以北地区的自然生态环境也得到了最大限度的恢复，以至于日后在不到一百年的

①② 郑天挺：《关于柳条边》，载郑天挺：《及时学人谈丛》，中华书局2002年版。

时间里，它容纳了来自中国内地、俄罗斯、朝鲜和日本等国多达数千万的移民。

到了清咸丰年间，清初制定的封禁政策被取消，所谓“开禁”，于是来自山东、直隶、江苏等省的汉族开始大规模移民原来的封禁之地，就是所说的“闯关东”。咸丰皇帝之所以实行开禁，有一个前提，即如果再不实行开禁，那么来自俄罗斯和朝鲜的移民将填满自然生态环境得到最大限度恢复的原封禁之地。而当初之所以对东北实行“封禁”，除了阻挡关内的汉族移民东北外，也包括阻挡周边国家的人们，特别是朝鲜人进入东北。

汉族移民进入东北主要有两条线路：海路从山东半岛的北部出发，经庙岛群岛，到辽东半岛的最南端，山东和江苏两省的移民主要走这条路；陆路从直隶东北部经山海关进入辽西走廊，直隶移民主要走这条路。海陆与陆路相比，以海陆所移出的人口为多。从清咸丰年开禁到 1945 年第二次世界大战结束，进入东北的汉族移民达数千万，其中山东一省的移民就达 5000 万。可以说移民东北的汉族彻底改变了东北的民族结构，汉族成为东北的主体民族。在此情形之下，东北作为中国的亚洲内陆边疆的地位被撼动了。或者我们可以将东北分开，汉族聚居的中南部地区或可称为内地，少数民族居住的其他地区或可称为边疆。

伴随着汉族移民从南部进入东北，俄罗斯人也越过中俄两国的东段边界从北部进入东北；朝鲜人也越过两国的界河——图们江和鸭绿江，特别是图们江，从东部进入东北；日本人从本国的西部海岸出发，走海路，到辽东半岛的南端，从东南部进入东北。

近代以来，作为被迫打开国门的后果之一，中国各地都有外国人移居。除了沿海和内地对外开放的口岸城市有外国移民居住外，外国人主要分布在边疆地区。比如在西南少数民族地区，出于传播基督教的需要，有来自各国的传教士及其家属移居中国。又比如在新疆，近代以来，俄罗斯人曾多次移民这里。东北也有俄国人移居，并且在数量上远远超过了新疆。除此之外，还有另外两个国家，即朝鲜和日本的移民。从这个角度看，东北在近代中国历史上具有相当大的特殊性，是近代中国国际化程度最高的地区。

俄罗斯人移民东北分几次浪潮，第一次是 19 世纪 80 年代黑龙江上游和额尔古纳河下游中国一侧的金矿被发现之后，第二次是 1903 年中东铁路全线建成通车之后，第三次是1917年俄国十月革命之后。其中以最后一次移民的规模最大。比如作为中东铁路枢纽城市的哈尔滨，据统计，1922年共有俄侨155402人，而那一年在哈中国居民却只有126952人。[①]在内蒙古呼伦贝尔地区，新中国成立前，当地中国居民，包括各个民族的全部人口相加的总数也抵不过当地俄侨的人口。在俄侨聚居的额尔古纳地区（内蒙古额尔古纳市），据统计，新中国建立之初，共有人口2470户，12350人，其中苏联侨民1613户，9491人，无国籍侨民[②]212户，308人。[③]苏联侨民和无国籍侨民加起来共1825户，9799人，占当时该地区总户数的近74%，总人口的79%多。其余645户2551人为中国人，占当时该地区总户数的26%多，总人口数的近21%。而在这不足1/4的中国人中，中俄混血人[④]又占了多数。

朝鲜人早在明末清初即已移民东北，但朝鲜人大规模移民东北还是在清政府对东北实行开禁之后。1910年日韩合并后，朝鲜人又一次大规模移民东北，形成移民东北的第二次浪潮。1937年抗日战争爆发后，朝鲜人以“开拓民”的身份更大规模移民东北，形成移民东北的第三次浪潮。到1945年第二次世界大战结束前夕，生活在东北的朝鲜人已达2163115人。[⑤]

日本人移民东北分3个阶段：第一个阶段是1905年之前。第二个阶段是1905—1931年间。1905年日本在日俄战争中胜利，取得南满铁路的

---

① 薛连举：《哈尔滨人口的变迁》，黑龙江人民出版社1998年版，第57页。

② 1924年5月31日苏联政府与中国北洋政府签订了《中俄解决悬案大纲协定》，“中华民国政府与苏联政府恢复正常外交关系”。中苏复交后，那些生活在中国的拥有沙皇俄国国籍的俄侨需要将其原有国籍变更为苏联国籍。8月15日，苏联驻哈尔滨总领事拉基金发表布告，要求那些愿意加入苏联国籍的旧俄侨民于两日内到苏联驻哈尔滨总领事馆注册入籍，否则不承认其为苏联侨民。于是有一部分旧俄侨民加入了苏联国籍，成为“苏侨”，另一部分人不愿加入苏籍，成为“无国籍侨民”。《中苏建交的换文·中国外交总长照会》，载薛衔天、黄纪连、李嘉谷、李玉贞等：《中苏国家关系史资料汇编（1917—1924）》，中国社会科学出版社1993年版，第299页；石方、刘爽、高凌：《哈尔滨俄侨史》，黑龙江人民出版社2003年版，第75页。

③ 额尔古纳右旗史志编纂委员会：《额尔古纳右旗志》，内蒙古文化出版社1993年版，第104页。

④ 中俄混血人系中国人（汉族）与俄罗斯人通婚的后代。“混血人”是民间使用的族称，中、俄二字是笔者加上去的，以示与以“混血人”为族称的其他族群相区别。从法定族属看，中俄混血人目前大部分都是汉族，少部分是俄罗斯族。

⑤ 孙春日：《中国朝鲜族移民史》，中华书局2009年版，第635页。

经营权。第三个阶段是1931—1945年间。到1945年第二次世界大战结束时，不包括军人及其家属在内，东北共有日本人155万人。①

除了移民，东北亚各国也通过其他途径扩张其在中国东北的势力，维护其既得利益，其结果是各国在经济、政治、军事乃至文化领域的竞争和冲突。东北亚各国在中国东北的政治和军事冲突以日、俄两国之间的冲突最为激烈。日、俄两国大规模的军事冲突主要有两次，第一次是1904—1905年间日俄战争，战争最后以俄国的失败而告结束；第二次是1945年苏联红军出兵东北，其结果是苏军迫使日本投降。我们发现，这两次日、俄之间的军事冲突都以争夺位于东北地区最南端的天然军事良港——旅顺和贯穿东北全境的中东铁路为主要目标。

近代，来自中国内地和周边国家的人们移民东北，使这些地区和国家的文化从其本土延伸到了东北，东北成了这些文化各自分布的边缘地带，也成了它们的聚合之地。首先，广大的东北中南部地区是汉文化分布的东北边缘；其次，东北的东部，特别是吉林省延边地区是韩—朝鲜文化分布的西部边缘；最后，东北的西北一角，即额尔古纳地区是俄罗斯文化分布的东南边缘。

五、东北的海洋性

与西藏、新疆和内蒙古相比，东北不完全是内陆，从辽宁丹东到东北与华北交界的东部起点河北山海关，东北有长达近2000公里的海岸线。

近代中国有三大移民潮，即闯关东、走西口和下南洋。其中走西口和下南洋是两种截然相反的移民类型：走西口是走陆路的国内移民；下南洋是走海路的国外移民。在一般人眼里，闯关东与走西口是一种类型，实则闯关东兼具走西口和下南洋两种移民类型的特点，是介于二者之间的一种十分独特的类型。闯关东除了向东北，其中主要是柳条边以北地区移民外，还包括向俄罗斯远东地区南部和东西伯利亚东南部，即后贝加尔地区的移民。

前面已述，汉族移民进入东北有陆路和海路两条线路，并且这两条线路相比，海路的重要性明显高于陆路，即它所移出的人口数量远远大于后者所移出的人口数量。

---

① 张志坤、张亚新：《葫芦岛日侨遣返的调查与研究》，社会科学文献出版社2010年版。

向俄罗斯的移民除了跨越中俄东段边界，特别是跨越黑龙江、额尔古纳河和乌苏里江三大界河走陆路外，一部分山东人从山东半岛北部乘船走海路，直接抵达俄罗斯远东地区的港口城市符拉迪沃斯托克，即海参崴。同闯关东一样，人们称其为“闯崴子”。

东北的海洋性还表现在，除了农耕、游牧和渔猎外，东北传统的生计方式还包括海洋捕鱼。世界上的捕鱼业主要有两种类型：内陆地区的大河—大湖捕鱼和海洋捕鱼。这两种类型在东北都有分布，其中生活在三江平原的赫哲族是典型的大河捕鱼民族，海洋捕鱼则主要分布在从辽宁丹东到河北山海关的沿海地区。中国海洋捕鱼业根据所处海域的水文、气候和鱼类资源的不同可以划分为不同的类型，其中山东、河北和东北的海洋捕鱼业属于同一种类型。

六、东北作为一个整体

东北有广义和狭义之分，狭义的东北是行政区划的东北，仅仅包括黑、吉、辽三省；广义的东北是地理—文化的东北，除了上述三省，还包括内蒙古东部地区，甚至还包括河北省的东北部，即承德地区。内蒙古东部自北向南包括呼伦贝尔市（原呼伦贝尔盟）、兴安盟、通辽市（原哲里木盟）和赤峰市（原昭乌达盟）。将呼伦贝尔市、兴安盟和通辽市称作东北没有异议。1949 年新中国成立前，这三个地区本属黑、吉两省，其中呼伦贝尔市属黑龙江省，兴安盟和通辽市属吉林省。并且新中国成立后的 1969—1979 年，这三个地区又划归给黑、吉两省 10 年时间。赤峰市在 1955 年之前属热河省，1969—1979 这 10 年曾归属辽宁省，但有关它的归属，即它属于东北还是属于华北则存在争议。其实从地理—文化的角度看，赤峰兼具东北和华北两个地区的特点，它的东部偏东北，南部和西部偏华北。应该说东北和华北分界线的一段就在赤峰境内，但这一段分界线并不十分清晰。有关地理—文化的东北，依我们的观点，它应包括黑、吉、辽三省、内蒙古呼伦贝尔市、兴安盟、通辽市和赤峰市的东部。

前面已述，与西藏、新疆和内蒙古的相对单一性相比，东北在地理—文化上具有多样性的特点，明显可以区分出三大地理—文化板块。自然生态地理我们无法改变，甚至在工业化前的传统社会，包括生计方式在内的物质文化也受到自然生态环境的强烈制约，但文化的精神层面却可以超越自然地理的限制而得到广泛的传播。依照这一观点，在自然生态地理多样性的前提下，东北的文化是多元的还是一个整体？

现在让我们提出另一个问题。前面已述，长达近一个世纪的闯关东的移民潮彻底改变了东北的民族结构，汉族成了东北的主体民族，在此情形之下，汉族聚居的广阔的东北的中南部地区或可称为内地，但在中国近代史上，东北却为何脱离中国长达 14 年之久？

首先，是地理的因素。东北的地理环境很特殊，只有一条狭长的通道——辽西走廊可通华北，走廊的这一端是锦州，另一端是山海关，只要在这两端的任何一端设置军事障碍，东北和华北的交通即被切断。如果不把这条狭长的通道考虑在内，在某种程度上，东北或可被看作是高悬于中国本土之外的一座孤岛。但正如我们在前面已经论述过的那样，另一方面，东北却与蒙古、俄罗斯、朝鲜等国接壤，并且这 3 个国家与东北的边界十分容易跨越。而东北与韩国、日本虽不接壤，但却与之为邻。

其次，是外力作用的结果。这里所谓的“外”不仅仅指日本，还包括俄罗斯及西方各国。19 世纪末中国开始了真正意义上的构建民族国家的历史进程，以孙中山为代表的资产阶级革命派的目标是建立或“光复”汉族政权。1911 年辛亥革命的胜利使这一目标得以实现，但另一方面内地以外的中国的亚洲内陆边疆却出现了分裂的趋势，而在这背后无不有外国势力的支撑。以汉族—内地或整个中国的视角看是分裂，从边疆—少数民族的角度看却是独立，是构建自己的民族国家。东北自古以来就称“东北”，“满洲”仅仅是族称。在汉族已经成为东北的主体民族之后，辛亥革命后，英国人最先以满洲作为地名，即作为东北的代称，目的是使东北从中国分离出去。

那么，除了地理和外部的因素之外，是否还有其他因素，比如文化的因素？东北在文化上是不是一个整体？

首先来看汉族。以方言而论，东北的北部，从辽宁铁岭往北，包括辽宁北部、吉林、黑龙江和内蒙古东部，生活在这一广大区域内的汉族说着统一汉语方言——东北话。而东北的南部，即辽宁省除去辽北地区以外的其他地区在方言上则与东北北部的方言——东北话存在一定程度的差异，其中辽东地区与山东半岛（胶东半岛）构成统一的胶辽话，而胶辽话与东北其他方言的分界线大体与历史上的柳条边吻合。原因在于在清代对东北封禁的一百多年时间里，辽东地区并不在封禁的范围之内，有清一代，辽东地区与山东半岛的交往，包括移民从来没有间断过。

除了方言，还有一种民间表演艺术，即“二人转”。“二人转”分布于辽东半岛以北地区，特别是铁岭以北地区，与东北话的分布大体吻合，胶辽方言区绝没有“二人转”的分布。汉族的地域文化除了以汉语方言作为划分的标准，另一个重要的标准就是地方戏。除了音乐外，地方戏的另一个重要灵魂就是方言，离开了方言，地方戏就不成其为地方戏。

但话又说回来，东北话与其他东北方言，包括胶辽话并没有太大的区别，它们同属于汉语北方方言的华北—东北次方言，在东北，各方言之间的交流没有任何障碍。由此可见东北在文化上是一个整体。在中国内地，尤其是云集了来自中国各地移民的北京，一般对外地人的称呼会使用他（他们）所移出的那个省的名称，比如河南人、安徽人、广东人、四川人，等等。但你听说过辽宁人、吉林人和黑龙江人这样的称呼吗？一言以蔽之，“东北人”。“东北人”作为一个族称不仅包括辽宁人、吉林人和黑龙江人，还包括生活在内蒙古东部地区的汉族。

七、萨满教：更深层次的追溯

但即便如此，东北在文化上也很难说是一个整体，因为，尽管汉族是东北的主体民族，但除汉族之外，东北毕竟还有 11 个少数民族。东北无论从它的地理位置上看，还是从它的民族构成上看，都不能算是内地。而且，与作为中国亚洲内陆边疆的西藏、新疆和内蒙古相比，东北的民族与文化的构成相当复杂。那么有没有这样一个东西，它能把包括汉族在内的东北 12 个民族都囊括进去？如果有，这个东西不可能是包括生计方式在内的物质层面的东西，甚至也不可能是组织—制度层面上的东西。我们只能在精神层面找。这个东西就是萨满教。如同西藏的藏传佛教、新疆的伊斯兰教、内蒙古的藏传佛教和萨满教一样，东北就是萨满教。

东北的 11 个少数民族，除去回族信仰伊斯兰教和俄罗斯族信仰东正教之外，包括蒙古族和朝鲜族在内的 9 个少数民族传统上都信仰萨满教，并且满、锡伯、鄂温克、鄂伦春和赫哲等说满—通古斯语族语言的 5 个民族在新中国成立前还保留有世界上最正宗的萨满教信仰。狭义的萨满教，或称真正意义上的萨满教就被认为起源于中国东北的满—通古斯民族。[①]另外，与其他地区的蒙古族相比，东北地区的蒙古族，特别是人口众多的

① 唐戈：《文化圈理论与萨满教文化圈》，载《满语研究》，2003 年第 2 期。

科尔沁部和巴尔虎部一向被认为是保有萨满教最浓厚的部分，与此相合，这两部分蒙古族藏传佛教的势力相对较弱。

那么东北的汉族信仰什么？20 世纪 30 年代末 40 年代初，李慰祖对北平西北郊汉族的民间宗教进行了调查，写成《四大门》[①] 一书。所谓四大门系指狐狸、黄鼬、蛇和刺猬 4 种动物。在这一地区，这四种动物不仅是各家各户的“家仙”，也是“香头” 的 “坛仙”。香头是一种类似于萨满的人物，李慰祖的结论是 “香头制度乃是萨满教（shamanism） 的一种……”[②]并且李慰祖认为有关四大门的信仰广泛存在于华北（包括北京、河北、山东和山西等省市）、东北和西北地区。但与典型的萨满相比，香头有如下一些特点：第一，不击鼓，打磬；第二，不跳神；第三，无特别服装；第四，以佛家弟子自居。[③] 我们或可称香头制度为次生形态的萨满教。

无独有偶，1935 年，黄华节对河北定县巫婆的降神舞进行了调查，写成《定县巫婆的降神舞》[④] 一文。与北平西北郊的香头相比，河北定县的巫婆更接近经典意义上的萨满。首先，定县的巫婆跳神；其次，定县的巫婆跳神时左手执神鼓，右手执鼓槌，击鼓而舞。他们称神鼓为“鼓子”，称鼓槌为“马鞭”[⑤]。这与经典意义上的萨满将神鼓作为其往返于现实世界与灵界之间的交通工具——坐骑别无二致。

笔者认为，华北地区的香头制度和巫婆的降神舞源于东北的土著民族，系东北的土著民族，特别是契丹和女真南迁所带来。在一些地区结合了华北地区本土的四大门信仰，遂形成独特的香头制度。按照李慰祖的研究，香头制度在东北也有分布，这与近代华北地区大规模向东北地区移民不无关系，系这一地区的汉族移民所带入。华北地区的汉族移民没有把属于大传统的儒家文化带入东北，却带来了属于小传统的香头制度。并且在东北，特别是在柳条边以北地区，香头制度还与东北传统的萨满教信仰结合起来，

---

① 李慰祖：《四大门》，北京大学出版社 2011 年版。

② 李慰祖：《四大门》，北京大学出版社 2011 年版，第 106 页。

③ 李慰祖：《四大门》，北京大学出版社 2011 年版，第 106—107 页。

④⑤ 黄华节：《定县巫婆的降神舞》，载李文海：《民国时期社会调查丛编 · 宗教民俗卷（上）》，海峡出版发行集团、福建教育出版社 2014 年版。

形成次生形态的萨满教。林德格尔称这种现象为文化的“循环借取”①。

东北的萨满教，包括次生形态的萨满教较完整地保存到20世纪40年代末土地改革前。土地改革后，特别是新中国成立后，随着唯物主义的宣传，萨满教开始衰落。但萨满教没有在东北绝迹。20世纪70年代末，随着改革开放，萨满教在东北全面复兴了。在满族聚居的地区，满族古老的世系群组织“莫昆”恢复了，一些地区甚至还恢复了“莫昆大会”②，而莫昆大会的主要内容就是由莫昆萨满表演的莫昆祭祀活动。在蒙古族（科尔沁部和巴尔虎部）、达斡尔族和鄂温克族（索伦和通古斯）中，萨满教全面复兴了。在内蒙古鄂温克族自治旗，改革开放后新产生的达斡尔族和鄂温克族（索伦）萨满一共有40余名。在内蒙古莫力达瓦达斡尔族自治旗，新产生的萨满不会比鄂温克旗的少。在鄂温克草原上，每一座敖包都属于一个鄂温克族或达斡尔族莫昆，这里的鄂温克族和达斡尔族每年都要对本莫昆的敖包进行祭祀。过去祭祀请蒙古族的喇嘛，现在都请萨满。

与原生形态萨满教的复兴相合，次生形态的萨满教在汉、满民族居住的广大的东北地区的中南部也得到了全面的复兴。在东北，次生形态的萨满分两种，一种称“半迷窍的”，另一种称“全迷窍的”。半迷窍的就是香头，全迷窍的或称“大神”“大仙”，就是野萨满。全迷窍的分大神和二神两种，跳神时需要两人配合，其中只有二神执且击鼓。

如何理解东北的萨满教？史禄国在《通古斯人的心智丛》一书中将满—通古斯语族各民族的萨满教解释为心智丛（psychomental complex）③，“它是指一些文化要素，这些要素包括在对特定环境适应过程中在心理和精神层面的反映，其中特定的环境作为一个整体可以是静态的，也可以是动态的。我将这些文化要素分为两组，即是（1）一组反映态度，这些态度是持久的、明确的，虽然在特定的范围内会发生一些变动；（2）一组观念，这组观念表明了特定的精神态度，同时它们也是特定族群单位或个

---

① Ethel John Lindgren. A Example of Culture Contact without conflict: Reindeer Tungus and Cossacks of Northwestern Manchuria. American anthropologist, New Series, Vol. 40, No. 4, Part 1.（Oct. – Dec., 1938）.

② 史禄国：《满族的社会组织——满族氏族组织研究》，商务印书馆1997年版。

③ Shirokogoroff. S, M, Psychomental complex of the Tungus, London: Kengan Paul. Trench. Truhner. &CD. LTD, 1935.

人的理论体系”①。笔者认为史禄国的解释可以用于对东北各族群，即整个东北的萨满教的解释。

八、结语：东北的问题

随着冷战时期的结束，当今世界从某种意义上说似乎又进入了一个全新的构建民族国家的时代。纵观世界历史，民族国家的建构主要经历了3个主要时期：第一个时期是罗马帝国灭亡之后；第二个时期是资本主义上升时期；第三个时期就是当今冷战结束后的新的历史时期。

在当今全球化的背景之下，某种程度上，中国也被卷入了这个时代。中国的边疆又出现了问题，而作为中国亚洲内陆边疆一部分的西藏、新疆和内蒙古的边疆问题在某种意义上和某种程度上说就是民族问题。但作为中国亚洲内陆边疆一部分的东北的问题似乎不是民族问题。

东北也有民族问题，比如蒙古族的问题和朝鲜族的问题，但这二者都是局部的民族问题，不带有全局性。

笔者认为，作为中国亚洲内陆边疆的一部分，东北的问题不是民族问题，而是国际问题。东北多民族的分布格局和汉族作为东北的主体民族使东北的问题不可能是民族问题，至少不会是带有全局性的民族问题。东北在自然地理上的独特性，即它仅有一条狭长的通道——辽西走廊可通华北，以及它正好处在东北亚的中心位置，使它的问题注定会成为国际问题，到那时，俄罗斯和日本仍然会成为两股在东北进行角逐的主要力量。

---

① Shirokogoroff. S, M, Psychomental complex of the Tungus, London: Kengan Paul. Trench. Truhner. &CD. LTD, 1935. p1.

多元生成文化圈论说

——以新疆历史地缘文化圈为例

周　泓

（中国社会科学院民族学与人类学研究所研究员）

一、理论空间

（一）“历史民族区”类型的空缺

19 世纪晚期 20 世纪上期，俄国的库罗帕特金、拉德洛夫、奥登堡、马洛夫、科瓦列夫斯基、柯思文、捷尼舍夫等民族学家即研究中亚与中国西域的穆斯林与佛教文化区域，史禄国、科柳克甫等做中国东北亚及内亚研究，形成国际民族学一大流派，其形态学和“经济文化类型”理论对中国民族学人类学与民族史、民族语言研究产生了传承性方法论影响。切博克萨罗夫和林耀华的“东亚经济文化类型”研究，借鉴早期托尔斯托夫和列文提出的“历史民族区”概念及其苏联区域研究成果《经济文化类型和历史民族区》，关注到“中国历史民族区”区域生态—生计系统生物多样性和文化多样性、自然与信仰的历史关联，形成东北部满—通古斯语族森林狩猎和苔原驯鹿、西南部山地民族耕猎、北方和西部游牧畜牧和汉人社会农耕系统等经济文化类型研究。然在此，未形成西域，尤其是南疆历史民族区论述。

“历史民族区”旨在说明区域生态系统中，文化多样性与生计多样性的有机历史关联。它引导了欧亚内陆的族群—生态类型的历史民族区研究。[①] 与之相应，北美的历史文化区理论侧重族体与其历史地理的联系。博厄斯及其弟子提出“文化区/文化圈”概念，认为任何族群的文化都应理解为社会历史的产物，其特性取决于其社会与地理环境，经过调整而适应于其居住地和周围的其他文化。[②] 克鲁伯《北美的文化区和自然区》（1939）指出，一种文化历史越悠久，其模式越稳固，价值取向越明确。

民族学人类学区域研究是1945年后社会科学界引人注目的学术取向，它假定一个大的地理范围内的文化、历史、语言诸方面具有某种一致性，是美、苏基于了解全球区域类型而带动的研究，包括内陆亚、东亚、南亚、东南亚、中东、非洲、拉丁美洲、东欧、中欧及西欧地域；在某些国家，美国或北美洲也是区域研究对象。它基于共同关注与综合性使研究特定区域的学者（研究规律的社会科学家、注重文化差异的人类学民族学家、艺术史家与地理学家、流行病学家、地质学家等）跨学科集合协作。其实践证实，社会科学的制度性区分具有相当大的人为性，寻求规律的方法论也适用于非西方地区，颠覆了以往为东方学的论据逻辑。从而注重寻求规律的社会科学家开始了非西方研究。这一后果影响到社会科学结构，20世纪60年代历史学、政治学、社会学、经济学家等相继致力于西方以外地区的经验研究，所论争的问题、覆盖的地域、学者的来源均较以前扩大。区域研究亦是针对进化论、传播学派的历史区域研究，人类学逐渐放弃以人种学作为界定自己身份的活动，美国历史文化学派形成，苏联则研究历史民族区。

传统人类学因功能主义和文化整体性构想而关注同质性高的小规模简单社会；现代性使社区的同质性减弱而社会的同质性增加，人类学家逐渐关注超越村镇县的区域研究。县镇与较大区域过程的运转、区域哲学的差异导致文化与社会结构的分疏，人类学重视文化传承关系，表明特定文化创造价值与认同的长久意义，区域物质、精神、制度文化的分类不表明文化事象间的割裂。20世纪中期前后，村社研究受到质疑。爱德蒙·利奇（Edmund Leach）注意个别社区的微型研究不足以反映历史和社会分化的复杂区域。弗里德曼（Maurice Freedman）亦注意到相连村落而非单个村

---

① “历史民族区”概念，由［苏］托尔斯托夫、列文和切博克萨罗夫提出。参见列文、切博克萨罗夫：《经济文化类型和历史民族区》，《民族问题译丛》，1959年《民族学专辑》。

② 博厄斯：《原始艺术》，上海文艺出版社1989年版，第8页。

庄构成乡村社会的基础。扩大考察范围弥补了研究狭窄缺陷和区域的历史关联与区域间的参照，不至于如施坚雅（G. William Skinner）的区系论那样模式化地考察中国社会。而费孝通更关注到一区域内部的文化分异，即“文化内部的分歧状态”[①]，它往往引发同一文化模式内的分区域问题。

（二）形态学与生成论借鉴

1. 形态构成与结构变体

苏联科学院东方文学中心“东方民间故事和神话”丛书（серия Сказки и миф народов Востока）Морфология сказки（Владимир Яковлевич Пропп《叙事形态学》，莫斯科，科学出版社，1969 年第二版），是形态学的经典研究。其第一版 1928 年出版，被翻译为英、意大利等几种文字。第二版附录 Е. М. Мелетинский *Структурно－типологическое изучение народной сказки*（《民间故事的结构类型学研究》），概括分析了 1928—1968 年神话和故事的叙事结构研究。此书序言写道，形态学意味着关于模型和构成的学说。该书以比较故事的构成部分获得特定形态，以故事分析形式与体系及其成因，确立话语的个体意义，旨在使形态学成为正统科学。作者由多种民间故事同源，重笔于“起作用角色”的变迁形态，注重要素、结构、线索、情节、变体与比较的分析式，主张并运用结构主义研究手法。附录中《民间故事的结构类型学研究》之“结构类型学研究”，实质以形态学批评类型学，是以形态学代替类型学之作。目录中“功能”实是结构功能，是功能、类型转向结构、变体研究的作品，其方法实为结构主义分析。它早于此领域的结构—功能说（1929）和 20 世纪 50 年代列维·施特劳斯《神话结构研究》与露丝·本尼迪克特的《文化模式》（被称为美国最早结构类型学）。评议认为其对施特劳斯《结构语言学》和《神话结构研究》均有影响，是具有方法论先行意义的作品。由于功能角色、功能的再现和转换对于故事的意义是基本构成部分，且一种行为会有不同和相反的意义，即在特定过程中起作用；而所有叙事都按其结构分类，都有一个轴心，因此，形态学实际以整体和部分的结构关系，分析形态及其变化。这与笔者思考西域地缘文明吸纳、分疏结构路径相契合。

---

① 费孝通：《中国文化内部变异的研究举例》，《社会问题》，1933 年第 9 期。

形态学包括生物形态学，历史形态学，社会形态学，家庭形态学，语言形态学，文学形态学等。其主要方法是以结构构形或构成来解说分析模式，亦即以结构成因说明形态。以往传入中国的社会形态说，以上层建筑与经济基础的结构关系解释社会。俄国学者一般主要从一个文化事项内部的结构构成及其元素来解析其形成模式。它与类型学相比，后者通常作文化类型之间（между/between）的对比，简如木族，水族，土族等，比较是其方法原则；形态学作一事项内部（внутри/among）的结构比照，如俄罗斯神话，中国神话，日本神话，要点是在论述多种民间故事同源后，新的要素、方式、特性、意义、形态和结构的变异。结构分析是基本的，同时有特征比较。简言之，形态学一般方法即解说各部分构成与整体的结构关系。这是笔者西域多元文化圈研究所依据的基本方法。

形态学讲“变体 вариант”，这与传播生成学是一致的。传统类型学之当地即本环境，故事形态学之地方则是迁移、变迁的，即相对于类型学之较固定，形态学是讲变动的，是变化的文化模式和形式。因此，它将传播与结构功能联结，突出文化变体。结构—构成分析—变体（比较），是形态学方法特点。这在西域多元地缘文化圈中明显体现。

2. 文化转换与嵌入生成

索绪尔语言学在结构主义基础上探讨语言—言语、历时—共时、所指—能指的关系。乔姆斯基亦基于结构理论，关切语言能力、思维与语言、基因与大脑层面，使传统的语言文字研究，扩展到神经语言学的实验和理论，扩伸到认知、哲学领域，推动了社会文化语言学，认为语言、认知转换生成是文化接触与交流的结果，即交往产生交叉思维、交叠认同。它不是单向传播、移植、采借，而是新的生成。波兰尼和吉登斯分别以经济和文化因素嵌入当地，而论释其对原有社会结构的改变，西域文明结构过程亦为论据。

新疆文化是独特的，同时是包容开放的。西域每个文化圈均由外来文化与土著文化糅合交融而生成。新疆多元生成文化圈，以其历史地缘文化圈为基础。在每一地缘文化圈，可以看到多元族体文化、信仰文化和异域文化之叠合。这样的复合文化形态，既是各美其美的文化并存，又是美人之美、美美与共的文化相融。本文基于地缘生成形态与历史民族区研究，论释新疆多元生成文化圈源流、成因与结构路径。与以往西域或新疆研究和人类学区域研究不同，本文注重一族体在不同区域的文化特质，注重一区域多元文化特质的构成，探讨一族体文化分衍的区域性和一地域内文化模式的交往生成。

二、西域地缘生成文化圈源流

（一）多元地域性人文基础

公元之际天山以南塔里木绿洲地带居民介于蒙古人和欧罗巴人之间，盆地南缘及东南缘于阗、莎车、车师、楼兰、鄯善住民为塞种及与其相近的族体①和羌人②，而塔里木盆地北缘则是印欧人种的伊兰人③。秦汉时月氏、乌孙等相继从河西走廊西迁伊犁。前1世纪匈奴于焉耆一带设“僮仆都尉”统治西域；大批汉族官吏和士卒到西域屯田。2—3世纪鲜卑人占领北疆大部。4世纪（南北朝时），北方柔然进发南疆，坚昆（黠戛斯、柯尔克孜前身）、丁零（铁勒，回鹘部分）等亦南下。随即高车人崛起，其袁纥、护骨等部活动于天山北部。5世纪末，哒人统治天山以南。6世纪（隋代），丝绸之路中介商人粟特始定居新疆。唐代黠戛斯、突骑施、葛逻禄等人迁居西域境内。8世纪吐蕃人占据南疆。840年回鹘人西迁，一支迁至吐鲁番和北庭（今吉木萨尔）一带称西州回鹘，建高昌回鹘王国；另一支入葱岭以西，与葛逻禄等部联合建立喀喇汗王朝。继而转为定居农业，与当地土著相融，发展为今维吾尔族。宋代北方契丹部分迁入新疆建立西辽政权。元代蒙古人大批入天山南北，大部分融于当地操突厥语畏兀儿等族。明代由古乌孙、塞种、月氏、乃蛮、克烈、蒙古、突厥等人融合而成的“哈萨克”名称正式见于史册。“黠戛斯”在元明时迁至天山定居，与当地操突厥语、蒙古语者融合形成柯尔克孜族，时称“乞儿吉斯”“吉利吉斯”。同时，中亚乌兹别克人、撒玛尔人大量来新疆经商和定居；蒙古瓦剌部活动于新疆北部。清代蒙古准噶尔、杜尔伯特、土尔扈特及和硕特四部（统称厄鲁特或卫拉特）统有北疆。清季满、汉、锡伯、达斡尔官兵大批迁入新疆塔城、伊犁戍边屯田；大量汉族商人随左

---

① 参见黄文弼：《楼兰土著民族之推测及其文化》，《西北史地论丛》，上海人民出版社1981年版。

② 新江：《上古于阗的塞种居民》，《西北民族研究》，1989年第1期。《新疆地方史》，新疆大学出版社1992年版，第14页。

③ 钱伯泉：《通俗新疆史》，新疆人民出版社1989年版。

湘军西征入疆。18 世纪末—20 世纪初迁入新疆的族体还有，从陕甘宁青等地来的回族，从俄国境内逃避农奴制和兵役或经商而迁居北疆的塔塔尔、俄罗斯及乌孜别克族各阶层。古西域族群、部族融合形成了近代新疆诸族体，构成了新疆文化的混成特点——多人种混成，多族属文化与宗教混成，草原文化与绿洲文化混成。

西域语言与信仰的多元性，首先表现于多语族特征，突出反映于诸语族地名层的存在。汉代塔里木西南缘通行东伊朗语支的和阗语文；塔里木北缘（焉耆、龟兹）一带流行印欧语系的吐火罗语文；东部楼兰、鄯善一带以佉卢文书写当地语言。波斯、突厥、吐蕃语地名层主要在西南疆，如印欧语地名层的古塞语名“沙车”“于闻”，古粟特名“疏勒”，吐火罗语“龟兹”，梵文名“焉耆”等；突厥语地名层的“阿克苏”“拜城”“阿瓦提”“英吉沙”“阿合奇”“塔什库尔干”等。蒙古语地名层大都在北疆，如“和硕”“罗布淖尔”“博尔塔拉”“巴音郭楞”“特克斯”。汉语地名层一般在东北疆，如高昌、交河、柳中、阜康、奇台、米泉、石河子等。此外还有吐蕃语地名层，如和田的“固玛”“藏桂”“桑株”。[①]《突厥语大词典》记粟特、坎且克、和田人、吐蕃等双语人。伊斯兰教传入后，维吾尔人为突厥语、波斯语、阿拉伯语多语人。新疆诸民族大多通一或几种其他民族语言，因而有近 1/2 的市县为双语地名。印欧—突厥语双语地名如：沙车（saku/saka）—garkant，焉耆（Agni）—karasar，疏勒（suglak/sugdak）—daxar yengixar，和田（udun）－Hotan；汉语—突厥语双语地名如：伊吾—Araturuk，温泉—Arixang，墨玉一 karakax，新和—Toksu；汉语—蒙古语双语地名如：富蕴—koktokay，福海—Burultokay，裕民—Qagantokay，伊宁—Gulja；汉语—突厥语—蒙古语三语地名如：塔城—Qoqek—Tarbahatay，乌苏—Xihu—kurharusu，博湖—Bgarax—Bostnur,[②] 反映出多民族迁徙、杂居的历史，也展示着各民族保持自己文化特征的传统心理。

同一语族人们的文化也显现出多元性特征。如突厥语民族中对“喀喇”（黑）与阿克”（白）的不同崇尚。维吾尔族祖先为北方草原古突厥人的一支，属北玄，尚黑，因而“喀喇”一词意尊而用广。《阙特勤碑》中有“喀喇湖”，《墩欲谷碑》中有“喀喇库木”；西域的“喀喇汗王

①② 牛汝辰：《新疆地名概论》，中央民族大学出版社 1994 年版。

朝”，高昌国都“喀喇和卓”及“喀喇沙尔”（圣城），“喀喇昆仑”“喀喇塔格山”（高山），“克拉玛依”等，皆蕴含着尚黑意识。同时维吾尔、哈萨克、柯尔克孜人又将“阿克”认作吉祥、圣洁、高贵的标志，显现崇白风尚。而凡称“喀喇苏”，水源皆为地下水；凡称“阿克苏”，水源皆为高山冰雪溶水，季节性活水。因而，靠近和使用不同水源影响着同一民族的文化价值观。此外伊斯兰信仰中的崇白观念也在此留下了文化变迁的烙印。又如，南疆与北疆气候迥然，因而南、北疆维吾尔等族房屋结构与形制有别。北疆多雨雪，建筑多为砖石，斜顶；南疆干燥，房屋多土质，平顶用作晒台。另外，同一民族的同一手工业，如花帽、乐器、烤馕等在不同地区风格各异。

新疆宗教文化呈多元性。塔里木南缘出土的木祭器属于土著巫教信仰，而塔里木西北及东北缘曾崇拜火祆教。新疆穆斯林宗教文化呈现出多元变异性。新疆各族穆斯林在接受伊斯兰教前都有自己的信仰传统，皈依伊斯兰后不同程度地保存原来的信仰观念、仪式及习尚，而后来的宗教则植根于当地的旧有文化。

（二）地缘文化圈的历史生成

西域土著文化与西方及中原文化的融合是新疆文化多元性的历史内涵和特征，并有地缘性源流。整个天山以南城郭诸国的经济文化是绿洲农耕兼有畜牧，寄田仰谷是绿洲诸国相互依存的重要方式；同时孤立封闭的绿洲形成一个个自然经济的文化单元，历史上有于阗文化、疏勒文化、龟兹文化、高昌文化等，清代这些绿洲文化仍各成体系，现代亦存在和田风格、喀什风格、库车风格、吐鲁番风格等。然且，在每个文化圈内，均是东、西文化与土著文化的交糅融合。

1 世纪佛教传入西域后，塔里木南缘的佛教艺术显示着印度键陀罗流派的特点，[①] 塔里木北缘以库车为中心的龟兹石窟壁画，体现着印度—阿富汗的巴米扬风格。东部绿洲汉文化与波斯、印度文化相并跻。天山以北在两汉时主要为草原部族塞人、大月氏和乌孙游牧文化。

魏晋南北朝东西文化在西域大汇聚，在塔里木北缘和东缘出现了梵文、粟特文和汉文。生成几大文化圈：印度佛教在西域生成的于阗、龟兹

---

① A. Srein, Ancient Khotan, Oxford, 1907, p. 70.

文化圈，东西文化体制并行的鄯善、且末文化圈，东西文化交融的高昌文化圈。天山北部“行国”文化圈，包括哌哒、悦般、高车、柔然等游牧族体文化。

于闻、龟兹佛教文化圈。佛教最初由印度西北的键陀罗等地传入西域，于闻首当其冲，成为丝绸之路南道佛教中心。《法显传》载：于闻有佛僧数万，影响周邻并东传。于阗佛寺建筑格局、造型使键陀罗艺术西域化。龟兹是时丝路北道佛教中心，键陀罗佛教、波斯文化与当地文化结合形成“龟兹式”佛窟艺术，在克孜尔古窟群达240多洞窟，对中原及西域周边诸国影响颇深。

东西文化并行的鄯善文化圈。鄯善位于东西交通要冲，印度佛教文化影响自西向东渐小，汉文化影响由东向西渐弱。印度西北方言的佉卢文简牍在尼雅发现764种，而楼兰仅发现48件；汉文文书、木简在楼兰发现67件，而尼雅仅发现58件[①]。在行政体制上，中原王朝和鄯善国王的管理并行，鄯善国法制受印度影响，佉卢文简牍主要是鄯善王诏令，涉及当地官吏、族体；汉文木简主要是西域长史官府文书，大多涉及汉族戍吏。

东西文化交融的高昌文化圈。高昌地处东西、南北交叉口，为西方、东方和北方文化汇聚提供了条件。高昌郡时波斯袄教即随着粟特商人和信奉袄教的焉耆人流入高昌，遂出现大批汉族袄教徒[②]。高昌佛教受到印度、龟兹佛教与汉化佛教回传的双重影响，并在吸收二者的基础上，与当地门官制度结合，形成独特的高昌佛教文化、多以家族信仰和聚族兴建佛寺。佛寺多以族姓或官职命名，反映出佛教与汉文化的融合。东西文化的交糅还表现在，高昌织品在图案和技法上将中原风范和波斯技艺结为一体。阿斯塔那墓群出土不少《尚书》《诗经》写本，《周书·高昌传》载高昌国有《论语》《孝经》；汉语文为官方和民间通用；行政体制沿用郡县制；汉族民间传统信仰普遍流行，道教与佛教为民间所共奉。北方草原兴起的高东、柔然、铁勒、突厥等游牧族文化对高昌产生一定影响，高昌王室接受了突厥官职和婚俗，而游牧服饰则着于民间。同时高昌商业文化、契约关系发达，促使了南北朝时东西文化的聚合。

魏晋时期以佛教文化为主的西方文化和以汉文化为主的东方文化，相

---

① 林梅村编：《楼兰尼雅出土文书》，文物出版社1985年版，第24页。

② 王素：《高昌火袄教论稿》，《历史研究》，1986年第3期。

向以各自途径进入西域，与各地文化传统结合，形成不同特点的几个文化圈。[①] 诸文化圈的形成与西方文化东渐和东方文化的西传线路一致，越往西，西方文化的影响越大；往东，东方和本土文化的成分越多，是东西文化与当地文化不同程度的融合生成。

隋唐时期西域有焉耆、龟兹、疏勒、于阗、高昌等当地政权，同时大食、突厥、唐朝、吐蕃势力从西、北、东、南交汇于西域，形成了天山南部基于绿洲园艺业、手工业、商业的塔里木盆地北缘以龟兹为中心的文化，塔里木东缘高昌文化，塔里木南缘于阗文化和天山北部以突厥为代表的游牧文化，而各文化圈均由溶糅多元成分而生成。龟兹的佛教与石窟、壁画、乐舞艺术受到此时汉文化和突厥文化的不同影响，出现"汉风窟"和突厥风俗壁画。高昌的佛教、道教、儒家思想仍与火祆教及突厥文化相并存，突厥文化影响扩大，摩尼教传播至此，突厥对高昌王室施行的收继婚制已成为高昌王室自身并对其他族民实行的婚俗。高昌国王的衔号保持和兼有中原王朝的官爵和突厥的官职，在唐朝实行州县制后，其官制仍存留这种特点。于阗文化继续受到印度、波斯的影响，并传入火祆教；同时出现吐蕃文化的直接作用。吐蕃在于阗实行双轨制的军镇管理体系，并使于阗语与焉耆、龟兹语不同，这是塔里木南缘与北缘文化此时相别的重要特征。隋唐时期西域的突厥化是新疆文化史的重要转折。突厥的宗教信仰，一是萨满教自然崇拜。二是具有游牧色彩的火祆教。它与原来波斯祆教仪式已有不同，"无祆庙，刻毡为形，盛于皮袋"或"系之竿上，四时祀之"；山羊成为护火圣物。[②] 说明祆教已适应了耕牧生活方式。三是印度佛教和中原佛教同对突厥产生影响。印度僧人主要在西突厥中传教，中原佛教主要施影于东突厥。而西域突厥人则兼承二者，收继婚普遍流行于西域突厥上层。外来文化的种类、成分和与当地文化聚合的差异，即生成不同特色的文化圈。它们都是东西文化与当地文化融合的不同形式；而某种文化个体的消失，只是在形式上，其实质因素已融入且生成于"西域文化"之中。

宋辽时西迁回鹘在西域形成两个政权：喀喇汗王朝和高昌回鹘王国。大批操突厥语的葛逻禄、样磨人与回鹘定居西域建立喀喇汗王朝，促使了

---

① 参阅余太山主编：《西域文化史》，中国友谊出版公司 1996 年版。

② 蔡鸿生：《论突厥事火》，《中亚学刊》第 1 辑，第 145－149 页。

当地土著族体的突厥化；同时接受伊斯兰教，定其为国教，开始了突厥语诸部族伊斯兰化的过程。伊斯兰—突厥文化形成以喀什噶尔为中心的文化圈，以波斯语解释突厥语的《突厥语大词典》是其辉煌代表。高昌回鹘王国由西迁初的“西州回鹘”与“龟兹回鹘”合并，促使了当地的回鹘化。佛教、摩尼教在回鹘高昌为大宗，民间和官方语言主要为回鹘语，文字有突厥文、粟特文、回鹘文、叙利亚文、摩尼文、婆罗谜文、藏文、汉文。西辽沿承辽朝官制实行依据游牧和农业不同特点分设国家机构的“双轨制”，使契丹贵族的佛教信仰和平民的萨满教、摩尼教、景教等与伊斯兰教并举，即 11 世纪构成西域文化大荟萃。伊斯兰教与佛教抗衡，摩尼教、火袄教、萨满教仍流行，基督教景教流传，儒家思想亦有根基。而突厥、伊斯兰、波斯、印度与儒家文化在喀喇汗王朝交汇，形构了其思想与佛教观念和阿拉伯文字结合融汇的传世经典《福乐智慧》。

蒙元时期以外来宗教佛教、袄教、摩尼教文化为主的情形基本改为，畏兀儿以西天山以北草原主要流行景教，操突厥语，用叙利亚字突厥文；绿洲部分，畏兀儿以西天山以南（原东喀喇汗王朝领地喀什噶尔、英吉沙、叶尔羌、和田、阿克苏、乌什、塔什干）奉行伊斯兰教，操突厥语，使用阿拉伯、波斯文或察合台文；畏兀尔地（原高昌回鹘王国领地）信仰佛教及景教，使用畏兀儿文。在南部绿洲突厥诸部伊斯兰教已据优势地位，14 世纪察合台汗脱忽鲁帖木儿皈依伊斯兰，使大批蒙古人伊斯兰化。随着塔里木盆地的伊斯兰化，东部畏兀儿地遂成为西域佛教中心，佛教文化对察合台汗国王室仍有影响①，畏兀儿僧徒在元廷宗事中起着重要作用。然而，此时形成以阿拉伯文和波斯文拼写突厥语的古维吾尔文——察合台文。

明代叶尔羌汗国时期天山以南喀什噶尔为中心的伊斯兰文化政治区和吐鲁番为中心的佛教文化政治区开始统一，整体伊斯兰化，察合台语文与畏兀儿语文融合，维吾尔民族逐渐形成。

清朝统一新疆后依循历朝“因俗设制”，在天山北部蒙古族和哈萨克族部落及东南部哈密、吐鲁番地区实行札萨克旗制；天山南部沿用维吾尔伯克制，取消世袭，实行政教分离；天山东部实行府州县制。西域文化愈呈现几部分特点：西南疆喀什、库车、阿克苏等地维吾尔文化代表着突厥

---

① 参阅余太山主编：《西域通史》，中州古籍出版社 1996 年版。

与波斯、阿拉伯文化的交合，和田维吾尔文化更多地包含着古和阗诸种文化（于阗、印度、汉、吐蕃等）的积淀以及与伊斯兰文化的交融；东疆吐鲁番、哈密、鄯善等地的维吾尔文化反映回纥与汉文化的融合。虽然南部维吾尔等突厥语族的文化，受到西蒙古和汉文化的一定影响，但伊斯兰化是其正统主流。北疆主要是多重游牧文化的沿袭和以突厥、蒙古集大成的畜牧文化的聚合。①

每一个文化圈都以自己的文化基质铺筑文化史，每个地域性文化构筑着其近代民族的文化底蕴。在西域没有纯粹的西方文化，也没有地道的汉文化。在各部分接合处则显现着诸文化体系的混成色彩。在此，新疆伊斯兰教呈现出较强的原生性。伊斯兰教法贯穿至20世纪中叶，集政治、文化、经济功能为一体。伊斯兰教在新疆的传播不同于在内地的儒化而与突厥化伴随，始终受到中亚、西亚穆斯林的影响，突出保留着阿拉伯、波斯文化的特征。伊斯兰化中形成的察合台维吾尔文即以阿拉伯、波斯文转写突厥语；穆斯林与非穆斯林甚至突厥与非突厥穆斯林极少通婚；新疆回族语言中亦保留不少阿拉伯、波斯语词汇，借用维吾尔语语法。操突厥语诸族为主体的伊斯兰化奠定了西域伊斯兰教的突厥化。② 伊斯兰教在新疆特别是南疆保持更多原初性之因，亦在于新疆地域生境与伊斯兰教发源地接近，其神秘教派与崇商观念在绿洲孤困环境得到伊斯兰圣经的肯定和倡励，得以施展的空间。巴依的大小、官位的高低与其所控水渠水井相联，导致了历史上南疆农村比中原一般汉地更为剧烈的水土权集中于大家族的束缚性。为保证水权和有限耕地的平衡，防止非政府力量的垄断，绿洲政权不允许独立的产权及军事领袖和独立宗教领袖的存在，形成了绿洲政教军权的高度合一。③ 伊斯兰一神教在此赋有了意义和功效。外部征服势力大都依靠原有的制度与秩序管理，当地社会组织与经济结构长久地保持大家族统治，集教、政、军权为一身，形成了地方贵族与当地王室竞相对教权的依靠和争夺。由于绿洲灌溉对于族权、教权和政权集中统一的需要，且往往族权和王权在教权下三位一体，因此伊斯兰教在新疆比内地强势。

---

① 周泓：《新疆文化的多元性与地域性》，《喀什师范学院学报》，1998年1月。

② 周泓：《伊斯兰教在近代新疆的世俗化与地方化》，《中国社会科学院研究生院学报》，2003.5。

③ 杨圣敏：《干旱地区的文化》，中央民族大学博士论文，1997年。

（三）西域文化圈的多元性与生成性再解析

1. 多元文化圈的历史政治成因①

（1）绿洲本身的分散性削弱统合力。绿洲社会彼此相似，绿洲内自给自足，绿洲间少有贸易，因而相同语言、文化的族属又不甚相关。而一个绿洲的力量有限，没有能力构成各地统一政权，孤立而稳定。即使外部将之统一后仍往往沿用其原有社会组织形式。北疆游动的部落与南疆孤立的绿洲分散性相同。

（2）西域地方政权与中央政权交错体制的影响。历史上西域地方政权或与中原王朝并行（如两汉、魏晋南北朝西域绿洲诸国对汉、匈奴的双重隶属，喀喇汗朝、高昌王朝、察合台、叶尔羌汗国），或为中央政权直接管辖，然为中央政权的特殊政体（如汉唐都护府、都督府制，蒙元亦都护，西辽双轨制，清代多轨制），使西域与汉文化的吸纳时作时辍，有即有离。作为中央政权属国的西域各国，多是先称王，后获得中央政府承认和册封，一般按其族体固有建制，封其首领为王、侯等。一些地方虽受中央政权管辖并派遣官吏，却未给予统一建置名称；一些地方名义上具有与中原同样建制名称，但仍大量保留当地特点。即使由历代中原王朝屯戍移民、大兴水利灌溉的汉文化较集中的东疆吐鲁番等地，这种格局亦长期存在。清代东疆行政建制虽是与中原相同的郡县制度，而官员由中央政府任命地方头人担任，其内部仍保留传统体制特点，实质上执行着世袭大家族的统治。历朝中央乃至民国政府皆授予旧族大姓以勋爵和官职。政治结合家族亦是民国新疆权力与亲贵关系的结构特征。大家族的社会组织功能并未完全被后建的基层政权组织所取代，人们仍以家族与教宗关系来确定社会变动时的态度。

（3）屯田的军事性和地区性滞碍了文化的自然传播与互动。移民屯戍主要为官屯（军屯、犯屯），民屯（募民、军属）亦属屯军统管，并基本在东疆，南北疆几乎都为军屯，即使在大统一时期，也大都隶于中央在西域的特设机构督辖，这虽有利于中央对西域地方的牵制，但形成与当地的切划分割，如唐代瀚海军、保大军等皆屯兵上万，自成一体，却疏略了

① 周泓：《民国新疆社会研究》，新疆大学出版社 2001 年版，第三章“三”；2005 年版第四章，第 258 – 262 页。

应携带的赋于文化传播的历史内容，滞碍了文化的自然交流。清朝更分为汉屯、旗屯、回屯、民屯，加筑了文化的藩篱。同时，屯边汉族在国家支持减弱时，极力适应环境设法自存，而只有当地化才能力行统治，亦如草原族体对农区的统治结果一样。这种生活方式的趋同，比语言、服装之不同意义更重要，它使戍军与当地居民价值观、政治观逐渐整合。这正是历史上一些宗教的、语族的分隔独立状态始终也不能造成族性的、地域的分离结果的重要原因。

（4）清代至民国的族际隔离政策。清朝在新疆实行因俗分治之时也施行分隔政策。如在伊犁居住十年以上的布鲁特（柯尔克孜族）人仍不准在当地婚娶置户；札萨克王都在东、北疆，南疆只有库车郡王及乌什、拜城、和田辅国公可获同等待遇外；伯克品级止于三品，通常仅对东疆封建上层委以政治重用；南疆驻军采取轮防或换防制，北疆则采取驻防制；重要城镇均划分满、汉、回城，朝廷遣吏提督、道台及军官驻汉城，伯克等民官住回城；限制诸族正常往来和通婚，严禁穆斯林自行入满城，禁止内地穆斯林入新婚娶及私赴南疆，汉、满人不得随意入回城。内地人到新疆须申请护照，至新疆后官府再行核对，使用新疆当地货币；疆内不同地区的借贷、货币使用、劳力的雇佣等亦有区限。民国时新疆军阀的半独立、集权体制，基本沿袭了上述族际规制。1946 年国民政府主新时，新省政府仍明令“禁止回汉通婚”。

（5）伯克、乡约制下政教未真正分离。伯克制度是新疆和中亚地区一些操突厥语民族历史上的一种官制，分别来自蒙古草原和阿拉伯、波斯的影响，前者伯克多为行政、税务、工程管理者，阿拉伯、波斯语伯克称名多系伊斯兰教职者。在突厥、回鹘汗国、喀喇汗王朝伯克曾指萨满教僧正、大祭司，特权阶级长老、贵族、族长、部落首领、行政长官，可汗为“最高伯克”；而在高昌回鹘王国，伯克仅指级别较低的行政官吏。15 世纪末伊斯兰教逐渐控制西域世俗政权，伊斯兰教职形成独立的阶层，伯克常称“艾米尔”“米尔咱”，意为尊贵的领袖、首领及官人，包括司法部门的官吏及清真礼拜场所的管理者。《拉失德史》载宗教检察伯克、民事诉讼和设于军队的大伯克等。17 世纪源于伊斯兰教阶的伯克官阶形成具有任免、养廉、进献、会议的伯克制度。伯克职官中有关伊斯兰教司法、管理、教育者占相当大比重，受制于宗教力量是伯克制度的重要特征。它是政教合一体制下的一种官制，依傍宗教支撑。清朝统一南疆后认可了维吾尔地区的传统伯克制度，伯克衙门保留世俗和宗教的双重职能，哈孜伯克、斯帕哈孜伯克等相当于伊斯兰教法官，以政府机构执行教法。晚清虽废除伯克官职的世袭，实行政教分离，然伯克拥有爵秩、任职，推举阿訇，基层政权结构即宗教职阶受伯克的牵制。新疆建省及伯克改制乡约后，政、教亦未真正分离，乡约政教兼一，“无伯克之名，而有伯克之实”和宗教上层显贵位置。民国虽不再任命伯克，但其爵位仍旧世袭，拥有乡约的行政权力特权，与阿訇一同评议争端，因俗治理。

（6）晚近俄罗斯、中亚文化对新疆的影响。历史上绿洲孤自相似，彼此少有贸易，各单元向绿洲外寻求生计的补充；西域与中亚绿洲通连，西向交通便捷于东向；北部草原且西倾敞开，牧民逐水草淡边境之限；中亚—西域多同源族体，民间多西向行商求学；晚近中亚铁路亦修通，故新疆多中亚移民和跨界族群。新疆与哈萨克斯坦、吉尔吉斯斯坦、塔吉克斯坦、乌兹别克斯坦居民在种属、语言、信仰上存在着整体或局部的历史关联，形成跨境同源族体。其对新疆的影响，不只是政治的、经济的、族际的与外交的，尚有制度的、文化的和地域的，涉略社会组织结构之变化。自19世纪中期《中俄伊塔通商章程》后，伊犁、塔城、阿山、喀什等地与俄开始大规模正式贸易，1861年俄国农奴制改革使部分俄民东移进新疆，至1905年俄国革命、第一次世界大战和十月革命，额尔齐斯河通航，苏俄集体化时期，一批批俄农、俄兵、俄商陆续入新疆并定居，他们在新疆设贸易圈、东正教堂、俄罗斯医院、学校、书店，并与当地民族通婚，俄罗斯文化在西、北疆构成新疆地方新的文化因子。中亚乌兹别克文化直接影响南疆穆斯林。布哈拉、费尔干纳、安集延、撒玛尔汗是中亚及新疆伊斯兰文化中心，塔什干设俄属中亚突厥斯坦总督，是中亚近代文化中心。塔塔尔族在俄国较早接受近现代文化教育，兴起新疆民族新文化运动，开启新疆近代民族教育科学体制。清末民国，俄罗斯文化构成新疆文化的重要成分。杨增新时特设俄文学堂，定俄语为官方教育必修课，俄文政法学校为新疆第一所高等学府。民国新疆穆斯林青年大多至俄国深造，地方各族人士和省政府派各族学生留学俄国。北疆各族与俄罗斯人通婚普遍。盛世才亲苏时期，俄罗斯顾问、专家、苏侨大批来新疆，其多为新疆政府官员、军队教官、俄商代理、贸易买办、职业宗教者、教师、技师和技术工人，直接参与新疆的政治、经济、军事，在民间和官方层面发生着广泛深刻的交往，对新疆的族际、社会格局及与中央政府关系起到直接的作用。俄罗斯教会学校转为官方公立学校，俄罗斯文化促进会，在迪化建有俄罗斯电影院、医院、学校，成立了中苏文化协会，俄罗斯音乐艺术盛兴。入新疆俄罗斯族借用、通晓当地维吾尔、哈萨克、汉等族群语言，在生活生产中相互吸收，遂形成新疆俄罗斯文化，构成当地族群文化的新内涵。

2. 现代维吾尔聚居区汉人农户与村落的文化嵌入生成

历史上由内地迁至西域（新疆）充军屯戍、随军经商、避荒的汉族兵士和农民，大多由王朝与当地政府安置在东疆和北疆屯田。南疆维吾尔地区的汉族村落及散居于维吾尔村落的汉族农民，大部分是20世纪50年代至今陆续以多种方式进疆的。20世纪60年代初政府组织收容从内地逃荒来疆的农民，安排在南北疆各地州，成为维吾尔地区汉族农场的主要居民，另有不少人分散到维吾尔村落中。维吾尔农民接纳了一批批操不同方言的汉族移民。20世纪80年代初，一些地方政府动员散居在维吾尔村落的汉民集中到新水土开发区。这些汉民不同程度地接受了维吾尔文化的熏陶。不论聚居的汉族村落或散居的汉族农户，逐渐适应并接受了绿洲文化影响，形成了地域性文化特点。首先是绿洲汉族农庄。植树造园是干旱风沙的生态环境中维吾尔绿洲文化的一大特征，形成果树环抱的庭院式民居格局。而汉族聚落和农户的宅院也大都具有这一特点（只是多种蔬菜，包含着汉族、维吾尔族庭院文化的交融，也成为汉族、维吾尔族院落的区别之一）。这种选择基于对共同自然环境的认知。其次，汉族农户基本接受了维吾尔族生活习俗，饮食喜好几乎与维吾尔族相同。再者，杂居于维吾尔村落的汉族农民及在此的土地承包户普遍操双语，懂维吾尔语。第四，汉人传统宗教观念淡漠。内地农村的祭祖及民间宗教活动等在这里一般保留除夕烧纸钱、清明扫墓及中秋习俗。即维吾尔社区的汉族农人的生活方式和思维取向受到维吾尔文化的影响，形成了有别于内地汉族的、带有地域特色的汉文化。随着经济体制改革，南疆农村增添了新的文化载体——土地承包专业户，签定长年租地承包合同，从内地、自己的家乡招来农民充当雇工，大多将承包土地转给新迁来的亲属。维吾尔村落的汉族农户，出现了以亲属关系为链条的网络式家族移民，形成以家族为核心的互助集约型生产，呈现出传统血缘观和小生产观念的回归。南疆形成以土地或工程承包专业户为核心的一个个雇工同乡聚落。他们相对聚居，保持原籍生活方式，当地观念淡薄，无社区组织。20世纪90年代，维吾尔地区的汉族出现基于认同当地的“老新疆汉人”与认同内地家乡的新入疆汉人之别。

三、西域—新疆多元生成文化圈结构路径

新疆文化研究颇多，侧重于族体文化史，文明关系史，古代生活史，族属认同，宗教变迁，寺院文书与碑刻等。此论题系西域文明交往分疏吸纳路径，主要观点有——一元极论：文明东来说，即儒学涵化论，意“自古是中华帝国一部分”而濡化胡风。南北二元极说：南部于阗塞人、羌人与漠北草原南下突厥、回鹘融合（20 世纪 80—90 年代大讨论）。东西二元极说：汉文化西进与印度佛教、西亚波斯、阿拉伯伊斯兰文化东输（见《福乐智慧》《突厥语大词典》）。三元极说：本土说（塞人）+东西元说（20 世纪 80—90 年代大讨论）。四元论：（南疆）南北二元说+东西二元说（南北二元说中的突厥，在东西二元说中成为结构因素）；（北疆）三元说+晚近俄罗斯文化（笔者《民国新疆社会研究》）。

西域多元地缘地域性文化谐适悠久。新疆三山夹两盆，西域东西文化交往的曲径沿山脉走向，并集中于盆地南北缘。1. 古代域内丝绸之路即环绕南北文化圈：丝路北线在准噶尔盆地南缘；丝路中线在塔里木盆地北缘；丝路南线在塔里木盆地南缘。2. 中古时随伊斯兰教 10 世纪进程，域内形成东、中、西文化圈：东部吐鄯哈回鹘与汉佛文化圈；中部龟兹突厥佛教圈（东印巴米扬派）；西南喀什、莎车突厥伊斯兰文化圈；西部和田西域佛教圈（东伊语支，西印度键陀罗派）。3. 11 世纪—近代，东部与中南文化圈融合形成东南吐鲁番—龟兹蒙汉与伊斯兰文化圈；西与西南文化圈融合形成西南喀什—和田伊斯兰突厥文化圈；北部蒙哈游牧文化圈增加俄罗斯文化，其并与后来的塔兰奇文化交融。

新疆多元生成性文化圈与其地缘多元性相联结。首先，历史上的南疆绿洲文化与北疆行国文化，迄今仍是新疆农耕与游牧两大生态文化系列。其次，在南疆绿洲文化区，因分别与中亚和内地的地缘关系，形成以喀什—库车为中心的西南疆伊斯兰教文化圈、以吐鲁番为中心的东南疆汉佛和伊斯兰文化交融圈；北疆因近代俄罗斯的割据，使俄罗斯文化与蒙哈文化并行。再次，晚近及现代大批汉人随军或兵团与中央企事业单位入疆，逐渐形成新疆主要族体，汉文化与伊斯兰文化及俄罗斯文化并存，形成了新疆汉文化有别于内地汉文化的特点。并且当地汉族显现出认同当地的老

新疆汉人与认同家乡的现当代入疆汉人之别。

弗拉季米尔·普洛普的“叙事形态学”，以神话传说阐述文本的社会形态变异，法国新社会史年鉴学派以民间故事形态呼应之，但其均忽略了一区域内文明的自身分衍与文化生成。伊斯兰教与佛教在新疆各一千年，域内伊斯兰文化亦有不同结构过程与特征，东部汉、蒙古与伊斯兰文化交融，西部古希腊、波斯、印度与突厥、阿拉伯文化融合，北部游牧与俄罗斯文化并存。因此，一区域内不只有一个文化传统，一文化传统内亦有不同的形态。一族体不只有一种文化来源，一种文化并非只有一个族属载体。文化如同历史是动态的生成。

笔者不赞成斯蒂文·郝瑞等儒学边域涵化论，而是认为任何文化迁入另一生境，必采汲当地生存方式而不可全然移植。因而主张基于乔姆斯基转换生成语言学及其认知思维理论的文化接触与转换的生成解说。[①] 波兰尼和吉登斯分别以经济因素和文化因素嵌入当地而论释其对原有社会结构的改变，西域文明结构过程亦为极佳论据。

四、理论价值实践

19 世纪末 20 世纪初，人类学历史学派创始人弗朗兹·博厄斯（Franz Boas）基于对边远文化的理解与尊重和反对种族主义、文化殖民主义而建立“文化相对主义（cultural relativism）”。博厄斯指出，19 世纪发现文化进化规律和把文化发展的阶段模式化的设想，都建立在不充分的经验与证据之上；每一种文化都有自己长期形成的独特历史，“蒙昧时代”“野蛮时代”和“文明时代”这些术语只是反映“种族中心论”的观点，以为自己的生活方式比其他人正确。而任何一个民族或部落都有自己的逻辑、社会思想、世界观和道德观，每一种文化都会产生自己的价值体系，不应该以自己的标准来衡量其他民族的文化，没有一个对一切社会都适用的绝对价值标准。即人们的信仰和行为准则来自特定的社会环境，反对以民族自我中心的偏见解释行为的理由和方式，这也被称为“价值理论”。第二次世界大战后民族解放运动发展，欧洲中心论受到冲击，各民族“文化价值”的评价成为现实。文化相对论经博厄斯弟子 M. J. 赫斯科维茨等人

---

① 周泓：《新疆多元地缘性与地域性文化演变》，《中国人民大学复印报刊资料》，2014 年 5 月。

弘扬而成为一种思潮。梅尔·赫斯科维茨的《人和人的劳动》与《文化人类学》被认为是文化相对论的代表作，强调相互尊重的一种社会训练，不去评判甚至摧毁那些不与自己观念相吻合的文化；各民族文化的本质和价值相同，都能凝聚本民族为一体；反对以暴力干涉土著民族的文化。露丝·本尼迪克特《文化模式》从文化和个性的角度阐发各种文化都同样有效，现代文化和原始文化是同样的实现人类潜力的方法。文化相对论突破西方民族中心主义模式，揭示族际歧视的认知根源，肯定异质文化的意义，保护弱小民族利益，成为诉求公平正义的多元文化主义的基础。虽然近年欧亚一些国家官方质疑族际纷争的多元文化主义缘由，但人类自身发展并非寻求国家机器发达而在于文明与自由的感验，因而文化相对主义仍然是人类学民族学的基本立场和理论基石。中国政府赞成《联合国消除一切形式种族歧视宣言》《在民族或族裔、宗教和语言上属于少数群体的人的权利宣言》《世纪文化多样性宣言》，加入《消除一切形式种族歧视国际公约》《经济、社会及文化权利国际公约》《保护世界文化和自然遗产公约》与《保护非物质文化遗产公约》。尊重差异、保护少数已成为国际共识。

20 世纪 30 年代马林诺夫斯基论述其接触的西欧非洲殖民地土著“实质上正受着多种文化的支配”,[①] 变动中的非洲文化不是一个完整一体的对象，而“存在着三个……不同的区域：占优势的欧洲人地区，真正的非洲人地区和正在变动的地区”。[②] 指出应注意冲撞着的变动中的殖民地文化；[③] 认为互动的结果取决于相互态度和关系是合作或抵触，取向的关键在于彼此有无一致的基础。在此虽然“保护主义不可避免”，但当地人生存的利益决定了文化接触中其与西方殖民者的协作关系。[④] 于是马氏于 1938 年在其文化动态分析三项中增加了“对土著人文化的重构”和“土著自发的整合与反应的新力量”两项变量，把土著人的因素从纯粹的被

---

① Malinowski, Coral Gardens and their Magic Kegan Paul〔M〕, 1935，后记。

② Malinowski, The Dynamics of Culture Change: An Inquiry into Race Relations in Africa〔M〕, Yale University Press, ·1945, P9 - 11.

③ Malinowski, The Dynamics of Culture Change: An Inquiry into Race Relations in Africa〔M〕, Yale University Press, ·1945, P17.

④ Malinowski, The Dynamics of Culture Change: An Inquiry into Race Relations in Africa〔M〕, Yale University Press, ·1945, P9 - 11.

动地位提升到相对主动地位。这是文化互动的产物。

新疆有多元地缘文化生成的历史土壤，西域多元—生成文化圈在近代多未受到冲击，现代民族区域自治体制多予以保留。张小军鉴于法国社会发展区模式，提出基于历史人文积淀的文化母体或实体区域的“文化发展区”机制，作为政府赋权的组织机构，虽不是国家行政的地方层级，然能够与政府对话，以保护文化形态的多样性发展，是一项值得探讨的保护文化基核与机质变迁二重属性的治理方式。

高原丝路

——吐蕃“重汉缯”之俗与丝绸使用①

石 硕 罗 宏

（四川大学中国藏学研究所教授 四川大学中国藏学研究所博士研究生）

丝绸是公元7—9世纪唐、蕃交往中唐朝向吐蕃输入的大宗物品。对于唐、蕃之间的丝绸，以往的研究多从文化交流角度给予积极评价，充分肯定丝绸在唐、蕃关系中发挥的重要作用,② 但因研究视角主要侧重于唐朝或唐、蕃文化交流，对丝绸输入吐蕃以后的情况却涉及甚少。《通典》记吐蕃“其俗重汉缯而贵瑟瑟，男女用为首饰”。③ 可见“重汉缯”成为吐蕃的社会风气。但丝绸之于吐蕃，有两个问题一直受到忽视：第一，吐蕃气候寒冷，昼夜温差大，严格说并不适宜穿着丝绸，其为何却对丝绸情有独钟并形成“重汉缯”的社会风气？第二，吐蕃气候既然不适合穿丝绸，那么唐朝大量输入吐蕃的丝绸被用到哪些方面？吐蕃人是怎样看待和使用丝绸的？丝绸在吐蕃社会中被赋予什么样的文化意义？这两个问题学界至今未予充分回答与研究，使得我们对丝绸在唐、蕃交往中究竟处于何

---

① 本文为国家社会科学基金重大项目“大型藏区地方史《康藏史》编纂与研究”（10&ZD110）阶段性成果，并获四川大学学科前沿与交叉创新研究项目资助。

② 王尧：《吐蕃饮馔服饰考》，王尧：《西藏文史考信集》，佛光出版社1992年版，第368—376页。张云：《丝路文化·吐蕃卷》，浙江人民出版社1995年版，第223、227、305、347页。杨清凡：《藏族服饰史》，青海人民出版社2003年版，第62－69页。吴明娣：《汉藏工艺美术交流史》，中国藏学出版社2007年版，第12—17页。李玉琴：《藏族服饰文化研究》，人民出版社2010年版，第70—71页。

③（唐）杜佑：《通典》卷190《西戎二·吐蕃》，中华书局1988年版，第5171页。另外，《唐会要》和《册府元龟》也有类似的记载。参见（宋）王溥：《唐会要》卷97《吐蕃》，中华书局1955年版，第1729页。（北宋）王若钦等编：《册府元龟》卷961《外臣部·风土三》，中华书局1960年版，第11307页下。

种地位、发挥了何种作用等始终缺乏具体和清晰的认识。为此，本文拟结合藏、汉文献史料，试对吐蕃“重汉缯”的风气及其丝绸使用途径作探讨，旨在从吐蕃的角度来考察丝绸在唐、蕃交往中的意义和内涵。

一、唐地丝绸输入与吐蕃“重汉缯”之俗

据史料记载，吐蕃对唐朝丝绸的仰慕始于松赞干布时期。贞观十五年（公元641年）唐太宗令道宗持节护送文成公主入藏，松赞干布率兵亲迎于河源，《旧唐书·吐蕃传》这样记述松赞干布迎接文成公主的场景：“叹大国服饰礼仪之美，俯仰有愧沮之色。……自亦释毡裘，袭纨绮，渐慕华风。”① 此记载虽不排除有汉人视角之主观成分，但基本情节仍大体可信。② 值得注意的是，此记载提及一个细节，松赞干布见文成公主时“释毡裘，袭纨绮”，即脱掉自己的“毡裘”，换上了“纨绮”即丝绸服装。这说明在文成公主入藏前吐蕃宫廷已有“纨绮”存在，这是松赞干布“释毡裘，袭纨绮”的前提，故丝绸传入吐蕃应在文成公主入藏之前。文成公主入藏显然带去了一批丝绸，③ 藏文史籍记文成公主带入的“锦绫罗”达二万匹。④ 藏文史籍还记文成公主初到藏地，“衣各种锦绣之衣，佩带金玉珠宝之饰，率其侍婢二十五美女，亦各以绫罗为衣，佩珠玉为饰，携琵琶乐器，往扎拉乃乌塘游赏。”⑤ 松赞干布见文成公主时“释毡裘，袭纨绮”之举可能在吐蕃产生了广泛影响，成为吐蕃人仰慕丝绸并以之为华美、高贵，以致“渐慕华风”的开端。

吐蕃时期，唐地丝绸主要通过朝廷赐品、双方战争和互市三个渠道流

---

① （后晋）刘昫：《旧唐书》卷196上《吐蕃上》，中华书局1975年版，第5221页。《册府元龟》亦载：“弄赞率其部兵次柏海，亲迎于河源。见王人，执子胥之礼甚恭。既而叹大国服饰礼仪之美，俯仰有愧沮之色。……身亦释毡裘，袭纨绮，渐慕华风……”（参见《册府元龟》卷978《外臣部·和亲一》，第11496页上）。

② 在藏文史籍中也有类似的记载。《红史》记：“唐太宗于阴铁牛年允嫁其女文成公主，并派皇帝江夏王率兵护送，吐蕃国王领兵至柏海迎接。见汉人衣饰华美，吐蕃人有愧色。”见蔡巴·贡嘎多吉著，陈庆英、周润年译：《红史》，西藏人民出版社2002年版，第15页。

③ 《旧唐书·吐蕃传》记贞观二十三年（公元649年）吐蕃曾向唐朝“请蚕种”，此当与文成公主入藏有关。证明文成公主入藏应带去了丝绸。藏文史籍中有不少关于文成公主带入丝绸的记载。

④ 索南坚赞著，刘立千译：《西藏王统记》，民族出版社2000年版，第68页。

⑤ 索南坚赞：《西藏王统记》，第75页。

入吐蕃。其中，朝廷赐品是吐蕃获取丝绸的主渠道。在近两百年的唐、蕃交聘与双方使臣往来中，丝绸往往是唐朝依列回赐的物品中最常见、数量最多的赐品。如贞观二十三年（公元649年），“高宗嗣位，授弄赞为驸马都尉，封西海郡王，赐物二千段。”后松赞干布“致书于司徒长孙无忌等云：‘天子初即位，若臣下有不忠之心者，当勒兵以赴国除讨。’并献金银珠宝十五种，请置太宗灵座之前。高宗嘉之，进封为宾王，赐杂彩三千段。”① 唐朝赐与吐蕃丝绸的数量极大。《唐会要》载：“开元二十一年正月，命工部尚书李暠持节于吐蕃，以国信物一万匹，私觌物二千匹，皆杂以五彩，遣之。”② 藏文史籍《拔协》亦记：“皇帝按照赞普信函中的请求办理，并赐给赞普一万疋绸料。”③ 唐朝赐予吐蕃丝绸最广泛的记录出现于开元时期，开元七年（公元719年）吐蕃赞普墀德祖赞遣使请和，唐玄宗“因赐其束帛，用修前好，以杂彩二千段赐赞普，五百段赐赞普祖母，四百段赐赞普母，二百段赐可敦，一百五十段赐坌达延，一百三十段赐论乞力徐，一百段赐尚赞咄，及大将军大首领各有差。皇后亦已杂彩一千段赐赞普，七百段赐赞普祖母，五百段赐赞普母，二百段赐可敦。”④ 由记载可见，唐赐予吐蕃丝绸的覆盖对象极广，从赞普本人、赞普祖母，赞普母，皇后以及时任吐蕃宰相的坌达延、⑤ 吐蕃的主要尚、论乃至吐蕃的各大将军首领，均按级别高低赐与不同数量的丝绸。唐朝将丝绸如此广泛、数量如此之大地赐给吐蕃王室成员、尚论及各大将军首领，至少说明两点，一、吐蕃上层人士普遍喜好唐地丝绸；二、唐朝廷对吐蕃上层的丝绸喜好颇为了解，惟其如此，才投其所好。对于将丝绸大量赐予吐蕃的原因，唐德宗《赐吐蕃将书》曾言：“赞普若须缯帛，朕即随要支分，多小之间，岂拘定限，假使踰于万匹，亦当称其所求。朕之所重者信诚，所轻

---

① 《旧唐书》卷196上《吐蕃上》，第5222页。

② （宋）王溥：《唐会要》卷6《杂录》，第76页。

③ 拔塞囊著，佟锦华、黄布凡译注：《拔协译注》，四川民族出版社1990年版，第21－22页。

④ 《册府元龟》卷980《外臣部·通好》，第11511页上。

⑤ 坌达延（又译“坌达延”）为吐谷浑贵族，时任吐蕃宰相。汉文史料记其为吐蕃宰相，藏文史料中却未见其有宰相头衔，但其在敦煌藏文写卷《大事记年》中的排名却均在大论乞力徐之前。参见王尧、陈践译注：《敦煌本吐蕃历史文书》（增订本），民族出版社1992年版，第150页。林冠群：《唐代吐蕃史研究》，经联出版事业股份有限公司2011年版，第621页。

者财利，……务存大义，安人保境。”① 说明唐朝慷慨地将丝绸赐予吐蕃，目的是“安人保境”。② 唐玄宗也曾就唐蕃关系言道：“爰自昔年，慕我朝化，申以婚姻之好，结为甥舅之国，岁时往复，信使相望，缯纁以益其饶，衣冠以增其宠，鸿恩大造。”③ 可见，丝绸不但是唐朝修好和笼络吐蕃的主要物品，也成为维系唐、蕃友好的重要纽带。

丝绸对于吐蕃的重要性，由吐蕃方面的记录也得到印证。吐蕃时期藏文《恩兰·达札路恭纪功碑》记：

> “赤松德赞赞普深沉果敢，议事有方，所行政事靡不佳妙，攻取唐属州郡城池多处。唐主孝感皇帝君臣大怖，年纳绢缯五万匹为寿，以为岁赋。其后，唐主孝感皇帝驾崩，唐主太子广平王登基，以向蕃地纳赋为不宜，值赞普心中不怿之时，恩兰·达札路恭乃首倡兴兵入唐，深取京师之议，于周厔之渡口岸畔与唐兵大战。”④

恩兰·达札路恭（又称“马重英”）系吐蕃大论，是763年率吐蕃军队攻入长安城的主要军事首领。⑤ 碑文记吐蕃763年攻入长安的理由是唐朝“不愿再输帛绢”，这虽是一个借口，但说明当时唐朝因政局动荡减少或停止了对吐蕃的丝绸输入，同时也说明吐蕃上层统治者对唐地丝绸的看重。大历十四年（公元779年），南诏王异牟寻率南诏与吐蕃军队联合东侵，逼近成都，异牟寻下令道：“为我取蜀为东府，工伎悉送逻娑城，岁

---

① 西藏社会科学院汉文文献编辑室：《全唐文全唐诗吐蕃史料》，西藏人民出版社1988年版，第164页。

② 唐代，吐蕃始终是唐朝的重要威胁，唐朝两嫁公主与之结好，很大程度正在于缓解吐蕃对唐朝的侵扰与威胁。事实上，唐朝将丝绸作为赐品大量赠与吐蕃，与“和亲”并无二致。

③ 西藏社会科学院汉文文献编辑室：《全唐文全唐诗吐蕃史料》，第97页。

④ 王尧：《吐蕃金石录》，文物出版社1982年版，第84页。文中“唐主孝感皇帝”指唐肃宗，“唐主太子广平王”指唐代宗。此次战争在敦煌文书中也有反映。敦煌P. T. 1288号藏文写卷记载：“冬末，唐廷皇帝崩，（四月帝崩，冬末吐蕃人才得知）新君立，不愿再输帛绢，割土地。唐蕃社稷失和，尚·野息、尚·东赞等越凤岭铁桥。引劲旅攻陷唐之临洮、成州、河州等城堡多处。”见王尧、陈践：《敦煌古藏文文献探索集》，上海古籍出版社2008年版，第100页。

⑤ 李方桂、龙达瑞：《马重英考》，《西藏研究》1987年第3期。

赋一缣。”[①] 此令出自于南诏王异牟寻之口，显然是抓住吐蕃人喜好丝绸的心理，意在激发吐蕃军队斗志。说明吐蕃人喜好丝绸的名声为当时西南地区其他部落政权所广为悉知。

战争是吐蕃获取唐地丝绸的另一重要渠道。敦煌藏文写卷 P. T. 1287 记：

> “赤德祖赞王之时……那时唐廷疆域十分辽阔，北方的突厥诸部也归属唐朝，大食以下均属唐之疆土。唐廷从‘兑巧（上方）’取来的众多宝物，原先储存在瓜州城，吐蕃攻占后将其全部接收，上层仕人因之得到许多财宝，属民黔首也普遍获得上好唐绢。”[②]

这段出自吐蕃官方文献的记载，以“普遍获得上好唐绢”来比喻从唐地“得到许多财宝”，说明在吐蕃人眼中丝绸实已成为唐地财宝的象征，也说明战争同样是吐蕃获取唐地丝绸的重要渠道。

此外，吐蕃也通过互市来获取唐地丝绸。唐鸿胪丞张鷟曾上有一条奏折，称“鸿胪寺中土蕃使人素知物情，慕此处绫锦及弓箭等物，请市，未知可否?”得到的回复是：“听其市取……勿阻。”[③] 吐蕃请求互市的原因是“慕此处绫锦”。开元十九年（公元 731 年）和元和十年（公元 815 年），吐蕃还分别请唐朝于赤岭（今青海湟源县日月山一带）、陇州（今陕西陇县）两地互市，均得到唐朝应允。[④] 可以想见，吐蕃请市的原因既然是“慕此处绫锦”，丝绸自然应是双方互市的重要物品。

需要指出，尽管唐地丝绸通过朝廷赐品、战争及互市等渠道大量输入吐蕃，但在当时吐蕃社会中，能获得丝绸者主要是王室及各级贵族大臣，丝绸的使用也主要限于吐蕃统治上层。敦煌藏文写卷 P. T. 1288 记：“多思麻之冬季会盟于‘则’地，由论·绮力思扎悉诺则布召集之，以唐人

---

① 《新唐书》卷 222 上《南诏上》，第 6272 页。

② 黄布凡、马德：《敦煌藏文吐蕃史文献译注》，甘肃教育出版社 2000 年版，第 285 页。

③ 西藏社会科学院汉文文献编辑室：《全唐文全唐诗吐蕃史料》，第 40 页。

④ 参见《册府元龟》卷 981《外臣部·盟誓》，第 11527 页下；卷 999《外臣部·互市》，第 11727 页上。

岁输之绢缯分赐各地千户长以上官员。”[1] “千户”是授予告身的吐蕃官员，[2] 说明吐蕃将从唐朝获得的丝绸主要分赐给有一定级别和地位的官员。这从考古发现也得到印证。在青海都兰曾发掘过四座高级别的吐蕃贵族墓葬，据出土物判断，其中两座墓的墓主很可能属吐蕃论、尚即王族或外戚级别的重臣。[3] 四座墓均出土大量丝织品。据鉴定，墓中丝织品“绝大多数为中原输入品，计有锦、绫、罗、绢、纱等，几乎囊括了唐代所有的丝绸品种”，[4] 这说明由唐朝输入的丝绸主要被吐蕃贵族大臣上层人士大量囤积和使用。这种局面的形成自然同唐地丝绸输入吐蕃的渠道有关。如前揭文所示，吐蕃获取丝绸的大宗主要是唐朝廷赐品，赏赐对象又主要限于吐蕃王室成员、贵族及各级重臣。同时，吐蕃对于由唐地所获得的丝绸，也主要分配给具有告身身份以上的官员。在此背景下，丝绸对吐蕃而言就不仅是一种华美的织物，更是一种政治性礼品，是同荣耀、地位相对应的一种物品。藏文史籍《贤者喜宴》在谈到吐蕃时期最有名的九大尚论之一杰斯秀亭时云：“大尚论絣杰斯秀亭因其有千万（匹）绸缎及九万奴隶，故为大（尚论）。”[5] 这段话所表达的是，拥有大量丝绸和奴隶与杰斯秀亭作为大尚论的尊贵身份和社会地位相匹配。[6] 可见，丝绸实已成为吐蕃贵族大臣标榜其身份和地位的重要物品。

二、吐蕃在着装上对丝绸的使用

唐地丝绸大量流入吐蕃，那么，吐蕃人是如何使用丝绸的？对吐蕃的丝绸使用，过去有一个普遍的误解，认为吐蕃人是直接穿丝绸服装。恰如

---

① 王尧、陈践：《敦煌古藏文文献探索集》，第100页。

② “千户”即藏文史籍中所言“东本”。史载：“东本、如本授以铜文字告身。”（参见黄颢：《〈贤者喜宴〉摘译（二）》，《西藏民族学院学报》1981年第1期）。

③ 一级中99DRNM3出土的大相墓石，据考证，“这方墓石标明墓主人的身份是blon（论）”。（北京大学考古文博学院、青海省文物考古研究所：《都兰吐蕃墓》，科学出版社2005年版，第125页）此外，出土的木简中还多次提到zhang（尚）一词，即与吐蕃王室通婚的家族。而关于99DRNM1，根据王尧先生推断，该墓的主人很可能是757年死于任上名为“甲贡”的尚论思结桑。（王尧、陈践：《青海吐蕃简牍考释》，《西藏研究》1991年第3期。）

④ 北京大学考古文博学院、青海省文物考古研究所：《都兰吐蕃墓》，第130页。

⑤ 黄颢：《〈贤者喜宴〉摘译（十）》，《西藏民族学院学报》1983年第1期。

⑥ 杰斯秀亭是赤松德赞时期一位地位显赫的大臣。在赤松德赞兴佛第一诏书中，其名字十分靠前，仅次于吐谷浑小王和大尚论伽罗笃波。（参见黄颢：《〈贤者喜宴〉摘译（九）》，《西藏民族学院学报》1982年第4期）

有学者所言：

> “藏族人最初使用丝绸，主要是做服装。吐蕃王朝时松赞干布‘释毡裘，袭纨绮’，与吐蕃攻陷瓜州后‘民庶黔首普遍均能穿着唐人上好绢帛’，都反映的是吐蕃人服用丝绸服装的情况。布达拉宫的松赞干布鎏金铜像，《步辇图》中的吐蕃宰相禄东赞，敦煌吐蕃占领时期洞窟壁画中的赞普像、供养人像等，均表现了吐蕃人穿着丝绸服装的形象。”①

事实上，上述看法并不成立。首先，松赞干布迎接文成公主时“释毡裘，袭纨绮”，只是在特殊情形下的一种临时和礼仪性的穿着，并不代表赞普及吐蕃上层人士平日的着装。其次，文中所引敦煌藏文写卷中记吐蕃攻陷瓜州后“民庶黔首普遍均能穿着唐人上好绢帛矣”一句，藏文写卷的原文为“འབངྶ་མགོ་ནག་པོས་ཀྱང་།རྒྱལ་དར་བཟང་པོ་ཁྱབ་པར་ཐོབ་བོ།”，② 其中所用的动词是“ཐོབ”，直译为“获得”，而非“穿着”，故文中所引译文并不准确。③ 鉴于此，黄布凡、马德在2000年出版的《敦煌藏文吐蕃史文献译注》中将此句译为“属民黔首也普遍获得上好唐绢”，④ 这是忠实于原文的正确翻译。不可否认，在一些图像资料中确有吐蕃人着丝绸服装的形象。不过，这些图像资料反映的情形尚须作具体分析。《步辇图》系唐人阎立本所绘吐蕃宰相禄东赞入朝情景，地点是长安而非吐蕃，气候适宜穿丝绸，禄东赞为庄重起见穿丝绸服装完全可能，故《步辇图》所绘禄东赞着丝绸服装可能是真实情景的反映。至于敦煌洞窟中赞普像和供养人像乃至青海都兰吐蕃土棺板画中所绘吐蕃贵族人物的着装，则有两个问题，其一，其所穿服装虽显得轻薄，但是否确为丝绸，尚难得到确证；其二，既然丝绸在吐蕃已成为体现身份地位的标志，因图像人物无需考虑实际冷热，故图中人物着丝绸服装意在表现主人身份的高贵，却未必是日常生活状态的实录。就此点而言，图像人物的着装其写意成分显然大于写实。

---

① 吴明娣：《汉藏工艺美术交流史》，第15页。

② 王尧、陈践：《敦煌古藏文文献探索集》，第35页。

③ 王尧、陈践：《敦煌古藏文文献探索集》，第114页。

④ 黄布凡、马德：《敦煌藏文吐蕃史文献译注》，第285页。

目前在吐蕃时期的藏文史料中，我们未见吐蕃人穿着丝绸服装的记载。但在同时代汉文史料中却真实记录了吐蕃人的衣着。汉文史籍记有吐蕃大臣仲琮谈及吐蕃时的一段话："吐蕃土风寒苦，物产贫薄。所都逻娑川，唯有杨柳，人以为资，更无草木。乌海之南，盛夏积雪，冬则羊裘数重，暑月犹衣裘。赞府春夏每随水草，秋冬始入城隍，但施庐帐。"① 《新唐书·吐蕃传》记："吐蕃居寒露之野，物产寡薄，乌海之阴，盛夏积雪，暑毼冬裘。随水草以牧，寒则城处，施庐帐。"② 《通典》记：蕃人"俗养牛羊，取乳酪供食，兼取毛为褐而衣焉。"③ 氈、褐、毼均指毛织物，裘则指未经加工的动物毛皮。可见"暑毼冬裘""取毛为褐而衣"乃是吐蕃的基本着装，《新唐书·吐蕃传》亦称吐蕃"衣率氈韦"。④ 长庆元年（公元821年）唐臣刘元鼎出使吐蕃与之盟，面见吐蕃赞普墀祖德赞，其对赞普的描述是："赞普坐帐中，以黄金饰蛟螭虎豹，身被素褐。"⑤ "素褐"指未染色的毛织物衣服。刘元鼎作为亲历吐蕃的唐朝使臣，其对赞普着装的记录是珍贵的第一手材料。可知，不仅吐蕃人"衣率氈韦"，即便赞普平日着装也是"氈裘"。事实上，除松赞干布迎接文成公主时"释氈裘，袭纨绮"这条记载外，我们在汉文史料同样找不到吐蕃人直接穿丝绸服装的记载。由同时代汉文史料的记载，吐蕃人的普遍衣着是"氈裘"，而且是"暑毼冬裘"。

吐蕃所以衣"毼裘"，原因是"其地气候大寒"⑥ "盛夏积雪"，唯"毼裘"方能御寒。丝绸的特点是质地轻薄飘逸，透气性好，虽色彩绚丽，因织法不同有锦、绫、罗、绢、纱等多种种类，但无论哪一种类，其保暖性均不及吐蕃传统的"毼裘"。所以，丝绸这一质料严格说并不适合吐蕃气候。以今日拉萨气候为例，其地6月份为最热月，日平均气温仅15.4度，⑦ 但特点是室内、外以及早晚与正午之间温差大，可达十余度，即便今日拉萨夏日气温也不适合穿丝绸衣物。因此，就吐蕃所处高原环境

① 《册府元龟》卷962《外臣部·才智》，第11322页上。
② 《新唐书》卷216上《吐蕃上》，第6076页。
③ 《通典》卷190《西戎二·吐蕃》，第5171页。
④ 《通典》卷190《西戎二·吐蕃》，第5171页。
⑤ 《新唐书》卷216下《吐蕃下》，第6103页。
⑥ 《旧唐书》卷196上《吐蕃上》，第5220页。
⑦ 戴加洗：《青藏高原气候》，气象出版社1990年版，第131页。

及气候条件论，以丝绸作为衣物的实用性甚低。那么，在此情形下吐蕃人是如何使用丝绸的？长期以来由于史料记载匮乏，人们对此并不很清楚，以致产生吐蕃人普遍穿丝绸服装的误解。近年来，随着一批吐蕃时期图像资料面世，尤其是青海都兰吐蕃墓葬中棺板画所绘吐蕃贵族人物的着装及其他一些考古材料，方为我们认识此问题提供了珍贵的一手材料和切实可靠的证据。

综合考古发现材料及相关文献记载，吐蕃在穿戴上对丝绸的使用主要有以下两个特点：

1. **作头巾使用**。其实，唐人对吐蕃将丝绸作为头巾使用已有明确记载。《通典》记吐蕃“其俗重汉缯而贵瑟瑟，男女用为首饰”,[①] 即清楚表明吐蕃主要将“汉缯”用作“首饰”。目前发现的吐蕃时期图像资料中，凡有一定身份、地位的人物，头上大多缠有头巾。青海郭里木吐蕃墓葬棺板画中，所绘坐于大帐内级别较高的男女二人，其男子头上即缠有高筒状的头巾。[②] 另新近发现的西藏昌芒康境内都扎果西沟吐蕃时期石刻造像中，多尊造像头部均缠有高筒状的头巾，当地群众至今仍将这些造像认定吐蕃赞普松赞干布、文成公主和泥婆罗赤尊公主。[③] 在与之相邻的邦达乡让堆村“朗巴朗则”吐蕃石刻造像群中的八大菩萨像，其头上也缠有这种高筒状头巾。[④] 青海玉树勒巴沟石刻“赞普礼佛图”中，在释迦牟尼佛像右侧刻有四个礼佛的人物形象，其中第二位人物（有学者认为其身份当为松赞干布）头上也缠有高筒状头巾。[⑤] 敦煌吐蕃占领时期的第158、159窟所绘吐蕃赞普及王族贵妇形象及现流散于国外的敦煌8世纪绢画《舍利佛与劳度叉斗圣变》所绘吐蕃人物形象中，也头上均有这种高筒状头巾。[⑥] 目前学者多倾向于此高筒状头巾为吐蕃时期贵族上层人物的典型装束，据青海郭里木吐蕃墓葬棺板画图像，其头巾式样可分细高筒状和较

---

① 《通典》卷190《西戎二·吐蕃》，第5171页。

② 参见许新国：《郭里木乡吐蕃墓葬棺板画研究》，《中国藏学》2005年第1期；罗世平：《天堂喜宴——青海海西州郭里木吐蕃棺板画笺证》，《文物》2006年第7期；霍巍：《青海出土吐蕃木棺板画的初步观察与研究》，《西藏研究》2007年第2期。

③ 霍巍：《试析西藏东部新发现的两处早期石刻造像》，《敦煌研究》2003年第5期。

④ 霍巍：《试析西藏东部新发现的两处早期石刻造像》，《敦煌研究》2003年第5期。

⑤ 汤惠生：《青海玉树地区唐代佛教摩崖考述》，《中国藏学》1998年第1期。

⑥ 霍巍：《青藏高原东麓吐蕃时期佛教摩崖造像的发现与研究》，《考古学报》2011年第3期。

低平筒状两种，学者认为头巾式样不同可能与身份地位相关。[①] 出使吐蕃的刘元鼎曾这样描述吐蕃赞普："赞普坐帐中，以黄金饰蛟螭虎豹，身被素褐，结朝霞帽首，佩金黄缕剑。"[②] 说明赞普是有头饰的。"结朝霞帽首"的具体内涵不详，从"结"一字来看，被称作"帽首"的头饰当用织物束结而成。结合吐蕃时期图像资料中身份地位高的人物形象普遍束有高筒状头巾看，"朝霞帽首"指的可能正是这种高筒状头巾。

在青海郭里木吐蕃墓葬棺板画中，女子的头饰不同于男子，"大体上有披巾与不披巾两种方式，头发都束成绺或编成辫子，然后向上盘为髻或发环，垂于颈后，高度齐肩，额前与发际常佩戴饰物（类似文献记载中所说的'金花'一类），披巾者只是在头顶上再平披以一层头巾，两者在发式上与《新唐书·吐蕃传》'妇人辫发而萦之'的情形基本相同。"[③] 可见，妇人也多以披巾为头饰。那么，图像资料中反映的吐蕃贵族上层人物中男子的高筒状头巾和妇女作为头饰的披巾具体为何织物？尽管图像资料本身未提供答案，但从唐人所记吐蕃"其俗重汉缯而贵瑟瑟，男女用为首饰"来看，这些用作头饰的织物必为丝绸无疑。吐蕃统治上层以丝绸作头饰也得到藏文文献的印证。藏文文献记载，吐蕃赞普热巴巾曾将丝绸系于发辫以供僧人坐。这或可反映以丝绸为头饰是吐蕃上层的普遍做法。[④]

2. *作为衣饰使用*。吐蕃丝绸的另一用途是与传统氈裘服装结合，以丝绸来装饰和点缀传统服装，使之穿起来更美观、更有身份。这主要有以下两种情况：

（1）以丝绸做传统"氈裘"服装的面料与内衬。唐人元稹《西凉伎》诗中有这样两句："大宛来献赤汗马，赞普亦奉翠茸裘"。这里的"翠茸裘"，是指以绿色锦缎为表、以裘为里的服装。[⑤] 此诗应是对吐蕃赞普将"翠茸裘"献于唐朝廷的真实写照。这说明吐蕃在丝绸使用上，因

---

① 霍巍：《吐蕃时代考古新发现及其研究》，科学出版社 2012 年版，第 130 页。

② 《新唐书》卷 216 下《吐蕃下》，第 6103 页。

③ 霍巍：《吐蕃时代考古新发现及其研究》，第 130 页。

④ 参见索南坚赞：《西藏王统记》，第 136 页。黄颢：《〈贤者喜宴〉摘译（十三）》，《西藏民族学院学报》1984 年第 1 期。五世达赖喇嘛著，刘立千译：《西藏王臣记》，民族出版社 2000 年版，第 49 页。

⑤ 西藏社会科学院汉文文献编辑室：《全唐文全唐诗吐蕃史料》，第 449 页。

地制宜地采取了将传统的“氈裘”同丝绸相结合的方式，即以丝绸为“表”、以裘为“里”。在此种服饰形式中，丝绸显然主要起“饰”的作用。这种结合既解决了丝绸不御寒的问题，又实现了美观和以丝绸标榜其身份地位之目的，可谓一举两得，这不能不说是吐蕃在丝绸使用上“因地制宜”的一个创造。这种“丝表裘里”的服饰所费丝绸多且制作工序复杂，从吐蕃赞普特地将此种“翠茸裘”奉献于唐朝廷来看，这类服装当是吐蕃贵族服装中级别很高的一种。

（2）以丝绸作衣“饰”，在贵族上层服装的领口、袖口和衣边上多镶以丝绸作为装饰和点缀。

从图像资料看，吐蕃时期男女服装主要为袍服。据青海郭里木吐蕃墓葬棺板画中人物服装，霍巍先生认为：“袍服式样主要的区别在衣领。大体上可以分为三角形大、小翻领，直领交叉，圆领三种样式。”① 但从目前图像资料反映的吐蕃上层人物的服装看，在袍服的衣领、袖口和衣边等位置大多镶有丝绸。国外学者西瑟尔·卡尔梅依据8世纪敦煌绢画上的藏人形象曾对吐蕃服装特点作如下描述：

> “衣袍的长袖盖住双手，领翻在后面形成三角形的翻边，或者延伸到胸前的翻边……衣领是在领角上用圆形装饰物，或者纽扣固定住的。衣领、袖口、长袍的镶边则用色彩鲜明的料子。”②

上文提到镶于袍服衣领、袖口和衣边的“色彩鲜明的料子”即是丝绸。这由青海郭里木吐蕃墓葬棺板画中的人物服装也得到印证。由于棺板画为彩画，在画中一些男、女人物衣服的领口及袖口部位可明显看到缀有红底蓝色联珠纹样的图案，即“纹锦”。据学者的观察与研究，吐蕃墓棺板画人物服装袖口缀纹锦的方式主要分三种，一种是在衣袖底部手肘部位衬以一块纹锦；第二种是如袖 一般，将整个纹锦笼罩在衣袖袖口上；第三种是臂章式样，将纹锦罩在衣袖的上臂部位。③ 因第三种式样仅见男子

① 霍巍：《吐蕃时代考古新发现及其研究》，第130－131页。

② ［匈亚利］西瑟尔·卡尔梅著，胡文和译：《七世纪至十一世纪西藏服装》，《西藏研究》1985年第3期。

③ 霍巍：《吐蕃时代考古新发现及其研究》，第135页。

使用，有学者认为此种式样除装饰外，可能还有标识身份的功能。[①] 在青海都兰热水吐蕃墓中还出土一批藏文木牍，文字内容经王尧、陈践先生考释系墓主随葬衣物清单，其中三支木牍的内容如下：

> “黄河大帐之普兴缎面，绿绸里夹衣悉诺涅缎红镶边衣，黑漆长筒靴共三件。”
>
> “黄河大帐之普兴缎面，绿里绸，衣袖镶悉诺涅缎，价值一头母牦牛之缎夹衣一件。”
>
> “衣袖为红镶边，衣领为悉诺涅锦缎之羔羊皮衣一件。”[②]

这说明，当时吐蕃贵族普遍以锦、缎镶于裘衣的衣领、衣袖和衣边。[③] 这种“丝”“裘”结合的服装形式不但是吐蕃贵族服饰的主要特点，也影响到青藏高原地区其他部族的首领。《旧唐书·东女国传》记位于今川西高原的东女国女王的穿戴时亦云：“其王服青毛绫裙，下领衫，上披青袍，其袖委地。冬则羔裘，饰以纹锦。”[④]

由上可见，吐蕃上层尽管在穿戴上使用丝绸，但却并不单独作服装使用，主要是作为服装上的装饰品来使用，包括头饰、衣饰等。换言之，吐蕃主要不是将丝绸作为“衣料”，而是作为“衣饰”来使用的。

三、吐蕃后期丝绸使用的转向：作为表达崇敬、尊贵之礼仪品

作为“衣饰”仅是吐蕃丝绸使用的一个方面。就吐蕃的丝绸使用而言，产生决定性影响并很大程度改变吐蕃丝绸观念，甚至影响后来藏地丝绸使用路径的，却是丝绸在吐蕃后期日益同佛教信仰发生紧密联系。

吐蕃时期，有两个因素对吐蕃社会产生了重要影响：一是向外扩张；

---

① 霍巍：《吐蕃时代考古新发现及其研究》，第136页。

② 王尧、陈践：《青海吐蕃简牍考释》，《西藏研究》1991年第3期。

③ 这一点从藏语称谓也可得到证实。诚如王尧指出：“藏语中称丝为sli，当是汉语音译，缎子称为gos-chen，意思是‘大衣服’，大概是指华贵的、隆重的服装料子而言。当然，一般平民是不敢问津的，故名‘大衣服’”。参见王尧：《吐蕃饮馔服饰考》，王尧：《西藏文史考信集》，第373页。所谓“大衣服”，当指衣领、衣袖和衣边镶有锦缎的贵族服装。

④ 《旧唐书》卷197《东女国传》，第5278页。

二是佛教传入并逐渐取得主导地位。其中后者的影响尤巨，可以说导致了吐蕃后期政治及社会结构的方向性改变。[①] 佛教文化因素自 7 世纪初传入吐蕃，到 8 世纪上半叶吐蕃开始主动引进佛教，8 世纪后半期由于赤松德赞执政时期大力提倡佛教，佛教在吐蕃政治和社会生活中开始占据主导地位。目前我们在藏文史籍的记载中发现一个重要事实：有关吐蕃时期丝绸的记述大多同佛教密切相关。也就是说，在吐蕃时期丝绸作为表达崇高与敬仰的礼仪品被大量用于佛教寺院、佛像及僧人方面。主要表现于以下几点：

1. 丝绸成为佛像必备的饰物

藏文史籍《柱间史》记："文成公主在白绫帐中，将释迦牟尼像安放在铺着织锦垫的金银宝座上，并献上一钵神馔。"[②]《西藏王统记》载赤尊公主邀请松赞干布参观新落成的大昭寺，其佛像是"诸种彩缯色泽妍，王一见之心欢乐。"[③]《贤者喜宴》记大昭寺"内殿之诸佛像，均用梅檀浆剂、诸种珍宝粉末和丝绸来搭配。"[④]《拔协》载，赤松德赞得到一尊毫无斧鋻痕迹的天成大菩萨石像，于是"给佛像涂以金水，披上薄绫。"[⑤]这些记载，反映丝绸显然已成为佛像的主要装饰物。

2. 丝绸成为向僧人表达崇敬的主要礼仪品

《拔协》记载，印度高僧寂护来吐蕃传法，其修行的场所被设在一座白绸幔帐中。[⑥] 在吐蕃第一座佛教寺院桑耶寺落成开光之时，"在当月的二十九、三十两天，赞普准备好器物，垒起两摞锦缎坐垫，请阿杂诺雅大师为佛殿开光并赐予塑像者奖赏。"[⑦] 这里的"阿杂诺雅大师"即指寂护，以"垒起两摞锦缎坐垫"，显然是为了表达对主持了桑耶寺兴建的寂护大师的极度尊崇，可见，丝绸本身已成为吐蕃表达尊贵与敬礼的象征物，其文化礼仪的意义已远远大于该物品的实际意义。这一点，从藏文史籍对笃

---

① 参见石硕：《吐蕃政教关系史》，四川人民出版社 2000 年版，第 341－362 页。

② （古印度）阿底峡发掘，卢亚军译：《柱间史：松赞干布的遗训》，中国藏学出版社 2010 年版，第 116 页。

③ 索南坚赞：《西藏王统记》，第 90 页。

④ 黄颢：《〈贤者喜宴〉摘译（三）》，《西藏民族学院学报》1981 年第 2 期。

⑤ 拔塞囊：《拔协译注》，第 34 页。

⑥ 拔塞囊：《拔协译注》，第 18－19 页。

⑦ 拔塞囊：《拔协译注》，第 31 页。

信佛教的吐蕃赞普热巴巾的相关记载也可得到充分印证。《贤者喜宴》记：“（热巴巾）赞普坐在中央，其左右安放精致的僧人坐垫，赞普将头发分成两部分，在头发的顶端系以丝绸，然后将丝绸铺展在垫上，令僧人坐在这样的坐垫上面，由于赞普头发的顶端负载僧人，遂有所谓僧人二首部之称。”①《西藏王臣记》也记热巴巾“将发辫束以绫带，令诸僧人坐于绫上。”② 让僧人坐于丝绸上显然是表达对僧人的尊敬，而让僧人所坐丝绸与赞普发辫相束，则是表达尊敬的极致礼仪。说明丝绸当时已成为向佛教僧人表达崇敬的主要礼仪品。

3. 丝绸成为佛堂及寺院的主要装饰物

用丝绸来装饰佛堂、寺院，应同最初以丝绸装饰宫殿有关。藏文史籍《西藏王统记》曾这样描述松赞干布的新城堡：“论其精美，则等同于大自在天之圣妙宫殿，视无足厌。诸宝严饰，并以各种绫绸，作为采帷璎珞，美妙如意。”③《贤者喜宴》描述赤尊公主新建赤兹红宫云：“单垂及双重宝珞处设有铃网，铃铃奏响，复以庄严之牦牛尾及丝璎之幡。宫内有宫室九百九十九间，连同宫顶，总为红堡一千。宫顶均诸一竖立系以红旗中间缠以杂彩之枪矛十杆，并设各种兵器，悬挂各种丝绸之流苏。”④ 用丝绸装饰宫殿，自然是体现宫殿的尊贵与崇高。在佛教兴起后，为表达对佛的崇敬，此模式被顺理成章地移植于佛堂和寺院。《拔协》记桑耶寺落成之时，佛殿“上面覆以具锦缎花纹之顶棚。”⑤ 佛像中的“护法是穿金色刺绣绸缎衣的空行母”。⑥ 可见，8 世纪中叶桑耶寺的兴建已用丝绸来装饰佛殿与佛像。

吐蕃时期丝绸在佛教领域被广泛使用，在敦煌写卷中也得到充分证实。敦煌写卷 P. 3432《龙兴寺卿赵石老脚下依蕃籍所附佛像供养具并经目录数点检历》是一份吐蕃统治时期龙兴寺的器物、财物清单，这份清单中记录有大量的丝织品，分别包括了绢像、绣像、绢带、锦绣带、绢额、绢裙、注明“罗锦绣者舌”的锦绢幢、“锦表、绢里”的菩萨披、

① 黄颢：《〈贤者喜宴〉摘译（十三）》，《西藏民族学院学报》1984 第 1 期。
② 五世达赖喇嘛：《西藏王臣记》，第 49 页。
③ 索南坚赞：《西藏王统记》，第 58 页。
④ 黄颢：《〈贤者喜宴〉摘译（三）》，《西藏民族学院学报》1981 第 2 期。
⑤ 拔塞囊：《拔协译注》，第 35 页。
⑥ 拔塞囊：《拔协译注》，第 37 页。

“绵绣里、锦缘”的袈裟和佛衣、白绫伞、绢金渡紫绢佛帐、经幡、绯绢经巾、圣僧座绣褥、杂色绢路带、“绢表布里”的圣僧座、供养绢绯，等等。① 其种类多达数十种。龙兴寺位于敦煌，在当时是该地佛教文化的中心，曾被吐蕃占领。由此不难看到，吐蕃时期，特别是吐蕃后期丝织品已被佛教寺院所大量使用。

丝绸大量使用于佛教信仰领域，提升了丝绸的神圣性。因此，丝绸也常作为祭祀神灵的物品出现于宗教仪式中。新疆米兰故城遗址出土的藏文简牍记：

“……祭神用良种公山羊一只，饮用酒一扁壶，摆设酒一扁壶，糌粑一升，酥油一两，煨桑树枝一根，带彩缯之箭一支。”②

又记：

“祭祀女神之美貌少女一名。糌粑及酢油半斤，满一小罐，一只系有彩绸之羊右腿，一把撒向天空之青稞，一小满罐祭神之酒，二遍满五瓢。”③

以上所记可能为苯教祭祀仪式。在这类仪式中，丝绸作为“异引灵神之财物”，④ 或被系于箭上，或被系于羊腿，用以祭祀神灵。在这里丝绸显然已被赋予某种特殊意义。此外，丝绸还被用作吐蕃赞普及王妃死后塑像之成分。《柱间史》载，赞普塑像“身着绫罗华服”。⑤《西藏王统记》在谈及松赞干布的陵墓时提到：“其陵建于琼堡内，广度大约一由旬，墓作方形中网格，烧绫罗纸成为泥，以此塑造法王身。”⑥《贤者喜宴》亦载，赞普及二王妃逝世后，“以丝绸、药及黏土制成松赞干布与二

---

① 唐耕耦、陆宏基：《敦煌社会经济文献真迹释录》第三辑，全国图书馆文献缩微复制中心1990年版，第2—6页。（法）侯锦郎：《敦煌龙兴寺的器物历》，（法）谢和耐等著，耿升译：《法国学者敦煌学论文选萃》，中华书局1993年版，第77－95页。

② 王尧、陈践：《吐蕃简牍综录》，文物出版社1986年版，第72页。

③④ 王尧、陈践：《吐蕃简牍综录》，第73页。

⑤ （古印度）阿底峡发掘：《柱间史：松赞干布的遗训》，第189页。

⑥ 索南坚赞：《西藏王统记》，第112页。

王妃塑像。”[①] 烧丝绸为泥（或捣丝绸为泥）来为尊者塑像，此做法看似荒诞，在内地闻所未闻，藏地则确实存在。藏文史籍《至尊宗喀巴大师传》记载：“用绸缎捣泥塑像造能怖金刚十七卡高身像，……奉安在寝室内的胜乐绸泥塑像约一肘高。”[②] 说明用丝绸捣泥来塑佛像确为藏传佛教的一种传统，目的自然是为了表达对佛的崇敬。由此可见，丝绸与佛教的结合已给丝绸这一物品注入了一种新的特殊意义。不过，由于记载烧丝为泥为松赞干布及王妃塑像的史籍形成于吐蕃之后，故这种做法是否在吐蕃时期已经出现，抑或是将后世的做法附会到了吐蕃时期，对这一点目前我们尚难判断。但可以肯定，此做法可能仍与苯教观念相关，它与前面简牍所记用丝绸系于箭和羊腿上来祭祀神灵乃一脉相通。

很显然，丝绸与佛教结合以及在信仰领域的运用，使得丝绸在吐蕃逐渐超越标志身份、等级的政治性物品之功能，发展成为一种更具象征意义的体现尊敬与崇高的重要礼仪品。

四、丝绸作为贵重礼品和等价交换物

在吐蕃社会中，丝绸作为身份、等级的标志物和表达崇敬与尊贵的礼仪品不但广泛使用于衣饰、宫殿装饰以及佛教信仰等领域，同时在“重汉缯”的社会风气下，丝绸还作为珍贵礼品和有价物进入流通交换领域。从敦煌藏文写卷及新疆出土的藏文简牍的记载来看，丝绸经常作为相互馈赠的珍贵礼品。敦煌藏文写卷 P. T. 1003 记：“伊州李僧政贝登致沙州李僧政文书：另，交沙州高延富与龙陈聂二人捎上令人喜爱绮兰布五疋，生丝绸四十尺缺一尺。”[③] 敦煌藏文写卷 P. T. 1131 记张安札芒古递给平章政事论刺史的禀帖：“您馈赠之礼物恩情收悉，（我回敬之）礼单书于绸帕上，由肃州使者喀特蕃捎上，望笑纳！请从乌杜杜手中取之。此次献上……女衣绸料一块。定善为报答您之恩意。”[④] 青海吐谷浑地区发现的一篇关于千户继承人文书中也写到：“我的祖父阿咄楚及时地送去了黄

① 黄颢：《〈贤者喜宴〉摘译（三）》，《西藏民族学院学报》1981 年第 2 期。

② 法王周加著，郭和卿译：《至尊宗喀巴大师传》，青海人民出版社 1994 年版，第 321 页。

③ 王尧、陈践：《敦煌古藏文文献探索集》，第 319 页。

④ 王尧、陈践：《敦煌古藏文文献探索集》，第 315 页。

金。之后，我父亲咄巴又送去了上好的丝绸。”[①] 于阗地区的一则材料亦记：“向措拉顿（送）美哲缎子一匹”，等等。[②]

此外，丝绸也常被用作支付酬金、借贷和交换等。敦煌写卷 P. T. 1098 记：“……年秋，仲秋（八月）十七日，秋季岁赋贡使轮于田部落玉来当值……恰逢玉来不在家，从悉董萨部落雇请慕恩子（代替），雇金定为青稞、麦子和绢……共十四……，先行交付青稞五蕃斗，小米一蕃斗，其中青稞……项下，有绢一匹，其余雇金，青稞四蕃斗十蕃升和小米三蕃斗十蕃升，待恩子事情成办后付给。”[③] 这里明确提到，绢是作为支付雇佣者的雇金的一部分。敦煌写卷 P. T. 2127 号记：“……海恩……张和尚还所借青稞时间为：虎年春季三月……倘若到时不还，折合上等绢缣借一还二，能容三升（粮食）上好布袋之抵押品亦不退还。”[④] 这是一份借贷文书，我们从中可以看到丝绸是被用作偿还借贷的利息。于阗地区发现的简牍中有这样的记述：“对马年冬论·禄札等在斜坦会上发布之信的回复：雅藏部落的娘·塔通向于阗王的士兵于阗人巴纳索取利息，要其在今年孟冬之月第二十三日交付丝绸两匹：……利息的……”[⑤] 新疆地区出的藏文简牍中有“向保森（借）美哲缎子一匹”等等。[⑥] 敦煌藏文写卷 P. T. 1077 亦记：“他曾将不少求情礼，绵脂绢一匹、一壶酒，才借去十（蕃斗）青稞。又称他先后送来几次求情礼……实为吾常去催债，彼交纳不出，逾期不还，累计成倍之求情礼。”[⑦] 王尧先生认为，这里的求情礼实际上是预扣利息，古代常以借贷款的十分之一作为求情借贷礼。[⑧]

可见，在吐蕃及其占领区丝绸不仅是贵重礼品，也作为酬金、借贷和利息等进入流通交换领域。以此言之，丝绸在当时吐蕃社会中已兼有实物货币的功能。青海都兰吐蕃墓中出土的藏文简牍记：“价值一头牦牛之缎

---

① ［英］F. W 托马斯著，刘忠、杨铭译注：《敦煌西域古藏文社会历史文献》，民族出版社 2003 年版，第 72 页。

② ［英］F. W 托马斯：《敦煌西域古藏文社会历史文献》，第 329 页。

③ 王尧、陈践：《敦煌古藏文文献探索集》，第 284 页。

④ 王尧、陈践：《敦煌古藏文文献探索集》，第 264 页。

⑤ ［英］F. W 托马斯：《敦煌西域古藏文社会历史文献》，第 166 – 167 页。

⑥ 王尧、陈践：《吐蕃简牍综录》，第 40 页。

⑦⑧ 王尧、陈践：《敦煌古藏文文献探索集》，第 268 页。

夹衣一件。"① 敦煌文书 P. 2638《后唐清泰三年（公元九三六年）沙州儭司教授福集等状》第 47—48 行记："生绢壹疋，买粗褋玖疋，沿大众用。"② 褋即棉布。说明在吐蕃丝绸不但是贵重物品，且有明确的价值，一件缎夹衣约与一头牦牛相当，一匹生绢的价格则相当于九匹棉布。

五 、吐蕃丝绸使用路径及对后世的影响

综上所述，在公元 7—9 世纪唐地丝绸大量输入吐蕃，受到吐蕃贵族及社会上层的普遍喜好与追捧，形成了"重汉缯"的社会风气。尽管吐蕃气候寒冷，并不适合穿丝绸，但丝绸轻薄飘逸、细腻如滑的质地，绚丽的色彩，因织法不同而产生的锦、绫、罗、绢、纱等众多种类，却深得吐蕃人的喜好与珍视。很显然，丝绸同吐蕃传统穿着的厚重、色彩单调的"氈裘"形成巨大反差，这种巨大反差，是否是丝绸飘逸、绚丽、轻薄、婀娜所体现出来的华美、高贵深受吐蕃王室贵族和社会上层追捧的原因？对这一点我们尚不确定。不过，尽管丝绸并不适合于吐蕃气候，却并未影响到吐蕃贵族及社会上层对这一颇具美感和精神气质物品的喜爱、珍视和追捧，亦未影响吐蕃从唐朝获取丝绸的热情，甚至不惜以发动战争来争取获得更多的丝绸。

不过，丝绸进入吐蕃以后，走的并不是一条"实用"之路，更非如过去一些学者所认为的"民庶黔首普遍均能穿着唐人上好绢帛"。③ 事实上，由于吐蕃地处高原，气候寒冷，温差大，丝绸因保暖性差并不适合吐蕃气候，这压缩了丝绸作为实用性物品的发展空间，使吐蕃的丝绸使用主要趋向了象征符号与文化意义的发展方向。总体看，吐蕃的丝绸使用主要呈现三个鲜明特点：

（1）丝绸的使用范围主要限于王室贵族及社会上层人士。即便是吐蕃由战争或赏赐获得的大宗丝绸，也主要"分赐各地千户长以上官员"。所以，吐蕃的丝绸使用并不是全民性的。

（2）丝绸是身份、等级的标志物。吐蕃的丝绸主要来自唐朝廷赐品，

---

① 王尧、陈践：《青海吐蕃简牍考释》，金雅声、束锡红：《敦煌古藏文文献论文集》，上海古籍出版社 2007 年版，第 62 页。

② 唐耕耦、陆宏基：《敦煌社会经济文献真迹释录》第三辑，第 393 页。

③ 王尧、陈践：《敦煌古藏文文献探索集》，第 114 页。

能获得丝绸者主要为王室成员和贵族大臣，这使得丝绸在吐蕃从一开始就具有标榜身份、地位之政治性礼品的属性，成为身份、等级的标志物。吐蕃贵族及上层人士普遍用丝绸作为头巾和衣饰，虽不乏取其美观之意，但更重要的却是以此凸显其身份、地位的高贵。因此，在吐蕃，丝绸华美、绚丽之自然属性与其体现高贵的社会意义乃合二为一，相得益彰。丝绸本身的华美、绚丽与其体现尊贵的社会意蕴的重合，正是吐蕃“重汉缯”且“男女用为首饰”的原因。

（3）丝绸被广泛用于佛教领域，成为表达崇敬的特殊礼仪品。对吐蕃丝绸使用产生决定性影响的，是丝绸与佛教信仰的结合。吐蕃中后期，由于王室大力提倡佛教，为体现对佛教的崇敬，丝绸开始作为表达敬仰的礼仪品被大量用于寺院、佛像及僧人方面。这提升了丝绸在表达敬仰、尊贵、礼仪和神圣情感方面的内涵与意义，从而使丝绸逐步成为表达崇高、敬仰情感的必不可少的礼仪品。如果说，在吐蕃丝绸最初主要是政治身份、地位的标志，代表尊贵与等级，那么，丝绸与佛教的结合，则使其标志尊贵与等级的政治属性进一步向宗教及文化礼仪领域延伸，进而成为一种表达崇敬的更具普遍性和象征意义的礼仪品。丝绸作为佛教领域重要礼仪品的使用，也大体框定了后来藏地丝绸使用的主要路径。在吐蕃以后，尤其是藏传佛教后弘期，藏地正是把丝绸大量使用于佛教领域。藏地寺院，从佛堂的装饰如天花、伞盖、帷幔、经幢，小到佛衣、佛经装潢、法器包装、高僧法座、僧帽、骨衣、绘制佛像的唐卡、高僧出行仪仗，等等，均无不使用丝绸。有学者保守估计，一座藏传佛教寺院所用丝绸至少在数百上千匹。① 由于藏区寺院对丝绸的需求量极大，所以，吐蕃以后丝绸始终成为历代中央王朝赏赐藏地宗教上层人士的大宗物品。② 事实上，丝绸作为一种表达崇敬的特殊礼仪品广泛使用于佛教领域，可上溯到吐蕃中后期。

不排除吐蕃的丝绸使用及观念可能受到汉地的影响。丝绸在汉地历来是“分尊卑、别贵贱”礼仪制度的标志之一，一般是高贵和有身份者才

① 吴明娣：《汉藏工艺美术交流史》，第 97 页。

② 元、明、清三代，中央王朝均将大量丝绸赏赐给西藏宗教上层人物。五世达赖、六世班禅入觐，清廷均赏赐了丰厚的丝绸。参见中国藏学研究中心、中国第一历史档案馆合编：《六世班禅朝觐档案选编》，中国藏学出版社 1996 年版，第 135、136、143、216、231 页。

穿丝绸，普通人则是穿棉麻织品。以唐、蕃间交流的密切程度，吐蕃又大量接受唐地的丝绸并形成“重汉缯”的风气，不可能对汉地的丝绸观念与礼仪制度一无所知。故吐蕃以丝绸标志身份与等级可能存在汉地丝绸观念的影响。但吐蕃的丝绸使用同汉地相比有一个根本差异，汉地丝绸既是身份标志，也是实用品，其实用性与社会性兼融一体，故其实用范围要广泛得多。但吐蕃气候寒冷，丝绸实用性低，这反促成丝绸进一步趋向了象征符号与文化意义的发展方向，特别是丝绸在佛教领域的广泛使用，使之发展成为表达崇敬的特殊礼仪品。这意味着丝绸在吐蕃已脱离原有物质属性而异化为一种表达敬仰与神圣情感的象征之物。后来藏族用以表达尊敬礼仪的哈达的产生，也正是源于用丝绸作为礼佛之物品的一种延伸和发展。[①] 所以，吐蕃丝绸使用的突出特点是象征意义远大于实用性。丝绸在吐蕃还作为酬金、借贷和利息等进入交换领域，兼具货币功能，同样反映了其财富象征意义。敦煌吐蕃文书中一段卜辞所言：“翠绿碧玉线团，织成一疋帛绢，不用可要珍惜。”[②] 可见，丝绸在吐蕃人心目中即便“不用”也有珍贵价值。丝绸作为一种输入物品传入吐蕃，虽缺乏实用性，但却发展出丰富的象征意义与文化内涵，备受追捧和珍视。同一物品，在不同的文化中发展出不同的结果，产生截然不同的社会与文化象征意义，这是耐人寻味的。

---

① 藏地的哈达最初起源于用丝巾礼佛，人们向佛像及高僧敬献丝巾以表达敬仰之情，后来才成为社交活动中一种普遍的表达尊敬的礼仪品。哈达是丝绸在藏文化中发展为礼仪象征物品的一个典型。从史料记载看，哈达始于元代，后来哈达也成为历代中央王朝赐给西藏宗教领袖的一项重要物品。参见中国藏学研究中心、中国第一历史档案馆合编：《元以来西藏地方与中央政府关系档案史料汇编》，中国藏学出版社 1994 年版，第 1907 页。也有学者认为藏地献哈达与古代汉地献帛之礼有渊源关系。参见宋兆麟：《清代拉萨古城的复兴》，《藏族学术讨论会论文集》，西藏人民出版社 1984 年版，第 238 页。

② 王尧、陈践编著：《敦煌吐蕃文书论文集》，四川民族出版社 1988 年版，第 118 页。

对南方丝绸之路边疆开发实行同一化他者的反思

杨培德

（贵州河湾苗学研究院院长、编审）

所谓丝绸之路，是以中原王朝为中心的“东夷西戎南蛮北狄”的视角，面向西方进行贸易和开发的通道简称。丝绸之路分南北两线，南方丝绸之路途径中国西南边疆出境，进入东南亚和印度然后往西延伸。

中原王朝利用丝绸之路对西南边疆进行开发，在长期的苦心治理经营中，始终用种族中心主义视角，对西南边疆少数民族他者实行“同一化”策略，因而引起不断的文化冲突。反思历史教训，可以启迪当下新丝绸之路的设计者从战略高度审视，要用什么样的他者观，处理新丝绸之路上国内各民族关系和国际上的国家关系，才能避免文化冲突，使新丝绸之路对中国的发展发挥最大效益。

一、消灭他者

近代法国著名哲学家笛卡尔首次提出“我思故我在”的观念，他把“我思”和“我在”的自我作为主体来认识，强调自我作为主体而存在，强调自我作为同一的基础。用黑格尔的话说：“从笛卡尔起，哲学一下子转入了一个完全不同的范围，一个完全不同的观点，也就是转入主观性的领域，转入确定的东西。”[①]黑格尔所说的确定的东西就是同一，自我成了同一的承担者。这种以自我为中心主体来认识并建构世界的唯我独尊唯我论，否定与自我主体差异的他者，压制差异不同的他者，并千方百计同一化差异的他者。可以说，西方哲学传统是以实行对差异他者的压制并追

① 格尔：《哲学史讲演录》第四卷，商务印书馆，1978 年，第 69 页。

求同一化为主旨，[①] 而黑格尔的思辨哲学就是追求同一化哲学的典范。黑格尔在追求同一化时认识到了差异的他者，他要在差异的杂多他者中寻求同一化。黑格尔认为，只有在他者对自己的承认中，才能建立起自我认识。人的欲望要求他者承认自己，他者也同样要求得到承认。当每个人都为实现自己的欲望时，就必然发生冲突，因而人与人之间不得不通过斗争去获得承认，通过同一化他者来满足欲望。这种观点被称为黑格尔哲学的“主奴辩证法”。

法国的萨特继承了黑格尔的主奴冲突哲学，萨特认为，每个人都在他者之中生存，受他者的限制和威胁。在自我的眼里他者是为我服务的奴隶，人与人之间的关系是一种“主奴关系”。“冲突乃是为他存在的原始意义。”[②]人与人的关系的本质不是共在，而是冲突。萨特还认为这种主奴关系可以具体到施虐与被施虐和支配与被支配的辩证关系，因而萨特得出了一个著名命题，那就是“他人是地狱”。马克思也赞同黑格尔的主奴辩证法，他承认“凡是有某种关系存在的地方，这种关系都是为我而存在的。”“在任何情况下，个人总是‘从自己出发的’。”[③]

从笛卡尔开始，一切以我思为中心的唯我独尊唯我论，及其追求同一化的主体性，成了现代性哲学的奠基石，同一化的主体有暴力他者的特质，这种现代性主体哲学催生暴力。西方出现极端暴力的纳粹主义，以及纳粹对犹太人血腥大屠杀的惨烈历史，西方唯我论的现代性主体哲学负有不可推脱的道德责任。

西方后现代哲学对此进行反思，胡塞尔的现象学提出了主体间性平等对待他者的观点。在这些反思批判中，法国犹太后现代哲学家列维纳斯最引人关注。列维纳斯曾被纳粹关进集中营受到暴力的折磨，他切身感受到对他者实行的同一化的暴力。他在《总体与无限》中反思批判现代性主体哲学，他认为，现代性哲学是自大狂，主张自我、同者，主体或存在的至高无上，对他者的承认仅仅是为了压制他或占有他，就像在黑格尔的辩证法的运动中，为了把他者整合进不断扩张的同者范围而承认他者。列维纳斯还指出，这种唯我独尊的自大狂，希望彻底地杀死他者，消灭他者。

---

① 引自戴维斯：《列维纳斯》，江苏人民出版社 2006 年版，第 1 页。

② 向晨：《面对他者》，上海三联书店 2008 年版，第 35 页。

③ 《马克思恩格斯全集》第 3 卷，人民出版社 1960 年版，第 34 页、第 514 页。

当我试图杀死完全处于我的权力之外的他者；我可以成功地杀死他者，甚至是无数的他者，但他者仍然幸存。[①] 列维纳斯试图证明暴力最终要失败，暴力永远不会实现其消灭他者的目的。列维纳斯为此反思说："通过话语我发现我并不是世界的独占者，看起来唯我独有的东西被标明是与他者共享的。"[②]如何避免同一化他者，避免对他者的暴力，他提出用后现代伦理学对他者的公平正义予以解决，他认为与他者的伦理连接是后现代哲学反思西方哲学传统的最基本主题，这也是社会正义的关键。

自尼采开启后现代哲学提出"上帝之死"与"人之死"到福柯的"大写的主体之死"，都显示了后现代哲学批判和否定西方现代性主体哲学的极端理性崇拜和极端的唯我论个体崇拜。也催生了后现代哲学否定消灭他者，否定对他者进行同一化，主张主体间性学说的演进。当代德国最有影响力的后现代哲学家哈贝马斯，在反思批判西方同一化他者的哲学传统后，提出主体间性的商谈伦理学，主张主体应该用交往商谈伦理的态度，平等地与他者对话，"让互动参与者通过协调达成共识，"[③]因而"共识"便成了当代处理人与人、民族与民族之间关系的关键词。为了避免多元民族文化的世界发生文化冲突，哈贝马斯主张宽容。他认为："不但世界观的多元化呼唤宽容，具有强烈同一特征的语言和文化生活形式，如果它们在其总体信念的基础上，不仅在生存意义的视角下，而且在真实性和正确性的有效层面上必须做出判断的话，同样需要宽容并必须表现出宽容。"[④]要做到宽容，就必须与种族主义对少数民族的歧视和偏见进行批判和斗争。"对于一个种族主义者来说，问题的关键不在于要求他表现出宽容，而在于要求他放弃种族主义立场……唯有批判偏见并与歧视作斗争，而非要求人宽容，才是正确答案。"[⑤]

---

① 维纳斯：《总体与无限》，转引自戴维斯《列维纳斯》，江苏人民出版社 2006 年版，第 56 页。

② 维纳斯：《总体与无限》，转引自戴维斯《列维纳斯》，江苏人民出版社 2006 年版，第 51 页。

③ 贝马斯：《现代性的哲学话语》，译林出版社 2004 年版，第 374 页。

④ 《哈贝马斯精粹》，南京大学出版社 2009 年版，第 430 页。

⑤ 《哈贝马斯精粹》，南京大学出版社 2009 年版，第 425 页。

二、韬晦他者

中国春秋时期有两个重要哲学概念叫“同”与“和”。西周的史伯说：“和实生物，同则不继。以他平他为之和。”[①]这是说他与他之间平等相待就叫“和”，“和”使事物生生不息。“同”使事物同化合二为一，合二为一的事物不可持续。史伯还说：“声一无听，色一无文。”[②]这是说音乐只有一个声音没有人听，只有一个颜色就没有文采。看来春秋时期的史伯就已主张多元共生，主张与他者和谐相处，反对同化他者。儒家对“和”与“同”也提出了“和而不同”的理念。但儒家讲的“和而不同”是“君子和而不同”，是贵族内部自己人的和而不同。对于平民百姓他者，孔子则主张“唯上智与下愚不移。”“民可使由之，不可使知之。”对于外族他者的东夷西戎南蛮北狄，孔子则主张“尊王攘夷”。正因为如此，鲁迅才说：“孔子曾计划过出色的治国方法，但那都是为了治民众者，即权势者设想的方法，为民众本身的，却一点也没有。”[③]道家的老子也一样主张愚弄平民百姓他者，他说：“古之善为道者，非以明民，将以愚之。民之难治，以其智多。”[④]“常使民无知无欲。”[⑤]

战国时的荀子和韩非子都认定人性恶，荀子在《性恶》中说：“人之性恶，其善者伪也。”韩非子在《外储说》中认为“彼民之所以为我用者，非以吾爱之为我用者也，以吾势之为我用者也。”为此韩非子主张法家，强调对他者使用暴力。

中国古人从人性恶出发，认为人心险恶狡诈，于是便生发出种种韬晦谋略之术，用于处理人与人之间的关系，用于防范、控制同化并战胜他者。为什么要“谋”，“谋者，所以远害就利也。”所谓“就利”就是为了成就自己的欲望和利益，所以孔子说：“好谋而成者也。”数千年来，以鬼谷子为代表的历代谋士总结出了诸如韬晦伺机、恩威并施、先谋后事、不守一术、大智若愚、以毒攻毒、先发制人、不计小过、攻心为上、兵不厌诈、随机应变等等不一而足。一套三十六计，可以演绎出千百万条

---

① 《国语·郑语》。

② 《国语·郑语》。

③ 《鲁迅全集》（六），人民文学出版社1956年版，第254页。

④ 《道德经》第六十五章。

⑤ 《道德经》第三章。

控制并制胜他者的韬晦谋略之计。至于我族如何称呼异族他者，鲁迅纵观历史后结论说："中国人对于异族，历来只有两样称呼：一样是禽兽，一样是圣上，从没有称他朋友，说他也同我们一样的。"①对他者的恐惧，民间也有智慧的防范警言说，"画人画虎难画骨，知人知面不知心。""逢人只说三分话，未可全抛一片心。" "害人之心不可有，防人之心不可无"，等等。总之，他者对我是威胁，他者既不可信也不可靠，必须加以防范。所以唐代著名谋略书《长短经》引用狐卷子的话说："他人不足以依持。"

中国用韬晦谋略之术防范、控制、同化、消灭他者的历史悠久，其哲学理论基础是古代的《易经》，《易经》被中国人称为经典中之经典，哲学中之哲学，智慧中之智慧。《易经》八卦能变化出无穷韬晦之术，唐太宗的宰相虞世南就曾感慨说："不读易不可为将相。"他道出了中国历代王朝无不用《易经》来兴邦治理百姓他者的道理。统治者也害怕平民百姓读《易经》。孔子在《礼记》的《五经解》中警告说，《易经》的负能量是："其失也，贼。"这是说平民百姓读了《易经》会造反。孔子称学《易经》为"玩索而得。"于是后人便称为"玩易"，中国历代王朝都是玩弄阴谋诡计的"玩易"玩出来的，所以《中华谋略五千年》说中国全部史书写的全是谋略。②

三、同一化他者

"扫净五溪烟，汉使浮搓撑斗去。辟开重驿路，缅人骑象过桥来。"这是南方丝绸之路贵州镇远祝圣桥上状元楼的对联，这副对联记录了中原王朝与东南亚频繁交往贸易的情景。对于南方丝绸之路上西南少数民族他者，中原王朝是用什么"玩易"的韬晦谋略之术，进行治理开发经营的呢？

杨庭硕与罗康隆在《西南与中原》一书中，用他者的视角进行了研究。书中的总序说，西南一词，是以汉文化为中心的东南西北"一点四方"结构的他称。从中原他称的角度看，西南的特点在于它只是中国文化的边疆地带，并且由于多种多样原因其长期与中原保持着不是治外、羁

① 《鲁迅全集》(一)，人民文学出版社 1956 年版，第 409 页。

② 李崇义：《中华谋略五千年》，武汉大学出版社 1993 年版，第 335 页。

縻就是教化与被教化的关系。书中的导言说：“中原与西南的关系问题，是一个久历年岁的传统研究课题。长期以来，中原是主，西南是从；中原是文明的典范，西南则是未化的蛮荒，中原是强大统一的权力象征，西南则是仰承绥抚的‘要服’边陲；中原技术先进，物阜民丰，西南生产落后，地瘠民贫。这就难怪人们往往把中原与西南的关系，简化为先进同化落后的展拓关系了。几千年来的汉族文人一直是万变不离其宗地重弹这一老调。从他们的理论出发，西南的前途只能是接受汉文化，从属中原，把自己变成强大帝国的一个从属部分，才是明智的所在，命运的归宿，若要胆敢偏离历史的这一主流和轴心，那就是叛逆，是自取灭亡。”①杨庭硕和罗康隆在书中用人类学多元共生的文化理论，严厉地批判了中国历史上的大汉族主义，对中原王朝剿杀、掠夺、压制、排斥并同一化西南少数民族他者引起的文化冲突，作了深刻的反思。

中原王朝对西南少数民族他者使用的“玩易”权术，主要是《易经》中“刚柔有体”的招数，“刚柔有体”的具体策略就是“先剿后抚”，“剿抚兼施”。剿即屠杀，抚即同化。对于暴力剿杀，从历史遗迹和文献均可以看到。西南地名中的镇远、镇宁、镇雄、定番、大定、普定、安顺等都是剿杀后的历史遗迹。在贵阳甲秀楼的两根剿杀记功铁柱上，刻有“圣武维扬，诞及蛮荒”“八万古州，生苗贴服。”的铭文就是暴力剿杀的铭记。在汉族文人墨客的诗文中也有不少记载，如清代陈矩的诗句：“甲秀晚凉寻古迹，血花斑斑生腥风。”②就是对血腥剿杀历史的感叹。

至于文献对贵州少数民族剿杀的记载可谓不计其数，特别是清代的奏折，大量的剿杀折子充斥其间。如《鄂尔泰奏进剿冲花衣苗折》《张广泗奏请调川省官兵协剿折》《杨天纵奏派兵赴张广泗处协剿折》，等等。为什么要剿杀呢？贵州巡抚祖秉圭道出了过中缘由，他给雍正上奏说：“苗彝野性，自古难驯”“责之豺狼，似难以奏效。”雍正批说，“若不能化，任其野性，永为地方之患。”除了对苗人难以“驯化”外，更重要的是王朝为了增加国库银两的需要。祖秉圭说：“至黎平府古州里、八万生苗，向闻其中地方平坦宽广，苗人富庶，可以建设城治，可以增裕课赋。”③

---

① 杨庭硕、罗康隆：《西南与中原》，云南教育出版社 1992 年版，第 1 页。

② 转引自《贵州风物志》，贵州人民出版社 1982 年版，第 188 页。

③ 《清代前期苗民起义档案史料》，光明日报出版社 1987 年版，第 11 页。

为了从苗人手中掠夺财富，不惜大开杀戒。鄂尔泰上奏说："苗性犬羊，何知信义，为长久计……曾面嘱张广泗，谓必当相机剿除……恐今日不杀少，日后将杀多。"[①]

剿杀后的苗疆如何剿抚兼施治理，各级官员纷纷出谋划策。道员陈宝箴上奏说："欲永绝苗患，必先化苗为汉，除令剃发缴械外，欲令其习礼数，知正朔，先自知读书，能汉语始。拟以绝逆田产所入官租，募能通汉语音而知书者数十百人为教习，或一大寨数小寨各置一人，设义学一，使苗子弟入学读书，习汉语。年长者，农隙时亦令学汉语。"[②]同知罗应旒也上奏说："一曰变苗为汉……令服汉服，读汉书，浸淫变化。"[③] "苗可变为汉民，苗俗渐可化而为淳，边末荒之地，尽变为中原文物之邦矣。"[④]于是中原王朝在苗疆办了许多社学，对苗人进行同一化的汉化治理。然而办不了几年才发现失算了，因为这一招有违孔子关于"民可使由之，不可使知之"的韬晦治理之术。于是在乾隆年间的1751年，史部在《黔省应行更复各事宜》中下令说："苗地遍立社学，并择内地社师训教，无知愚民开其智巧，将必奸诈百出，请密饬地方官……徐行裁汰。"还说："查贵州苗疆设立社学，原期化其犷野，渐知礼仪以昭圣朝声教……而识字以后之习小说邪书，则甚易徒启奸匪之心，难取化导之效。"

中原王朝出于对苗族他者的恐惧，本以为用汉儒社学，可以"驯化""豺狼""犬羊"的苗民他者，让苗民他者被同一化为汉民进行治理，岂料社学反而让苗民他者，学会了华夏五千年的韬晦谋略"智巧"，"奸诈百出"地与王朝的"霸道"和"王道"作对，悔之莫及的王朝无奈地撤消了苗疆社学。从这办了汉儒社学同一化他者韬晦之术的逆向效应，可以看到，霸道的主体无论用什么剿抚兼施的谋略同一化他者，"他者拒绝消失，它存在，它固执。"[⑤]他者是绝对的不同者。[⑥]

中原王朝除了对苗疆苗人"剿抚兼施"治理，还纵容各级地方官府和汉民凌虐欺压盘剥苗民，苗民忍无可忍，不得不多次以卵击石，不断造

① 《清代前期苗民起义档案史料》，光明日报出版社1987年版，第54页。

②③ 《平黔纪略》卷一九。

④ 《大定府志》。

⑤ Antohio Machado，转引自孙向晨：《面对他者》，上海三联书店2008年版，扉页。

⑥ 列维纳斯：《总体与无限》，转引自戴维斯：《列维纳斯》，江苏人民出版社2006年版，第53页。

反。对此，提督贵州学政邹一桂在奏折中道出了原因。他说：

> “黔省积习，无论军民人等，素以欺压苗民为事，……查黔省苗多民少，一应劳苦力役之事，皆出于苗，任田畴之耕种者苗也，应官府之徭役者苗也，当地民间之佣作者苗也，充富豪之奴婢者苗也。凡肩挑负，手胼足胝之事，皆苗民为之，而军民安享其逸。然此亦苗之自食其力，而无如人皆目为异类，稍不意，詈骂随之，鞭撘继之。……即如田土一项，悉系苗人开垦，始因不语办粮，寄放绅衿户下。……绅衿即捏造假契，……于是苗民数十年血垦之田，遂为绅衿所有，故黔省以霸占苗田而结讼者，比比而是，地方官据纳粮印串为凭，不分曲直，以至苗民失业，无以为生，此绅衿欺压苗民之积习也。”
>
> “至于苗疆汛兵，看守出入要路。凡苗民负货经过者，多短价勒买。稍不从命，即殴辱拴锁，苗民畏其威势，有弃其负担而逃者。故沿汛之处，每年帮草贴料出有陋规，凡愈巡查递送经过歇宿，亦骚扰不宁，需索无已，至欺压凌辱之事，有不可明言者。其管辖之弁，多系本籍出身，原视苗为不甚爱借之物，间有受屈鸣冤者，则置之不问，而汛兵无所顾忌矣，汛兵如此，营兵可知，兵丁如此，衙役可知，此兵役欺压苗民之积习也。”
>
> “至于城市屯堡居民于贸易之间，苛刻刁蹬，凡粮草牲畜之类，苗民有出而鬻卖者，值价银一钱只还银四五分，有愿多出者，同类从而攻之，以故不约而同，以苗物为应贱。苗民无可奈何，只得依价贱卖。至苗民有所欲买者，铺户人等则又高抬价值，勒掯刁难，故贵州市语有无苗不富之说，此平民欺压苗民积习也。切思苗性虽顽，亦属人类，其感恩蓄怨之心，岂必尽无，方受欺之时，则隐忍而不言，或言之莫理，积之日久，乃一发其胸中之毒，此亦事势之必然者。夫一方忿戾，足以上干天和，今贵州之人以犬马待苗，又从而鱼肉之，且以为理之当然，群不为怪，揆之天道。”①

① 《清代前期苗民起义档案史料》，光明日报出版社 1987 年版，第 228 页。

邹一桂的这份奏折，用政治学的视角话语可说是关于民族冲突维稳的内参。用人类学的视角话语可视为有关文化冲突的田野调查报告。用后现代哲学主体间性的他者话语分析，这是黑格尔“主奴关系辩证法”的东方典型个案。为什么说这是主奴关系？“今贵州之人以犬马待苗，又从而鱼肉之。”就是一种主奴关系。在邹一桂的奏折中可以看到，苗人连人都谈不上，更谈不上是王朝国家的国民，因而他们不是主体，也就无所谓主体的尊严与平等的权利。他们只是被凌虐鱼肉并随时可以被屠戮的犬马，甚至连王朝的奴才都可以驱使他们。这种主奴关系不可能使南方丝绸之路成为和平发展之路。固邹一桂说：“无论军民人等，素以欺压苗民为事，平时待之不堪，欺之太甚，积怨蓄怒，发于一朝。故自有明三百年来以迄于今，时服时叛，而不能永靖者，皆由于此。”①

当下新丝绸之路的设计者，不妨以此历史为鉴反思，在新丝绸之路上采用互为主体与多元共生的平等他者观，用尊重他者，讲信修睦，与他者进行商谈伦理的方式达成共识，避免文化冲突，才能和而不同地共同发展。唯此才有利于中华民族的伟大复兴和中国梦的实现。

① 《清代前期苗民起义档案史料》，光明日报出版社 1987 年版，第 229 页。

当代中国边疆发展与稳定问题的一些思考

马　平

（宁夏社会科学院研究员）

就中国的民族研究、边疆研究而言，如今呈现出来的“是一种问题意识与行动实践共同凸显出来的紧迫感”。换言之，面对民族、边疆问题的新知识、新内涵、新语境和新形势，有一种弥散在社会研究的紧迫感。这种紧迫感背后实际体现出来的是一种危机意识，学术表述的危机①。

但值得注意的是，最近以来在我国学术理论界，出现两种背离、彼此矛盾的边疆话语；一种为赞颂美好自然环境、独特民族传统、多元文化、原生态生活、绿色食品、朴实民风；一种为宏论教育、开发、团结、维稳与现代化。这些对“边疆”的观看与描述，以及过去与现在之间的差距与矛盾，呈现的是人们对于“边疆”历史文化与现实知识不足、错误且有偏见的理解。

一、边疆问题是目前中国经济社会政治文化总问题的组成部分

边疆发展问题，不是孤立的一个经济发展问题。

边疆的民族关系问题，不是简单的一个民族关系问题。

边疆的所有矛盾、摩擦、冲突……问题，更不是边疆单纯的矛盾、摩擦、冲突……问题。

包括新疆、西藏在内的边疆地区，目前在经济、社会、政治、文化等

---

① 赵旭东：《中国民族研究的困境及其范式转换——基于文化转型语境》，《探索与争鸣》2014 年第 4 期。

方面发生的问题，是目前中国经济、社会、政治、文化等方面发生的总问题的一个组成部分。

当代中国，国家一直在努力推进不同地区、不同民族间的平等发展，但至少就新疆、西藏来说，总体上维吾尔、藏等大多数非汉母语的少数民族，在经济等方面的发展水平，普遍要低于汉族；文化上以汉语为主导的（国家）文化占据着主导地位；语言上汉语拥有强大的优势，维吾尔语、藏语等其他少数民族语言或被严重边缘化或面临生存危机；至于经济水平方面大部分非汉母语民族与汉民族之间的差距也是不争之事实[①]，这种“事实上的不平等”，现在并不因为人们慎言、讳言而消失了，它的存在也是不争之事实。

现在研究边疆民族关系问题的学者大多从政治学、社会学角度切入，也有从经济角度切入的。但即使这样，很少有人专门研究人地关系、人地矛盾问题。例如有数据表明，1949 年时，新疆总人口只有约 433 万，其中维吾尔族人口约 329 万，占新疆总人口的 76%，而汉族人口不过 5%。到 2010 年时，新疆常住人口已经达到 2181 万，其中维吾尔族大约 1000 多万，汉族约 870 多万；两族总人口比例分别约为 46% 和 40. 1%。对于这种数据的变化，站在不同的立场自然会有不同的解读。甚或有人放言，新疆至少还可以容纳 2 亿人。须知，新疆虽占中国陆地面积的 1/6，但适合人类生活的绿洲，不过全疆面积的 5%，资源严重缺乏，现在南疆农民人均土地不过一亩多一点。人口增多，意味着劳动力增多，这对于边疆开发的正面效应自不待言。然而从另一个角度观察，人口的大量增加，对边疆脆弱的生态有无影响？是否导致人地关系的矛盾增加？这都值得深入探讨。

2014 年 5 月 26 日，习近平总书记曾经主持召开中共中央政治局会议研究进一步推进新疆社会稳定和长治久安工作：“会议认为，新疆工作在党和国家工作全局中具有特殊重要的战略地位……目前，新疆发展势头良好，社会大局稳定。实践证明，中央关于新疆工作的大政方针完全正确……要把严厉打击暴力恐怖活动作为当前斗争的重点，使宗教极端势力渗透蔓延和暴力恐怖活动得到遏制，坚持长期作战，坚定必胜信心……围绕社会稳定和长治久安这个总目标，以推进新疆治理体系和治理能力现代

① 姚新勇：《治疆战略的迷思》，《文化纵横》2014 年 10 月号。

化为引领，以经济发展和民生改善为基础，以促进民族团结、遏制宗教极端思想蔓延等为重点，坚持依法治疆、团结稳疆、长期建疆，努力建设团结和谐、繁荣富裕、文明进步、安居乐业的社会主义新疆。”

“会议指出，要围绕民生推进科学发展，坚持就业第一，确保零就业家庭至少有一人就业；坚持教育优先，全面提高新疆各级各类学校教育质量，加快农牧区和偏远地区寄宿制学校建设，在南疆全面实行高中阶段免费教育；坚持发展成果惠及各族群众，加大民生建设力度，加快推进惠及各族群众的重大项目建设，在资源开发利用转化过程中提高地方参与程度，加快新疆对外开放步伐；坚持可持续发展，着重水土资源合理配置、集约节约利用与生态建设、环境保护；坚持开放战略，着力打造新疆丝绸之路经济带核心区。”

“两免一补”等教育政策被视作改变南疆现状的重要一环，如今，经由政治局会议进一步明确为“在南疆全面实行高中阶段免费教育”。正如之前习近平同志考察新疆时所言，“少数民族孩子双语教育要抓好，学好汉语不仅将来找工作方便，更重要的是能为促进民族团结多作贡献”，中央冀望通过“从孩子抓起”来扭转被动局面。

“政府显然已经意识到问题所在，并着力与极端势力争取民众，以‘彻底铲除宗教极端思想滋生的土壤’。在张春贤赴疆主政后，基础教育被列为一项重要民生工程。2013 年，新疆教育总投入高达 527 亿余元。到 2013 年秋天，在南疆和田、喀什、阿克苏三个地州，义务教育已经覆盖至高中阶段”。

二、解决边疆发展与稳定问题不设定时间表

据某学者撰文《反恐战争论》所言，“战略上须首重综合，四层兼顾，环环相扣；但在战术上则必须首重区分，每一层须不同对策，不能混成一锅浆糊，那样既没有精度，更夸大难度，因族群矛盾一时难解而产生对反恐前景的悲观失败情绪。处理族群关系，以平等为要；应对分裂主义的政治诉求，以政治斗争为要；防备暴力袭击政权机关，以同等烈度的武力打击为要；打击恐怖组织，以斩首行动为要。赢得反恐不能靠防守。在显要位置高调部署军警，可稳定民心，但对反恐用处有限。处处安检一时有效，千日防贼不是办法，民众生活方式改变有成本更有极限。成功反恐必须要 bring the war to the terrorists（把战火引向恐怖分子）。”我们以为其

中有一些是值得肯定的，但依然不够周延。解决新疆问题，最当务之急，也是最长期艰巨任务，就是人心问题。

孟子曰：“知者无不知也，当务之为急；仁者无不爱也，急亲贤之为务。尧舜之知而不遍物，急先务也；尧舜之仁不遍爱人，急亲贤也。”[①]意思是说：“智者无所不知，把当前的要务作为急切；仁者无所不爱，把急于亲近贤者作为要务。尧舜那样的知而不遍知一切，是急于首要的事务；尧舜那样的仁而不遍爱世人，是急于亲近贤者。”这适用于当前治疆、治藏策略。

“3·14”“7·5”事件以来新出现了一些民族隔阂，这是不争的事实。但不能因为有了这些新问题，就对西藏、新疆的未来丧失信心。既要看到民族隔阂的严重负面效应，也不应视它为西藏、新疆局势的“不治之症”，被它吓倒。需要看到，它是西藏、新疆问题在上述地区社会心理层面的一种反映，我们需要把心态放平放静，包容、适应当前的局面。它很不好，但也没有一些人描述的那么可怕，它是可以化解的。我们能够正确看待并对它形成战略耐心的时候，就是这种隔阂走向化解的开始。

从内地看，西藏、新疆的干部们应首先放下思想负担，多追求各地社会的实际平安，别太在乎形象层面的东西。对于西藏、新疆的长远问题，应逐一慢慢解决。不必太着急，不需设时间表，能解决什么就尽量解决什么，一时难解决的问题，就带着它去生活。中国执政党、中国政府、中国各族人民有充分的时间、国家资源与敌对势力抗衡。这样的从容心态，对化解西藏、新疆局势各种“急迫因素”或许是最重要的。

三、解决边疆发展稳定问题要划分两类不同性质矛盾防止政策向“左”转

一个曾经的事实是，我国某些媒体报道“暴力、恐怖事件”时，将恐怖主义和民族问题混为一谈。在各地发生的一些突发事件中，部分媒体将恐怖分子绑定在特定的民族身份之上，来迎合社会上一些人对特定族群、地域的偏见。此外，报道的思路框架偏于单一，大多与西方一样雷同。即注重报道“愤怒、悲伤、仇恨”等“社会应激情绪”，内容框架多为：事件的结果——死伤人数——杀戮详细经过——血腥场面描摹——定

① 《尽心上》。

性罪犯——再加上死伤者亲人的痛苦及各方打击恐怖主义的言论和行动。西方批评者早就指出，（美国媒体）将多数无辜的穆斯林描绘成负面的形象，只看到了问题的片面。

在一些领导或干部中，少数族群的历史记忆和“中华民族”的认同又往往被认为是非此即彼的零和关系，因此，他们认为，要维系一个中国的意识，少数族群就势必要放弃自己的历史记忆。有的学者认为，民族识别是照搬苏联的模式，从而为中国现在的民族问题埋下了祸根，倘若不搞“民族识别”，就没有56个民族，也就没有今天那么多的麻烦。

还有的激进者认为，中国的“当务之急”是增进国内各族群融合，摒弃各个民族的自我认同，强化“中华民族”的认同。有些领导，在民族地区言必称“民族融合”。

近些年，我国民族学界争鸣激烈固然令人可喜，但也不乏奇谈怪论或杂音、噪音。例如，前多年从台湾引进“族群”概念，一哄而上。民族学界倒比较冷淡，主要是政治学、社会学还有人类学界一部分人热衷于此。

中国社会科学院著名学者冯今源研究员说：其实，所谓“淡化民族意识”也不是某教授的新发明，当年蒋介石就极力反对回回民族说，20年前台湾沈遐淮在其《清真溪流》一书中兜售的也是这类货色，现在一些人把这些陈词滥调重新翻腾出来，再戴上一顶“美国经验”的洋标签，试图彻底否定我们的民族区域自治制度。他们的观点，建立在西方理论根基上。学术界主流现在还是主张政府继续对少数民族多投入多做实事。从长远看，少数人鼓吹“民族融合”“宗教消亡”，尽管的确是大势所趋，不过，要等几百年、千万年以后吧！

应当指出的是，西方有些人和国内有些人，起初是很“学术”地否定中国的某个具体领域的政策。如经济政策、社会政策、文化政策、民族政策、宗教政策、外交政策、社会福利政策，等等。综合起来，就是从微观开始，到宏观为止，彻底否定中国的所有政策，动摇党的执政基础，质疑党的执政资格。问题是党内个别掌握话语权的官僚，头脑中既缺乏基本民族常识，又缺乏基本政治纪律，把类似“新论”当作难得一见的宝贝。如果按个别官员、某些教授的观点去办，取消民族、取消民族区域自治制度、取消民族自治区，可以断言新疆、西藏必定大乱。因此，有北京及各地学者主张要启动领导问责制，追究某些人的违反《宪法》违反《民族区域自治法》的错误言论。

可以断言的是，当“中华民族大融合”就是简化为“少数民族”的“汉化”时，在少数民族聚居的西藏、新疆、宁夏，必然会引发不稳定，尤其在人口较少的民族的心目中，那种民族被融合、被消亡的恐惧是不言而喻的。

爱国主义教育在一些地方抽象为针对少数民族的四个“认同”：对伟大祖国的认同，对中华民族的认同，对中华文化的认同，以及对有中国特色社会主义的认同。否则便上纲上线。在这种非此即彼的线性意识形态下，一些民族的生活习惯、生活方式居然被上升到“国家认同”和“中华民族”认同的高度。

最近，乌鲁木齐举办了“伊斯兰教中道思想研讨会”，大家畅谈伊斯兰的中道理念，反对极端主义。但新疆的问题其根源，是多方面的。解决之道也应该是标本兼治，双管齐下。既要抵制极端主义，倡导伊斯兰的中道、和谐、和善、和平理念，又要防止极“左”做法，落实宪法和改革开放以来中央的相关政策，调动广大干部群众的积极性。只有这样，新疆的安定和谐才有希望，繁荣发展才有可能。不然，一种现象掩盖另一种现象，问题很难得到根本解决。

四、解决边疆发展与稳定问题积极与稳妥并重

（一）坚持以经济发展和民生改善为基础，以争取人心为主旨

根据行内人士引述，与此前内地舆论普遍印象不同，那些参与动乱的青年并非“疆独”，“他们没有任何信仰，也没有什么民族主义思想”，被告基本都是年轻人，且90%以上都是文盲。

正确的对策应该是釜底抽薪，以法律、政策为主导，伴随之宗教教义。即用正确的宗教教义让民众分辨真伪，用温和的宗教思想改变人心、熏陶精神，才是最有效的办法，才能彻底消除暴恐产生的民间温床。

（二）既要反宗教极端，又要保护合法宗教活动

习近平总书记主持中共中央政治局会议时指出：新疆“要坚持党的宗教工作基本方针，坚持保护合法、制止非法、遏制极端、抵御渗透、打击犯罪，加大爱国宗教人士培养力度，努力促进宗教和谐。”

宗教和信仰自由是现代人类最根本的自由之一，一直被视为世界《公民权利和政治权利公约》的核心。对于公民的这种选择，任何机构和个人都不得胡乱进行强制和干预，尤其要强调的是来自国家的干预。马克思在《哥达纲领批判》一书中也指出：“每一个人都应当有可能实现自己的宗教需要，就像实现自己的肉体需要一样，不受警察干涉。”

宗教本无极端是对的，若有极端便与宗教无涉。不过，宗教若与政治搅和则生极端。所以，宗教一定要与政治相分割。

现在的一种倾向是，对于“非法出版物”“非法宗教活动”甚或“宗教极端主义”的概念含混，政策界限模糊，不易分清，在实践中不易把握与操作。一方面，它容易造成把正常的宗教活动随心所欲地主观判定为非法活动；另一方面，又容易造成把利用宗教进行的违法犯罪活动视为宗教活动。这两个方面的误判误断，都可能在认识上造成人们思想上的混乱；在实践上混淆两类不同性质的矛盾，给党的事业造成危害。把“极端”“非法”与“宗教活动”合并为一个政策性概念，并将之作为新疆地区的“主要危险”，在实践中容易被误解为新疆的主要危险来自宗教。以此指导新疆地区宗教工作，其影响和后果是很令人担忧的。

当然，在实际工作中，许多地方基层领导同志确实感到非法与正常宗教活动界限不易划清；有的“非法宗教活动”实际上不属于宗教活动。结果是暴恐分子打出宗教旗号搞暴力，便引起地方政府更加严厉地管控宗教，这种高压式的管控，导致穆斯林群众正常、合法宗教生活受到限制，从而滋生各种不满情绪。可以说，政府管控过严，留给歹徒们进行社会动员的空间就越大。这是最大的悲剧，也是反恐收效不大的根本原因！

我们应对目前的宗教政策进行反思并改弦易辙。政府对合法的宗教活动要给予保护，对正常的宗教活动要给予发展的空间。这有利于将穆斯林群众与暴恐分子切割开来。

任何宗教都具有劝人行善、止人干歹的作用，都有抚慰人心、满足精神需求的功能，伊斯兰对于维系、平衡少数民族社会具有不可或缺的作用。只有人们了解了宗教，才能分辨真假，不致于上当。

南疆乡村极度封闭。伊斯兰教一代一代传承，人们敬畏但并不真正了解宗教知识。伴随市场化大潮的冲击以及维吾尔族社会的剧烈变革，维吾尔族被边缘化，和父辈相比，民族身份带给他们的不再是荣耀，就业难也加剧了他们对前程的悲观情绪，唯一剩下的只有宗教。对外界突如其来的冲击，年轻人要寻求精神归属，很容易转身去拥抱宗教。“只有宗教信仰别人无法拿走”。既然父母不能告诉自己宗教是什么，那就自己去寻找。这时，宗教极端思想便趁虚而入。而与此同时，政府宗教宣讲力量和手段也明显不足。一些宗教人士年龄偏大，知识面狭窄，对现代社会缺乏了解，他们号召力有限，很难得到年轻一代的认可。再加上一部分青年本身文化素质低，没有机会学习宗教，更谈不上了解宗教。极少数人，生活贫困心理失衡，传统道德信仰一旦摧毁，就什么事都敢做。

（三）坚持多样性原则，尊重少数民族风俗习惯

对他者的爱，即他者的尊严、他者的原则、他者的文明。因为所谓人道主义，就是对他者的尊重。我们承认中华民族是一个大家庭，则意味着每一个成员皆应享有同等权利，包括保护自己文化、珍藏自己记忆的权利。我们应倡导并坚持多样性原则，尊重少数民族风俗习惯。国家大战略及地方政策的出台，都应以遵循这一基本原则为前提。

有研究指出，在影响族际婚姻中子女族群身份选择偏好的各种外部因素中，国家民族政策和民族优惠政策通常有着相当强的诱导性[①]。“这就使得被优惠的‘族群身份’本身就成为一种特殊‘含金量’，并且还是可遗传的‘社会资本’。”而“为了追求这一资本，有些人会千方百计地试图为自己或子女改变‘族群身份’”。这种类似“逆向民族成分再确定”（康奎斯特语）的普遍现象，并不是取消“民族”的理由，尤其不是现在行政鼓励族际婚姻的理由。

结　语

孟子曰：“爱人不亲，反其仁；治人不治，反其智；礼人不答，反其敬。行有不得者皆反求诸已，其身正而天下归之。”[②] 孟老夫子的意思是说：“爱护他人却得不到亲近，反问自己是否仁；治理民众却得不到治绩，反问自己是否智；礼待他人却得不到回应，反问自己是否敬。凡是所做的得不到应有的效果都返回来从自身寻求原因，自身端正了，天下就会

① 郭志刚、李睿：《从人口普查数据看族际通婚夫妇的婚龄、生育数及其子女的民族选择》，《社会学研究》2008 年 5 期。

② 《离娄上》。

归服。”

解决边疆问题，首先抓住边疆问题的症结、大方向、大原则，不能只是从具体的技术层面着眼，哪怕用意良好，结果也可能事与愿违或事倍功半。

目前边疆地区一些少数民族群众出现思想困惑，但国家统一、边疆稳定、民族团结对他们利益的重要性，他们是清楚的，维护边疆稳定，加快边疆发展，仍是边疆地区社会各界各族人民的坚定共识。

中国的跨界民族与边疆公共事务治理①

李俊清　黎海波

（中央民族大学管理学院教授；中南民族大学马克思主义学院副教授）

当今世界上约有3000多个民族，交错分布于200多个国家和地区。许多民族的聚居地为国家主权和领土疆界所分开，同一文化民族在不同的政治国家之间跨界而居，是当今世界较为普遍存在的一种历史、文化与政治现象。正如恩格斯所指出的，“没有一条国家分界线是与民族的自然分界线，即语言的分界线相吻合的。”② 在当今经济全球化、民族主义思潮与现代国家民族建构运动以及非传统安全等因素的多重影响之下，跨界民族对国际关系以及一国内部事务尤其是边疆公共事务治理，造成了较为复杂而重要的影响。处理好跨界民族所涉及的公共事务，既关系到不同国家内部的民族问题与边疆发展，同时也会涉及周边毗邻而居的同一民族及其所在国。因此，对于这一较为独特的民族文化与政治现象，仅从传统的民族学和历史学的角度去分析显然已难以适应现实需要，必须融入政治学和公共管理学的视角、理论与方法，拓展和加强跨界民族与边疆公共事务治理的研究。而在传统的公共事务治理研究中，对于跨界民族与边疆公共事务这一特定区域和群体的研究也是较为欠缺的。

中国共产党十八届三中全会，把推进国家治理体系和治理能力现代化作为全面深化改革的总目标，习近平同志也提出了“治国必治边”的重要战略思想。基于这一背景，边疆治理作为国家治理的一种重要组成部分与特殊形式，必须积极应对边疆经济与社会发展中的现实问题，改进传统

---

① 基金项目：教育部人文社会科学重点研究基地重大项目“跨境民族与边疆公共事务治理”（13JJD630015）。

② 《马克思恩格斯全集》（第16卷），北京：人民出版社1964年版，第176页。

的治理理念，创新治理的体制与机制，不断探索边疆地区的“善治”（Good Governance）之路。

一、中国边疆跨界民族经济社会发展基本情况分析

中国有2.2万多公里的陆地边界线，其中约有1.9万公里在少数民族地区，分别与周边14个国家接壤；136个陆地边境县（旗、市、市辖区）中，有107个在民族地区；在2300多万边境地区人口中，少数民族人口占有将近一半；全国55个少数民族中，有朝鲜族、蒙古族、哈萨克族、景颇族等30多个民族与境外同一民族毗邻而居，形成跨界民族，其中有8个建立了独立的民族国家，4个民族在周边邻国建有一级行政区。

（一）跨界民族地区基本经济情况分析

1. 纵向发展较快，横向发展相对落后，差距呈扩大化趋势

中国的民族自治地方大都集中于西部边疆地区。跨界民族地区则更是位于“西部之中的西部”。由于历史和自然条件等多种原因，民族地区的经济发展长期滞后。新中国成立后，特别是改革开放以来，国家采取特殊的政策和措施，对少数民族地区给予积极的支援和扶持，极大地促进了少数民族地区的经济发展与社会进步。

纵向来看，2013年，民族地区的经济总量由1952年的57.9亿元增至64772.1亿元，按可比价格计算，增长了258.5倍；城镇居民人均可支配收入由1978年的307元增至22699元，绝对收入增长了22392元；农牧民人均纯收入由1978年的138元增至6579元，绝对收入增长了6441元。[①] 2013年，陆地边境县的国内生产总值达到8097亿元，相比2010年，增长了58%，高于全国增长幅度21个百分点；人均地区生产总值达到3.4万元，相比2010年，增长了54%，高于全国增长幅度26个百分点。[②]

横向来看，边境民族地区与全国尤其是与东部发达地区相比，依然处于相对落后的位置。2013年，边境县中未通电话的行政村还有999个，没有卫生室的行政村有1326个，未通沥青（水泥）路的行政村有2993

---

① 罗黎明：《加快民族地区经济社会发展 推动小康社会同步实现》，《经济日报》，2014－9－21。

② 王正伟：《将兴边富民行动一任接着一任干下去》，《中国民族报》，2014－9－28。

个。民族八省区农村贫困人口占全国的比重为31.1%，贫困发生率高于全国8.6个百分点。而边境地区的人均生产总值、人均收入、人均固定资产投资等经济指标都要低于全国平均水平，贫困发生率更是全国平均水平的2倍之多。①

2. 民族地区区域间和区域内以及跨区域发展不均衡

由于我国边疆民族地区地域辽阔，自然资源、历史基础、人口结构和经济状况等方面差异性较大，致使边疆民族地区区域间和区域内的经济发展极不平衡。据2013年发布的《中国省域经济综合竞争力发展报告(2011—2012)》蓝皮书显示，在西部8个民族省区的经济综合竞争力排名中，除内蒙古是以第10位处于上游区之外，其他民族省区大都处于下游区，具体排名情况是：新疆第24位，广西第25位，云南第26位，青海第27位，宁夏第28位，贵州第29位，西藏第31位。从地区GDP来看，内蒙古和广西等地相对较高，而西藏则较低；从人均GDP来看，新疆和内蒙古明显要高于广西和西藏。由此可见，民族地区之间区域性的不平衡特点十分明显。这种不平衡同样也体现在跨界民族地区之间。如2011年，内蒙古边境县GDP为1212亿元；新疆边境县为1013.82亿元；云南边境县为844.29亿元；广西边境县为463.15亿元；西藏边境县为53.66亿元，区域差距非常明显。

即使对于同一地区而言，由于诸多因素的影响，也存在着巨大的发展差异。如2012年新疆克拉玛依市人均GDP为34074.04美元，而和田地区人均GDP仅为1145.20美元。2012年，西藏拉萨市、昌都地区、山南地区、日喀则地区、那曲地区、阿里地区和林芝地区的GDP分别为260.04亿元，89.75亿元，73.7亿元，115.24亿元，65.16亿元，25.63亿元，72.39亿元。② 位居第一的拉萨市，其GDP则是阿里地区的10倍。

此外，我们还可做一个横向的国际比较。据国际货币基金组织2014年4月8日公布的统计数据显示，2013年中国与周边邻国的人均GDP（美元）分别为：俄罗斯14818，哈萨克斯坦12843，中国6747，蒙古3971，不丹2665，越南1901，印度1504，老挝1476，巴基斯坦1307，吉

① 国家民族事务委员会经济发展司：《2013年民族地区农村贫困情况》［EB/OL］.(2014-4-21)［2014-10-21］. http://www.seac.gov.cn/art/2014/4/21/art_151_203095.html。

② 《西藏统计年鉴》2013。

尔吉斯斯坦1280，塔吉克斯坦1044，缅甸868，尼泊尔692，阿富汗678，朝鲜583。当然，跨界民族所涉邻国众多，各国、各地区的情况都有很大差异，而且一国总体的经济状况也不能完全代表其边民或者跨界民族的经济状况。如近年来，虽然在国家“兴边富民”等各项政策的大力支持下，我国陆地边境县的人均GDP呈跨越式增长，但2013年也仅达到全国平均水平的80%左右。

3. 可持续发展能力不强，生态破坏与污染跨界蔓延

由于经济发展长时间处于落后状态，一些边疆民族地区的政府部门大都将快速提高经济总量作为其最主要的工作目标，对可持续发展的重要性认识不足。许多市场主体在经济开发中也只是片面追求高额利润，而承担相应的社会责任不足。这就导致了资源的过度开发和消耗。以能源消费为例，下表是边疆民族地区能源消费总量的统计情况，从表中可以看出，2007—2011年，内蒙古、甘肃和新疆等地的生产总值能耗虽然总体有所下降，但绝对数值一直较高，能源消费的可持续性令人担忧。

边疆民族地区生产总值能耗（单位：吨标准煤/万元）

地区	2007	2008	2009	2010	2011
内蒙古	2. 30	2. 16	2. 01	1. 92	1. 41
广西	1. 15	1. 11	1. 06	1. 04	0. 80
云南	1. 64	1. 56	1. 50	1. 44	1. 16
甘肃	2. 11	2. 01	1. 86	1. 80	1. 40
新疆	2. 03	1. 96	1. 93		1. 63
西藏				1. 28	

（数据来源：国家统计局网站）

边疆民族地区凭借着资源、能源方面的优势条件取得了经济的较快发展，但同时对于环境的破坏和污染也呈现出日益严重的发展趋势。

近年来，部分边疆民族地区的原始森林被毁林开荒，致使森林面积不断减少。中老边境地区的一些不法分子甚至跨界进行非法砍伐和盗猎活动①，对

① 《中老全面建设跨境联合生态保护机制》［EB/OL］．［2013－12－30］．http：//www.yn.xinhuanet.com/newscenter/2010－10/21/content_ 21187190.htm。

热带雨林和珍稀物种的保护形成了较大的威胁。中国的4亿公顷草原主要分布在边疆民族地区，其生态环境近年来也有不断恶化的趋势，90%的可利用天然草原存在着不同程度的退化，50%的草原存在沙化或盐碱化等问题。草场沙化引发的沙尘暴等灾害，不仅直接影响到我国的气候与环境，也威胁到邻国的生态安全。境外的生态环境问题也会影响我国，如蒙古国秋冬季节发生的森林草原火灾，不仅引起野黄羊等动物跨境迁徙，而且火灾有时也蔓延至我国境内。

边疆民族地区大多处于干旱少雨地区，水资源相对短缺，加上近几年来大量新建矿山和电厂等，使得水资源污染较为严重。云南近年来气温逐步升高，而降水量则明显减少，从2009—2013年，连续经历了五年干旱，这对云南生态环境构成了严重威胁。一些跨国河流或界河，如湄公河、雅鲁藏布江、伊犁河、松花江等，水资源的分配和防治污染也需要流域国家间的协调与配合。

（二）跨界民族地区基本社会情况分析

1. 交通基础设施建设有所发展，但周转量较小，维修能力弱，边境口岸的内外通道建设有待加强

交通基础设施及其利用效率是影响一个地区经济发展能力的关键因素之一。虽然近年来边疆民族地区的交通基础设施建设有了一定程度的发展，但其利用率一直落后于中部和东部地区。2011年，民族自治地方的公路里程达到96.14万公里，铁路营业里程达到2.3万公里，分别占全国比重的23.4%和24.7%。但旅客周转量和货物运输量占全国的比重分别是4.9%和2.4%，[①] 交通基础设施利用率的滞后，成为制约民族地区经济发展的瓶颈之一。

从陆地边境县来看，2013年，公路线路里程达到21.4万公里，比2010年增长了10.3%；未通沥青（水泥）路的行政村数量也从2010年的4184个减少到2013年的2993个。不过，由于边境地区地理位置边远、经济发展相对落后、生态环境脆弱和自然灾害频繁等原因导致其基础设施

① 《中国民族统计年鉴》2012。

建设成本高，历史欠账多，维修能力弱。①

边境口岸的设立，开辟了邻国之间的经贸往来通道，使边境的屏蔽效应转化为中介效应。我国实行沿边开放政策以来，国家及边境地区都加大了对边境口岸交通等基础设施的建设力度，边境口岸城市的基础设施得到了较大改善。但是随着经济全球化和区域经济一体化的发展，边境口岸的内外通道建设都还有待加强。对外涉及与邻国对接口岸以及相应地区的建设协调问题，如有些陆路口岸因基础设施滞后，通关能力较弱，制约了边境贸易的发展。对内涉及与腹地的综合交通体系衔接问题，有些边境口岸城市与腹地之间的铁路和公路网密度还较低。

2. 公共卫生服务水平较低，跨界传染威胁卫生安全

近年来，尽管民族地区的医疗卫生条件有了较大改善，但由于诸多因素的限制，相对全国而言，民族地区的公共卫生服务水平依然较低，特别是许多边境山区和牧区，医疗设备陈旧，医务人员严重不足。2011 年，民族自治地方共有病床数为 643035 张，每万人拥有医院病床数为 34 张；医师人数为 279269 人，每万人拥有医师数为 15 人。而陆地边境县共有病床数为 74231 张，每万人拥有医院病床数为 32 张，医师人数为 32576 人，每万人拥有医师数为 14 人，② 跨界民族地区的公共卫生服务总体还处于较低的水平。

由于跨界民族跨境通行的便利性和频繁性，尤其是一些非法贩毒与走私、人口拐卖、非法婚姻等活动，往往容易逃避卫生检疫等的监管，导致如艾滋病、结核病、肝炎和登革热等的跨界传播，从而给跨界民族地区的公共卫生安全造成一定威胁。2004 年，云南省孟连县检测出艾滋病感染人数达到 192 例，当地居民占 81 人，其中 42 人都是跨国打工回来的妇女。③ 2009 年 6 月—2010 年 5 月，全国各国境口岸对 25075381 名出入境人员进行了传染病检测，总检出率达到 0. 75% 。其中，在中国籍传染病检出率中，涉外婚姻占 1. 95% ，边民占 0. 27% ；在外国籍传染病检出率

---

① 国家民族事务委员会经济发展司：《2013 年民族地区农村贫困情况》［EB/OL］．（2014 – 4 – 21）［2014 – 10 – 21］．http：//www. seac. gov. cn/art/2014/4/21/art_ 151_ 203095. html。

② 《中国民族统计年鉴》2012。

③ 《中缅边境的艾滋病困境：跨境流动》［EB/OL］．［2013 – 12 – 30］．http：//news. xinhuanet. com/world/2005 – 10/10/content_ 3600825. htm。

中，涉外婚姻占 0.66%，边民占 3.71%。①

3. 社会保障体系不健全，差距持续扩大容易引发跨界民族“动荡”

社会保障体系是促进经济社会协调发展的“安全网”与“稳定器”。由于受经济发展水平等因素的限制，民族地方的社会保障事业与全国平均水平相比仍存在着较大的差距。

有学者采用因子分析法定量分析了 2011 年我国 30 个省区（西藏除外）的社会保障水平。下表则是笔者选择的其中 7 个省区的数据对比情况（综合得分大于 0 表明该省区的社会保障水平高于全国平均水平；小于 0 表明低于全国平均水平）。

2011 年我国部分省区社会保障水平综合得分②

地区	综合得分	排名
北京	1.878399	1
上海	1.281799	2
广东	0.927946	3
新疆	-0.19431	13
内蒙古	-0.24131	16
广西	-0.44815	26
云南	-0.53814	28

由上表可以看出，北京和上海等地区属于发达的一类地区，而新疆、内蒙古、广西和云南等边疆民族地区则属于落后的三类地区，这些地区的社会保障水平都要低于全国平均水平。

2013 年，我国 136 个边境县全都建立了新型农村合作医疗制度和农村低保制度。但在一些地区仍存在报销限制较多和比例偏低等问题，这给跨界民族的社会稳定与经济发展也带来了一定的挑战。跨界民族之间社会保障上的差距持续扩大往往容易引发其“动荡”。如越南边民可在医疗保

---

① 薛志明，陈维胜：《我国国境口岸传染病监测分析》，《职业与健康》2012 年第 5 期，第 587 页。

② 刘超群：《我国社会保障水平区域差异分析及协调发展对策研究》，济南：山东财经大学硕士学位论文，2013：35－36。

障上享受基本保障政策，小病不收费，大病住院则由国家承担 80%、个人承担 20%，而且不设封顶线。[①] 这也在一定程度上吸引了我国的部分边民迁徙到越南。

4. 教育发展受到主客观多重因素制约

教育是推动民族地区经济发展、社会进步和国家认同的基石与动力。为了推动民族地区的教育发展，国家先后推动了贫困地区义务教育工程、农村中小学危房改造工程和西部地区“两基”（基本普及九年制义务教育、基本扫除青壮年文盲）工程等的建设。2000 年，云南省率先实施边境学校“三免费”教育（免除课本费、杂费和文具费）。2004 年，国家在西部农村地区开始实施“两免一补”（免除杂费和课本费，补助寄宿学生生活费）政策。2008 年，云南省率先启动国门学校建设工程，计划在 24 个边境县建设 28 所国门学校。[②] 2011 年，民族自治地方普通高等院校共有 211 所，在校学生人数达到 160 万；普通中学共有 9751 所，在校学生人数达到 1039.6 万；普通小学共有 46510 所，在校学生人数达到 1484.4 万。陆地边境县普通中学共有 1359 所，占全国比重为 2.01%；在校学生人数达到 110.5 万，占全国比重为 1.47%。普通小学共有 5647 所，占全国比重为 2.34%；在校学生人数达到 164.8 万，占全国比重为 1.66%。[③]

尽管如此，民族地方的教育，尤其是跨界民族教育的发展，受到主客观多重因素的制约，与其他地方相比，仍存在不少差距。

从客观方面而言，跨界民族多处在偏僻的山区，地理条件复杂，交通条件差，信息闭塞，经济落后，人口分散性强，环境较为恶劣。这就制约了学校的集中设置、经济投入以及师资建设等。“引进教师难、留住教师更难”，可以说是我国民族地区教育面临的一个共同问题。

从主观方面而言，在一些边疆民族地区，人们对教育往往重视得不够。一些家长只是让孩子学到一定的年龄后就回家继承祖业。有些家长把

① 李崇：《越南边境民族政策对我国云南中越交界地区跨界民族的影响及对策研究》，北京：中央民族大学硕士学位论文，2013：26。

② 何跃，高红：《论云南跨境民族教育的软实力》，《云南民族大学学报》2012 年第 6 期，第 130 页。

③ 《中国民族统计年鉴 2012》。

孩子送到学校只是因为学校所提供的免费福利。[①] 男尊女卑的传统观念也对民族地区的教育产生了重要影响，人们往往认为男孩可以读点书，而女孩则没有必要读书。此外，宗教对跨界民族的教育观念也产生了一定影响。由于跨界民族普遍信奉宗教，与教育活动相比，他们更关心的是宗教活动。在一些跨界民族地区，有一个普遍现象就是寺院比学校要修建得好。[②]

跨界民族地区教育与一般民族地区教育的一个最大的不同之处就是双向的跨境民族教育流动群体的出现。[③] 其中，既有缅甸、越南等国的跨界民族跨入我国上学的现象，又有我国跨界民族跨出国境进入越南、缅甸和哈萨克斯坦等国上学的现象。这给学校的日常管理和资源投入都带来了一定的影响，甚至还涉及边境管理、国家认同与文化安全等问题。

二、边疆跨界民族跨境交往的成就与问题

由于语言、宗教、风俗习惯等诸多方面相同或相近，跨界民族在跨境政治、经济和文化交往中都起着十分重要的作用。当然，由于地域相连、文化相似，跨境交往也会引发许多问题。

（一）跨界民族跨境交往的主要成就

由于跨界民族毗邻而居，语言相通，文化习俗相近，因此，政治边界的划分并不能阻止和割断他们之间的经贸联系与文化交流。跨界民族之间展开的经贸合作与文化交流，为促进和加强跨界民族的和平跨居以及各自所在国之间的和平交往奠定了一定的基础。

1. 促进经贸合作与发展

改革开放以来，我国边疆民族地区的经济和社会事业都有了长足的发展，尤其是沿边对外开放战略的实施，更是为边疆民族地区的经济发展提供了良好的契机。跨界民族与境外的同一民族有着天然的联系与交流优

① 桂卓兮，钟海霞：《关于少数民族地区教育问题的思考》，《攀枝花学院学报》2010 年第 6 期，第 110 页。

② 何跃，高红：《文化安全视角下的云南跨境民族教育问题》，《云南师范大学学报》2010 年第 4 期，第 38 页。

③ 何跃：《云南与周边国家跨境民族教育研究现状述评》，《学术探索》2009 年第 6 期，第 133 页。

势，在与周边国家进行经贸往来与合作方面起到了非常重要的作用。

2010 年年底，全国经国家批准的对外开放口岸一共达到 278 个，其中沿边口岸共有 106 个。① 新疆与哈萨克斯坦、塔吉克斯坦等欧亚 8 国接壤，10 个地州的 32 个县市都与邻国交界。2012 年，新疆与哈萨克斯坦等 8 国贸易额达到 179.4 亿美元，占其贸易总额的 71.3%。② 位于伊犁霍城县的霍尔果斯口岸则是新疆跨界民族进行对外边贸活动的重要桥梁。结合 2004—2011 年的统计数据来看，霍尔果斯口岸每年的货运量都在 42 万吨以上，而且从 2009 年以来一直呈较大幅度增长的趋势。

霍尔果斯口岸货运量（单位：万吨）

年份	2004	2005	2006	2007	2008	2009	2010	2011
货运量	42.00	45.13	43.20	64.90	53.92	67.40	308.5	1091.23

（数据来源：根据霍尔果斯口岸管委会数据整理）

中国的广西和云南分别与东南亚的越南、老挝和缅甸接壤，约有 17 个民族跨界而居。③ 位于云南省红河州的河口口岸，是云南与越南隔境相望的一个重要口岸，也是云南通往越南等东南亚国家的重要交通枢纽，每天的人流量约为 9000 人，其中越南人将近有 6000 名。④

2011 年 9 月，广西凭祥综合保税区正式运营，这是中国第一个设在民族自治区和陆地边境线的综合保税区。它标志着中越经贸合作的新跨越。2012 年，广西与越南的双边贸易额就达到 97.3 亿美元。

2012 年 8 月，国务院正式批准了广西东兴、云南瑞丽和内蒙古满洲里三大重点开放开发试验区建设实施方案。试验区建设的主要任务之一就是要发挥先行先试的优势，积极推进跨境合作与边境管理等体制机制创新，提升全方位、宽领域、多层次的对外开放水平。

此外，跨界民族在双边合作中还创造了中缅跨国种蕉、中越跨国种蔗等灵活多样的模式。

---

① 国家口岸发展规划（2011—2015 年）。

② 周小玲、唐勇、赵捷：《西向开放下的新疆边境贸易发展研究》，《新疆农垦经济》2013 年第 12 期，第 24 页。

③ 刘稚：《中国——东南亚跨界民族发展研究》，北京：民族出版社 2007 年版，第 51 页。

④ 《繁忙的中越边境河口口岸》［EB/OL］.［2013 - 12 - 30］. http：//www. chinadaily. com. cn/dfpd/gx/2010 - 06/27/content_ 10025552. htm。

大湄公河次区域经济合作（GMS）和中国—东盟自由贸易区（CAFTA）等区域一体化安排，无疑为参与国以及跨界民族更好地发展经贸关系提供了合作机制。以往基于边界的封闭和阻碍所导致的“屏蔽效应”（边界在一定程度上限制了经贸跨界往来），容易引发“内陆边境经济低谷”现象（经济发达度从一国的政治经济中心逐步向边疆和边界倾斜），现在却由于跨界民族之间的特殊纽带和联系，使得他们在促进跨界经贸往来的过程中充当起“天然桥梁”的重要角色，从而促使边界的“屏蔽效应”向“中介效应”转化。① 这也就极大地促动了边疆的经贸交流、合作与发展。

2. 推动文化交流与了解

跨界民族长期以来所构筑的文化认同和联系纽带，并不会随着边界的划定而断裂、解构或消失。尽管跨界之后处于不同的政治结构和社会环境当中，政缘关系有所改变，但他们作为同一个民族所凝聚和显示出来的那些亲缘、族缘、友缘、地缘和神缘等的关系依然保持着，并发挥着重要的吸引与沟通作用，成为双边文化交流和互动的内在关联与重要动力。②

云南是我国少数民族成分最多的省份之一，在其边境带上，苗族、傣族和景颇族等16个民族跨界而居。云南跨界民族文化交流的形式可归结为这样四个方面：其一是通过跨界民族节日庆典等进行互动（如中缅胞波狂欢节，中、老、越三国丢包狂欢节等）；其二是通过跨界民族民间文艺团体进行交流；其三是开展民间的跨国学术交流；其四是通过发展跨境民族文化产业促动交流。③ 新疆也是我国跨界民族较为集中的地区之一，共有7个跨界民族，④ 2003年，新疆克孜勒苏柯尔克孜自治州叼羊队参加了吉尔吉斯斯坦举办的国际叼羊比赛，2007年，新疆伊犁哈萨克自治州举办的第十五届阿肯弹唱会则吸引了哈萨克斯坦和德国等的哈萨克族人前

---

① 彭朝荣、施晓东、李雄：《跨国界民族在转化边界“屏蔽效应”中的作用》，《商场现代化》2008年第26期，第16－17页。

② 黄光成：《跨界民族的文化异同与互动——以中国和缅甸的德昂族为例》，《世界民族》1999年第1期，第25页。

③ 普丽春：《桥头堡建设中云南跨境民族的文化交往与安全》，《云南民族大学学报》2013年第2期，第12－13页。

④ 艾莱提·托洪巴依：《新疆跨界民族问题研究》，《实事求是》2011年第2期，第86页。

来参加。[①] 内蒙古的跨界民族主要包括蒙古族与俄罗斯族。2009 年，中蒙双方在青河县塔克什肯镇举办塔克什肯·雅仁特口岸国际边境旅游节。额尔古纳市政府也先后组织了一些俄罗斯族家庭赴俄罗斯进行实地考察和交流，每年都要举办巴斯克节庆典。2012 年，还在黑山头镇额尔古纳河畔开办了界河大舞台，与俄罗斯族民间艺术团隔河进行文化艺术交流。

这些跨界民族之间的文化交流形式不仅增进了处于不同国家的同源民族相互之间的了解与互动，而且也推动了他们各自所在国以及外部世界对跨界民族及其文化的了解。

（二）跨界民族跨境交往存在的问题

跨界民族跨境交往在促进经济文化交流发展的同时，也存在一些不容忽视的问题。

1. 跨界无序流动

跨界民族与边民跨界流动的“推拉”因素是多重的，既有国际因素，也有国内因素；既有政治的、经济方面的因素，也有社会的、文化方面的因素。

从国际关系因素来看，如 1962 年春夏，由于中苏关系的紧张，新疆伊犁和塔城等地区发生了大批居民非法越境事件，共有边民 6 万余人逃到了苏联。1978 年，由于中越关系的恶化，越南大肆推行“反华排华”和“疆土净化”等政策，生活在中越边境越方一侧的苗族、瑶族、哈尼族、彝族和壮族等少数民族边民被驱赶进入我国境内。[②] 据河口县志记载，1978 年 7—8 月间，河口接待的难民就达到 48564 人。

从国际政治、经济因素来看，如 1995 年底，一些生活困难的朝鲜居民前来我国投亲访友，寻求救济，这就刺激了一批朝鲜人非法越境到我国寻找生路。这些人就是最初的“脱北者”。后来又有更多的朝鲜人从图们江等地非法越境，进入我国吉林省延边朝鲜族自治州，继而进一步扩散到

---

① 《新疆十万哈萨克牧民聚会“阿肯弹唱会”》[EB/OL].（2007-08-12）[2013-12-30].http://news.sina.com.cn/c/2007-08-12/223612371257s.shtml。

② 肖震宇：《云南印支难民问题的审视及思考》，《云南大学学报》（法学版）2011 年第 4 期，第 151 页。

东北三省等地。[①] 随着这一问题的国际化，“脱北者”不仅引发了我国内政上的一系列社会问题，而且还对我国外交也构成了一定的挑战。此外，2009 年 8 月 27 日，靠近我国云南省的缅甸果敢地区发生武装冲突，这一事件引发缅方边民恐慌，共有 3 万余名难民涌入我国境内。

从国内政治因素来看，如“大跃进”期间，云南边境地区外逃人数约有 15 万人之多，边境一带的永和区，总人口约有五千人，跑掉了三千多人，“全县有 21 个村寨全部跑光。”[②]

从国内经济和社会因素来看（其中也夹杂有国际因素以及跨界民族文化族群因素等的影响），主要可以概括以下三种形式：

其一，三非人员的日益增多。近年来，随着我国边境经济发展和社会进步，境外人员包括跨界民族非法入境、就业和居留的人越来越多。如东北三省的三非朝鲜人较为集中，广西和越南的三非越南人和缅甸人等数量较多。

其二，跨界通婚的不断扩大。跨界民族素有同族通婚的传统，加上近年来经济与人口等因素的推动，跨界婚姻更是呈现出不断扩大的势头。2012 年，云南省 25 个边境县（市）跨界民族通婚共有 37360 对，涉及 267 个乡（镇）、2226 个行政村和 19938 个自然村。[③] 这些跨界民族的通婚绝大多数是非法事实婚姻，严格依法登记结婚的较少，因此就更谈不上加入中国国籍和正式落户。即使是那些办理过婚姻登记手续的夫妻，大多数也未能或无法按照我国的法律规定办理入籍和落户手续，这就导致了边疆地区无国籍、无户口、无结婚证的“三无人员”大幅增加，从而带来了一系列社会问题，如传染病的蔓延，社会治安的混乱，外来宗教的渗透与入境通婚人员的个人发展、权益保障以及子女发展等方面的问题。[④] 与跨界民族非法婚姻相伴随的还有一些骗婚、非法移民和人口拐卖等现象的

---

① 朴键一、李志斐：《朝鲜“脱北者”问题的国际化及其影响》，《现代国际关系》2012 年第 7 期，第 3 页。

② 何明：《开放、和谐与族群跨国互动——以中国西南与东南亚国家边民跨国流动为中心的讨论》，《广西民族大学学报》2012 年第 1 期，第 4 页。

③ 云南省民委外事接待处等：《云南跨界民族跨界婚姻调研》，《今日民族》2014 年第 2 期，第 23 页。

④ 黎海波：《论我国跨界民族的双重作用与双刃剑效应》，《理论月刊》2014 年第 9 期，第 159 页。

发生。

其三，边民规模性回流成为一个新问题。由于我国改革开放的深化、兴边富民行动的实施、边疆经济社会的发展以及国际因素等多重影响，以往流出的边民规模性地回流入境定居，构成边境地区的一个新现象与新问题。近年来，边境跨界民族中的回流人员逐步增加。据不完全统计，截止2012年底，云南省回流边民约有1144户，共5598人。[①] 其中，又以怒江州回流边民最多，占回流人员总数的85.6%。因边民回流而引发的户口、住房社会保障、社会治安等问题给当地政府造成了较大的压力与挑战。

总之，对边民与跨界民族而言，他们恒久作为某一国民的意志并不坚定，而文化利益和物质利益经常成为决定其身份选择和地域以及国家归属意识的重要因素。[②] 因此，在国际、国内多重因素的影响下，跨界民族既有不同民族共时性的流出与回流，也有同一民族历时性的流出与回流。

2. 跨国犯罪

伴随着改革开放、沿边对外开放以及全球化进程的加快，边疆民族地区的跨国犯罪活动越来越猖獗，跨国暴力恐怖活动、贩毒、走私和人口拐卖等跨国问题也不断产生。

近年来，“三股势力”和藏独集团在新疆和西藏等地活动猖獗，接连制造了多起暴力恐怖事件，严重威胁着当地的社会稳定与人民群众的生命财产安全。这些暴恐事件基本都呈现出利用民族宗教因素，境外指挥、境内组织、网络化以及内外联动等特点。因此，加强边境管理，切断境内外民族分裂和宗教极端势力的联系纽带，与周边相邻国家建立和强化反恐协作机制，是维护边疆稳定与国家安全的重要措施。

在跨国贩毒方面，新疆和云南地区毗邻世界毒源地“金新月”和“金三角”。近年来，这些地区的毒品不断向我国扩散，贩毒组织把边民跨境交往作为其贩毒走私的重要渠道和中介。在近年来边疆地区查处的大量贩毒案件中，有一部分的贩毒涉案人员是跨界民族的成员。由于有熟悉地形、通晓两国语言和文化的边民与跨界民族的参与，增加了打击贩毒的难度。

---

① 云南省民族事务委员会：《云南跨界民族社会管理有关问题调研报告》，2013。

② 谷家荣：《边民生活政治：滇越跨境民族的记忆、心境与行动》，北京：社会科学文献出版社2013年版，第34页。

人口拐卖已经成为全球的第三大犯罪产业。大湄公河次区域（GMS）是当今世界上拐卖妇女儿童最为集中的地带，每年都有数十万妇女和儿童被拐卖。在我国云南和广西部分地区，跨境人口拐卖犯罪非常猖獗，严重影响了当地的社会治安和人民生活。

3. 宗教渗透

我国的跨界民族大多都信仰某种宗教，如伊斯兰教、藏传佛教、南传佛教、天主教或新教，还有许多各自的原始宗教和本土信仰等。因此，宗教活动是跨境交往的重要内容之一。但需要注意的是，近年来境外背景复杂的各种组织，利用跨界民族宗教交流对我国进行宗教渗透。如在跨界民族的宗亲联系、经贸往来与文化交流中传播教义、发展信众；在边疆民族地区捐助修建宗教场所；开办宗教培训班和举办各种法会等吸引信众出境“学习”；派遣大师活佛入境传经布道；制作和传播纸质与电子宗教宣传品；通过电台和互联网等科技手段进行空中传教等。除了直接向边疆跨界民族地区进行宗教渗透外，境外宗教势力还利用跨界民族这一中介逐步向内地更大范围地扩展与渗透。

4. 市场化对跨界民族经济的冲击

在当今的边疆民族地区，尤其是在跨界民族地区，市场主体的发育程度与市场运行的基础性条件等都与理想化的市场经济运行的环境和条件存在着很大差距。甚至在一些边境区域，自然经济仍占据着重要地位。[①] 以前，跨界民族之间共同的文化与民族认同使其在相互的经贸联系中起着较为特殊的纽带作用。而在当今市场化的冲击下，跨界民族传统的小边贸与发达地区的大商贸相比自然处于劣势，如参与我国与中亚外贸的跨界民族很少，这一外贸大多是由东部沿海地区的商业经济组织主导。[②]

即使是在一些外来冲击并不明显的地方，跨界民族之间的经贸联系也存在着其他民族影响的问题。如滕传婉等对西双版纳傣族自治州勐腊县南浪村跨界民族关系进行了实地考察，结果发现南浪村跨界民族互动的特点是：跨界同一民族（跨界哈尼族）之间文化互动较多，而经济交往较少；

---

① 李俊清：《科学调适民族地区政府与市场的关系》，《理论研究》2013 年第 3 期，第 3 页。

② 金炳镐：《跨界民族与民族问题》，北京：中央民族大学出版社 2010 年版，第 210 页。

跨界不同民族（跨界哈尼族与傣族）之间经济交往较多，而文化互动较少。[①]

因此，跨界民族的经贸合作如何在全球化的市场浪潮中调适，应是一个值得关注的重要问题。

三、跨界民族与边疆公共事务治理：基于边域的区域多元治理模式

人们通常认为，中国的边疆区域，就是少数民族聚居和生活的地方，然而其中却有一个历史性的变化。历史上的边疆可以说主要是少数民族的聚居区，而发展到今天，则应强调为跨界民族聚居区。[②] 因此，跨界民族事务构成了当今我国边疆治理的重要组成部分。

跨界民族与单纯的少数民族相比，一个最大的特点就是具有国际性，“是一种兼有国际关系与族际关系内涵、又兼有政治与文化内涵的特殊人们共同体和族群集团。”[③] 边疆公共事务治理视野下的跨界民族问题，涉及的区域与领域非常复杂，既涉及不同边疆与微观区域，又涉及宏观区域和次宏观区域；既涉及国内民族政策和边疆发展问题，又涉及周边国家民族政策与边疆发展问题；既涉及国家内政问题，又涉及周边影响和国际干预问题；既涉及传统安全问题，又涉及非传统安全问题；既涉及边防和恐怖主义等政治性公共事务，又涉及经济合作、生态环境、人口婚姻、文化教育等经济性和社会性公共事务。由此可见，跨界民族事务并不只是与“民族”有关，也并不只是与边疆有关，更不只是与其所住国有关，其本身就是一个复杂的“区域问题”。因此，我们应该转变边疆公共事务治理中的传统模式——族际主义的一元治理模式，[④] 坚持民族因素与区域因素相结合，[⑤] 尝试构建区域主义的多元治理模式。

---

① 滕传婉、金炳镐：《跨界民族的经济文化互动与民族关系发展——以西双版纳州勐腊县南浪村为例》，《云南民族大学学报》2014 年第 2 期，第 20 页。

② 马曼丽：《中国西北边疆发展史研究》，哈尔滨：黑龙江教育出版社 2001 年版，第 27 页。

③ 马曼丽、艾买提：《关于边疆跨国民族地缘冲突的动因与和平跨居条件的思索》，《中国边疆史地研究》2003 年第 2 期，第 59 页。

④ 周平等：《中国边疆治理研究》，北京：经济科学出版社 2011 年版，第 101 - 102 页。

⑤ 《中央民族工作会议暨国务院第六次全国民族团结进步表彰大会在北京举行》，《光明日报》，2014 - 09 - 30。

边域（边疆的社会化）的主要功能是跨越国界的交往、交换、交通、交易和交流，这种跨国活动生成和构建了一种非军事和非政治的经济区域、社会区域、文化区域与生活区域。① 当然，当前处于和平与发展这一总体时代主题之下的边疆，除个别存在争议的特定区域外，其军事功能的地位相对有所下降，而社会和政治功能的地位逐步上升。

基于这种观点，综合当前我国跨界民族的主流趋势是与境外同族和平跨居、自由往来这一特点，以及当前我国的跨界民族问题更多地是体现于非传统安全领域这一特点，我们应该从边域的视角出发来构建跨界民族边疆公共事务治理中的区域多元治理模式。当然，这里的边域是综合了社会空间、政治空间与军事空间的跨地区场域，并不仅是单纯的社会空间。

治理就意味着政府、社会和市场的一种新的组合和多元参与。边疆公共事务治理是一个内容广泛、参与主体和治理机制多种多样的过程。其中有非常多的问题需要去关注和研究。

结合跨界民族与边疆公共事务治理来看，在治理内容上，主要包括：各种分裂势力利用科技手段和社会网络等不断扩散蔓延的非传统威胁；跨国贩毒、走私、拐卖人口等跨国犯罪问题；艾滋病防控等公共卫生问题；宗教渗透、跨界民族教育、公民认同等文化安全问题；环境污染和植被破坏等生态保护问题。当然，对于不同的地区，其内容侧重也是不一样的。

在治理主体上，应构建一个由我国中央政府、边疆地方政府、边疆社会（跨界民族）组成的以及周边邻国中央政府和边疆地方政府以及边疆社会（跨界民族）“协同”的主体结构。

在治理机制上，可以从以下七个方面来加强建设：

其一，将跨界民族地区作为一个特殊的区域进行规划调整，确立其在全国甚至全球市场格局中的位置，充分发挥中央、发达地区与民族地区三个方面的积极性，加强边疆与内地的经济联系，促进边疆民族地区自我发展能力的提升，着力改善跨界民族地区的民生，引导跨界民族人口和资源与中、东部地区形成合理的交流与互动，从而以经济融合推动各民族共同利益体系的建构。

其二，坚持法治化原则，立足社区，加强和创新跨界民族地区的社会

---

① 邹吉忠：《边疆·边界·边域——关于跨国民族研究的视角问题》，《中央民族大学学报》2010 年第 1 期，第 11－12 页。

治理。没有社会治理的法治化与现代化，就没有民族地区的稳定、发展和进步，也就没有边疆和国家治理的现代化。边疆地区党委与政府应当以法治为保障，切实落实宪法与民族区域自治法的规定，积极调动社会力量加强和创新社会治理。同时，也应以社区为着力点，大力推动建立“相互嵌入的社会结构与社区环境”。①

其三，合理引导跨界民族的社会文化生活，加强对跨界民族宗教活动、非法婚姻和跨界民族教育等方面的引导与治理，着力培育和强化公民认同与国家认同。如许多边境地区实施的“国旗工程”，即由国家出资，在边境的街道和村寨等地悬挂国旗，每逢重要节假日，“国旗工程”点都要举行庄严的升旗仪式。此外还有对边境地区广播电视信号的全覆盖以及其他多种形式的民族团结和爱国主义教育活动等。

其四，构建周边调查与协调机制，周边国家的发展变化与政策动态无疑会对本国的跨界民族产生一定的影响，如越南对其跨界民族地区推行的优惠政策和措施、哈萨克斯坦经济的快速发展等，都会对我国毗邻地区产生一定的影响。因此，我们一定要密切关注周边国家的发展动态及其民族与边疆政策，及时发现问题并采取应对措施。

其五，坚持“以邻为善、以邻为伴”的周边外交方针以及“睦邻、安邻、富邻”的周边外交政策，充分发挥边疆地方政府在“外交”中的积极作用，推进双边或多边合作的共同治理机制。如在双边治理机制上，云南西双版纳与老挝南塔省以及丰沙里省建立了164万亩的天然林联合保护区域，协助缅甸边境地区实施毒品替代种植等。在多边治理机制上，继续推进上海合作组织在打击“三股势力”和治理跨国犯罪问题方面的协作配合，完善中老缅泰湄公河流域执法安全合作机制等，扩大共同利益领域，不断深化合作。

其六，政府部门要善于与非政府组织进行合作，发挥其积极作用，遏制其消极影响。当前非政府组织在云南等边疆民族地区的活动较为活跃。据2013年5月的统计资料显示，在云南省备案的境外非政府组织就有39

① 《中央民族工作会议暨国务院第六次全国民族团结进步表彰大会在北京举行》，《光明日报》，2014－09－30。

家之多。[①] 其功能涉及扶贫、教育、防艾、环保、戒毒以及社区建设等多个方面。对于非政府组织的作用，我们也应辩证看待，要注意在不被国际反华势力利用的前提下，充分发挥它们的积极作用。

其七，构建跨界民族的参与机制，增强跨界民族的主体意识，发挥其边域优势和文化资本的作用，促进族群—边疆—国家的多赢。公共事务的“治理”本身就意味着多元主体的参与，只有在政府的主导下，充分调动市场和社会各方力量共同参与和协作才能达成“善治”。除了可以发挥跨界民族在推动经贸合作与文化交流等方面的积极作用之外，还可利用跨界民族的文化与社会资本，动员跨界民族积极参与艾滋病的宣传与防治工作，如云南德宏傣族景颇族自治州在艾滋病治理中就善于把傣语和傣戏以及“洗寨子”这些文化资本利用起来。[②] 此外，云南省勐腊县还与老挝警方建立了信息资源共享、联合扫毒、联合打击毒品犯罪的跨境联动机制。即使是在维护边疆民族地区的国家安全与社会稳定方面，除了军队和警察等国家强制力量之外，也可发挥跨界民族的重要作用。跨界民族大多是土生土长于边疆的居民，非常熟悉边疆的地形地貌，同时又与界外同一民族保持着较为密切的联系，对周边邻国的情况相当熟悉。有边民，才会有边疆，才能更好地守边防。只有充分发挥“一座毡所（农舍）就是一个哨所，一个边民就是一位哨兵”的特殊作用，积极探索建立和完善边民参与的边境联防联治体制和机制，才能确保边疆地区的长治久安。

---

① 段学品、张海夫：《边疆多民族地区非政府组织发展与维稳方式转变》，《云南行政学院学报》2013 年第 6 期，第 140 页。

② 余翠娥：《公共事务的合作共治——德宏傣族景颇族自治州艾滋问题治理模式研究》[D]，昆明：云南大学博士学位论文，2011 年，第 69－70 页。

新问题意识下的“新丝路”

——“丝绸之路经济带”与文化转型研究

赵旭东

（中国人民大学人类学研究所所长，教授）

有关“新丝路”实际上就是在一个新的时代里我们有意识地或者更加自觉地去从自己借助于行走的道路而走向他者。具体的“丝绸之路”，可能很多人也像我一样不能马上或者更为精确地说出它的地理位置，但是只要是走过河西走廊，只要是去过新疆沿着天山走廊而行进的，都会对丝绸之路不会陌生，但说到底丝绸之路的意象还是概念意义上的。可能这个概念当它最初提出来之时一定是带有一种浪漫想象的，这是由德国人李希霍芬提出来的，德国人的浪漫情怀不仅表现在文学上，也表现在地理学的探险上。因此从西方到东方，欢声鼓舞的人很多，逐渐也就成为一个不言自明的事实，甚至是转化成为一种社会事实，接着人们还依此而提出了像“海上丝绸之路”的概念，都可谓是这一类概念的社会制作的一部分。历史上的人，乃至于我们今天的人，实际上都在参与到这个概念和文化意义的制造过程中来，只要你开始对这个论题感兴趣，你就是一个地地道道的文化观念的制造者了。所以，我想我们尽管在这个问题上每个人都不是专家，都属于是“不识庐山真面目，只缘身在此山中”的参与者，但也许通过相互的讨论和交流，我们能够把这个问题看得更为清楚，从层层迷雾之中跳出来形成一种文化的解释和理解。

道路与互惠

我认为不论是对于新丝绸之路还是旧丝绸之路，乃至于海上丝绸之路，这里都隐含着一个可能最基本的概念，那就是一个互惠的概念。它如何能够在今天的世界中发挥其应有的作用，成为我们社会科学研究者的一个当务之急。就中国自身而言，今天的中国也和过去的中国大为不同，而且我们还要记住，今天的中国已经深度融入到了一个新的世界体系中去，到处都有中国人影子的世界为今日的中国谱写出一个新的篇章提供了机会。而且，从另一个方面也一定要记住，今天的世界和过去的世界也大为不一样了。当然，今日的丝绸之路也跟当年所谓唐朝或者说汉唐的风格也不一样了，即前后之间的传统大不一样。就交通工具而言，过去是靠人和牲畜走出来的丝绸之路，今天可能是被天上和地上的各种形式的高速交通网络所覆盖，随时的远去和归来，让这个世界变得非常窄小和拥挤，人和人之间如何能够在这狭小和拥挤的世界中进行一种真正有互惠做基础的交流就变得越来越重要，也越来越紧迫。很显然，没有人愿意终日生活在一种不安定和动乱之中。阿拉伯世界乃至非洲的动荡，显然并非他们自己想要的生活，但很显然，他们的传统因为受到了藐视和破坏，而使得他们社会文化里的原本顺畅的互惠交流变得越来越困难，这种困难的互惠交流的极端形式最终也只能是通过战争来加以解决了。

很显然，正如我所指出的，这个丝绸之路的概念也并非是中国人自己的概念，尽管这条路的最核心部分是在中国，但它是德国人李希霍芬提出来的概念，通过概念的传播，进而变成为一个世界性的概念。凡是提到中国的西部，这个概念首先是要被人们想起来的。但无论如何，我们从最初的命名权上就丧失了提出我们的命名的机会。很显然，我们不能回到故事的原点去做一种凭空和自足的想象，我们也不能用一个想当然的、自以为是的名字去安插在丝绸之路这个响亮的名字之上，但我们还是需要有一种反思，需要从一些最为基本的问题，比如命名权的问题上去开始一种反思。

而在这些反思中，在我看来一个最为核心的问题就是我们为什么相互之间可以交流？实际上这里头有一个非常重要的东西，那就是我们的大脑，人是真正能够有理性思维大脑结构的动物，可能到头来我们所有的行为无一不是受到这个大脑的支配的，当然有些情感性的可能不是直接由大脑控制，但没有大脑的正常功能的运作，这种行为也一定是处在混乱之中的。可以去想一想，如果某一个人的大脑患了老年痴呆症了，那什么“丝绸之路”“一带一路”这些概念对他而言统统都没有了，因为那时候他只可能知道最基本的吃喝了，思维能力就没有了，当然大脑加工概念的能力也没有了。一般人在正常思维的时候有一种表征的交流，即大脑里的心理表征通过个人的表达转化出去就成为公共表征，而公共表征经由个体的内化过程就转化成为一种心理表征，在这个过程之中，存在着的是叫做“表征”的大脑内外交换的过程，这个表征的理论成了今日认知人类学的根本，值得引起注意。①

借助这样一种表征传递的理论，我们可以进一步推论，在一个实际的人与人之间的交流之中，我们是在把一些看起来是公共场域里的社会事实借助公共表征的形式而转化成心理表征，然后再转化为公共表征，即通过心理表征到公共表征之间的表征转化的链条来进行实际的交流，在这个基础上，我们似乎才能真正在一起去讨论所谓“新丝绸之路”这样的核心概念在今天的含义是什么，也才能赋予旧的丝绸之路以新的意义。

这样的表征的交流，你看图1这张照片，这是我2003年在荷兰的一个小城镇的街头拍下来的，在这里你会看到我们文化里很熟悉的给人看手

图1　荷兰一个小镇街头的看手相（赵旭东摄于2003年10月）

① 赵旭东：《文化的表达——人类学的视野》，北京：中国人民大学出版社2009年版，第315—369页。

相的文化实践在那里变成了他们挣钱的工具，这种知识也有可能又是从中国哪里学来的，甚至还使用了高科技的电脑来看手相或算命之类，这样的新算卦模式在中国也并非缺乏。由此这个看手相的算卦文化它就不再是固定在某一个人或者某一个文化上面，也没有那么清晰可鉴的边界，或者固定到某个国家之上，形成一个某一个国家或某一个民族的专属的文化那样狭隘的认识。

也许过去曾经是这样，但我们今天已经发生了改变，已经不再是这样了，如果再是这样，那无非就是要把文化硬塞在某个民族和文化之中去，至少在今日强调文化多样性的世界大潮之下，这种做法和认识是不足为人所称许的。那样封闭起来看世界及其文化的看法，至少在近代世界的发展史上已经不再是一个主流了。在哥伦布发现新大陆的同时，我们的航海家们也曾经称霸于海上，但是由于16世纪的闭关锁国，在西方世界哥伦布可能是一位了不起的英雄，而在中国则成了明朝“嘉靖倭难”要打击的核心对象，即海盗或者倭寇。历史学家叶显恩先生在谈论徽商与海洋贸易时有这样一段概括性的判断，即便今天读来也是发人深省的：

> 16世纪中叶以后，由于东亚海域贸易格局的变化，海上走私活动转移到杭州湾外的舟山群岛，以双屿港、烈港等为中心。徽州位于皖南，与浙赣两省为邻，在新安江通往杭州湾，自徽州入海尤为便捷，新安江成为联系海洋的纽带。正在崛起的徽商，面对因应世界新兴起的海洋热，自然不可能置身于外。以汪直等人为代表的徽商，对时代富有敏感性，善于抓住时代的脉搏，所以敢于加入向海洋挑战的世界性行列。他们这种超前的思维和举动，自当不能见容于当时的社会，更不能为当道者所容许。这段聚讼纷纭的所谓“嘉靖倭难”的历史，相信我们的后人将对之做出永无止境的对话。①

如果我们那时的朝廷与时俱进地采取“走出去”的路线，鼓励民间资本向一个未知的海洋世界的冒险，那以西方为中心的近代世界的历史可能就会被改写了，但很显然历史从来都是不能够去加以改写的。在这个意

① 叶显恩：《徽州与粤海论稿》，合肥：安徽大学出版社2004年版，第121—122页。

义上，用今天的眼光去看待所发生的过去，一种封闭而孤立地看待世界的眼光，不论是在过去还是在现在，从来都只可能是一个错误的开始，最终只可能是以一种无法避免的悲剧而收场。

互惠与文化自觉

在这种当代意识的前提下，我们必须要去学会用一种互惠和交流的视角去看待整个世界，同时在这个过程中，真正学会去和这个世界发生一种真实的接触与互动，理解在不同文化与社会制度背景下的互动交流的本质，即在这背后是一种对于一般性的互惠观念的理解。当然，这并不是说我们古人原来没有互惠的观念，恰恰相反，在那样的相对原始的社会之中，实际充斥着的是各种形式的互惠关系。马林诺夫斯基在1922年出版的《西太平洋的航海者》这本人类学的民族志经典中已经把这问题呈现得再清楚不过了①，但要清楚那种互惠往往都是处在一种文化的无意识的状态之中的，但在今天，我们却有必要把过去的那种互惠观念的文化无意识转变成为一种文化的有意识，即一种建立在个体自觉基础之上的文化自觉。②

对人类学家而言，这种文化自觉是从人类学家的田野工作中感受并体会出来的。我之前曾经做过活跃在华北乡村社会中的各种庙会组织的调查③，应该说，华北庙会组织的结构和丝绸之路的基本结构没有两样，只是空间范围大小以及族群多少的问题。这其中核心的共同性就是往来互通之中的礼物互惠关系的社会培育和保持。我们现在国家拿着那么多亿的钱去中亚“送礼”，也是希望接下来有一种贸易上以及伙伴关系上的良性回馈和互动。而在我研究的范庄村那样的一个华北村落中，我们老百姓也会拿钱送给神，用舞蹈和唱经去娱神。很多人可能不大会理解，为什么到庙里来之前，外村来的人要和村里人比着要一起跳舞呢？这显然不是平白无故的跳舞，这是他（她）们专门跳给神的，这样的舞蹈才具有了一种特殊的意义，这是在神的护佑之下给神的一种反向馈赠，对此一种身体的舞

---

① Bronislaw Malinowski，1922，Argonauts of the Western Pacific. Prospect Heights，Ill.：Waveland Press.

② 赵旭东：《个体自觉、问题意识与本土人类学构建》，《青海民族研究》第25卷，2014年第4期，第7—15页。

③ 赵旭东：《中心的消解：一个华北乡村庙会中的平权与等级》，《社会科学》2006年第6期，第31—42页。

动以及伴随着舞动而有的礼物的呈现，便是他们全部情感的最为直接的表达，以此而实现着一种人神之间的互惠关系的达成。没有这种人神的关系，人和人之间的世俗性关系是难于获得一种长久保持的合法性的。也就是在没有村神的感召之下，人群分离的速度远远大于其聚合起来的速度。而这恰好就是人之所以借助各种形式的表达而实现聚会目的的根由所在。而在纯粹世俗的社会中，即在已经没有了人神关系强力维系的社会之中，这种聚会就变得越来越不可能，也越来越松散，这种不可能和松散的原因就在于人神之间一种互惠关系的被切断或打碎。

这里有一个借助超越性的神的存在而构成的一个往来交换的圈子，在周期性地跟村神的交换之中，实际上也完成了人群和人群之间的交换。在华北的庙会联系之中，我们所看到的是大家相互通过互惠关系而串通起来的圈子不断扩大的往来互动的联系，这个圈子既可以被我们当成是一个经济圈，也可以被当成宗教力量影响的一个圈子，还可以看成是帝国以及国家政治力量要去控制的圈子。换言之，它是民间乡村社会物品交流以及互相人情往来的圈子，同样在过去的时代也可以是一个借此培植秘密社会，发动造反的一个圈子。[①]

当然，在这个互惠关系的背后是一种严格的对于平等逻辑的追求。这种平等是建立在一种相互性的依赖的基础之上的。平等并不是指相互之间的一摸一样，不是均质化，而是各自保持着差异的一种关系上的平等。如何理解这种关系上的平等？根本的是要有一种对于相互之间平等的感受，这种感受又是建立在相互的理解基础之上的。一定意义上而言，西方人所带给我们的人类学是一种不平等的人类学，也就是相互之间没有互惠关系存在的人类学，这种人类学从骨子里相信遥远的他者就是一种那里的、那时的野蛮的社会，而堂而皇之的文明就在西方社会的现在或当下，即在西方人这里，但是他们所认为的“那里”都不是一种西方中心的价值观所拥有的，而只能是在他者“那里”才会出现、发生和存留的。所以，我们今天说的边疆，根本上就是曾经被西方近代以来的民族国家自我中心意识所界定为是边缘的野蛮社会的边疆，因此，在我们今天再去使用“边疆”这一概念的时候一定要小心又小心，一定先要问一个究竟是“谁的

① 韩书瑞：《山东叛乱：1774 年王伦起义》，刘平、唐雁超译，南京：江苏人民出版社 2008 年版。

边疆”这样的问题，而不要被这些预先带有一种西方价值判断的观念所牵引着走。

这里我们所看到的图 2 这张图片是差不多一百年前美国一本流行杂志上所发表的文章附属的一张图片。当时的中国人，即作为整体的中国人，包括所有的少数民族在内，都被大清朝的辫子所代表了，图中西方人将我们的这根辫子当成是一条猪的尾巴来描绘，这篇文章的标题叫“达尔文的再解释——中国人和猪的创造”。而要知道，这样的图片在当时是非常

图 2　一百多年前美国一流行杂志上的中国人形象

普遍和流行的，当时的美国人大概并不认为这样去思考有什么特别的不妥，而今天他们作为一种觉醒应该深度地反省到了这是一种对于中国人及其文化的蔑视。尽管时光荏苒，但一百多年过去了，我们占主流的意识形态之中在骨子里难道真正能够摆脱掉这样一种潜在的由进化观念而构想出来的等级性的文化差异的观念吗？也许并不那么容易弄清楚，但可以去实实在在地考察一下美国乃至于西欧今天的民族问题，或许很多的问题会一目了然。而法国在此前不久发生过的《查理周刊》遭袭击的事件，不也从另一个方面说明了这种观念的根深蒂固吗？

在这冲突的背后实际上是一个分类的问题，即我们把一种本来不可分类的变动不居的民族存在状态做一种使之类别固定化的分类处理，由此而必然带来的在民族识别上的一些困难和曲折。而面对作为有着自主行动能力的个人以及由这样的个人所组成的各种类型的族群，它的生成和演变都是依照一种不断进行之中的分与合的原则而展开的。在这个意义上，民族到最后可能就是不可分类的，因此在概念上是可以把这个族群的人说成是侗族，而另外一个族群的人说成是苗族，而且在牵涉到政治权利以及实际的利益的分割上确实是有其划分意义的存在，但是在族群比邻而居的空间中，这种区分实际上是难于真正的实现以及划分清楚的，很多时候往往都是一种“你中有我，我中有你”的相互嵌入以及相互依赖的存在形态。但一旦分类成为族群分化的一种主导思维，那对于不可分类的族群也就只能是迁就于可分类的了。我曾经看过一个研究生的身份证，他在贵州办的身份证上写的是穿青人，那写得很清楚，在贵州穿青人是享受少数民族待遇的，但是他来北京上学，在北京的派出所里换了新的身份证，但这身份证上的“穿青人”的族称就没有了，而是变成了“其他”。身份证是很个人化的东西，是每一个人自己身份认同的标志，“其他”就意味着难于分类，而且还把他打入了不可分类的另类，想想看这个学生在拿到他的身份证前后一对比之时会有怎么的情绪感受？很显然，我们的民族问题往往不是出在大的理论问题上，而恰恰就是在小的物质性以及观念性的界定上会出问题，到头来会引起对不可分类的现实做一种强制分类的束缚，到头来使得个人和群体的认同都会出现自我的困境和冲突。[①]

---

① 赵旭东：《中国民族研究的困境及其范式转换——基于文化转型语境》，《探索与争鸣》2014 年第 4 期，第 29—35 页。

两种意识形态

基于这样的认识，我们该以怎么的姿态去看待在根底上有着族群多样性存在的所谓新丝绸之路的问题呢？我认为需要从反观历史的角度上去重新思考这条道路或者这个经济带的建设模式该向哪个方向去前行的问题。这条道路所展开的建设思路与过去近百年以来中国建设的整体思想方式是紧密相关的，因此而不得不做一种历史的考察。

一般而言，这一百多年来的中国政治思维的方式可谓有两种，一种是所谓拆的逻辑，另一种就是建的逻辑，二者可以说是国家建设中的两种最为极端的形态并在中国得以实践，而其他的形态都不过是在这极端的两者之间做一种摆动的中间形态罢了。这里所谓拆的逻辑就是将现存的任何事物都先行破坏掉，借助不破不立的古训，先是否定和拆除，然后进行反思，最后就是推倒重来的革命，列宁的那本《国家与革命》在今天依旧值得去读，他从拆的逻辑上把国家与革命之间的关系讲得最为清楚和透彻，他曾经坚定地说，只要不消灭国家，所谓的民主和平等都是没有用的[①]，这种彻底的革命观今天可谓是一种过度极端的做法，造成的社会与文化崩解的后果也是惨重的，因此真正在意它的人也不会太多。但在我们实际生活里这个拆的思路是有的，比如北京街头很容易见到的那个“拆”的符号，它不仅是一种实际的建筑物的拆除，也是一种曾经占据主流的拆的意识形态的反映、沉积与转化。[②]

在近百年的中国社会变迁中，包括鲁迅在内的社会改革者，乃至于所有早期的革命者都将自己奋斗的理想建立在这个“拆”的思考之上。鲁迅通过《呐喊》《狂人日记》反映了这种愿望，而其他的人，包括“五四”运动的诸多引领社会潮流的人，都借助反传统而彻底地表现出自己对于“拆”的信仰和实践。但这种观念在一个社会走上一种有序建设时期就可能隐含有一种权力的支配，很显然北京街头可以很容易见到的这个“拆”的符号没有人会将此写到某一幢高楼大厦或者高墙深院的墙壁上去，而只能是写到被国家、社会精英以及各自的利益相关人所界定为是需要改造、需要拆迁、需要被重建的那些可能几辈子人都是在这里居住的老

① 列宁：《列宁选集》（第三卷），北京：人民出版社1972年版，第175页。

② 赵旭东：《拆北京：记忆与遗忘》，《社会科学》2006年第1期，第115—125页。

旧房子的墙壁上面，而那些等待被拆迁的人很显然都是这个社会中最为普通的百姓，他们同时也是这个社会中发不出来声音的弱者，但却无疑也是这个社会中文化传统的坚定的捍卫者、守护者和传承人，但很显然他们却没有这种维护自己生活的基本样态的权利，那只是因为他们都是一些住在这些待拆的房子里的普通百姓，他们住的房子也许可能有一百年甚至更长，肯定要比很多人的寿命都要长，而且这些老房子也确实漏雨，但我们作为并非在里面居住的人，又有怎样的权力可以而且能够把这个“拆”字写到他们住的屋墙上去呢？在这拆的逻辑方面还可以举出很多例子出来。而最早的那种为真理而不懈斗争的观念背后实际也都隐含有这种拆的思维逻辑在其中，即如果不能把这个世界打得落花流水，打成稀巴烂，不将它所有的现存制度都推翻掉，那新的秩序就建立不起来。很显然这些都是最为极端的拆的意识形态，而经历了“文革”的人大约都知道这套急功近利的革命的逻辑对社会秩序的构建所造成的危害以及长期的难于恢复元气的社会事实。

而与拆的逻辑形成一种对照的则是一种建的世界观，随之而构成了一种建的意识形态。可以说我们今天的世界观实际是在一种“建”的话语背景下在建构全世界的未来图景，显然不再是去拆掉这个世界，而是在寻求一种具有共同意识的建的发展路径。对于世界上所存有的各种文化宝库，我们将它们看成是不能对其再行任意破坏的文化遗产，通过对于这些零散的、混乱的、细枝末节的遗产的辨别、修缮以及登记造册，形成了一种连接的而非断裂的、欣赏的而非嘲讽的以及融合的而非抽离的新的审美观念，这是在一种“建”的观念下逐渐形成的一种基本叙事逻辑的特征。换言之，人们对于这个世界上所存在的自然、人群以及所有人造的艺术品不再是去锤炼它，也不再是去讽刺它，更不使之分裂而成为碎片。

我们看新中国成立之初中华人民共和国首都的天安门广场是这样的(见图3)，那是一张正在建设之中的图片，那时整个国家的力量都凝聚到要去重新建设这个属于人民的新国家上去。原初的天安门广场也没有现在这么大，你会看到，当时我们就已经有这样大型的推土机把这个象征皇权的空间转变成是一个供新中国的人民可以聚集在一起的广场空间，今天我们所看到的这些图景难道不是当时“建”的意识形态的一部分吗？今天高速铁路的建设使得城市与城市之间的距离开始拉近，外加上飞机的全球范围内的往来复去的高速运行，在这样高速度的世界里，我们可以在可预期的数小时乃至更短的时间里抵达我们实际想要去的任何地方。中华人民共和国的国民生产总值在1953年年底还都不到900亿元，2008年就是30多万亿元，现在这个国家大部分人的口袋里都有些钱了，但是人们还是不满足，说还是不够，比如会说相比某人自己还是不够，等等。这实际上是一种由“建”的意识形态所直接延伸出来并凝固在人们心理上的一种固化的思考逻辑。

图3 1949年建设之中的天安门广场

这样一种高速度的“建”的结果就是要使大家能够在短时间里更加富裕，但是在人们富裕起来之后该怎么生活现在却很少有人思考，特别是在政府这一层的政策制定和执行部门，没有这一层的参与，很多的规划一旦形成并实施下去，造成的结果就可能是灾难性的。现在的政府实际上也意识到了这个问题，在放缓经济发展速度的同时也在寻求建立一个经济的新常态，这显然是一种政府自觉的开始。但很显然，我们之前的高速发展已经造成了一些负面的影响，并持续地在后来的发展中发挥其效用。各种高速道路的开通确实从时间上和空间上缩短了人们相互之间的距离，但是这也使得人们在旅途中可以发生的故事越来越少了，今天人们行动的目的似乎就变成是要从甲地快速地移动到乙地，但中间究竟经历了什么却全都被这高速的景物转瞬即逝的交通所淹没了。你看中国西南部的那些崇山峻岭，它们都曾经是文化多样性的一道天然屏障，在相互并非方便的交通下，那里的人们安祥地过着自己祖辈上就这样传递下来的生活，但很显然，这样宁静的也富有文化意义的生活在被政府部门借助并非懂得文化意义的工程师们的高速公路的规划设计而使之在逐渐地消失，借助这样一种高速交通的运转，人们从衣食住行上都在改变着自己传统的面貌，人们在这种改变之中，或者说在这种建的意识形态影响之下，也在悄然地将自己传统型的生活丢弃掉了。在拆的意识形态之下，人们也许还可以通过“弱者的武器”的抵抗作用而保留下一些传统，但是在建的意识形态下，因为这背后体现的是一种人或一类人对于另外一种人或另一类人、一个地方的人对于另外一个地方的人以及一个层次的人对于另外一个层次的人的关怀和爱护，因此它使得人再也无力去做一种反抗，只能乖乖地接受一种文明化的改造和转变。而所有这些很显然都不是古代人所能想象到的，可以想见，最初的丝绸之路实际上是一步步地走出来的，最初的茶马古道也是一点一点地开拓出来的，但是我们的高速公路、高速铁路，乃至于高速飞机，却是在把人们放置在一个被抽空了的空间之中，所有地方性的意义都因此而被磨平甚至是视而不见了，偶然有的文化旅游也不过是游客眼中一直在追寻的他者，但却不一定是当地人生活的本真。

新丝路与文化转型

最后回顾一下我所讨论的主题。这个主题包含两个问题，一个是新丝路的问题，另外一个是文化转型的问题，实际上也就是一个问题，就是在面临一种文化转型的新世界格局下，我们中国文化该如何以及怎样走出去的问题。实际上，我们所谓的文化转型是在面临这样一种发展的途径而提出来的，那就是如果一种发展的最终结果是要使得人们带上各种的防毒面具而去生活，那也许我们宁愿回归到一种原始的状态。但很显然，这种回归已经变得越来越不可能了，不过还是有很多人在做一种选择上的挣扎，试图去摆脱掉这种不良发展所带来的种种生活的不满意。

今天的这个世界很显然是在一种微电子技术影响下的一种“热的文化”的生产，这种热的文化的一个核心特征就是一种高速的变化。它的内部也存在有一种张力，由此而必须向封闭的社会以外去做一种快速的传递，离开这种传递，它的存在也根本是无意义可言的。因为那些新涌现出来的知识和技术很快就会将无法传递出去的知识和技术淹没掉以及扼杀掉。而所有的这些“热”的技术，实际上都不会和人的生活之间有一种真正持久的密切性结合，更多的情况则是技术进入生活并对生活加以分离，然后再离开生活本身，随之就会有更新的技术接连不断地进入我们的生活之中去，以填补这一不断离开的空缺。[①] 这就是一种所谓的“技术的进步”，它是更多地与对我们生活的彻底的改造紧密地联系在一起的。今天的世界正在承受着从一种相对缺少流动的“冷”的社会向更具流动性的“热”的社会转变的负面后果，因此，今天文化的热度远不是原来的冷的社会里的人所能够真正想象出来的。

显然，今天的世界是在为一种文化的快速转变所裹挟着而向前发展的。与此同时，中国也不再是一般人眼中的那个自我封闭起来的一个国家。它的经济在追逐着世界的脚步而向前发展之时，实际上世界也在向这个国家的文化的方方面面做一种拥抱和靠近。这样两种趋势都是同样的强烈与真实。在这个意义上，如何在一种通道和道路的意义上去重新理解中国以及它所连接起来的世界就变成是一个非常重要的学术论题而展现在中国这一代的人类学家的面前。面对中国文化走出去的同时，中国文化自身的特性也在不断地改变之中。在这个意义上，新丝绸之路的人类学已经是一种面对快速转变之中的世界文化的一种道路研究的人类学，它应该有这样几个方面的新的问题意识可供人们去做一种更为深度的思考。

这些问题简要地说一个是文化的多样性问题，一个是文化自觉的问题，一个是新互惠模式产生的问题，一个是一体的多元的问题，最后是参与式共生的问题。这些都可谓是由新丝绸之路这个概念所延伸出来的道路人类学的新问题意识，非常值得人们花大力气去做深入讨论。

这里所谓文化多样性的问题可谓是人类学的基本，人类学之所以有今天的发展，强调文化存在的多样性很显然是它的立身之本。而恰恰在这条新丝绸之路的经济带上顺序排列的恰恰是各种不同的文化形态，值得我们以一种文化多样性的姿态去对它们加以保护和呈现。而就文化自觉这一点而言，在这条道路上是需要我们有一种主体文化意识的构建的，即如何在一种文化自觉的意识上去构建这条道路的中国意识以及与之相应的文化表达，所有这些都必将成为未来中国人类学家要去努力的方向。要知道，在我们还没有清晰地意识到这条丝绸之路的道路的存在之时，德国人李希霍芬就已经探索到了这条道路并为之给予了一种命名，但这种西方人视角的命名今天看来都是存在有问题的，是到了一个不断要去反思乃至可以重新

① 赵旭东：《人类学与文化转型——对分离技术的逃避与“在一起”哲学的回归》，《广西民族大学学报》（哲学社会科学版），第36卷，2014年第2期，第32—48页。

命名的时候了。对于中国意识而言，它更谓是一条“玉石之路”而非单单的丝绸之路①，尽管这条道路就像并非单单是运送丝绸一样，它也不是单单去运送玉石的，但是恰恰由于中原大地上古时代对于玉石的高层次的需求，才使得这条道路得以顺利开凿和通畅，之后才可能有所谓附带的丝绸这样的货物向世界各地的传播。这种文化自觉意义上的反省在今天变得也特别有意义，我们作为有主体性的文化研究者，这种发自内心的自觉和重新表述可以成为我们新的问题意识的生长点和知识创新的机遇。有一年我顺便到新疆塔里木大学的展览馆去参观，看到那里的讲解词是在用“玉石之路”这个概念，这也许就是一种真实发生的文化自觉，是在脚踏实地的研究基础上对于既有的在西方概念笼罩之下的问题意识的主体意识的范式转换。而与这个问题最为直接关联的便是新的互惠模式的再发现。文化在这个意义上并不是相互孤立的而是相互有往来互动的，而这才可能是真正意义上的道路或者通道人类学的基础所在。我们今天完全可以去看一些新的互惠模式的运行模式，比如去考察跨越国界的石油管道在中国与中亚之间这么长距离的输送当中相互之间的互利共赢的核心机制究竟是怎样的，在这种管道联通和运行的过程中，不同文化下的人们他们究竟是怎样去处理能源、资源、财产以及文化的互惠的问题，这中间也一定是有不少的冲突，那他们又是通过怎样的互惠机制去做一种冲突的化解的呢？这些都会在新丝绸之路的概念之中不断涌现出来的新的问题，值得不断追踪下去进行研究。

多样性必然会牵涉到一个文化多元的问题，但是，这个多元是一定要被限定在一个一体的框架之中的，这便是我们这里所谓的一体之下的多元问题。比如“博鳌论坛”这种国际交流的形式从2002年至今在十几年的时间已经全国开花，在一体的中华人民共和国之内，各个地方都在向世界展现其多样性的文化存在。由此也才真正能够去把国际视野都吸引过来，这同时也是一种参与式共生的新模式，即让世界范围内的所有人都真正参与到这个讨论与协商的过程当中来，这是一个交流互动中体现出来的实践的智慧，而不单单是一个理论构建的问题。同时，参与式共生需要有一种参与的实践智慧而不是空谈理论。面对这样的一种新丝绸之路的新问题意

---

① 赵旭东：《化干戈为玉帛——玉石之路新疆行有感》，《中国民族报·理论周刊》，2013年6月14日，第5—6版。

识，我认为我们也有必要在方法论上有一种转变，这种转变的核心就是要从微观到宏观、从近处到远处、从静态到动态、从结构到过程以及从历史到现实的一系列视角的转变。这些转变凝聚在一些影视剧的作品中，1977年1月改编成电视连续剧的《根》曾经在美国获得了一个严肃题材的电视节目的空前成功。人们在观看《根》这部电视剧的最后一集的观众当时达到了3600户，估计约有1亿5千万人，而当时的美国总人口也不过2亿1千万。毫无疑问，这部电视剧的成功不仅反映出了美国公众欣赏旨趣的转变，同时也反映出一种高度同质化、无所寄托的“白人”人口整体上对于“根”的焦虑。而当下的美国学校之中那种对于“多文化主义”的冲动在某种程度上也差不多来源于同一种焦虑。① 而在中国，与之相应的在2012年的春节过后播放的《舌尖上的中国》这部毫无任何政治色彩的电视纪录片却赢得了出乎意料的高收视率。② 借助这两部一先一后、一中一外的两部电视片的“走红”，我们可以深切地感受到这中间伴随着现代化的逐渐遍布世界各个角度，人们从一种近处的追寻开始向遥远的已经逝去的过去的追寻。1977年走红的这部美国电视连续剧可谓是一种人们对于自己来源地的远距离的追溯；而2012年走红的《舌尖上的中国》这部电视片体现了人们对于餐桌之上越来越单一化及越来越不好吃的食品安全的一种担忧和恐惧，人们深度的焦虑反映在人们对于这一跟个人的胃口更为直接相关的物质的追求上，向远处、向过去去寻找曾经支撑人们坚定的食品信仰的既熟悉而又陌生的那些存在。在老百姓的这种追求的背后所体现出来的乃是一种群体性的反省，即对于我们今日家庭餐桌上、饭店餐桌上已经没有且消失得无影无踪的那个味道的反省和怀念。

实际上从当年的海报和宣传上我们也看到了两种文化在热播的电视片上在不同的时代里所体现的价值关怀的差异。如果你注意到当时的《根》这部电视连续剧的海报（图4），那画面所体现出来的更多的是一种反省，

① 安德森（Benedict Anderson）在《远程民族主义》（Long－Distance Nationalism）一书的第三部分专门提到了这部电视剧并做了如上的评述。参阅：http：//www. douban. com/note/30061634/？type = rec。

② 作为这部电视剧的导演陈晓卿是这样叙述这部电视片的收视率的：“它的平均收视率达到0.5%，第4集《时间的味道》收视最高，有0.55%，从纪录片来说，它超过了所有同时段的电视剧收视率，这个成绩已经很高了，和BBC纪录片的收视差不多。”参阅：http：//enjoy. eastday. com/e/20120523/u1a6574187. html。

是借助一种反思性的、破坏性的甚至可以说是控诉的形态去体现拆除一种枷锁的救世的文化逻辑，至少在美国的那个时代里，这种思想可谓是一种潜藏的主流。

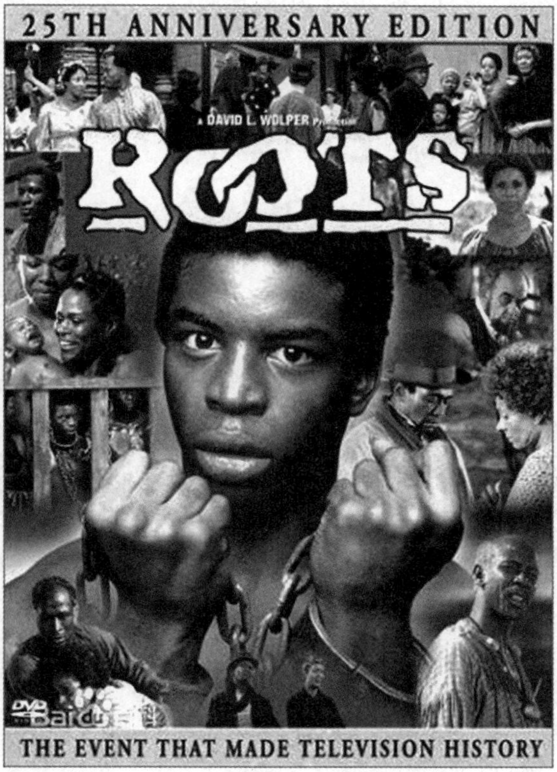

图4　美国电视剧《根》的海报（1977年）

但是三十几年之后的中国，《舌尖上的中国》宣传海报的画面所展现出来的却并没有这样的拆毁重来的反思，人们只是留恋于对过去的味道。此时的中国很显然已经没有那个革命时代的话语背景，此时我们的艺术品的制作只能是用快乐来激发快乐，用一种建设和帮助并使主体受益的方式来使得个体的快乐借助于公共性的快乐空间和媒介而得到展示。换言之，《舌尖上的中国》没有任何一点对于过去消逝的文化的反思，它只是在不停地告诉你怎么高兴地去吃，吃不过是那样一种自自然然的事情而已，而那样的吃才可谓算是一种幸福。当然，这部纪录片也没有一种比较，没有文明观念下的那里和这里的对比，它似乎只告诉了我们只要在那遥远的地方的食材便是最上乘的、最卫生的、最值得去吸取的，当然也是最为值得去品尝的。但要知道，那些东西实际就是曾经祖祖辈辈一直存留在我们的餐桌上的东西而已，很可惜这部在中国播放的关于食品文化的纪录片并没有从这个维度上做一深度的挖掘。

图5　中国纪录片《舌尖上的中国》的海报（2012年）

结　语

中国经济新常态之下的“走出去”的战略注定会使得一种道路的人类学成为一门方兴未艾的新学科。同时，它也将使得社会、文化、政治、经济等诸多世界构成的诸要素相互交融地拼接在一起，并且有面临一种重新交互作用的新组合的趋势。而作为人类学者不可能对此大的文化格局的转型熟视无睹、置若罔闻，我们真正需要从理论和方法上迎头赶上，并对人类学学科的学术定位做一重新的调整，以适应国家战略中的各种新的机遇与转变。而在此大背景之下，人类学极为熟悉的互惠的文化逻辑注定将要成为一个新的知识生产的领域，凭借这一概念的思考和应用，我们将会超越于过去共同体意义上的人类学的理解，而到更为宽广范围上做一种新的思考。这种思考也将使人类学自身，特别是作为一个整体的中国人类学，从一个原本狭小的研究空间转向到更为宽阔的场域。在这一点上，中国的人类学必将得到与时俱进的发展和壮大。换言之，从一种人类学家所熟悉的聚焦于点上的民族志撰述而逐渐转向到线索民族志的那种更为宽阔意义的文明之间往来互动的观察。[1] 在此意义上，人类学不仅是一个应用性很强的新领域的探索者，同时也是国家“走出去”战略的文化研究的先行者。显然，真正有一种文化自觉和主体意识的人类学家是应该不会失去这一难得的良好机遇的。

① 赵旭东：《线索民族志：民族志叙事的新范式》，《民族研究》2014 年第 1 期，第 47—57 页。

“丝绸之路经济带”建设对新疆的影响

吐尔文江·吐尔逊

（新疆社会科学院社会学所）

感谢本次论坛对我的邀请，也非常高兴和各位学者有交流的机会，我现在所讲的这个题目和我们论坛的主题更加契合。从习总书记提出“丝绸之路经济带”建设这个设想以来，作为我个人，我觉得这是从新中国成立以来新疆所面临或者是所遇到的一个最大的机遇，虽然在那之前我们有西部大开发或者别的之类的一些政策，但是我想没有一个任何其他的国家出台的政策能够像“丝绸之路经济带”那样，对新疆未来发展带来的影响相提并论。

我讲两个方面，第一主要是讲“丝绸之路经济带”对新疆带来的问题和影响，我为什么不讲对新疆的发展，我觉得这个讲得比较多，在现在这种情况下新疆问题在国内成了热点，在国际上也变得关注度越来越高，对于这个问题究竟怎么去解决，现在的说法都非常多，“丝绸之路经济带”的推行对新疆问题今后的解决可能会带来比较大的影响和改变。

“丝绸之路经济带”对新疆的影响，我认为有三个方面，正面的，负面的，还有一些不确定性的。正面的我想最主要的是它改变了新疆的地缘格局，我们讲新疆就是中国最边疆的边疆了，“丝绸之路经济带”如果真正推行就看到新疆不再是边疆了，会变成中国西部的桥头堡和核心区。新疆会真正成为欧亚经济文化商业的中心，那个时候从“丝绸之路经济带”这个概念来说，恐怕北京、上海就是边疆了。

所以我觉得这个应该是对新疆未来格局带来的重大影响，包括我们提出来的第二条亚欧大陆桥，还有中巴铁路，对未来新疆的发展造成的变化都是不可限量的。尤其是中巴铁路，从喀什出发的铁路如果真正能修通，对中国的地缘政治格局是非常有意义的，真要到那一步，现在的南疆、喀什，恐怕比当年的深圳、当年的经济特区，还会变得更加繁荣，会带来很大的变化，包括当地的工业化、就业，对经济格局方面的影响是毫无疑问的。我们现在虽然说“丝绸之路经济带”全国很多省区都在参与，在新疆毫无疑问是最为关键的地方。包括乌鲁木齐市提出要成为五个中心，交通枢纽中心、商业贸易中心、金融中心、文化科技和医疗服务中心。

对外开放也会由此增强，从中国对外开放这么多年来看，新疆的对外开放度相当低，既有地缘政治的因素也有新疆问题的因素，比如说新疆的边境游、新疆的边民互市，现在在全国和东北比、和西南比都是发展得相当滞后的。如果“丝绸之路经济带”推行，这扇大门必须向西打开了，不仅仅是向西边的国家打开中国的大门，同时也是对国内的民众、对新疆的民众打开向西开发的大门。新疆本地和周边国家的人员交流、文化交流，包括思想价值观念、意识形态的交流，都会大幅度增加。现在已经在黑龙江、云南推行的边境游，所有地方都会推行，否则很难想象“丝绸之路经济带”的战略是在认真执行的。

“丝绸之路经济带”对于新疆社会结构会有很大的影响，尤其对南疆。新疆的社会结构相对比较封闭或者保守，当新疆向西打开了大门，随着物资、文化、观念的交流，生产方式、生活方式、人际交往方式都会带来巨大的变化。不管是城镇化，还是现代化，还是现代文化，可能都会随着这个战略的推行而在新疆进展得更加快速。

当然有正面的影响也会有负面的影响，比如说对生态环境的影响。之前有很多专家都讲过新疆虽然地大，但是它的生态脆弱性在全国也是相当低的一个地方，毕竟是一个封闭的环境，水资源、土地资源等各个方面能不能够容纳这么多经济要素产业的进入，我想这是非常重要的考虑。包括人口的承载压力，大量的外来人口，无论是旅游者，还是商业经营者，如果每年进出人口到了新疆的两倍、三倍、四倍的时候，一年就有 5000—8000 万人口，对于一个 2200 万人口的地方，不管是固定的还是流动的，它究竟能不能承载。

社会结构发生变化可能是一件好事，但是任何一个社会在发生变化的时候都会带来很多振荡，这中间可能会涉及利益分割、人员交往的关系，这都是我们今后面临的可能负面的因素。

还有不确定性的一面，如族际关系，我们一般认为这种交流可能会更多增强族际沟通，增强了解，降低风险。但是我们也要看到这种交流的过程中也意味着潜在的摩擦和冲突的风险，我们能不能够承受？也就是说这属于不确定性，它究竟是更多地向好还是向不利的方向发展还需要周密考虑。

另外，发展是不是一定就是好的，或者“丝绸之路经济带”推动大发展对于新疆，对于新疆少数民族，对于新疆民族传统文化是不是一定是一件好事，这之间不确定的因素很大，某些尺度怎么去把握，向什么方向去，都存在不确定性。这是我觉得丝绸之路经济带战略的推出，包括今后的实施对于今后新疆未来的发展会带来影响和变化，也就是说现在新疆面临的相当一部分问题，可能会在丝绸之路经济带战略推行的过程中加以解决，或者加以缓解。所以，我个人对“丝绸之路经济带”战略今后对新疆未来发展的影响更多是看好的，我觉得今后也再难有像这样的战略对新疆的未来发展会产生这么大的影响。

“丝绸之路经济带”同样会给新疆问题带来另外一个方面的影响，不排除有可能会使得新疆的一些政策的效果外溢到国外，而成为一些国家间甚至是国际性的问题。前面讲到“丝绸之路经济带”一旦启动，人员的交流肯定会大幅度增加。2014 年 7 月，我去了黑龙江黑河市，有七八千俄罗斯人常住在那里，俄罗斯房价是 1.2 万元人民币每平方米，黑河是 4000—5000 元每平方米，所以有大量的俄罗斯人在黑河买了房子，黑河市也为俄罗斯人提供服务业。我也到过海拉尔和满洲里，见到了几个东正教堂，当地人都说东正教堂不是本地的，而是这两年为了旅游业，为到中国来旅游、来经商的俄罗斯人提供更好的服务而兴建的。那么今后这种景象在新疆也会出现，但恐怕它导致的结果在这些地方就不是完全一样的。现在银川、昆明、西安机场都有为穆斯林宗教需求提供服务的这种祈祷室，但是乌鲁木齐国际机场没有，以后会不会有或者什么时候会有，现在都是不确定性。一个问题就是假如说以后有了，在管理上怎么办，是一视同仁还是内外有别？这个问题可能就会困扰我们，现在最主要的是这个事情在新疆已经不是一种可能性，而是变成现实性了。

2014 年，埃及爱资哈尔大学就新疆一些与宗教有关的政策约见中国驻埃及大使，提出疑问，大使给了他们明确的回答，解释了中国宪法对于公民宗教信仰自由的规定，打消他们的疑问。这是新中国成立以来，在中国和阿拉伯世界、穆斯林世界的交往中从来没有过的事。以往我们高举道义的大旗，站在阿拉伯国家，站在穆斯林国家一边，帮助他们抵御来自于更多强权的压迫。包括在塔利班，在基地组织在阿富汗当权的时期，塔利班、基地组织并没有把中国当作他们攻击的目标，虽然他们对我们的价值观念并不认可。2014 年 8 月份 ISIS 在其宣称的领地地图中已经出现了新疆的部分，宣称要打击的诸多国家里面已经有了中国的名字，这显然能看出我们在新疆对某一政策的改变，导致引发国外相应的反应。我们看到现在全世界有很多的极端分子跑到 ISIS 那里，说明极端主义组织的价值观是一体化的。新疆在宗教问题上的一些政策必然会引发在穆斯林世界的反响，前面提到的这两件事情应该说给我们敲了一个警钟，在未来我们不能再认为自己内部的某一个省区的政策就仅仅只是我们自己的事情，它很有可能会外溢到国外变成一个国际性的事情，形成国际上对中国国家政策的看法和认识。

随着以后丝绸之路经济带的实施和交流扩大，如果有从伊朗来的女性，有从沙特阿拉伯来的女性，到了新疆服饰问题怎么办呢？人员和文化的交流今后将成为不可阻挡的趋势，作为某一个地区是不是还能推出单独的、受到质疑的地方性政策，这种政策会不会引发一些把国内的事务变成一个局部性的国际性的事务的结果？新疆和中亚包括更远的一些国家是同文、同种、同教。同种很重要，也就是说基于视觉很大程度上看不出来是国内某个少数民族或者是另一个国家的人，他们不像英美等西方人很容易识别出来。作为这条丝路沿线的许多人基于视觉是看不出来的，有可能导致我们在执行内部政策的过程中引发国际性的变化。我们要警惕这些，我们不能成为国际上极端主义攻击的目标。“丝绸之路经济带”的推行从另外一个层面上倒逼我们在新疆问题的解决上必须要想出一些新的办法来。

对于新疆的未来，“丝绸之路经济带”战略是一个机遇，不仅对新疆的发展是一个机遇，也意味着未来在新疆问题的解决上，随着“丝绸之路经济带”的战略实施会推出一些更具有国家整体概念和利益上的一些更具有战略性眼光的新思路。

谢谢大家！

中国萨满教现状与发展态势

色　音

（中国社会科学院民族学与人类学研究所研究员）

引　言

萨满教的定义有广、中、狭三种。狭义的定义主要是指以西伯利亚为中心的东北亚地区各民族，特别是通古斯民族中所流传的巫术现象作为典型，并把萨满教的yi范围只限制在那些地方的巫术信仰。广义的定义包括从东、西白令海峡，到斯堪的那维亚半岛以及北美、澳大利亚、北极爱斯基摩人在内的所有原始巫术。中间性的定义是以通古斯语族的咒术作为典型，受其影响的邻近诸民族的巫术宗教或与其相类似的其他民族的巫术宗教也包括在内。我国学术界一般认为，萨满教是一种自然的、原始的多神教。如，任继愈主编的《宗教词典》中把萨满教定义为："原始宗教的一种晚期形式。因满—通古斯语族各部落的巫师称为'萨满'而得名。形成于原始社会后期，具有明显的氏族部落宗教特点。各族间虽无共同经典、神名（近亲部落除外）和统一组织，但彼此有一致相同的几个基本特征。相信万物有灵和灵魂不灭。"

在中国古文献中有关萨满的资料比较丰富。一般认为关于萨满的最早记录见于南宋人徐梦莘的《三朝北盟会编》中。该文献中有"珊蛮者，女真语巫妪也，以其通变如神"的记载。在13世纪蒙古文献《蒙古秘史》中出现过两位叫豁儿赤和帖卜腾格里的萨满。此外，有关13—14世纪蒙古萨满的记载还有波斯史学家拉施特的《史集》，伊朗人志费尼的《世界征服者史》以及旅行家马可·波罗等人的记述。《元史》《黑鞑事略》《蒙鞑备录》等汉文史籍也有一些零星记载。清代的史书中大量出现有关萨满的记载。何秋涛《朔方备乘》有"降神之巫曰萨麻，帽如兜鍪，缘檐垂五色缯条，长蔽面，缯外悬二小镜”等记载。清代文献中关于萨满的记载以满族萨满为主。清末民初的历史文献和地方志中有关萨满的记载更为全面详细。《清史稿》卷八五《礼四》载：“乾隆三十六年，定春秋骟马致祭，萨满叩头。”西清的《黑龙江外记》中记载了叫“扎林”的助萨满：“伊彻满洲病，亦请萨玛跳神，而请扎林一人为之相。扎林，唱歌者也。”①从这一段记述来看，扎林是一种助萨满，是帮主萨满敲鼓、唱词的。

据《宁安县志》记载，满族一名乌答的女萨满“惟豫言及探失物求盗品时以依赖之，又能医精神病，这类职业萨满势力稍逊，位次在萨满之下。”②地方志所记载的有关萨满的内容不限于满族萨满，它还记载了不少世界各地萨满的情况。《桦川县志》载：“萨妈，一名萨满，莫详所自始”③，还有一些地方志着重记录了萨满的巫仪、祭祀方式等内容 。

史籍中所出现的珊蛮、撒卯、撒牟、萨满，显然都是萨满一词在不同时代的音读并由汉字记录下来的含有“巫”这一概念的词。民国之前的记载中还没有出现“萨满教”这一术语，目前我们所能查到的中文语境中的“萨满教”概念的最早记载见于善之在民国三年出版的《地学杂志》第六期上发表的《萨满教》一文。该文内容如下：

> “萨满教不知所自始。西伯利亚及满洲蒙古之土人多信奉之。余尝研究其教旨。盖与佛氏之默宗相似。疑所谓萨满者，特沙门之转音耳。今之迷信于此者，以雅古德人索伦人达呼尔人鄂伦春人为甚。北盟录云金人称女巫为萨满。或称珊蛮。盖金源时代已有此教矣。然萨满术师不如佛之禅师，耶之神甫，得人崇敬。但以巫医卜筮诸小术敛取财物而已。
>
> 萨满之言天神云。天有七层。其主神即上帝，统治无量数世界，具无量数智慧。不现形体，不著迹象，居于最高之天界。以下诸天，则百神以次居之。善神曰亚伊，恶魔曰亚巴绥。人之灵魂，亦各因其善恶而别其阶级，或从诸神居天堂，或堕入无间

① 清·西清：《黑龙江外记》，黑龙江人民出版社1984年5月版，第68页。

② 《宁安县志》卷三，宗教·萨满教，第577页。

③ 郑士纯、朱衣点纂：《桦川县志》卷六，页一〇，台北·国立故宫博物院，民国十七年。

地狱。

萨满教又立三界。上界云巴尔兰由尔查，即天堂也。中界云额尔士伊都，即现世也。下界云叶尔羌珠几牙几，即地狱也。上界为诸神所居。下界为恶魔所居。中界尝为净地，今则人类繁殖于此。

魔鬼主罚罪人，其威稜覆遍人世。上帝恐其过虐，则遣诸神时时省察之，防止其恶行。故萨满之术师，为人祷于上帝，以求庇护。然术师又为魔鬼之奴隶，住于中界而通于上下界。盖其祖先在地狱中，以子孙为魔王之侍者。故凡操是术者，各有系统。而不许外人搀入。术师既侍魔王，故凡有建白，皆可与魔王直接。凡人之疾病，萨满辄谓是人梦寐之际，神魂飞越，为魔王所捕得。若久而不释，则其人必死。萨满之术师为之请于魔王，魔王释之，其病始愈。病愈之后，则索取报酬，谓以完献魔鬼之愿也。其人或死，则云其灵魂虽未为魔鬼所捕获，而迷失路径，至不能归。又云人死之时，魔鬼捕其灵魂，巡回于其生前所经历之地，所至辄行罚焉。此巡回时须至魔鬼所凭之十字架而止。故奉信其术者，其眷属欲减其刑罚，为之造作木形十字架于屋边。或坟次。又自坟次归家。死魔往往踪人之后。然死魔畏火，故炽火于门前一一超而过之。又取死人之衣以火焚之，亦以驱逐死魔，使不敢隐伏其中。其诞妄不经如此”①

民国六年（1917）商务印书馆出版的《清稗类钞》（徐珂汇辑）中收录了善之的《萨满教》一文，但文字表述略有不同。

1925 年前后，周作人在研究中国国民思想和民间宗教的相关文章中谈到了萨满教的一些问题。他在 1925 年发表的《萨满教的礼教思想》一文中写道：“中国据说以礼教立国，是崇奉至圣先师的儒教国，然而实际上国民的思想全是萨满教的（Shamanistic 比称道教更确）。中国决不是无宗教国，虽然国民的思想里法术的分子比宗教的要多得多。讲礼教者所喜说的风化一语，我就觉得很是神秘，含有极大的超自然的意义，这显然是萨满教的一种术语。最讲礼教的川湘督长的思想完全是野蛮的，既如上

① 善之：《萨满教》，《地学杂志》，大中华民国三年第六期，第 5 页。

述，京城里‘君师主义’的诸位又如何呢？不必说，都是一窟陇的狸子啦。他们的思想总不出两性的交涉，而且以为在这一交涉里，宇宙之存亡，日月之盈昃，家国之安危，人民之生死，皆系焉。只要女学生斋戒——一个月，我们姑且说，便风化可完而中国可保矣，否者七七四十九之内必将陆沉。这不是野蛮的萨满教思想是什么？我相信要了解中国须得研究礼教，而要了解礼教更非从萨满教入手不可”。[①] 这一段叙述中精辟地概括出活在中国人深层意识中的萨满教式观念和思维方式。

周作人在1926年发表的《乡村的道教思想》一文以及后来发表的“关于祭神迎会”等文章中认为，中国道教信仰主要是由混合了儒教的祭祀、佛教的轮回报应教条而构成，但其源流是往昔流行于西伯利亚和满洲、朝鲜东北亚各地的萨满教，具有浓厚的迷信色彩（参见《药堂杂文·关于祭神迎会》）。他在《回丧与买水》一文中说：“我们可以看出野蛮思想怎样根深蒂固地隐伏在现代生活里，我们自称以儒教立国的中华实际上还是在崇拜那正流行于东北亚洲的萨满教。有人背诵孔孟，有人注释老庄，但他们（孔老等）对于中国国民实在等于不曾有过这个人。海面的波浪是在走动，海底的水却千年如故。把这底下的情形调查一番，看中国民间信仰思想到底是怎样，我想这倒不是一件徒然的事。”[②]

凌纯声于1930年在赫哲族地区进行扎实的田野调查收集了不少萨满教资料，1934年正式出版了《松花江下游的赫哲族》。该书一直成为中国民族学、人类学界在1935年至1945年边疆民族调查中的范本。凌纯声采用人类学、民族学与历史文献学视野交汇的方法，并贯穿其萨满与巫、萨满仪式与萨满故事考察等篇章中。从此开创了中国民族学、人类学界运用规范的民族志方法研究萨满教的学术传统。但是，当时学术界并没有把萨满教作为一个大的课题来研究。

新中国建立后，自20世纪50年代开始，各地党政部门和研究机构进行少数民族社会历史调查的过程中收集整理了不少有关萨满教方面的资料，但是当时也没几个人系统地研究过萨满教。到了20世纪70年代，国

① 张明高、范桥编：《周作人散文》第一集，中国广播电视出版社1992年版，第226～227页。

② 张时高、范桥编：《周作人散文》第一集，中国广播电视出版社1992年版，第518～519页。

外萨满学的名著不断被翻译成中文，并有关于萨满教方面的论著和信息被介绍到中国。其中，中国社会科学院民族研究所和内蒙古大学蒙古史研究室所做的工作是值得称赞的。中国社会科学院民族研究所先后把策·达赖的《蒙古萨满教简史》（丁师浩译，1978 年）、土耳其学者阿布杜卡迪尔·伊南的《萨满教今昔》（1979 年油印）、苏联学者阿列克谢耶夫的《西伯利亚突厥语系民族萨满教》（孙运来译）、波兰学者尼斡拉滋的《西伯利亚各民族之萨满教》（金启棕译，1978 年）等书翻译成中文作为内部资料编印。内蒙古大学蒙古史研究所也把道尔吉·班札洛夫的《黑教或称蒙古人的萨满教》、西德波恩大学教授海希西的《蒙古宗教》、苏联学者 M. 密海洛夫的《布里亚特萨满教研究史》等书翻译成中文编入了《蒙古史研究参考资料》的各辑里。

从 20 世纪 80 年代以后，大量的萨满教研究论文发表在全国各地的学术杂志上，从此萨满教研究进入空前活跃的崭新阶段。20 世纪 90 年代中期以来，萨满教的比较研究已成为中国学术界一种新的学术潮流。从民国三年《地学杂志》第六期上发表的《萨满教》一文开始算起，中文语境中的萨满教概念已有百年的历史。2014 年对于长期从事萨满教研究的学者来说是值得纪念的一年。

一、中国萨满教的现状及发展态势

中国古代的北方少数民族，历史上普遍信仰萨满教，自古以来萨满教流传于中国东北到西北边疆地区操阿尔泰语系满—通古斯、蒙古、突厥语族的许多民族中，它在中国少数民族尤其是北方少数民族的文化史上起过巨大的作用。我国历史典籍中记载的在北方居住过的古代民族，如肃慎、挹娄、勿吉、靺鞨、渤海、女真、匈奴、乌桓、鲜卑、柔然、契丹、突厥、高车、回鹘、黠戛斯等，都是古代萨满教的信仰者。上述这些古代北方民族实际上是现代北方民族的祖先。北方民族历代统治者在战争中巧妙利用了萨满的智慧和巫术，让萨满巫师们预言战争之得失，或借助萨满巫术来控制和影响战争局势，企图使战争向着有利于自己的方向转变。北方少数民族军事首领们不仅在战场上广泛使用萨满巫术，在战争开始前或结束后也要举行一些萨满仪式。

在各种外来宗教先后传入之前，萨满教在我国北方各民族的信仰世界中占据非常重要的地位。它在我国北方古代各民族中间的影响根深蒂固。

直到后来，甚至在佛教或伊斯兰教成为主流信仰的我国北方一些民族当中，仍可明显见到萨满教的遗留或萨满文化遗存。但不同民族对萨满的称呼也有所不同。满族、蒙古族、锡伯族、赫哲族、鄂伦春族、鄂温克族、达斡尔族、维吾尔族、哈萨克族、柯尔克孜族、朝鲜族等民族的民俗生活中至今还在不同程度上存在着萨满教信仰活动。

当代中国萨满教的现状及发展态势如下：

（一）改革开放以来萨满活动已从隐蔽走向公开

在改革开放以来全国性宗教活动回潮和民间信仰复活的社会历史背景下，各地少数民族的萨满教也不甘心“落伍”，紧跟在“时代潮流”的后面。

据满都尔图先生的调查报告，在新疆维吾尔族地区至今仍有萨满——巴克西的治病活动。他写道：

> 1992年8月11日和15日，我们考察团一行5人两次前往喀什地区疏附县马帕尔乡，访问艾买提巴克西。
>
> 艾买提，维吾尔族，现年六十余岁，世居疏附县马帕尔乡。艾买提父亲原系巴克西，70年代初期病故。不久，艾买提接任为巴克西，已有20年之久。艾买提家以农为主，生活并不富裕……据艾买提自述，喀什地区维吾尔族巴克西的跳神驱鬼仪式与哈密地区有所不同。其一，巴克西不舞蹈，只是击手鼓唱词，时而做保护病人的象征性动作。其二，没有击鼓伴唱的帮手，即击鼓和唱颂各种祷词均由巴克西一人兼之。可见，当地的驱鬼仪式已大为简化。
>
> 1992年8月11日下午，当我们第一次访问艾买提时，恰好有两位青年女子抱着婴儿请艾买提巴克西给治病。8月15日下午，当我们再次访问时，前来求巴克西治病者有一位柯尔克孜族青年女子，据说是在夜梦中遇见一只大手将她拉走，等她惊醒后左侧眼角和面部向右侧歪斜。事发后她来求艾买提巴克西跳神治病，已见好，这次是第二次前来求治，是由她的姐姐和两位胞兄陪同来的。第二位病人，是一位维吾尔族老年妇女，约六十余岁，据说是因为四肢无力，手脚抽筋而前来求艾买提治病的。据

说第一次仪式后已见效，故又第二次来举行驱鬼仪式。此外还有四名妇女抱着幼儿来治病，均因为孩子哭闹，不吃奶，不吃东西。①

王光女士在《最后的祭坛》② 一文中对北宁满族佟氏家族萨满祭祖遗俗——“供影”的恢复情况做了详细介绍。据该文介绍，佟希杰家供影祭祖到“希”字辈已有七代了，大约持续了二百多年。只在“文革”期间中断近十年后，1980 年又得到了恢复。

吉林省九台市满族萨满文化的复兴过程比较典型。九台市的萨满文化根深蒂固，源远流长。在莽卡满族乡的一些满族家中，保留了萨满教的几种形态，锡克特里氏保留得较为系统，完整且规范。“文革”期间，多少萨满文化的艺术珍品，在“荡涤一切污泥浊水”的洪流中被巨浪吞噬，多少萨满文化的宝贵资料在“破四旧，立四新”的口号中被“纸船明烛照天烧”的烈焰焚毁。这是历史留下的缺陷，也是人为铸就的遗憾。但是，不乏一些萨满文化的执着追求者，他们冒着政治危险，把本氏族萨满祭祀所用物品，全部或一部分保留下来。这种为传承民族文化的忘我精神，值得族人和他人敬仰。他们不但为我们今天研究萨满文化提供了珍贵的第一手资料，而且说明萨满文化凝聚着某些民族的心理态势，还没有完全失去其历史的惯性。改革开放后，尤其是党的十六届六中全会以来，九台市境内的萨满文化又展现出勃勃生机。修谱、祭祀活动再度兴起。其塔木镇西哈村的瓜尔佳氏（关姓）修建了祭祀和民俗馆为一体的谱房。馆内现存百余件萨满文化遗物，满族传统剪纸在家族成员关云德手中得到传承和发扬。自 1981 年中央政府提出“挖掘、整理少数民族民间文化遗产”后，锡克特里家族先后接待中外专家、学者、社团组织、新闻媒体等前来走访、调查、研讨、交流、摄像的人数达二百多人次，并先后多次承担诸项活动。1987 年 3 月，在吉林省民委的主持下，在九台市卡伦镇进行了满族萨满祭祀录制活动。1993 年 3 月，在国家满族研究会与吉林市满族研究会的联合支持下，在乌拉街满族镇举办了题为《中国满族萨满祭祀》

① 满都尔图：《维吾尔、哈萨克、柯尔克孜族萨满教调查》，见《民族文化习俗及萨满教调查报告》，民族出版社 1993 年版，第 228 页。

② 见《民俗研究》1998 年第 1 期。

的大型摄录活动。

1996年7月，东哈村接待了美国、加拿大一行9人的访问考察团，并为其进行了为时3天的萨满祭祀表演。2000年4月，由吉林省社会科学院文学所主持，在东哈村同韩国全北大学一行23人进行研讨与交流。省社会科学院为穆昆达（族长）与老萨满石忠祥颁发了荣誉证书。2003年9月29日，应长春龙湾生态旅游开发公司董事长程伟光先生的邀请，东哈村参加了该公司举办的颁金节庆祝活动。2004年8月22日，国际萨满学会第七届研讨会在长春举行，锡克特里家族一行10人参加了会议，届时进行了萨满祭祀精彩片断"跑火池"的表演。2004年8月15日，石姓家族穆坤达石文尧被聘为长春师范学院萨满研究所兼职研究员。2005年8月15日，石姓家族萨满参加了九台市莽卡满族乡在龙棚渡口举行的"乾隆古渡"揭碑仪式并进行了萨满祭祀的展示。

笔者在内蒙古进行田野调查时也发现，改革开放以来蒙古族萨满教信仰复活较明显。1997年笔者专程访问哲里木盟科尔沁左翼中旗的呼和淖海萨满，跑了三趟都落空。据村里人介绍，由于从附近村庄来请他治病、请他传授萨满巫术的人络择不绝，因此萨满早已"供不应求"。

学者们往往把民间宗教的复兴看作开放政策带来的负面影响。然而，作为一种社会文化现象，其背后必然有较复杂的社会历史根源。我们不能把它看成一种简单的"沉渣泛起"。王铭铭博士在《社会人类学与中国研究》一书中指出："为什么过去的文化会在当代社会中延存甚至被人们再创造出来？要回答这个问题，我们一方面应考虑到文化的再创造是对历史感的一种追求，同时也应考虑历史感在现实社会生活中的作用。……民间宗教的复兴，反映了民间把'过去'的文化改造为能够表述当前社会问题的交流模式的过程。"① 从某种意义上来讲，我们可以把当前全国范围内包括萨满教在内的民间宗教复兴现象理解为"文革"等政治运动中宗教民俗长期被压制后释放出来的文化反弹。

（二）萨满的身心治疗活动比较频繁

治病是萨满的主要职能之一。在信仰萨满教的民族社群中萨满往往充当民间医生的角色。这是从巫医不分的历史时代所传承下来的古老遗俗。

① 王铭铭：《社会人类学与中国研究》，生活·读书·新知三联书店1997年版，第173页。

蒙古族萨满的治病过程主要有请神、降神、送神等几大阶段，要经历设坛、请神、献祭、驱魔、脱衣、送神等一系列的细节。跳神过程中都伴有舞蹈、歌唱、咒语，而且还要表演和病魔搏斗的法术。这些从原理上来讲是一种精神治疗，是从精神上缓解和调整病人的病痛和神经紧张。北方民族萨满的治病手段和治病原理基本上是一致的。据调查，新疆维吾尔自治区察布查尔锡伯族自治县金泉村的锡伯族萨满的主要治病方式也是跳神赶鬼。萨满所供的神多系动物，有仙家、狐家、鹰、虎之类。据说，仙家、狐家都是狐狸，但仙家是保护人、对人有益的，而狐家则是兴妖作怪、危害人的。跳神时萨满全身披挂，手执短矛、擂起手鼓同妖邪进行战斗。如若萨满觉得自己本事不够，难于制服妖邪时，要请师傅帮助。若是患者病情严重，进行一般的跳神无济于事，则要进行一些危险性的巫术活动。由于萨满会跳神治病，因此在锡伯族中社会地位较高，在群众中也有一定声望，但并无特殊权势。

萨满医术是一种精神医术和心灵医术。内蒙古哲里木盟科左中旗色仁钦萨满曾对笔者说："人间有 404 种疾病，101 种由医生来治，101 种由喇嘛来治，101 种要由萨满来治疗，另外 101 种为自己治疗。我们萨满能治的病是神经性的或精神心理性的病症，像肝脏啦、胃病啦，类似这种疾病我们治不了。"[①] 可见，萨满主要是治心因性的精神疾病，其主要治疗手段也是一种心理治疗。这正是俗话所说的"心病还须心药医"。

萨满医术是建立在民俗知识基础上的民间医术，所以它和民俗社会中的卫生观念和文化传统密切相关。萨满的精神医术之本质在于通过各种方式使患者的心理得到平衡，与此同时让患者振作起来，对自己的病情持乐观的态度，确立战胜病魔的信心。从这个意义上讲，萨满并不是靠自己的超人的法术去治愈患者，而是有效地调动和发挥了患者本人的潜在的自我康复能力和主观能动性而已。萨满精神医术就是一种典型的宗教性心理——生理调控术。对萨满医术，我们应从心理人类学、医学人类学、宗教人类学等多种角度进行研究，才能够得出比较全面而相对正确的结论。对现代精神医学来讲，萨满医术的研究也是一个值得深入下去的重要课题。尤其是现代精神医学中的内观心理治疗法，从萨满医术中可以借鉴一些合理的因素。

---

① 根据 1997 年 10 月 9 日的采访录音译出。

（三）萨满祭祀仪式明显增多

中国少数民族萨满教具有明显的氏族宗教的特点。从其起源而论，它是氏族部落时代的产物。在大多数民族的萨满观中，萨满是萨满神或祖先神在氏族内的代理人，能够代表全氏族人与神灵交涉，并有能力保护全氏族人。带有全氏族性的各种宗教仪式和民俗仪式都由萨满来主持。萨满教对北方少数民族亲属网络和家族制度的影响比较明显。萨满教祭祀是北方古代少数民族共同的宗教文化，包括自然崇拜、图腾崇拜和祖先崇拜。

在满族不少家族中，萨满的祭祖活动往往成为增强凝聚力的感情纽带。满族人相信，若举行家祭就要一家安全无病无灾，子孙繁荣。满族萨满文化主要表现形式是萨满祭祀，祭祀必“烧香”，“烧香”即“跳神”。以家族为核心举行的祭祖活动在有些地区的满族习俗中仍有遗存。王光在《最后的祭坛——北宁佟氏家族“供影”祭祖习俗的调查》[①] 中比较全面地介绍和评价了北宁市四方台村佟希杰家供影祭祖习俗的历史与现状，从中可以了解到“文革”后家族意识在满族民间重新复活的现实状况。牡丹江伊兰岗满族村瓜勒佳氏的祭祀属于民间“家祭”。萨满家祭是流传于东北宁安地区的一种民间的传统祭祀活动，以氏族为单位，每三四年举行一次，时间三天。由于祭祀仍有察玛（即“萨满”）主持、并跳传统的萨满舞、供万物有灵的祖先神和自然崇拜的诸多仪式，所以已成为研究萨满教的活化石。黑龙江满族的祭祖活动，主要流传于宁安市乡间的关、付、杨、吴、徐、赵等满族氏族中，自 20 世纪 80 年代中期（1966—1976 年“文革”期间中断）恢复祭祖以来，一直延续至今。

为了将兰岗镇东升村杨氏家族鹰神祭申报为全省“非物质文化遗产”项目，宁安市“非物质文化遗产”办的同志和杨氏家族协商在 2008 年 12 月 10 日至 12 日，组织杨氏家族公祭。祭祀这一天，东升村像过年一样热闹，新闻媒体及专家学者来了 40 多人。参加这次祭祀的人都受到了极大的震撼，感到灵魂得到洗礼，精神上得到升华，好似参加了一次丰富的精神盛宴。这是一笔十分难得的非物质文化遗产，其内涵无比深邃，是人类学、文化学、历史学等各学科及艺术创作的宝贵资源和百科全书。

杨氏家族鹰神祭具有三个特点。一是祭祀的内容和形式齐全，内涵深

---

① 见《民俗研究》1998 年第 1 期。

刻。最明显的是家祭和野祭（也叫大神祭）相结合，而且以野祭（祭大神、鹰神）为主，以此为中心统领其他家祭项目。据史书记载清代时，清廷明文规定民间只准搞家祭，不准搞野祭。杨氏家族能从原始的远古流传至今，保存了这笔财产实属不易。鹰神的大神祭，是满族萨满祭祀的主旨和灵魂。二是形式内容规范严谨，一丝不苟，一切讲礼仪，一切服从礼仪。大萨满杨学勤说，祭祀，一切讲规矩。杨学勤28岁时和他的兄弟们从其叔父安拨萨满杨宗义学习祭祀，学来的一招一式都精心做了笔录，每个环节每个细节都非常规范，一点都不能走样。

杨家的祭祀共进行三天，第一天是上午9时到村头路边已选好的神树下去祭祀。距离神树200米时，鼓手要敲起神鼓伴全族人前行。来到神树下，在正式仪式前往树上系7根野雉翎，这也是崇鹰的标志，系花、五彩纸、红头绳，都在鼓声中进行。在正式祭祀时，要杀一口黑猪，把黄酒、猪血、红茶供奉在祭桌上，点上达子香，由萨满唱神歌祭祀，然后全族人三叩九拜，由女萨满颂读祭词，最后又由女萨满用首神树甩香碟、洒酒、转三圈结束。第二天的祭天更是有板有眼，一丝不苟，唱的神歌和伴奏都有严格规定。家祭和祭天时唱的神调和鹰神祭唱神调是不一样的，每一种祭祀的神鼓伴奏都是不一样的（鼓点有老三点、新三点、五点、九点、紧九点、紧点、单点六种），什么时候用哪个鼓点都不是随便乱打的。不能坐西炕，不能戴狗皮帽子，不拿鞭子，操办白事时走窗不走门，不近仙、不近黑大神，不吃不见天日的动物。祭祀杀了三口猪，一定要一次吃完，还不能炒着吃，等等，始终充满虔诚、尊崇、敬畏的情感。第三天早晨祭祖，始终沉浸在庄严、肃穆、虔诚、敬畏的气氛之中。晚间进行的鹰神祭，把祭祀推向了高潮。香烟缭绕，高香红火，神歌高亢，鼓声震天，整个气氛给人以震撼，给人们以力量。随着激越的鼓声，人们热血奔涌，心神向上，给人以宣泄和慰籍，给人以满足和安全快乐之感①。

除满族萨满教与其家族制度密切相关之外，其他民族，如达斡尔族的萨满教也与其家族制度有着直接的关系。在一些萨满教仪式中祭天仪式和祭祖仪式融为一体而带上了家族祭祀的色彩。蒙古族的情况也与此相同。笔者于1997年10月在内蒙古哲里木盟科尔沁左翼中旗观看了一位萨满的小型祭天仪式。该仪式名义上虽说是祭天，但实际上萨满所祭的具体对象

① 谢景田：《杨氏家族萨满鹰神祭》，http：//blog. sina. com. cn/s/blog_ 4ca881eb0100fkjl. html。

却是他的萨满祖先的像。祭仪结束后全家人和亲戚都聚在一起共餐了一顿。这种家庭规模的祭祀活动的主要功能在于借助举行仪式的机会，家族成员团聚一次，以便强化家庭内部的团结和睦，以萨满仪式为纽带建立和巩固亲属网络。在乡土社会的民俗政治秩序和亲属网络系统的构建过程中萨满教往往起着精神纽带的作用。各家族在村落权力网络中为了谋求各自的位置，往往采取以亲属网络为强大后盾的民俗政治战略。萨满教的祭祖活动的主要目的在于增强家族内部的团结，一致对抗来自家族圈之外的其他各种社会势力的压力。萨满的祭祖仪式实际上是一种增强家族内部凝聚力的强化仪式。

（四）萨满教呈现逐渐民俗化趋势

在信仰萨满教的民族中，萨满教的信仰观念渗透到民俗生活的各个方面。不论是物质生产、交易运输等经济民俗，还是婚嫁丧葬、岁时节令等仪式民俗几乎都或多或少地受到了萨满教的影响。以岁时节日习俗为例，在信仰萨满教的民族中有些节日来源于萨满教的祭祀活动，有些民族甚至还有专门的“萨满节”。

在信仰萨满教的一些民族中，有些大型萨满教祭祀仪式往往成为全民的聚会活动。如鄂温克族萨满的“奥米那楞”祭典、达斡尔萨满的洁身祭等都或多或少带上了全民宗教节日的性质。“奥米那楞”，鄂温克语，意为四月会，是鄂温克族传统宗教节日，每年农历四月十三日举行，流行于内蒙古呼伦贝尔市阿荣旗等地。陈巴尔虎旗则多在农历八月间举行。

在信仰萨满教的民族中，各种人生仪礼活动几乎都和萨满教发生一定的关系。不论是在人的生死危急时刻，还是在婚嫁丧葬等重要活动中往往都需要萨满来参加或主持仪式。以达斡尔族为例，在生育和丧葬仪式中萨满扮演着重要角色。达斡尔族萨满有斡图士、巴日青、巴日士等不同的等级。巴日青主要主持产科，即以产婆的身份而存在，多为女性。接生前要祷告“娘娘神”，让婴儿平安无事地降生。接生完了还要祷告，让幼儿消灾避难，平安成长。在小孩中流行天然痘病时，要求每家画娘娘神的画像进行祭祀。巴日士主要祭祀“斡麦”神，并主持斡麦神的祭仪。养育子女难的家庭请巴日士作“斡麦拉白”仪式，孩子从5岁到11岁的“出斡麦”期间，具有斡麦神即巴日士的孩子之资格。有些人让孩子做斡麦神之子的时候，还向巴日士请求新名字。

在蒙古族生育习俗中也有与达斡尔族相似的萨满教遗俗。在一些地区，蒙古族接生婆往往由女萨满——巫都干来充当。至今在巴林等地蒙古族方言中仍用“巫都干”一语来称呼接生婆。在科尔沁地区的育儿习俗中还有一种叫“宝格达额莫根塔赫拉嘎”（意为圣奶奶或神奶奶祭）的习俗与萨满教密切相关。

与萨满教密切相关的另一种人生仪礼为死亡仪礼。人死后，尤其非正常死亡的情况下，请萨满对尸体进行消灾净化处理是必不可少的。此外，萨满也要参加和主持一些丧葬仪式。以达斡尔族为例，萨满除了主持死去的老萨满葬礼之外，还可以参加一般人的葬礼，并且根据正常死亡和非正常死亡的不同死因而采取不同的处理方式。

除了生老病死等人生仪礼与萨满教密切相关之外，婚嫁娶亲等整合仪式也和萨满教发生一定的关系。萨满教的部分禁忌、祭祀、仪式等渗透到民间民俗生活中，成为民俗文化的有机组成部分。在信仰萨满教的民族中，通过民俗化的途径保留下来的萨满教遗俗并不罕见。

（五）各地积极推进萨满文化艺术的“非物质文化遗产化”

黑龙江宁安是古宁古塔地区，也是满族的原始发源地，这里满族人聚集得多，古老的满族习俗和文化的沉淀也很丰厚，“萨满家祭”就是当地最有特色的满族民俗活动，已被列入黑龙江省非物质文化遗产名录。2007年3月，黑龙江省政府和省文化厅正式授予依兰岗满族村“满族萨满家祭”为省级非物质文化遗产。代表性传承人为关云太、邢玉霞。

为了有效保护宁安依兰岗满族关氏家族祭祀文化，2008年10月底，宁安市海浪镇依兰岗满族村建成了黑龙江省第一座满族民俗馆①。随着展品的不断丰富和完善，将来的民俗馆除了作为关氏家族祭祀使用，同时也将民俗文化和旅游产业相结合，为观光展示和发扬民族文化提供更广阔的平台。

为了将兰岗镇东升村杨氏家族鹰神祭申报为全省“非物质文化遗产”项目，宁安“非遗”办的负责人和杨氏家族协商在2008年12月10日至12日，组织杨氏家族公祭。祭祀这一天，东升村像过年一样热闹，新闻媒体及专家学者来了40多人。杨学勤28岁时和他的兄弟们从他的叔父大

① 牡丹江新闻网 http：//mudanjiang. dbw. cn/system/2008/11/24/051615954. shtml。

萨满杨宗义学习祭祀，学来的一招一式都精心做了笔录，每个环节每个细节都非常规范，一点都不能走样。记录和保护杨氏家族萨满鹰神祭，具有深刻的学术价值、研究价值。对音乐、文学、舞蹈等艺术创作具有母体的指导作用。

《杨氏家族萨满鹰神祭》于2009年3月被列为第二批黑龙江省省级非物质文化遗产项目。代表性传承人是大萨满杨学勤。

黑龙江省非物质文化遗产名录项目中，与萨满教有关的项目还有《满族萨满神话》项目、满族说部《招抚宁古塔》项目、《满族祭祀音乐》项目①。具体项目情况如下：

> 《满族萨满神话》于2007年3月被列为第一批省级非物质文化遗产项目。此项目是由傅英仁传授，张爱云整理出版的，是长期秘而不宣的一部民族神话传说著作，其内容丰富庞杂，包括神话、传说、民间故事、历史、歌谣，等等，《满族萨满神话》的面世，对于深入探索萨满文化、理解北方民族的心灵世界，极有帮助，在民俗、宗教、历史、人类学、文艺学等诸多领域，都有着不可替代的独特价值。代表性传承人为张爱云。
>
> 宁古塔满族说部《招抚宁古塔》于2011年5月被列为第三批省级非物质文化遗产项目。宁古塔满族说部《招抚宁古塔》是口头传于东北满族民间的一部长篇说部，它以攻守宁古塔旧城，渤海上京遗城等地为主线，串联军事上的、生产建设上的、民间生活上的、祭祀礼仪上的生动有趣的故事，尤其是萨满神话故事以其鲜活的特点引人入胜。根据原生态片段得以连缀成篇，撰写成《招抚宁古塔》一书，全书共20多万字，以异质同构的写法，描绘出一部满族早期的风俗画卷。代表性传承人为赵文润。
>
> 《满族祭祀音乐》于2011年5月被列为第三批省级非物质文化遗产项目。满族祭祀音乐，整理了宁安市傅英仁先生的满族舞蹈鼓乐伴奏和赵氏家族、关氏家族、杨氏家族的祭祀音乐，满族祭祀音乐整个音域都是由同度、三度、四度构成，近似于念白

① http：//www. ningan. gov. cn/view. php =2718#viewtop。

的说唱，这种音乐来源于原始社会时期的原生态。器乐，主要是抬鼓、抓鼓、腰铃、晃铃、神板（叉器）的演奏，满族祭祀音乐和器乐具有极强的文化价值、历史价值。它不仅是人类学、文化学、历史学、民族学研究的宝贵资源，对于研究美学和宗教学也是不可多得的资源。它在艺术上，也是独树一帜，满族音乐为人类音乐艺术的发展和繁荣提供了极其宝贵的母体资源。代表性传承人为谢景田。

此外，海林市申报的《满族萨满神调》、齐齐哈尔市富拉尔基区申报的《达斡尔族萨满舞》、哈尔滨市阿城区申报的《山神节》、呼玛县申报的《鄂伦春族萨满祭祀》陆续被列入黑龙江省省级非物质文化遗产项目名录。通过非物质文化遗产化过程，民间萨满文化逐渐成为公共文化遗产，萨满文化传承人的文化自觉也得到提升。

吉林省非物质文化遗产名录中《九台满族石氏家族萨满传说》《乌拉陈汉军旗香音乐》《乌拉满族萨满音乐》《乌拉陈汉军单鼓舞》《蒙古族安代舞》《乌拉满族瓜尔佳氏家祭》《乌拉陈汉军续谱习俗》《蒙古族萨满祭天仪式》《九台满族石氏家族祭祖习俗》《伊通满族萨满文化遗存》《满族关氏家族祭祖习俗》《满族杨氏家族祭祖习俗》《郭尔罗斯博舞》《满族萨满骨质神偶制作技艺》《满族赵氏家族祭祖习俗》《蒙古族祭神树》等项目都与萨满教密切相关。辽宁省省级非物质文化遗产名录中的《锡伯族喜利妈妈》也与萨满教有关。

蒙古族称萨满为“博”，内蒙古自治区区级非物质文化遗产名录中的《博舞》《博乐》《巴尔虎博服饰与器具》《蒙古族安代舞》《科尔沁正骨术》《祭敖包》《拖雷伊金祭奠》《十三阿塔天神祭祀》《敖瑞因布拉格祭》《窝阔台祭奠》《成吉思汗哈日苏勒德祭祀》《阿拉克苏勒德祭祀》《察干苏力德祭祀》《成吉思汗祭典》《鄂温克萨满服饰与器具》《祭神树》《达斡尔族萨满斡包祭》等项目都和萨满教密切相关。

近年，吉林省举办了以萨满文化为主要内容的“文化遗产日”。2009年6月期间，为纪念我国第四个“文化遗产日”，在伊通牧情谷旅游风景区举办了以展示萨满文化特色的吉林省首届非物质文化遗产展暨牧情谷民俗文化旅游节活动，使萨满文化得到了有效的展示和传承。长春市政协委员集体建议对现存萨满文化和萨满文化传承人进行全面调查，会同伊通吉林等萨满文化聚集地，向联合国申报世界非物质文化遗产。可见，萨满教遗存较多的省区都在积极推进萨满文化艺术的非物质文化遗产化。

（六）萨满文化日益成为旅游开发的民俗资源

具有低投入、高附加值的文化软实力的建设，已经成为当下地方经济发展、社会进步的重要引擎。而非物质文化遗产正是建设文化软实力不可或缺的宝贵资源。近年来，吉林省、黑龙江省等萨满教遗存较多，萨满文化非常丰富的地区在对萨满文化进行抢救、挖掘、非遗化的同时，对其进行旅游开发，使萨满文化艺术逐渐转化为独特的民俗旅游资源。一些旅游风景区还开发了萨满文化特点的旅游纪念品。其中，赫哲民族文化村的神偶广场、长春市龙湾萨满欢乐园、牧情谷萨满风情园具有一定的知名度。

全国唯一的赫哲民族文化村，位于黑龙江省东北部的同江市街津口赫哲民族乡。总面积 17 万平方米，总投资 1500 多万元。始建于 1999 年 9 月，2001 年 8 月 8 日正式向游人开放。赫哲民族文化村最神秘的地方是神偶广场。赫哲族信奉的萨满教认为人间万物有灵，天地日月、花鸟虫鱼都是由各自的神灵来主宰的。他们信奉的最高的神是恩都力（天神），其伸展的双臂表示上天，下面的圆盘表示大地，圆盘下有支撑大地的 4 根柱子。在天与地之间有两位人，表示现在生存的人类。在天神的周围有好多服侍天神的使者。神偶广场的萨满法师，每天都跳萨满舞为游客消灾降福。在每年的三月三、九月九赫哲人都会在萨满的带领下举行盛大的祭神活动。三月三“跳路神”是祈求神灵驱除村里的妖魔鬼怪，保佑全村人丁兴旺，九月九“跳鹿神”是庆祝丰收、感谢众神。现在这种宗教活动已经作为一种艺术形式搬上舞台，在文化村的伊玛堪艺术团，每天都有两场传统的民族歌舞表演。通过歌舞把赫哲族的宗教、网滩生活、爱情故事演绎得淋漓尽致[①]。赫哲民族文化村自对外开放以来，吸引众多中外游客观光游览，成为黑龙江省重要的文化旅游景点之一。

位于长春市二道区四家乡青山村的长春龙湾萨满欢乐园，是以萨满文化为内涵的文化旅游基地，经考核后成为中国萨满文化传承基地和中国萨满文化传承研究中心。2006 年在萨满欢乐园举办了“萨满文化艺术节”。

---

① 中国网综合消息 http：//www. china. com. cn/aboutchina/zhuanti/hezhe/2009 - 03/06/content_ 17391181. htm。

萨满欢乐园以绿色生态文化旅游为依托、以萨满文化旅游为内涵，游客能欣赏到精彩的萨满歌舞表演，还能看见萨满文化广场矗立的鹰首女神像和缝制萨满的神服鱼皮工艺①。

伊通牧情谷旅游风景区是国家4A级旅游风景区，是东北地区唯一能够完整举行活态萨满祭祀活动的旅游风景区，园区聘请乌拉街张氏家族萨满，再现传承萨满祭祀仪式，以及打五路、放太位等精彩的萨满祭祀表演，受到萨满文化专家的好评和游客的欢迎，为游客们打开了一扇了解萨满文化与民俗风情的窗户。

此外，以萨满文化为主要特点的满族文化产业迈出了可喜的步伐。正在筹建的“天下萨满文化旅游生态园”项目得到了吉林省委、省政府的高度重视；伊通打造的“萨满世界文化旅游商贸城”产业项目已处于可行性的论证之中。

（七）利用萨满文化资源创作文艺作品

首部展现中国使鹿部落的原生态舞台剧《敖鲁古雅》，于2010年8月在北京保利剧院登场，将鄂温克族的萨满舞展现出来。《敖鲁古雅》讲述鄂温克族少女艾雅玛与青年猎手别日坎在林中相识、相爱，最终在敖鲁古雅河边幸福牵手的爱情故事。该剧首次将已列为国家非物质文化遗产的萨满舞搬上了舞台，观众可以在“萨满舞”以及祭熊、祭火神等难得一见的仪式典礼中，听到来自遥远而古老的森林部族的动人故事②。

吉林省伊通满族自治县利用萨满文化调研成果，创作了一批富有地方特点的优秀文艺作品。伊通满族艺术团依据萨满文化的精髓，精心编排了动人心弦、萨满文化浓郁的歌舞并在2010年6月赴上海世博会吉林馆日专场进行了表演。该剧团创作了一系列具有萨满文化特点的剧本和音乐等作品，其中满族神话二人转《狼妻》，获吉林省第四届二人转戏曲小品大赛大奖；二人转《辫子坟》获得了吉林省第十一届二人转汇演创作一等奖、《戏剧文学》飞虎奖二等奖、吉林省长白山文艺奖佳作奖、全国二人转汇演编剧奖；具有萨满文化内涵的“满人满乡魅力伊通美术摄影展览”和孙铁石《满乡神韵》伊通风光民俗电子版摄影作品展；还开发了具有

---

① 长春龙湾萨满欢乐园网站 www. smhly. com。

② 人民网 http：//ent. people. com. cn/GB/12358832. html。

萨满文化服饰特点的具有现代元素的满族服饰产品。其制作的满族特色鲜明的迎宾服，已在上海世博会上展现给中外嘉宾①。

青年作家迟子建的长篇小说《额尔古纳河右岸》，以温情的叙事方式向我们讲述了一个古老的少数民族——鄂温克族近百年的沧桑变化，反映了鄂温克族萨满的神秘、萨满的执着、萨满的无私与高尚。萨满招魂是萨满治病的主要途径之一。鄂温克人认为，如果一个人的灵魂受到伤害或者迷失，就会导致生病或死亡。萨满通过连续不断的舞蹈和歌唱，到达一种无法控制的疯狂状态，从而获得神性和法力，去挽救和寻找这些受到伤害或迷失的灵魂。萨满的神歌是生命之歌，可以抚平伤者的伤口，去除病者的病痛，抚慰亡者的魂灵。萨满的神歌有神秘的曲调，不同的场合唱不同的神歌。鄂温克的萨满，是终生歌唱的，她们唱祭祖的颂歌，她们唱祭神的赞歌，她们唱婚礼上的喜歌，她们唱葬礼上的哀歌。善歌的萨满是多么不希望唱起神歌，唱歌的萨满那么的悲哀，那么的痛苦。作品中的萨满教文化主要体现在三个方面：对自然的崇拜，对图腾的崇拜，以及对灵魂的崇拜②。该小说于 2008 年获得“第七届茅盾文学奖”。

根据作家迟子建同名小说改编的电影《额尔古纳河右岸》在内蒙古根河市敖鲁古雅乡 2009 年 11 月封镜，于 2010 年与观众见面。这是一部反映鄂温克人生存现状及沧桑历史的影视作品，作品真实地反映了“祭火神”“萨满舞”等许多敖鲁古雅乡猎民的民风民俗，这部电影于 2012 年 10 月 22 日在塞浦路斯第七届国际电影节上获得故事片类最佳摄影、最佳美工/服装两项大奖。

（八）萨满教文物得到有效保护

近年来，吉林省、内蒙古自治区、黑龙江省等萨满教流传较广、萨满文化传承状况较好的地区建了几座萨满文化专题博物馆。内蒙古自治区唯一的萨满文化博物馆 2006 年 10 月份建成开馆，该馆坐落于距呼伦贝尔市莫力达瓦达斡尔族自治旗旗政府所在地尼尔基镇 9 公里的中国达斡尔民族园园内，是中国最大的一座萨满文化博物馆。该馆总面积 769 平方米，高 6 米，上边是高 21 米的萨满铜像。萨满铜像以从“远古走来”为主题，

---

① http：//hi. baidu. com/jlyanghu/item/7926f0f62ddb000ed89e72a7。

② 新疆哲学社会科学网 http：//www. xjass. com　2011 年 01 月 22 日 00：10：03。

通过肢体语言表现北方少数民族的文化信仰。博物馆内收藏了北方满、蒙古、鄂温克、鄂伦春等八个民族的萨满文物。馆藏文物通过实物展示、图片再现、视听等形式，全面表现了北方少数民族萨满文化，突出体现了达斡尔族萨满文化从狩猎时代转向农耕时代的艺术特征。萨满文化博物馆的建成，全方位展示了萨满文化内涵，真实还原了萨满文化与社会生活的紧密联系，为抢救保护少数民族特色非物质文化遗产起到积极作用，同时也为莫力达瓦达斡尔族自治旗增加了新的民族特色旅游亮点。

长春萨满文化博物馆位于长春开发区卫星路6543号长春大学综合楼B区3楼，2006年5月18日正式落户长春大学。博物馆建筑面积近1000平方米，分四个展厅，主要展出的是中国北方朝鲜、锡伯、蒙古、达斡尔、鄂温克、鄂伦春、赫哲等少数民族的萨满文化和民俗文化。这里可以看到有数百年历史的少数民族萨满文物和珍贵的萨满文化复制品，其中包括萨满神服、萨满神鼓、萨满神偶以及若干萨满艺术品。博物馆有萨满神服饰20余件（套）、萨满神鼓20余面、萨满神偶数百件以及若干影像资料等。

在几座已建成的萨满文化专题博物馆中长春大学萨满文化博物馆的管理比较规范，制定了较为详细的管理人员岗位职责。吉林省伊通满族自治县县委、县政府对萨满文化高度重视，通过萨满文化调查，进一步完善了伊通满族博物馆馆藏文物，在调查中发现了马鞍镇那丰田家祖传萨满文物神偶和那氏家谱。这些珍贵文物历经百年沧桑和政治风雨的洗礼，是他们冒着生命危险将其保管下来，实为难得，尤其珍贵。伊通满族博物馆还对现存的重点萨满文物如神器、神帽等对其来历、作用进行了详细的研究和整理，并努力做好萨满文物的征集、鉴定工作。近几年来先后在伊通境内外征集到各种满族文物417件，并请专家对馆藏文物进行技术鉴定。扩建后的伊通满族博物馆专门辟一专厅，集中对萨满文化内容进行了展示。

（九）学界兴起萨满教研究热

萨满文化研究具有多学科性，这是由萨满文化的特点决定的，并与它诞生的背景密不可分。萨满文化是民间文化的综合体，是一个综合性的研究对象，涉及诸多学科。近些年来，萨满文化吸引着越来越多的来自不同学科学者的倾心投入，研究的内容涉及历史学、民族学、人类学、宗教学、民间文学、神话学、民俗学、音乐学、舞蹈学、美术学、哲学、自然科学、心理学、生理学、医学、考古学、社会学、语言学、法学、政治学、预测学、人体科学等诸多学科或研究领域①。不仅如此，有学者还将萨满文化研究拓展到人类文明史的广阔领域，将萨满文化资料与文献学、考古学、神话学资料相结合，探索人类文明起源的轨迹及其模式。萨满文化的实证资料和研究成果还广为其他学科所用，成为其他学科探索相关问题的佐证。

萨满教的研究一向是在国际人文学科理论发展的大背景下不断开展的，由于这个学科资源丰厚，现象形态复杂，来自不同方面的研究始终不断。

近年来中国学界兴起了一股萨满教研究热。具体表现在以下三个方面：一是在国内召开了几次规格较高的萨满文化研究论坛和国际学术研讨会。其中第二届萨满文化论坛、中国（吉林）国际萨满文化论坛和第11届国际萨满文化研讨会暨世界仪式人类学高级论坛，具有很大的学术影响。二是研究队伍不断壮大，培养了大批青年学者。据乌云格日勒的统计分析②，截止到2012年年底，国内萨满教研究专著共有139部，署名成果139部。其中作者独立撰写专著82部，合作专著57部。三是萨满教研究成果越来越多，研究水平明显提高。以1914至2012年公开发表的有关萨满教研究中文期刊论文为数据源，据不完全统计，共有1603篇（其中41篇是年鉴论文）有关萨满教研究的期刊论文在中国386种期刊上发表。尤其是2000年至2010年的10年之内共有717篇有关萨满教研究期刊论文在全国各地的学术杂志上发表，从此萨满教研究进入空前活跃的崭新阶段。

二、萨满教发展中面临的问题及对策建议

（一）萨满教的衰落仍然比较明显

恩格斯说过：“古代一切宗教是自发的部落宗教和后来的民族的宗

① 张洪江：《萨满文化的现实价值》，http：//jlrbszb. chinajilin. com. cn/html/2012 －01/19/content_ 27271. htmdiv = －1。

② 乌云格日勒：《中国萨满教文献信息计量分析》，中国社会科学院民族学与人类学研究所重点课题结项报告，2013年12月。

教，它们从各民族的社会和政治条件中产生，并和它们一起生长。宗教的这些基础一旦遭到破坏，沿袭的社会形式、继承的政治结构……一旦遭到毁灭，那末与之相适的宗教自然也就崩溃。”① 随着社会历史的发展，萨满教所赖以产生和发展的社会文化条件发生变化，各民族的萨满教几乎都进入了衰落、变容的历史轨道。从总体而言，中国各少数民族的萨满教信仰都进入了衰落的阶段，但衰落并非意味着很快消亡。各民族萨满教在外来宗教的冲击下由盛变衰的过程中采取了一些灵活多样的生存策略，以改头换面的变异形态残留至今。

萨满教是正在衰落和消亡的宗教文化形态，所以我们应该抓紧抢救保存保护它，在萨满文化遗产保存较多的鄂温克、鄂伦春、达斡尔、蒙古、赫哲、锡伯、满、朝鲜等民族中，开展保护、抢救萨满文化工程，搜集萨满文物，运用摄像、录音等现代化技术手段系统搜集、纪录萨满祭祀、占卜、巫术、治病等神事活动，留下完整的第一手资料。

抢救、挖掘、保护和传承萨满文化遗存，对于人类文化自身的存在和发展具有重要的战略意义，有利于保护传统文化多样性和保护文化传统，有利于文化创新，有力于促进年轻一代对传统文化及民俗文化的认同，极大地推动年轻一代对非物质文化遗产的了解、保护和传承。

（二）传承发展萨满教问题上仍然存在认识误区

在我国，经历了几次政治运动之后，人们几乎在萨满教和迷信之间画上了等号。不仅在一般民众的观念中是这样，就是在政界官员甚至一些老一辈学者的头脑中也把萨满教看作是一种愚昧、落后、需要破除的迷信。然而，根据我们的研究结果，萨满教和少数民族的文化艺术、道德法律、政治哲学、民俗风情、医药卫生的关系很密切。甚至有些民族的文化传统就建立在萨满教宇宙观和哲学观念基础之上。如果将萨满教定位于需要破除的封建迷信，那么我们有可能将有些民族代代传承下来的传统文化统统看作封建迷信来消除掉。我们研究萨满教必须要一分为二地看待它，否则很容易得出一些极端而片面的结论。萨满教中既有封建迷信的糟粕，又有民族文化，甚至民间科学的精华。取其精华，去其糟粕才是我们对待萨满

---

① 恩格斯：《布鲁诺·鲍威尔和早期基督教》，见《马克思恩格斯全集》第 19 卷，第 333 页。

教的正确态度。在萨满教的庞杂体系中确实蕴含着不少值得挖掘的民间民俗文化财富。有些国家的学者和科学技术人员已经开始从萨满教中挖掘出一些值得现代人所借鉴的合理因素。美国及其他一些西方国家的人类学者、心理学者、宗教学者、医生，等等，抓住了萨满医疗中的某些有效手段，并利用它们进行现代萨满培训和医疗实验，一时声名大振。萨满医术属于民俗知识的范畴，如果进行必要的革新，可以使其升华到科学知识的高度。萨满教作为一种自然宗教，有着悠久的生态保护传统。在萨满教的观念和行为层面中都蕴含着爱护大自然、维护生态平衡和回归大自然的环境意识和环保精神。在萨满教的动植物图腾观念和禁忌观念以及自然崇拜观念中暗含着珍贵的环境意识或生态保护意识。萨满教以神灵的名义进行环境意识教育，并有一套行之有效的生态保护方式。萨满教中既有观念层面上对环境破坏现象的预防措施，又有行为层面上限制环境破坏的宗教禁忌。萨满教的自然崇拜观念中蕴含的生态观念和环境意识比较丰富，形式多样。我们应正确地对待和评价它，而不应该以粗暴的态度压制或镇压它。如果采取不恰当的强制消灭措施，有可能导致“物极必反”的反弹效应。

（三）萨满文化的开发利用方面存在着重开发轻保护的倾向

萨满文化对当代人了解少数民族的传统文化和表现中华各民族文化的多样性、对于少数民族文化在传统的基础上的继续发展，对于发展民族文化事业和旅游经济，都具有重要的开发价值。随着当代中国旅游事业的蓬勃兴起，一些以少数民族或地方民风民俗为特色的旅游景区（点），迫切需要增加一些具有少数民族传统文化色彩的展示项目，来提高民族或地方旅游经济的文化内涵。但在开发利用萨满文化的过程中一定要重视保护萨满文化的本真性，注重真实，浓缩精华，强调知识性和观赏性，增加互动性和趣味性，正确区分萨满祭祀风俗和封建迷信的关系。作为民族文化资源，少数民族的萨满文化虽然具有很高的开发价值，但正因为其少数民族传统宗教文化的特质，在开发的具体过程中也必须严格把握当代文化发展的主旋律，避免出现不必要的偏差而造成负面影响。当前最值注意的问题，是正确区分民族传统文化和封建迷信的界限。很长一个时期以来，凡是带有宗教色彩的传统风俗都被认为属于“封建迷信”，限制其公开传播和展示。而对于包括“跳神”等内容在内的萨满教民俗，更是将其与明令取缔的“巫婆神汉”装神弄鬼、骗钱害人行为相提并论，往往不加区别地加以排斥和制止，也很少有人对其进行肯定性的正面宣传。造成这种偏差的原因主要来自两个方面。一是一些无知或别有用心的人，把他们所从事的封建迷信活动说成是萨满教文化，以保留或保护民族民间文化为借口行害人敛财之实；更多的情况则来源于人们对萨满教及其发展的认识和研究不够而造成的误解。

（四）萨满文化抢救挖掘开发利用中存在的一些问题

现将萨满文化在抢救、挖掘和开发利用方面存在的主要问题归纳如下：

第一，宣传不到位，一些人存在着模糊认识。

在调查中发现，一些人认为萨满活动就是“跳大神”，说这些人是巫医神汉，是在搞“封建迷信活动”。没有认识到发扬利用萨满文化对增强民族意识，推动经济社会发展，传承民族文化的重大意义。我们应该抓紧通过今后的宣传，加深人们对萨满文化的了解和认识，纠正对它的偏见。

第二，抢救、挖掘萨满文化不到位，缺乏时代紧迫感。

改革开放给人们带来了实实在在的物质成果，人们的物质文化生活有了极大的改观，特别是把改善居住条件放到了最优先的位置，投入了大量的资金，城市居民由砖瓦房向住宅楼房化发展，农村村民由传统草房、砖土结构老式平房向现代新式砖瓦房屋转变，这就给萨满文物的保护带来了新的课题。过去一些旧的萨满文物可放在简陋的仓房或闲置的房屋中保管，迁入新居后，因房屋面积有限、老旧的萨满文物有碍观瞻等原因，登不了“大雅”之堂，因而被作为“鸡肋”弃之不理。对萨满文化的历史见证人、传承人因未能及时去抢救、挖掘、整理他们心中珍藏的萨满记忆，随着时间的流逝，这些人逐渐的故去而遗憾后人。

第三，文物管理不到位，萨满文物流失，文化遗址遭到破坏。

随着文物价值的提高和人们重利疏义商品观念的增强，过去瞧不起眼的萨满文物也水涨船高。如萨满神器、古老的家谱等都被私人文物贩子走屯串户收购倒卖，如现在不加以对这种违法行为进行打击，萨满文物也会很快的流失殆尽。

结 语

中国除儒教、道教文明之外，还有一种萨满式文明的观点是由美国哈佛大学张光直教授最早提出来的。他在《考古学专题六讲》中提出：“萨满式的文明是中国古代文明最主要的一个特征”（《考古学专题六讲》第4页，文物出版社，1986年版）。这一观点在中国考古学界和历史学界具有“名人效应”，20世纪80年代中、后期在中国内地考古学界、历史学界兴起的“萨满教文化热”便是这名人效应的产物。而在国外，有的学者将这一观点引伸到整个世界文明史的研究中，提出了整个世界古代文明就是一种萨满式文明的观点。

中国古代的宗教信仰可以分为两大部分：一是为上层建筑服务的较高层次的哲学化、伦理化的宗教形态，一是在劳动人民中间流传较广的通俗化、功利化的民俗宗教。日本道教研究专家福永光司在《思想》杂志696号上发表文章，对道教下了如下定义：“道教是以中国古代以来萨满式的咒术信仰为基础，重叠复合地采入了儒家的神道与祭祀的思想与仪礼、老庄道家的‘玄’与‘真’的形而上学、佛教的业报轮回与解脱以及济度众生的伦理与仪式等等，在隋唐时代大致完成了作为宗教的教团组织、仪式方法、神学思想，以与‘永恒的道’合为一体为终极理想的中国民族（汉族）自己的传统宗教。”

萨满登天入地进行宇宙飞行的观念和中国古代的巫觋通天观念一脉相承，是共同观念基础上的产物。巫觋通天观念和萨满通天观念是基于相同思维模式上的同一种观念形态，二者之间没有本质的差别。从这一点上我们可以说，中国史前文明的根基就是自然崇拜和多神信仰为特征的萨满教信仰，也就是说中国人的原生宗教实际上就是国际人类学上统称为shamanism的宗教现象。笔者认为，用“萨满教”（shamanism）这一国际上通用的学术用语来概括中国早期原初形态的宗教信仰，比之用“巫教”等国际上不通用的“中国特色的”术语更为恰当。

文化人类学自产生以来一向重视“文化遗留物”的研究，通过对从远古时期遗留下来原始文化遗存的研究来复原和探究文化原型以及阐明人类文化和宗教、民俗的起源和发展规律等问题是人类学家的重要使命之一。萨满教作为一种原始信仰属于原始宗教文化范畴。随着社会历史的发展，萨满教形态也发生了某些变异，但其精神实质和文化内核却大多被保持着，其遗俗至今犹存，其影响至今犹在。萨满教从远古传承到今天，其身上刻烙着不同历史时期的印迹，包含着不同层次的文化因子。正是基于这一点，宗教学家、民俗学家、人类学家乃至历史学家和考古学家们视萨满教为中国原始文化的母源和载体，萨满教也因此成了人文学者，尤其是人类学家研究原始文化的重要对象和主要途径之一。从人类学角度对萨满教进行田野调查和综合研究具有很高的学术价值。

萨满教的研究一向是在国际人文学科理论发展的大背景下不断开展的，由于这个学科资源丰厚，现象形态复杂，来自不同方面的研究始终不断。如果要把萨满教视为一个整体，作一番综合性的、全局性的理论研究，过去常用的理论和方法显然就大不够用了。这种性质的研究不仅要通盘掌握各民族萨满教信仰的基本资料，而且要对各民族、各地区萨满教信仰共同具有的内容及其构成、本质及其表现作一番比较性的研究和理论上的综合。综合性的理论研究不仅可以使研究者对整个萨满教作全面系统、深层次的把握，而且对人类宗教史的研究以及宗教学、人类学的学科建设都具有较高的理论意义。

随着经济社会的迅猛发展和现代西方文化潮流在全球范围内的迅速扩展，迫使许多弱小民族的传统文化原貌消失，甚至有一部分人类优秀文化遗产遭到全面破坏。抢救、保存和研究那些宝贵的文化遗产，使其得到很好的保护，是摆在我们人类学者在内的社会科学工作者面前的重要研究课题。我们应该加快研究在当今剧烈变迁的人类社会中，每个民族如何积极地保护自己的优秀文化遗产的迫切课题。萨满教作为一种古老文化的载体，理应得到合理的保护。韩国等国家早已把萨满教列入重要文化遗产之列（韩国称“重要无形文化财”），对其进行合理的保存和保护。韩国的经验和措施值得我们学习和借鉴。

随着西部大开发在内的各类开发活动的进展，文化遗产保护工作会越来越重要。关心和参与保护民族文化遗产的工作是我们人类学研究者责无旁贷的义务。保护文化多样性的呼吁在20世纪90年代后期开始成为世界大多数国家认同的准则。对待每一种文化，包括萨满教文化，都应该从文化多样性的知识财富角度去加以认识、理解和研究。

旅游视域下的中国边疆

——聚焦一个模糊的研究视角

李燕琴　束　晟

（中央民族大学管理学院）

一、问题的提出

边疆是中国当下最活跃的政治空间与经济地带，北部陆疆的稳固与安全，东南海疆的领土争端，皆关乎国家发展之大局。为夯实固疆之基，2012 年国务院批准建立地级三沙市；2013 年习近平主席中亚访问时首次提出建设“丝绸之路经济带”战略构想；2014 年国务院同意新疆霍尔果斯口岸设立县级市①，推动其成为丝路经济带核心支点。伴随地域活跃度增强，边疆不再仅为史学家和政治家关注，更多学者开始注意到边疆研究价值。金晓哲等②对英文文献调研发现边疆研究一直为欧美人文地理学界所重视，并有效“促进了地理学的理论建构”，进而提出人文地理学在边疆研究中的地位须加强。旅游地理学作为人文地理学的重要关联性学科，在旅游活动日益普遍的大背景下，更应有所作为。

中国陆疆与海疆之丰，放眼世界，唯一无二。绵延达 2. 2 万公里的陆地边境线与 14 个国家接壤；从鸭绿江口到曾母暗沙南北 4000 多公里的海疆国土上 500 平方米以上的岛屿达 7300 多个③。从地理场域看，中国边疆集中了最为壮观的高山大河、最为幽丽的海岛，拥有魅力独具的旅游资

---

① 张庆华：《国务院批准新疆设立霍尔果斯市》，《伊犁日报》，2014 – 07 – 14。

② 金晓哲、林涛、王茂军：《边疆的空间涵义及其人文地理研究框架》，《人文地理》，2008 年，总 100（2），第 124 – 128 页。

③ 国家海洋局：国家海洋局公布实施《全国海岛保护规划》（全文），中华新闻网，2012 – 04 – 19. http：//www. chinanews. com/gn/2012/04 – 19/3832043. shtml。

源。仅陆疆而言，据钟林生等[①]测评，边境县域内共有61处五级旅游资源单体和237处四级旅游资源单体，不仅数量繁多，且体量较大、类型丰富、组合度好。边疆高品质的旅游资源也获得了国际社会认可，近3年中国获批的6项世界遗产5项与边疆省区有关，2012年云南澄江化石遗址、内蒙古元上都遗址入选联合国教科文组织世界遗产名录；2013年新疆天山、云南红河哈尼梯田获批；2014年中国与吉尔吉斯斯坦、哈萨克斯坦联合申报的“丝绸之路：起始段和天山廊道的路网”获世界遗产大会批准。[②] 边疆丰富的旅游资源形成了对市场的巨大拉力，经济发展则带来了边疆旅游需求增长和边疆交通廊道建设。2012年中国人均GDP超6000美元，进入中等收入阶段，据国际经验，游客对探险、文化、生态等深度旅游产品的需求随之增长，边疆旅游发展逢历史契机。经济发展也促进了边疆内外交通的改善，2014年西藏拉日铁路通车、兰新高铁建成，都降低了边疆旅游者的流动阻力。而伴随欧亚、中亚、泛亚等多条跨境高铁筹建，特别是2014年已正式动工的泛亚高铁，使云南从中国边缘变成沟通东盟南亚国家的前沿，由此中国与周边国家旅游合作新格局将开启。综上所述，旅游与边疆研究的结合具有历史的必然性与现实的迫切性。

中国旅游地理学者一直在关注边疆，尤其近两年。旅游地理专业委员会2005年在西双版纳召开“边境旅游与社区旅游”国际会议，2013年以“边地”代替“边境”，在喀纳斯举办了“旅游景观与边地旅游”国际研讨会，探讨旅游作为全球化进程重要方面在发展边远地区中所担当的角色等问题[③]。2014年，中科院地理所多名学者在第6期《资源科学》开“中国陆地边境旅游研究”之专栏，从研究进展[④]、发展阶段与格局[⑤]、

① 钟林生、张生瑞、时雨晴等：《中国陆地边境县域旅游资源特征评价及其开发策略》，《资源科学》，2014年，36（6），第1117－1124页。

② 文慧：《古老丝路续写新辉煌》，《中国艺术报》，2014－06－27。

③ 孙九霞、廖婧琳：《在反思与对话中前行：“旅游景观与边地旅游”国际学术研讨会综述》，《旅游学刊》，2013年，28（11），第125－128页。

④ 王新歌、孔钦钦、席建超：《边境旅游研究进展及其启示》，《资源科学》，2014年，36（6），第1107－1116页。

⑤ 葛全胜、席建超、王首琨：《中国边境旅游：阶段、格局与若干关键战略问题及对策》，《资源科学》，2014年，36（6），第1099－1106页。

入境旅游市场[①]、边境县域旅游资源评价、竞争力评价[②]等多角度综合剖析边境旅游，凸显了旅游视域下边境研究的重要价值。但与社区旅游、节事旅游、遗产旅游、城市旅游等近年新兴和热点的研究领域[③]相比，边疆作为中国独具特色的地域，其旅游发展远未获得地理学者足够重视，成果更是寥寥，与当下边疆旅游供给与需求的迅猛增长极不匹配。为确保国家政治敏感区域的可持续发展，有必要在旅游视域下对边疆进行探讨。本文在全面综述中西相关文献基础上，力图聚焦“边疆旅游”这一模糊的研究视角，使目前隐在的相关研究，在明确的命题之下得以系统展开和推进。本文首次界定了中国边疆旅游之内涵与外延；提出要突破“边境旅游”专注经济发展之局限，将更多人文关怀注入“边疆旅游”研究主题，践行保继刚所归纳并倡导的理想主义的理性回归[④]之研究准则；并初步阐释了边疆旅游未来研究之重要方向。

西方理论简单嫁接于中国实践引发了诸多“水土不服”，理论易学，但如何秉承其科学精神，应用于不同的地域和文化空间，使中国旅游研究更“接地气”，却需要花大气力。生态旅游最早兴盛于地广人稀的澳大利亚、加拿大，在美国发展为可持续旅游，在欧洲体现为乡村旅游[⑤]，在英国正以负责任的旅游形式推进[⑥]，而泛化的中国“生态旅游”却不被认同于“ecotourism”[⑦]，因此，我们需要深究中国地理格局的典型特征，开拓符合中国地域、文化特点的可持续旅游研究主题，边疆旅游是一种尝试。

---

① 宁志中、杨蕾蕾、钟林生：《中国陆地边境地区入境旅游市场的时空特征研究》，《资源科学》，2014 年，36（6），第 1125 - 1132 页。

② 时雨晴、钟林生,、陈田：《中国陆地边境县域旅游竞争力评价》，《资源科学》，2014 年，36（6），第 1131 - 1141 页。

③ 保继刚、尹寿兵、梁增贤等：《中国旅游地理学研究进展与展望》，《地理科学进展》，2011 年，第 30（12）期，第 1506 - 1512 页。

④ 保继刚：《从理想主义，现实主义到理想主义理性回归：中国旅游地理学发展 30 年回顾》，《地理学报》，2009，64（10），第 1184 - 1192 页。

⑤ 李燕琴：《基于概念、原则与产品的生态旅游内涵研究》，《科技导报》，2004 年，22（11），第 35 - 39 页。

⑥ Goodwin H，Francis J. Ethical and responsible tourism：Consumer trends in the uk. Journal of Va - cation Marketing，2003，9（3）：271 - 284.

⑦ Buckley R，Cater C，Linsheng Z，et al. Shengtai luyou：Cross - cultural comparison in ecotourism. Annals of tourism research，2008，35（4）：945 - 968

二、热与冷：中国边疆与边疆旅游研究

（一）中国边疆与边疆旅游研究

边疆是国家间利益角逐的前沿，相对内地或中心而言，边疆虽居疆域之边缘地带，但于国家发展之重要性绝不亚于首都和核心区①。袁剑认为，边疆问题与政治问题、族群问题皆为现实人类社会之热点，从某种程度上说，这三个问题导致了包括两次世界大战在内的人类诸多大型冲突与战争②。自19世纪中叶，中国被迫多次割地赔款，边疆危机空前严重，边疆研究受到许多学者关注③。出于“以史为鉴”的考虑，早期边疆研究以史地为重；在外患日亟与国人致力于构建民族国家的背景下，20世纪30—40年代迎来边疆研究的又一“黄金时期”，李安宅的《边疆社会工作》④等扛鼎之作面世、《禹贡》和《边政公论》等重要刊物创刊、“边政学会”和“边疆学会”等社团兴起⑤。这一时期的边疆研究讲究“经世致用”，由历史地理视角向社会科学转向，特别令人瞩目的是边政学勃然兴起，其研究范式讲求多学科参与，尤其侧重人类学和政治学等新兴学科，现实的针对性强，为边疆的治理和稳定作出了贡献。

1949年后，社会学和人类学等在内地一度被认为是资产阶级学科，甚至大学也停办相关专业，边疆研究被迫转向民族问题研究⑥。20世纪80年代以来，边疆研究重新启动，首先是历史学界从民族史、地方史和中外关系史的视角将其推向一个新的高度⑦。近年，随着中国经济社会的

---

① 金晓哲、林涛：《边疆的类型划分与研究视角》，《地域研究与开发》，2008年，27（3），第7－10页。

② 袁剑：《中国历史中的政治、族群与边疆：另一张隐在的面孔》，《西北民族研究》，2009，年，总63（4），第108－114页。

③ 汪洪亮：《中国边疆研究的近代转型：20世纪30—40年代边政学的兴起》，《四川师范大学学报（社会科学版）》，2010年，37（05），第137－144页。

④ 李安宅：《边疆社会工作》，北京：中华书局1946年版。

⑤ 王利平、张原、汤芸问等：《20世纪上半叶的中国边疆和边政研究：李绍明先生访谈录》，《西南民族大学学报》，2009年，总220（12），第34－41页。

⑥ 汪洪亮：《中国边疆研究的近代转型：20世纪30—40年代边政学的兴起》，《四川师范大学学报（社会科学版）》，2010年，37（05），第137－144页。

⑦ 危兆盖：《中国边疆史地研究的新进展：访中国边疆史地研究中心马大正研究员》，2004－03－16。

快速发展和国际影响力的日益增大，加之2008年金融危机后，各国加紧在利益边疆上的争夺，中国边疆（含海疆和陆疆）局势出现新的动向，维护国家主权和领土完整的形势日益严峻，边疆研究因具有巩固疆域的经世之用而再度升温，“边政学”也重入学者的研究视野，同期与“边疆”“边政”相关的学术论文呈现倍增之态势。在此阶段，日益呈现出以边疆为本位或“中心”来考察问题的思维模式，构筑“中国边疆学”[①]、使其走向独立学科[②]的呼声渐盛。厉声[③]和马大正[④]等认为20世纪80年代以来边疆研究的第三次高潮开启，现已进入深化阶段，面对现实问题的跨学科交叉研究是该阶段的重要特征。

新形势下，国土安全已不是国家对边疆的唯一诉求，如何发展边疆，缩小边疆与内地的差距变成重要的国家战略。2000年，国家“兴边富民”行动正式实施，边疆发展问题被逐渐纳入国家话语系统中，自此，探讨边疆新的发展路径就成为边疆研究贴近现实的重要面向之一。学术论坛是对社会热点关切的呼应，也是科学研究的助推器。2010年，首届“边疆发展中国论坛”在中央民族大学举办，论坛力图构建边疆和民族地区发展研究领域的高端学术平台；2011年12月，环球时报、新浪网等机构评选出“中国十大边疆重镇”，使它们成为战略、文化、可持续发展等方面的典范。其后，主办方每年召开“中国边疆重镇”高峰论坛，邀请相关学者、边疆城镇代表共同参与，一起探讨边疆发展新思路。

旅游业是边疆经济发展的重要引擎。马勇认为边疆民族地区旅游资源最具开发潜力，选择旅游发展模式作为兴边富民行动的产业选择，应具有优先地位[⑤]。“兴边富民”行动“十二五”规划（2011—2015年）特别提

---

① 马大正：《边疆研究者的历史责任：构筑中国边疆学》，《云南师范大学学报（哲学社会科学版）》，2008年，(5)，第3–5页；方铁：《论中国边疆学学科建设的若干问题》，《中国边疆史地研究》，2007年，(2)，第1–9页；田磊：《中国需要一门边疆学：对话中国社科院中国边疆史地研究中心研究员马大正》，《南风窗》，2009年，(17)，第35–36页。

② 段金生、尤伟琼：《范式变迁：“边缘”与“中心”的互动：近代民族国家视域下的边疆研究》，《思想战线》，2013年，39（1），第31–35页。

③ 厉声：《改革开放30年来中国边疆史地研究学科的繁荣与发展：兼述中国边疆史地研究的第三次研究高潮》，《中国边疆史地研究》，2008年，(4)，第1–10页。

④ 马大正：《关于中国边疆学构筑的几个问题》，《东北史地》，2011年，第6期，第3–11页。

⑤ 马勇：《浅议边疆地区经济发展模式选择》，《西北民族研究》，2003年，总37（2），第98–106页。

出边疆地区要“依托旅游资源优势，推动文化与旅游的深度融合。大力培育开发具有边境特色的重点旅游景区和线路，鼓励发展边境旅游、民族特色村寨旅游、休闲度假旅游、生态旅游、探险旅游、农业旅游等特色旅游”①。王兴斌认为②，在国务院文件中，如此明确地提出大力发展边境旅游，实不多见，该规划为开展边境旅游在更大范围内和更高水平上提供了强有力的政策指向。魏小安更提出边疆地区稳定与否，涉及整个国家的安全，“十二五”期间民族旅游、边疆旅游一定要成为重中之重，建议围绕民族地区旅游发展，构建边境旅游长廊，以维护国家核心利益③。好的研究是要有经国济世的现实关怀，诚如戴斌所言④，“历史赋予我们这一代旅游学人以伟大的使命，国家战略和产业发展也迫切需要中国旅游学人承担更多的社会责任而非纯粹意义上的学术创作”，中国的旅游学者“必须紧密贴合实践、引领实践”，故此在关系国家安全、民族发展的第三次边疆研究热潮中旅游学者应有所作为。

表1　中国知网之“边疆”与“边疆旅游”文献统计

Tab. 1 Statistics for ‘frontier’ and ‘frontier tourism’ papers in CNKI

研究主题	篇名（“模糊”查询）	合计	2008—2013年	2000—2007年	2000年前
边疆旅游	边疆旅游	45	34	8	3
	其中期刊和会议论文	42	31	8	3（1989）
	硕博论文	3	3（2011）	0	0
	边境旅游	205	116	61	28
	其中期刊和会议论文	192	106	58	28（1993）
	硕博论文	13	10	3（2004）	0

① 国务院办公厅：《国务院办公厅关于印发兴边富民行动规划（2011—2015年）的通知》，《司法业务文选》，2011年，（27），第18－28页。

② 王兴斌：《构建四大旅游合作区推进边境旅游》，《中国旅游报》，2011－06－27。

③ 魏小安：《旅游业发展“十二五”规划意见》，北京：中国旅游研究院会议发言，2010－9－30。

④ 戴斌：《旅游产业发展的国家战略与中国旅游学人的历史使命》，《旅游学刊》，2010年，25（2），第6－8页。

续表

研究主题	篇名（“模糊”查询）	合计	2008—2013年	2000—2007年	2000年前
边疆	边疆	6340	3474	1472	1394
	其中期刊和会议论文	6134	3316	1424	1394（1950）
	硕博论文	206	158	48（2002）	0
	边境	5717	2770	1618	1329
	其中期刊和会议论文	5440	2561	1550	1329（1938）
	硕博论文	277	209	68（2000）	0

注：（1）2014年7月统计。文献分期依据一则考虑文献数量的变化趋势，二则依据典型事件，2000年国家“兴边富民”行动正式实施，2008年世界范围的金融危机引发国家间利益边疆之争加剧；（2）学术期刊和会议论文涵盖“期刊”“特色期刊”“国内会议”“国际会议”“学术辑刊”“商业评论”6个数据库。（3）括号内数字为出现第1篇该类文献的年份。

回顾过去，鉴于中国旅游业始于1979年，真正发展于1999年①的大背景，致使旅游学者在边疆研究的数次高潮中长期处于“失语”状态。基于中国知网的统计显示（见表1）：（1）边疆研究之“热”与边疆旅游研究之“冷”表现突出，篇名中含“边疆”或“边境”的文献达12057篇之众，而同时含有“边疆”和“旅游”或“边境”和“旅游”文献250篇，占比仅有2.07%；（2）“边疆旅游”研究严重滞后于“边疆”研究，前者的论文有记载于20世纪30年代，后者则始于20世纪80年代末到90年代初，相隔半个世纪之久；（3）“边疆”和“边疆旅游”研究主题2008年以来皆呈现迅猛增长态势，近6年的研究分别占各自文献总量的51.79%和60%；（4）“边疆旅游”主题下的“边境旅游”研究总量相对较大，达82%；而“边疆”层面的旅游研究近年升温最为迅猛，最近6年文献量占全部的75.56%。

可见，虽处萌芽阶段，但从“旅游”角度研究“边疆发展”正在成为一种趋势。2011年，孙九霞②提出，旅游业不仅是边疆的一种经济发展

① 戴斌：《中国旅游产业——国家战略与国际合作：在2011年阿斯塔纳经济论坛上的主题发言》，中国网，2011-05-27。

② 孙九霞：《旅游发展与边疆的去边缘化》，《中南民族大学学报（人文社会科学版）》，2011年，31（2），第6-11页。

手段，而且是使其融入中心、“去边缘化”的重要动力，遗憾的是，旅游研究中边疆视角一直处于缺失状态。该观点很快得到其他学者回应，黄华[①]认为，边疆旅游研究的深度和数量却显不足；谢小芹[②]则以实例展现出旅游对边疆“去边缘化”的多功能性，以丰富边疆旅游研究成果。

（二）从“边境旅游”到“边疆旅游”研究

边境旅游是传统涉“边”旅游研究的主体，中国知网查找到250篇相关文献，边境旅游达205篇，边疆旅游仅45篇。中国边境旅游以1987年辽宁丹东—朝鲜新义州一日游的旅游线路推出为肇始[③]，1997年边境旅游发展进入关键期，当年10月国家旅游局颁布《边境旅游暂行管理办法》，将边境旅游定义为“经批准的旅行社组织和接待中国及毗邻国家的公民，集体从指定的口岸出入境，在双方政府商定的区域和期限内进行的旅游活动。”同年，张广瑞出版专著《中国边境旅游发展的战略选择》，系统研究了中国边境旅游的发展背景、过程、类型特点和战略选择[④]。他将边境旅游视为“边境地区社会经济繁荣的启动器”，建议从“满足国民日益增加的旅游需求的高度来认识”[⑤]。后来的边境旅游研究因袭了这种经济的、基于游客需求的视角。

近年，边疆旅游研究则呈现高速增长之态势，累计文献量虽然仅有45篇，但34篇文献都发表于2008年后。对“边疆旅游”与“边境旅游”文献之关键词分类统计表明（见表2）：（1）边境旅游研究多“经济”视角，不仅从宏观的“策略”“战略”“对策”层面探讨，也关注如何从“入境一日游”“精品旅游线路” “入境旅游”的设计上进行“旅游开发”；（2）边疆旅游研究青睐“文化”视角，从“民族生态文化”“边疆文化”等多角度出发，不仅关注“文化安全”“文化保护”“文化自觉”

① 黄华：《边疆省区旅游空间结构的形成与演进研究：以云南省为例》，华东师范大学博士学位论文，2012。

② 谢小芹：《乡村旅游开发与边疆的“去边缘化”：以黔中屯堡社区为例》，《中共宁波市委党校学报》，2013年，35（4），第86－89页。

③ 杨效忠、彭敏：《边境旅游研究综述及展望》，《人文地理》，2012年，27（4），第19－24页。

④ 参见张广瑞：《中国边境旅游发展的战略选择》，经济管理出版社1997年版。

⑤ 张广瑞：《中国边境旅游发展的战略与政策选择》，《财贸经济》1997年第3期，第55－58页。

表 2　边疆旅游与边境旅游文献关键词统计

Tab. 2 Keyword statistics for frontier tourism and borderland tourism literature

比较	边疆旅游（45 篇）	边境旅游（205 篇）
研究区域	边疆民族地区（7）、西双版纳（4）、民族地区（3）、西南边疆（3）、边疆省区（2）、新疆（2）、云南（2）、齐齐哈尔（2）、边疆少数民族地区（1）、乡村旅游（1）、（沧源）临空经济区（1）	新疆（7）、黑龙江省（7）、黑龙江（4）、广西（6）、俄罗斯（5）、黑河（4）、广西边境地区（4）、越南（4）、中越边境旅游（4）、中越边境（3）、中俄（3）、崇左市（2）、丹东（2）、云南边境旅游（2）、云南省（2）
文化	文化（2）、民族生态文化（2）、文化安全（2）、去边缘化（2）、边疆少数民族（2）、历史文化旅游资源（2）、文化旅游产业（2）边疆文化（1）、文化保护（1）、文化自觉（1）、文化旅游（1）、边疆文化旅游（1）、地方依恋（1）、语言功能（1）、旅游文本翻译（1）	海洋文化（2）
经济	旅游开发（3）、旅游业（2）、旅游资源（2）、跨国旅游（1）、易货旅游（1）、旅游核心竞争力（1）、培育和提升（1）	对策（9）、发展（6）、旅游开发（5）、发展对策（5）、SWOT 分析（4）、战略（4）、发展战略（3）、发展模式（3）、入境一日游（2）、精品旅游线路（2）、跨国旅游（2）、边境贸易（2）、开发模式（2）、发展策略（2）、策略措施（2）、战略意义（2）、入境旅游（2）
发展模式	国际合作（2）、旅游循环经济（2）、跨境区域合作（1）、感知风险（1）、产业创新（1）	合作（5）、可持续发展、（3）国际合作（2）、地缘通道优势（2）、中国—东盟自由贸易区（2）

注：括号中数字为相关关键词出现的频次，不含“边境旅游”“旅游”“边境”“边疆旅游”“边疆”“中国”“边境地区”等一般性关键词。

等一般性问题，而且涉及“地方依恋”“去边缘化”、民族“语言”保护等与旅游相关的深层次问题；（3）从研究区域上看，边境旅游多“中俄”“中越”等“跨国”视角，边疆旅游则多“民族”视角。

上述统计分析彰显了从“边境旅游”拓展到狭义乃至广义“边疆旅游”研究的重要价值，它将把边疆旅游问题的探讨引向深入。从对带状“边境”的关注到面状“边疆”的关怀，不仅是研究区域的拓展，更兼顾到边疆经济发展与文化保护的双重诉求，小而言之有利于边疆可持续、负责任的旅游发展，大而言之有利于和谐、稳定的边疆社区与社会建设。一味聚焦于“经济”，多倾向于从如何满足“游客需求”的角度来拓展客源；“文化”则与“边民”——即生活于边疆之人有关，声息于斯的“边民”有着与主流社会不同的文化[①]，对边疆“他文化”的保护与尊重，关乎“边民”身份的归属、安全感的建立，而这些正是边疆社区乃至社会稳定的本源。

三、西方语境下的边疆旅游研究

在西方语境下，边疆旅游同样是一个非主流的研究视角。2014 年 7 月在汤姆森科技信息集团（Thomson Scientific）的 Web of Science 数据库以“frontier tourism”（边疆旅游）、“borderland tourism”（边境旅游）、“cross - border tourism”（跨界旅游）为主题进行检索可获得文献 240 篇，去除一些书摘和关联性不大的论文，有效文献 168 篇，将其导入引文分析软件 HistCite，在其绘制的文献网络图谱中选取 15 篇具有代表性的论文（见表 3），发现全部为边境旅游文献，显示了在西方语境下与中国相似的强调边境旅游研究倾向。

学术会议对边疆旅游则有重点关注，1998 年在以色列贝尔谢巴（Beer Sheva）召开了“边疆地区城市发展挑战与作用”的国际会议，会议重点讨论了边疆区域的旅游发展，2002 年在此基础上出版的专著《边疆区域旅游》（Tourism in Frontier Areas），夯实了边疆旅游研究的学术地位[②]。该书第一节“边疆区域的旅游发展：问题与方法”（The development of tourism in frontier regions：Issues and approaches）由旅游目的地生命周期理论的重要贡献者——加拿大著名地理学者巴特勒（Butler）撰写，该文是边疆旅游研究的奠基之作。利用 Google Scholar 搜罗上述文献

---

① 关凯：《反思“边疆”概念：文化想象的政治意涵》，《学术月刊》，2013 年，45（6），第 139 - 146 页。

② Krakover S，Gradus Y. Tourism in frontier areas. Lexington Books，2002.

的引文，与 Web of Science 数据库获得的边疆旅游相关论文初步构成了有几十篇容量的边疆旅游文献库，依据引用次数、期刊级别等指标综合评价，选取出 10 篇代表性文献（见表 4）。

（一）西方边境旅游研究

边疆和边境旅游研究共同发端于 20 世纪 90 年代巴特勒对“边疆”这一独特旅游目的地的关注，当时恰在滑铁卢大学地理系攻读博士学位的蒂莫西（Timothy）受到老师巴特勒的影响，对边境旅游进行了系统研究，成为该领域最具影响力的学者。15 篇代表性文献中，4 篇与蒂莫西的工作有关，特别是其 1995 年发表于《旅游管理》（Tourism Management）的“政治边界与旅游：作为旅游吸引物的边境”一文奠定了边境旅游研究的重要基础。该文[①]将边境旅游依跨越难度和文化差异划分为 4 类：A. 跨越难、文化差异大，如以色列和阿拉伯国家边境区；B. 跨越难、文化差异小，如中国和蒙古边境区；C. 跨越易、文化差异大，如希腊和土耳其边境区；D. 跨越易、文化差异小，如美国和加拿大边境区。蒂莫西认为从 A 到 D 类，感兴趣的旅游者也由普洛特（Plot）所称的异我中心（allocentric）旅游者向自我中心（psychocentric）旅游者转变。纵观 15 篇代表性文献，案例区以美加、欧洲边境地区、新马印尼增长三角为主，皆属于 D 类，旅游性质多为以自我中心旅游者占多数的大众旅游。

蒂莫西[②]在文中还归纳了与边境有关的主要旅游吸引物，它们也多成为之后研究的重点，即跨境购物[③④⑤]、边镇赌博、州/省立游客中心、边

---

① Timothy D J. Political boundaries and tourism – borders as tourist attractions. Tourism Managem – ent, 1995, 16 (7): 525 – 532.

② Timothy D J, Butler R W. Cross – border shopping – a north – american perspective. Annals of Touri – sm Research, 1995, 22 (1): 16 – 34.

③ Timothy D J, Butler R W. Cross – border shopping – a north – american perspective. Annals of Touri – sm Research, 1995, 22 (1): 16 – 34.

④ Spierings B, Van Der Velde M. Cross – border differences and unfamiliarity: Shopping mobility in the dutch – german rhine – waal euroregion. European Planning Studies, 2013, 21 (1): 5 – 23.

⑤ Spierings B, Van Der Velde M. Shopping, borders and unfamiliarity: Consumer mobility in europe. Tijdschrift Voor Economische En Sociale Geografie, 2008, 99 (4): 497 – 505.

境飞地[①]。总体看，15 篇代表性文献多倾向于游客感知[②③]、经济影响[④]视角，强调在经济联盟[⑤⑥]的大背景下如何创造一个无边境的世界，为旅游发展提供更多机会[⑦⑧]，因此合作成为边境旅游研究的主要方向之一。格尔曼（Gelman）[⑨] 少有地从文化视角探讨了以色列边境代表性景观如何兼具恐惧与希望的元素，既有对冲突核心的表达，又有对未来和平的祈祷。韦登菲尔德（Weidenfeld）[⑩] 则以独特视角关注了旅游对知识转移和革新的潜在贡献，为跨境区域革新系统（CBRIS: Cross Border Regional Innovation Systems）提出了概念性框架，强化了边境旅游研究的文化面向。

---

① Gelbman A，Timothy D J. Border complexity，tourism and international exclaves a case study. An – nals of Tourism Research，2011，38（1）：110 – 131.

② Spierings B，Van Der Velde M. Cross – border differences and unfamiliarity：Shopping mobility in the dutch – german rhine – waal euroregion. European Planning Studies，2013，21（1）：5 – 23.

③ Timothy D J，Tosun C. Tourists' perceptions of the canada – USA border as a barrier to tourism at the international peace garden. Tourism Management，2003，24（4）：411 – 421.

④ Prokkola E K. Cross – border regionalization and tourism development at the swedish – finnish bord – er：“Destination arctic circle”. Scandinavian Journal of Hospitality and Tourism，2007，7（2）：120 – 138.；Hampton M P. Enclaves and ethnic ties：The local impacts of singaporean cross – border tourism in malaysia and indonesia. Singapore Journal of Tropical Geography，2010，31（2）：239 – 253.；Chang T C. ‘Configuring new tourism space’：Exploring singapore's regional tourism forays. Envi – ronment and Planning A，2001，33（9）：1597 – 1619.

⑤ Hampton M P. Enclaves and ethnic ties：The local impacts of singaporean cross – border tourism in malaysia and indonesia. Singapore Journal of Tropical Geography，2010，31（2）：239 – 253.

⑥ Sparke M，Sidaway J D，Bunnell T，et al. Triangulating the borderless world：Geographies of pow – er in the indonesia – malaysia – singapore growth triangle. Transactions of the Institute of British Geogra – phers，2004，29（4）：485 – 498.；Prokkola E K. Borders in tourism：The transformation of the swedish – finnish border landscape. Current Issues in Tourism，2010，13（3）：223 – 238.；Nilsson J H，Eskilsson L，Ek R. Creating cross – border destinations：Interreg programmes and regionalisation in the baltic sea area. Scandinavian Journal of Hospitality and Tourism，2010，10（2）：153 – 172.

⑦ Prokkola E K. Cross – border regionalization and tourism development at the swedish – finnish bord – er：“Destination arctic circle”. Scandinavian Journal of Hospitality and Tourism，2007，7（2）：120 – 138.

⑧ Chang T C. ‘Configuring new tourism space’：Exploring singapore's regional tourism for-ays. Envi – ronment and Planning A，2001，33（9）：1597 – 1619.

⑨ Gelbman A. Border tourism in israel：Conflict，peace，fear and hope. Tourism Geographies，2008，10（2）：193 – 213.

⑩ Weidenfeld A. Tourism and cross border regional innovation systems. Annals of Tourism Resear – ch，2013，42（3）：191 – 213.

表3　边境旅游的重要英文文献

Tab. 3 Important English literature of borderland tourism

研究者	发表时间	LCS	GCS	案例地	研究主题
Timothy①	1995 年	6	28		作为旅游吸引物的政治边界
Timothy, Butler②	1995 年	8	42	美国和加拿大边境	跨境购物
Chang③	2001 年	2	5	新加坡	亚洲跨境区域旅游带来的机会与挑战
Timothy 等④	2003 年	3	6	美国和加拿大边境的和平公园	旅游者对边境障碍的感知
Sparke 等⑤	2004 年	1	37	印度尼西亚—马来西亚—新加坡增长三角（IMS – GT）	如何创造一个无边境世界的典范
Prokkola⑥	2007 年	5	11	瑞典—芬兰边境北极圈地区	欧洲跨境区域化给旅游发展带来的机遇与挑战
Gelbman⑦	2008 年	3	14	以色列边境	描述并分析表达以色列边境旅游吸引物代表性景观的文化因素

① Timothy D J. Political boundaries and tourism – borders as tourist attractions. Tourism Managem – ent, 1995, 16 (7): 525 – 532.

② Timothy D J, Butler R W. Cross – border shopping – a north – american perspective. Annals of Touri – sm Research, 1995, 22 (1): 16 – 34.

③ Chang T C. ‘Configuring new tourism space’: Exploring singapore's regional tourism for-ays. Envi – ronment and Planning A, 2001, 33 (9): 1597 – 1619.

④ Timothy D J, Tosun C. Tourists' perceptions of the canada – USA border as a barrier to tourism at the international peace garden. Tourism Management, 2003, 24 (4): 411 – 421.

⑤ Sparke M, Sidaway J D, Bunnell T, et al. Triangulating the borderless world: Geographies of pow – er in the indonesia – malaysia – singapore growth triangle. Transactions of the Institute of British Geogra – phers, 2004, 29 (4): 485 – 498.

⑥ Prokkola E K. Cross – border regionalization and tourism development at the swedish – finnish bord – er: "Destination arctic circle". Scandinavian Journal of Hospitality and Tourism, 2007, 7 (2): 120 – 138.

⑦ Gelbman A. Border tourism in israel: Conflict, peace, fear and hope. Tourism Geographies, 2008, 10 (2): 193 – 213.

续表

研究者	发表时间	LCS	GCS	案例地	研究主题
Spierings 等①	2008 年	3	15	欧洲边境地区	跨境购物流动性的影响因素
Hampton②	2010 年	1	3	印度尼西亚—马来西亚—新加坡增长三角	新加坡人在印度尼西亚和马来西亚跨境旅游带给当地社区的经济影响
Nilsson 等③	2010 年	2	3	波罗的海地区	欧盟跨境协作计划 INTERREG 与区域一体化进程促进跨境旅游目的地的发展
Prokkola④	2010 年	2	5	瑞典—芬兰边境	从旅游角度看边境景观的转型
Gelbman, Timothy⑤	2011 年	3	8	比利时的Baarle - Hertog、荷兰的Baarle - Nassau	边境飞地的旅游发展
Spierings 等⑥	2013 年	0	0	欧洲荷兰—德国的莱茵河—瓦尔河地区	从跨境（非）购物者的感知、动机和实践分析其如何应对跨境的差异性与陌生感
Weidenfeld⑦	2013 年	0	0	欧洲边境地区	旅游对知识转移和创新的影响

注：LCS 为本地引用次数，GCS 为总被引次数。

① Spierings B, Van Der Velde M. Shopping, borders and unfamiliarity: Consumer mobility in europe. Tijdschrift Voor Economische En Sociale Geografie, 2008, 99 (4): 497 - 505.

② Hampton M P. Enclaves and ethnic ties: The local impacts of singaporean cross - border tourism in malaysia and indonesia. Singapore Journal of Tropical Geography, 2010, 31 (2): 239 - 253.

③ Nilsson J H, Eskilsson L, Ek R. Creating cross - border destinations: Interreg programmes and reg - ionalisation in the baltic sea area. Scandinavian Journal of Hospitality and Tourism, 2010, 10 (2): 153 - 172.

④ Prokkola E K. Borders in tourism: The transformation of the swedish - finnish border landscape. Current Issues in Tourism, 2010, 13 (3): 223 - 238.

⑤ Gelbman A, Timothy D J. Border complexity, tourism and international exclaves a case study. An - nals of Tourism Research, 2011, 38 (1): 110 - 131.

⑥ Spierings B, Van Der Velde M. Cross - border differences and unfamiliarity: Shopping mobility in the dutch - german rhine - waal euroregion. European Planning Studies, 2013, 21 (1): 5 - 23.

⑦ Spierings B, Van Der Velde M. Cross - border differences and unfamiliarity: Shopping mobility in the dutch - german rhine - waal euroregion. European Planning Studies, 2013, 21 (1): 5 - 23.

（二）西方边疆旅游研究

在《边疆区域旅游》一书序言中，边疆被认定为与中心相对的“边缘”（peripheral）[①]，一方面它有着无可匹敌的旅游资源，另一方面交通等基础设施的匮乏又限制了旅游者进入。该书所引巴特勒对边疆旅游的论述首次发表于1996年出版的《边疆区域发展》[②]，文中系统分析了关乎边疆旅游发展的各种问题与方法。他认为目前西方多数旅游者已有更多时间和金钱去更远的地方旅行，而作为独特的地理单元，边疆神话始终对生态旅游者和探险旅行者有着强大的吸引力。如何发展边疆旅游？巴特勒提出了一些非常有价值的观点，如：（1）不仅要管理旅游供给方，也要管控需求方，如游客的类型和数量；（2）必须认识到旅游不仅关乎区域经济结构，也关系生态和社会文化系统；（3）任何长期、可持续的旅游政策都必须体现公平与责任。巴特勒认为边疆是动态的，旅游发展前系统而适当的规划有利于边疆地区保持和延长吸引力，其旅游和游憩价值并不排斥边疆其他的发展选择。

分析边疆旅游代表性文献，结合笔者研究经验，笔者发现：（1）边疆旅游研究秉持了因地治学的原则，案例地或作者来源地以澳大利亚、加拿大、非洲、尼泊尔等具有丰富“边地”旅游资源的国家和地区为主；（2）边疆旅游与生态旅游和可持续旅游[③]密不可分，社区生态旅游（CBET：Community Based Ecotourism）、有利于贫困人口的旅游（PPT：Pro－poor Tourism）与边疆旅游关系尤其密切，对其文献挖掘有利于隐在边疆旅游研究视角的显性化；（3）边疆旅游是追寻边疆神话的“发现之旅”，具有探险旅游特性[④]。明信片是传播和表现边疆神话的重要途径[⑤]，

---

① Krakover S，Gradus Y. Tourism in frontier areas. Lexington Books，2002.

② Gradus Y，Lithwick H. Frontiers in regional development. Rowman & Littlefield，1996.

③ 参见 De La Barre S. Wilderness and cultural tour guides，place identity and sustainable tourism in remote areas. Journal of Sustainable Tourism，2013，21（6）：825－844.；Zurick D N. Adventure travel and sustainable tourism in the peripheral economy of nepal. Annals of the Association of American Geographers，1992，82（4）：608－628.

④ Zurick D N. Adventure travel and sustainable tourism in the peripheral economy of nepal. Annals of the Association of American Geographers，1992，82（4）：608－628.

⑤ Waitt G，Head L. Postcards and frontier mythologies：Sustaining views of the kimberley as time－less. Environment and Planning D－Society & Space，2002，20（3）：319－344.

拥有探险家一样非凡的旅行体验成为边疆旅游的真正动机①之一。而尤里克（Zurick）②对尼泊尔边远地区研究表明，探险旅游者从“中心”到“边缘”的移动产生了一个独特的旅游空间结构，有利于边疆旅游目的地发育形成；（4）边疆旅游研究注重文化与社区视角。斯皮伦伯格（Spierenburg）③对非南部跨境自然保护区研究显示，白人精英和当地居民在公园建设目标和颂扬意义方面有分歧，而公园最终建设理念和实际掌控权往往归于有资本的白人精英。也有学者从荒野和文化导游的地方认同视角分析了加拿大偏远地区的可持续旅游目标实现④；（5）边疆旅游与地缘政治存在联系。政治敏感性是边疆旅游的突出特征，旅游文化现象有时是各方力量角逐的政治表现⑤，而具有特殊政治意义的分界、军事观察点和纪念方式等作为旅游吸引物则可发挥促进和平与合作的教育意义⑥。

表 4 边疆旅游的重要英文文献

Tab. 4 Important English literature of frontier tourism

研究者	发表时间	GCS	案例地/来源地	研究主题
Zurick⑦	1992	34	尼泊尔	偏远边疆的探险旅行和可持续旅游发展

---

① Laing J H, Crouch G I. Myth, adventure and fantasy at the frontier: Metaphors and imagery behi – nd an extraordinary travel experience. International Journal of Tourism Research, 2009, 11 (2): 127 – 141. ; Laing J H, Crouch G I. Frontier tourism retracing mythic journeys. Annals of Tourism Research, 2011, 38 (4): 1516 – 1534.

② Zurick D N. Adventure travel and sustainable tourism in the peripheral economy of nepal. Annals of the Association of American Geographers, 1992, 82 (4): 608 – 628.

③ Spierenburg M. The politics of the liminal and the liminoid in transfrontier conservation in south – ern africa. Anthropology Southern Africa, 2011, 34 (1 – 2): 81 – 88.

④ De La Barre S. Wilderness and cultural tour guides, place identity and sustainable tourism in rem – ote areas. Journal of Sustainable Tourism, 2013, 21 (6): 825 – 844.

⑤ Spierenburg M. The politics of the liminal and the liminoid in transfrontier conservation in south – ern africa. Anthropology Southern Africa, 2011, 34 (1 – 2): 81 – 88.

⑥ Gelbman A, Timothy D J. From hostile boundaries to tourist attractions. Current Issues in Tourism, 2010, 13 (3): 239 – 259.

⑦ Zurick D N. Adventure travel and sustainable tourism in the peripheral economy of nepal. Annals of the Association of American Geographers, 1992, 82 (4): 608 – 628.

续表

研究者	发表时间	GCS	案例地/来源地	研究主题
Butler①	1996	39	加拿大	边疆地区旅游发展的问题和方法
Hall②	2001	59	澳大利亚	最后的边疆——海洋和海岸带旅游的可持续管理
Waitt 等③	2002	52	澳大利亚金伯利地区	明信片在传播澳大利亚边疆神话方面的作用
Krakover 等④	2004	10	以色列	20 世纪 90 年代以色列中心与边缘区的旅游发展经验
Laing 等⑤	2009	20	澳大利亚	探险者非凡边疆旅行体验后的象征与意象表达
Gelbman, Timothy⑥	2010	12	以色列—约旦边界的和平岛、东南亚“金三角”地区、柏林墙	从敌对的边界到旅游吸引物
Laing 等⑦	2011	4	澳大利亚	边疆旅游动机的本质是实现神话故事的再现
Spierenburg⑧	2011	1	非洲南部	南部非洲跨边域的基于社区的自然保护区与旅游

① Butler R W. The development of tourism in frontier regions: Issues and approaches. Tourism in fr - ontier areas, 2002, 3 - 19.

② Hall C M. Trends in ocean and coastal tourism: The end of the last frontier? . Ocean & Coastal M - anagement, 2001, 44 (9 - 10): 601 - 618.

③ Waitt G, Head L. Postcards and frontier mythologies: Sustaining views of the kimberley as time - less. Environment and Planning D - Society & Space, 2002, 20 (3): 319 - 344.

④ Krakover S. Tourism development - centres versus peripheries: The israeli experience during the 1990s. International Journal of Tourism Research, 2004, 6 (2): 97 - 111.

⑤ Laing J H, Crouch G I. Myth, adventure and fantasy at the frontier: Metaphors and imagery behi - nd an extraordinary travel experience. International Journal of Tourism Research, 2009, 11 (2): 127 - 141.

⑥ Gelbman A, Timothy D J. From hostile boundaries to tourist attractions. Current Issues in Tourism, 2010, 13 (3): 239 - 259.

⑦ Laing J H, Crouch G I. Frontier tourism retracing mythic journeys. Annals of Tourism Research, 2011, 38 (4): 1516 - 1534.

⑧ Spierenburg M. The politics of the liminal and the liminoid in transfrontier conservation in south - ern africa. Anthropology Southern Africa, 2011, 34 (1 - 2): 81 - 88.

续表

研究者	发表时间	GCS	案例地/来源地	研究主题
De La Barre①	2013	5	加拿大育空地区	加拿大偏远地区地方认同和可持续旅游的关系

四、内涵与外延：中国边疆旅游之定义

边疆具有动态性②，欧洲在11—13世纪完成了拓边殖民运动③，美国始自1783年的西进运动至1890年联邦人口调查局正式宣布美国“边疆”消失为止④，现代旅游业则在第二次世界大战后方步入快速发展期，边疆运动与旅游发展的错位是导致边疆旅游研究视角“缺失”的主因。但边疆始终是极具魅力的地点，是全球化时代稀缺的旅游资源，娱乐帝国巴黎迪斯尼乐园五个主题园区之一即为“边域世界”，另外三个“冒险世界”“幻想世界”及“探索世界”，也与边疆元素密切相关，可见边疆游憩价值之所在。

如果说历史的原因使“缺失”成为边疆旅游研究的一个基本事实，接下来的重要论题即是“如何开启旅游领域边疆探索的面向”，“如何找寻一个缺失的研究视角”，所有好的科学都由定义开始⑤，边疆旅游研究也不例外，故首先要界定清楚中国边疆旅游之内涵与外延。

（一）边疆的双重含义

边疆旅游的界定源于对边疆的理解。中国边疆包括陆疆和海疆，陆疆一直是各方讨论之焦点，海疆在20世纪90年代后得到更多关注。边疆乃

---

① De La Barre S. Wilderness and cultural tour guides, place identity and sustainable tourism in rem - ote areas. Journal of Sustainable Tourism, 2013, 21 (6): 825 - 844.

② Gradus Y, Lithwick H. Frontiers in regional development. Rowman & Littlefield, 1996.

③ 郑崧：《中世纪欧洲的“边疆运动”》，《浙江师大学报（社会科学版）》，1998年，第50 - 54页。

④ 张兹暑：《美国西进运动与特纳边疆学说评介》，《高校社科信息》，2004年，(4)，第33 - 39页。

⑤ Sofield T H. Border tourism and border communities: An overview. Tourism Geographies, 2006, 8 (2): 102 - 121.

对内地而言[①]，兼具两层含义：

一是地理意义上的边疆，即“领土边疆”，指临边境线的区域。省区层面的陆疆包括黑、吉、辽、内蒙古、甘、新、藏、滇、桂9省区，县（团）层面则指9省区下136个陆地边境县及新疆58个边境团场。海疆的认定比较复杂，马大正认为当代中国海疆指从鸭绿江口到曾母暗沙南北4000多公里，东西宽700—1600公里的区域，在此广阔的海疆国土上，岛屿数量众多，500平方米以上的岛屿就有7300多个[②]。

二是文化意义上的边疆，即“文化边疆”，指具有不同于内地的历史、民族、文化之特点的区域。中国的边疆学者在言说“边疆”的时候，通常指向并非地理，而是文化[③]。即使是地理学者，也认为把边疆仅仅理解为领土边疆，存在着局限性[④]。李安宅[⑤]很早就注意到，“惟其不在方位，故东南沿海各省区已在边界而不算边疆”，相反，“甚至于国土中心如川、甘、青、康的交界藏名安多区者”，虽无一寸边境线，“也都成了边疆”。他进一步阐明，文化的边疆实以地形的边疆作基础，河谷、平原、盆地不是边疆；高原、沙碛、茂草、森林才算边疆。这与金晓哲等[⑥]对英文语境下的“边疆”的考证结果相似，即在美国除具有与中国相似的领土边疆的涵义外，更普遍的涵义是位于居住区与无人居住区之间的地带，即从定量角度来看，人口密度在每平方英里2—6人的地区[⑦]。如在美国的新奥尔良——一个并不靠近国界的州，那里的居民经常会用“这里不是美国”来表达此地是“美国边疆”的涵义[⑧]。

---

① 参见李安宅：《边疆社会工作》，中华书局1946年版。

② 国家海洋局：国家海洋局公布实施《全国海岛保护规划》（全文），中华新闻网，2012-04-19，http://www.chinanews.com/gn/2012/04-19/3832043.shtml。

③ 关凯：《反思“边疆”概念：文化想象的政治意涵》，《学术月刊》，2013年，45（6），第139-146页。

④ 金晓哲、林涛：《边疆的类型划分与研究视角》，《地域研究与开发》，2008年，27（3），第7-10页。

⑤ 参见李安宅：《边疆社会工作》，中华书局1946年版。

⑥ 金晓哲、林涛：《边疆的类型划分与研究视角》，《地域研究与开发》，2008年，27（3），第7-10页。

⑦ Lang R E，Popper D E，Popper F J. Is there still a frontier? The 1890 us census and the modern A-merican west. Journal of Rural Studies，1997，13（4）：377-386.

⑧ 韩知寒：《“边疆”的含义》，《读书》，1999年，（2），第112-117页。

（二）中国边疆旅游的内涵与外延

鉴于“边疆”的双重含义，“边疆旅游”亦有狭义和广义之分：

狭义的“边疆旅游”以县（团）层面的陆疆以及具有旅游开发价值的海岛为基础，兼具“领土边疆”和“文化边疆”之意涵，形式上体现为“边境旅游”和“海岛旅游”（见图1）。县（团）陆疆常被学术界称为“小边疆”，也是国家“兴边富民”行动的范围所在；省区层面的陆疆有“大边疆”之称，但黑、吉、辽等省份的大部分地区不具有“文化边疆”之特征，故未采纳。学界主流的边疆界定仍以陆疆为主，但随着科学技术发展，海洋资源的开发成为可能，特别是据1982年联合国通过的海洋法公约，200海里专属经济区属于国家管辖范围，海疆价值凸显。近年日本、菲律宾因此与中国频繁出现“岛屿争端”，以和平的方式开发海岛、捍卫主权、强化海疆意识，显得尤其迫切。2012年4月，国家海洋局公布实施《全国海岛保护规划》①，规划特别提出要“加快边远海岛渔业、旅游业等特色产业的发展”。同年7月，三沙市作为海南省的地级市正式成立，管辖西沙群岛、中沙群岛、南沙群岛的岛礁及其海域，该区域地域辽阔，风景优美，海岛、滩涂、海洋生物、阳光沙滩等海洋旅游资源丰富。作为前景广阔的朝阳产业，专家认为，在三沙开展海洋旅游活动，不仅具有现实的经济意义，同时具有长远的政治意义，是维护南海主权的最有效的形式之一②。

除狭义“边疆旅游”所涉之区域，广义“边疆旅游”还包括西部省区中少数民族聚居的县区，主要从“文化边疆”视角加以界定，形式上体现为西部地区的“民族旅游”（见图1）。中国西高东低的地形特点使得“东稠西稀”的人口格局以及“东强西弱”经济格局形成已久，早在1935年，著名地理学家胡焕庸就提出划分中国人口密度的对比线，黑河—腾冲线。这条线不仅是人口的分界线、地理的分界线、气候的分界线、历史的分界线，它还是一条文明分界线：它的东部是大多数人理解的

---

① 国家海洋局：国家海洋局公布实施《全国海岛保护规划》（全文），中华新闻网，2012-04-19，http://www.chinanews.com/gn/2012/04-19/3832043.shtml。

② 海南省人大常委会关于三沙市专题调研第二课题组：《三沙海洋旅游：前景广阔的朝阳产业——关于积极发展三沙市海洋旅游业的调研报告》（摘要），《海南人大》，2012年（12），第10-13页。

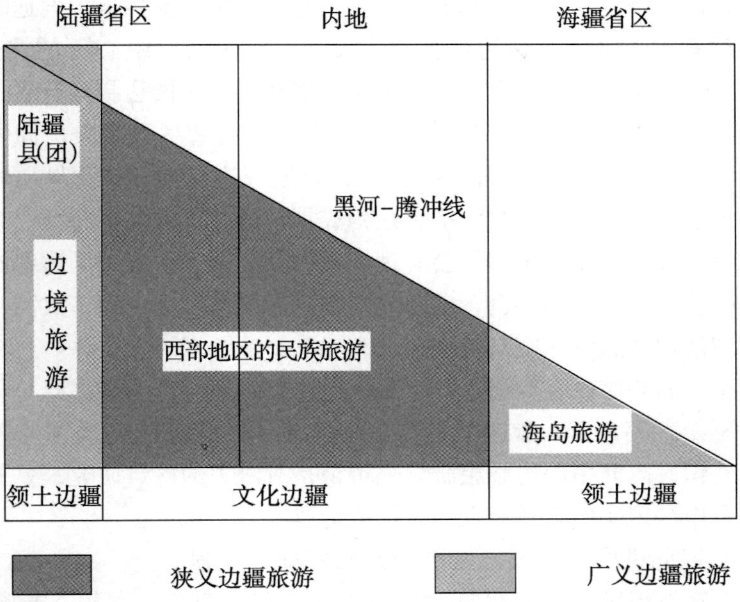

图1　狭义与广义的边疆旅游

Fig. 1 Narrow meaning and broad meaning of frontier tourism

传统中国，是农耕的、宗法的、科举的、儒教的；而它的西部，则是或游牧或狩猎，是部族的、血缘的、有着多元信仰和生活方式的非儒教中国。2000 年，国家西部大开发战略正式启动，其规定范围除内蒙古、甘、新、藏、滇、桂 6 个边境省区外，还包括黑河—腾冲一线左近的陕、宁、青、川、渝、贵 6 省区和直辖市。统计表明，胡焕庸的发现至今依旧适用，西部省区面积约占全国的 71.4%，2002 年年末人口仅占全国的 25%，国内生产总值只占 15%。考虑到陕、川、渝等省市内部文化、经济差异明显，鉴于“文化边疆”之意涵，建议广义“边疆旅游”从县区层面考量，重点关注与内地文化差异明显的少数民族聚居区。

五、结论与讨论

边疆旅游研究源于巴特勒对边疆这一独特旅游目的地的关注，因地治学、紧密结合实践是西方学者在有限研究中呈现的普遍态度。后边疆时代的欧美少文化之边地，多领土之边界，故以边境研究为主，强调游客需求视角与跨国经济合作；澳大利亚、加拿大等少陆地之疆界，多偏远的文化边疆，学者则多基于广义边疆视角，关注远离国家“中心”的“边缘”区如何通过旅游实现社区发展，保护文化多样性。中国边疆具有领土和文化双重特征，陆疆与14个国家接壤，又有诸多有着各自宗教信仰的少数民族居住于上，拥有边疆即民族的特点①。地域边缘性、文化异质性、人口稀少性、经济贫弱型、政治敏感性构成了中国边疆的基本特征，它们使得其地缘场域、利益场域和社会心理场域极其复杂，因此中国边疆旅游发展进程更易出现矛盾与冲突，威胁政治敏感区域的社会安定，故需从广狭双维度理解边疆旅游，应对社会文化和经济影响予以综合关注。

中国边疆旅游研究目前还很有限，但已显现出研究渐增之趋势，在边疆研究再入高潮之际，旅游学者要改变“失语”之态也正成为业界不约而同的共识，因此中国边疆旅游研究可谓是有潜力的冷点研究，是旅游地理学结合中国现实的新增长点。有价值的研究方向包括：

（1）时间维度上边疆开发与旅游发展耦合过程研究。在中国二者同时开启，在欧美则是不同历史时期的独立进程，两个过程相互影响（耦合）共同作用于中国边疆，将使旅游地生命周期呈现更为复杂的特性。耦合过程的演变规律如何？何时相互促进？何时相互削减？哪一阶段可能面临的社会冲突最大？能否建立耦合过程模型实现更好的监测与管理？最终旅游发展如何推动边疆的“去边缘化”？特殊的耦合过程决定了中国边疆旅游研究没有太多西方经验可资借鉴，由于更多作用力同时存在，在所有涉及时间轴的研究中都有其特殊性，唯此，也为中国旅游地理学者在相关理论研究上提供了广阔空间。

（2）空间维度上旅游发展引发的边疆人口迁移研究。1890年美国人口普查报告将“边疆”定义为每平方英里两人或两人以上六人以下的定居地②，故边疆发展与人口流动密不可分。朱竑③关注到“藏漂”群体对

---

① 余潇枫：《平安中国：价值转换与体系建构》，《中共浙江省委学校学报》2012年第4期，第12－17页。

② 何顺果：《一个具有重大意义的主题：从特纳的“边疆假说”谈起》，《美国研究》，1993年，第96－108页。

③ 朱竑教授提供的校对稿，“‘Drifting’ in Lhasa：Cultural Encounter，Contested Modernity，and the Negotiation of Tibetanness”一文2014年底将发表在《Annals of the Association of American Geographers》。

地方性的建构与体验，笔者也观察到旅游发展引起边民离散与回归，收入增加使边民淡季离开旺季归来，边疆社区因此呈现淡季空心化。边疆让美国成为各民族的大熔炉①，中国边疆旅游发展热潮也将重构边疆社区人地、人人关系，外边人被吸引来，当地人去实现“中心梦”，市场推动下的嵌入式社区得以形成。在此过程，地方性和社区感重建、文化多样性保护、社会分化与整合、赋权与福祉改善等诸多问题亟待研究。此外，人的流动也带来资源流动，故旅游被视为是减少区域间发展不平衡的潜在手段②，如何科学评估旅游对均衡发展的贡献度等问题，也需要关注。

（3）实践议题之一是对边疆旅游需求的理解。它关系边疆旅游营销、产品设计、目的地规划等，是保障边疆旅游持续发展的基础性研究。需关注中国边疆神话的构成要素、受边疆神话吸引的游客特征、边疆重游者特征、边疆旅游者的社会动机和吸引物动机、边疆移民的心理动机与感知以及基于社区视角的边疆旅游者价值体现等。

（4）实践议题之二是对边疆旅游供给的管理。边疆作为稀缺旅游资源，需科学调控其发展节奏、规划其布局，如云南从西双版纳到大理、丽江、香格里拉及至当今的腾冲，不同时期重点突出、缓步发展，延长了旅游目的地生命周期。除政府职能定位、非政府组织作用、旅游对边疆生态与社会文化影响外，家庭旅馆等小微企业发展与法律保障需重点关注。

旅游学者介入边疆研究可有效平衡经济学家与人类学者的两极观点，前者重发展而轻传承，后者重文化却在道路探究上显无力。旅游学者已在可持续旅游、基于社区的生态旅游、有利于贫困人口的旅游等领域积累了丰富的平衡发展经验，结合边疆旅游地的政治敏感性，未来可进行更深入探索。本文望为引玉之砖，期待更多旅游地理学者加入使“边疆旅游”这一主题发展为可持续旅游研究在中国的多样化表现形式，以学者薄力担国家边疆发展之责。

---

① 弗里德里克．杰克逊．特纳：《美国边疆论》，中国出版集团公司 & 中国对外翻译出版有限公司，2012 年，第 19 页。

② Krakover S. Tourism development – centres versus peripheries：The israeli experience during the 1990s. International Journal of Tourism Research，2004，6（2）：97 – 111.

新时期规范标识蒙古族姓名的问题

齐木德道尔吉

（内蒙古大学蒙古学研究中心）

各位下午好！这两天听了许多报告，受益匪浅，感受到很多新思想、新理论、新理念。今天我讲的是蒙古族的事情，而且是非常具体的问题，但是这个问题在新时期如果不解决好，以后会拖国家发展的后腿，尤其会拖国家民族治理的后腿。这个问题就是在正式的文件中蒙古族的姓名如何标准地、准确地标注的问题。

姓名是人类区别个体，彰显差异的符号，蕴含着广泛的象征意义，受到历史、政治、社会、民族文化等多种因素的制约和影响。姓名的正确与完整，与个人名誉相关，与家族传承紧密相连。正确地记录和使用个人姓名是每个公民享有的基本权益，它关系到当事人的切身利益以及社会的公平和正义。在社会主义的大家庭中，每个民族成员循着各自民族的文化习惯，都在享受着平等的冠名权。然而，随着社会的发展，尤其在空前开放的中国，非汉民族姓名的正确书写，非汉民族姓名的标准化和规范化，已经迫在眉睫。下面以内蒙古自治区为例说明这个问题。

内蒙古的蒙古人根据自己的历史文化传统，在漫长的历史发展过程中形成了有姓不冠，直呼其名的习惯。蒙古族记录历史的时候，对部落名称有比较清楚的标识，然而在日常生活和社会交往中，往往不冠姓氏，仅把名字加以宣扬。汉人不懂这些习惯，在汉文史料中只写蒙古人的名，而不写其姓，这样一直到今天，这个问题就变成一种习惯了。这种习惯体现在户籍、身份证，甚至护照上，就成为只记名而不标姓的做法。尤其在民族区域自治地方，在正式户口和身份文件上，蒙古语姓名没有用蒙古文字标注，仅有汉字音译蒙古名字，往往造成重重困惑。（见附件 1. 蒙古人的

身份证样本）

这种标识蒙古人姓名的做法在以往的社会治理实践中还能勉强维持比较低级的社会交际及运转功能，但在今天全球化的进程中，尤其在中国全面建设小康社会和法治社会，以新兴大国姿态步入国际社会的新阶段，却已经远远不能满足社会需求，更不能满足民族成员的诉求了。

据学者们的研究统计，蒙古族的姓氏不下3000个，跟汉民族差不多。这也是历史的长河中不断积累的结果，记录着这个民族形成与发展的过程。中国的北方少数民族与蒙古族一样都有姓氏，却在日常交往中只呼其名而不称其姓。这与欧洲民族不同，他们的名字中“姓”（Surname）才是最主要的，旁人称呼一位先生，肯定以其姓来名之，如威尔逊先生、施密特先生等。如果是父子，那只能以老布什、小布什来区别了。欧洲人“名”（Given name），只在正式场合与姓合为一体，以提高其辨识程度。这与蒙古族的冠名传统形成很大反差，我们如果还是根据传统，不把自己的姓名完整地表示出来，就不能在国际的民族之林中找到自己的位置，别人也不会把我们辨识出来。

进入近代以来，中国的蒙古人的一部分已经改用汉姓汉名，改汉姓的方法与路径多种多样。有的根据种姓的词义译成相应的汉字或谐音，如Honicud姓，词义为“牧羊者”，便取汉字“羊”的谐音“杨”而姓之；Siranud姓，词义为“黄色的”，便径取汉姓“黄”。蒙古族黄金家族姓Kiyan“乞颜”或Borjigin“孛儿只斤”，今天译成汉姓则有20多种之多，有叫“金、包”的，也有称“奇、祁”的，还有姓“巴、卜”的，各地都不一样。这些人的姓名已经与汉族姓名相一致，并不存在“规范标识”的问题。

问题是未改汉姓的蒙古人，他们的绝大部分不使用姓氏，只写名字，并且在户口、身份证、护照上全部用汉字转写蒙古语名字。这种状况在国内汉民族人口占绝大多数的社会环境中尚能认可，然而在出国时所用的护照上继续用这种标识方法，就带来很大麻烦。

大家知道，蒙古语属于阿尔泰语系，除了其语音系统与汉语言有很大的区别外，每个词往往还由一个或一个以上的音节构成。音节有元音，元音+辅音，辅音+元音或辅音+元音+辅音等音节，若干音节构成多音节单词。这种名词用汉文拼写，不可能完整、准确地表达其读音。如果将这种汉字拼写的蒙古名字，再用拼音字母拼写出来，那就与蒙古语的原本读音相差甚远了，也就根本无法卒读了。记得当年在瑞士领事馆等候签证，突然听到签证官员用浓重的瑞士德语口音读我护照上所拼写的名字 Qimudedaoerji 为 Kuiyimudedaoeryodyi 时惊得我目瞪口呆，差点背过气去。如果我的名字用拉丁字母转写成 Chimeddorji，那他也能读出来，我也能听懂那是我的名字。

有鉴于此，作为民族区域自治地方，内蒙古自治区应当在标识蒙古族姓名方面做新的努力。首先，户口登记必须用两种文字，即蒙古文和汉文；而且必须要求姓与名的完整；在此基础上，身份证上也应有两种文字的姓与名的体现。然后是护照上蒙古姓名的标识问题。蒙古人的护照，上边“姓”（Surname）的栏内通常是用汉字转写蒙古名字后填写，然后是用汉语拼音注出其读音，这样就与蒙古语的实际发音相差甚远。“名”一栏往往就空了，一般用三个叉“×××”填空。（见附件 2. 蒙古人的护照样本）此类问题在国际上经常引起不小的麻烦。如我的小儿子的护照就是这样，户口本里就没有填写“姓”，所以护照的“姓” Surname 一栏是他的名字“毕喇”，拼音 Bila，实际读音应当是 Bira；在“名”栏内则无名可写，只能用“×××”代替，所以他在海关遇到麻烦不说，在同学中经常被称呼为“×××”先生。这种“×××”符号，在那里代表的绝不是褒义内涵，这个大家都知道。

还是以我的遭遇举例吧。我在德国波恩大学当讲师，学校给我发工资，表格里必须填写姓与名。我有名无姓，且名字拼音字母多达 13 个，也无法在姓的栏内完整地填入，造成我的工资迟迟不能发放。最后我将我的名字拆成两部分，将齐木德 Qimude 作为姓，道尔吉 Daoerji 作为名，并做了法律公证才获认可，才有了工资。此时，我不得不向那些德国人解释蒙古人的冠名规则，难免陷入被认为“没有文化”的野蛮民族的鄙视之中。所以在民族区域自治地方，蒙古语姓名的汉字音译问题，还需要认真研究，找到一个既能体现民族语言特点，又能兼顾中国大环境要求的办法。

蒙古名字还有一个重复率非常高的问题。尤其到了 1949 年新中国建立以后，随着革命概念的引入，原来具有传统的、宗教的及其他文化内涵的一些名字被挤了出去，代之以非常漂亮的，有革命意义的名字，而且音节必须要少，一多了就遇到用汉字拼写用字过多的麻烦。所以重复率特别高，如巴特尔，其其格等非常多。这种情况下，今天要给蒙古孩子起名字，能够找到不重复或少重复的名字已经很难做到了，除非采用传统的复合名词办法。这样又会带来音节过多，汉字拼写困难等问题。

如果认为规范蒙古语姓名标识的问题无关大局，不那么重要，那就大错特错了。我认为这是有利于国家管理，有利于社会经济、教育、福利保障诸多方面的社会管理的重要问题。正确规范的姓名标识，可以确定个人身份，固定地址，区别血缘，为社会管理以及其他工作带来便利。姓名的规范标识能够很好地体现国家少数民族政策的落实情况，有利于各民族之间和民族内部的交流，也是民族语言文字规范使用的内容。

规范使用蒙古族姓和名，能够体现少数民族享受法律所赋予的权益。蒙古族自古具有注重姓氏的文化传统，现今因种种原因不能规范使用姓氏，让人误解为蒙古族没有姓氏，不仅影响个人，更影响蒙古民族的整体形象和自尊心。妥善解决蒙古族姓名的正确规范标识的问题，更有助于多民族的和谐和团结。

规范书写姓名才能避免国际上的尴尬。随着国际化进程的加速，中国与世界各国之间的交流和合作不断扩大，留学、访问、访学、旅游人数在持续增加，护照上必须规范填写姓氏名字，而且需要克服汉字拼音造成的音变问题。

根据我们的调查和统计，内蒙古的蒙古族在身份证和公开发表的蒙古文书刊中正式使用蒙古族传统姓氏的比例低于5%；使用传统蒙古姓氏第一个字母或音节、使用父亲（母亲）名字的第一个字母当做姓氏的情况较多见，占30%左右；也有一大部分在使用汉语音译（翻译）的姓氏，约占30%左右；在身份证明上只写名字，而不写姓氏的占65%以上；同一音义的蒙古名字，汉字音译却不相同；单名雷同情况在我们日常生活中也带来了辨别、联络、邮件接收等方面的诸多不便。蒙古族向子女传输姓氏的文化传统正在逐渐消失，这是非常悲哀的事情。据我们的调查，近31%的学生不知道自己的姓氏，47%的学生不知道母亲的姓氏，74%的学生不知道祖母的姓氏。也正因为对姓氏的遗忘，造成蒙古人同姓之间糊里糊涂结亲，形成近亲婚姻，影响民族的人口质量。

有鉴于此，提出几点建议，供党和政府制定政策时参考。

——在正式文件中登记蒙古姓名的时候应将姓和名一起记录。新生婴儿正式冠名后入户籍时必须要求提交姓与名，孩子的父母亲有这个责任和义务，必须提交完整的姓名，没有姓不予登记。

——户籍登记人员必须用蒙古文正确记写入户籍者的姓与名，然后再用汉字音写，音写汉字的确定要尊重当事人的选择。

——进而在身份证上也须用蒙古文和汉字音写加以标识。

——护照根据蒙古语实际读音在英文栏内用拉丁文拼写姓与名，汉文栏内则用汉字加以标识。

——国家相关部门应该鼓励蒙古族使用早期的蒙古姓氏，系统开展地方姓氏研究工作，户籍管理部门应该积极参与切实的实施。

蒙古族的姓氏文化是蒙古文化的独特组成部分，我们应当继承与发扬，这对其他的非汉民族也有相同的意义。谢谢大家！

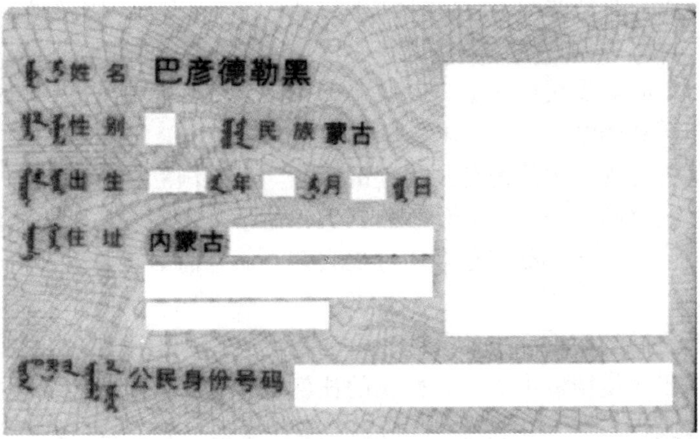

（附件 1　蒙古人的身份证样本）

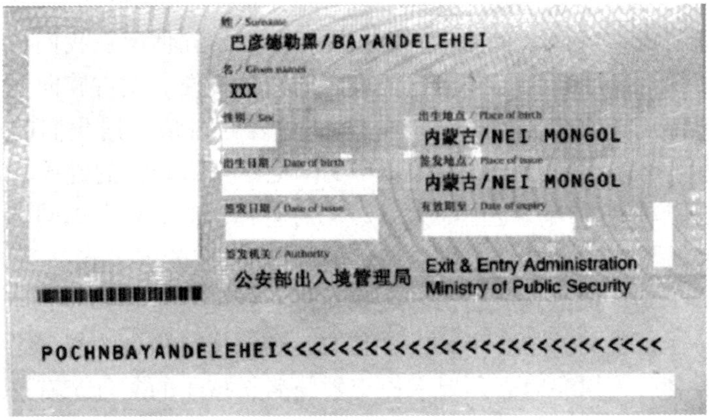

（附件 2　蒙古人的护照样本）

双语教学及其定位关系到少数民族的国家认同

才让太

（中央民族大学藏学研究院院长、教授）

中国的民族教育为新中国少数民族地区的发展和稳定起到了至关重要的作用，双语教学是民族教育的灵魂，它为各民族之间的沟通、了解和理解起到过桥梁作用，也为党和国家的各项政策在少数民族地区的宣传和实施、为政权稳固和社会发展起到过不可替代的作用。

一、双语教学的现状

中国是多民族和多语种的国家，不管是过去还是现在，这种复杂性存在了很长时间，而且还将长期存在。在多民族国家中，不同语言出现接触后，语言影响、语言融合和多语种并存也是长期存在的社会语言现象。由于社会环境的影响，学习第二种语言甚至第三种语言的社会环境和语言环境也比比皆是，比如青海省就有藏、汉、蒙古三种语言通用的地区。尤其是官方语言单一的多民族国家，使用非官方语言的民族在学好母语的同时还要学习官方语言，这样的社会环境和语境对各种语言之间的接触和影响具有很大的推动作用。因而，中国民族教育中，多语种教育即双语教学甚至三语教学都是普遍现象，也是无法回避的主题。这就说明，采取多语种的教育形式，是完全符合中国的国情的。

新中国建立以后，政府奉行各民族语言和文字平等的政策，用行政力量推动少数民族教育，尤其推动少数民族语言文字的教学，保护和发展了少数民族语言文字及其文化传统，其发展和成绩主要表现在以下几个方面：

（1）创建了新中国的学校教育模式，私塾等传统教学模式逐渐消失。

在传统教学模式当中，只有寺院教学得以保留与学校教学模式并存，但寺院教育模式并没有进入国家的教育体制，而是在寺院管理的体制下自然发展。

（2）在民族教育中，根据各地各少数民族的实际情况，形成以少数民族语言文字或以汉语言文字的教学为主要内容的教学模式。

（3）在实践中造就了一批双语教师，培养出一大批适应民族地区建设和发展的民汉双语的各种人才。

（4）在各种学校建立了民汉双语专业各种短期培训班，甚至在一些非语言类的专业开始设立了一些民汉双语的班级，拓展了我国民族教育的内涵和外延。

（5）建立了民汉双语教育的教材编写体制和各种教材及其参考资料体系。

（6）在民族教育方面积累了大量经验，初步形成了具有我国教育特色的民族教育模式，为民族教育的进一步发展储备了积极的能量。

二、陈旧的模式和新时代的要求

新中国成立初期，民族教育起步于像中央民族学院的藏文教研室、西藏民族学院的干部培训班、青海民族学院的民族公学等刚刚建起来的学校，为民族地区培养干部是其主要任务，鉴于当时的社会需求，这类学校的教学内容主要是民族语言文字和民族政策为主的双语教学，汉族干部学习少数民族语言文字，而少数民族干部则学习汉语言文字，所以，从这个基础上继承和延续下来的民族教育也将民族语言文字教学作为主要特征。这样的模式曾经为民族地区培养了大量的干部。但是，半个世纪以后，这样的模式不再适应当今的民族教育和双语教学的要求和实际，也不再适应社会进步的需求。随着社会发展越来越快，社会分工越来越细，各行各业的专业化程度越来越高，对人才的专业要求也就越来越高，新中国成立初期要求在民族地区工作的汉族干部懂少数民族语言文字和少数民族干部懂汉语言文字已经远远不能满足社会的要求。很多行业仅仅懂得民族语而没有用双语学过专业的人已经连基本的翻译都做不了。比如：从事公检法工作的人员，即使懂双语，也无法准确翻译大多数法律词汇，更不用说用民族语进行法庭辩论等更高层次的工作了，因为他们只用单语学习法律知识；新闻传播的从业人员，全是藏语言文学专业培养的学生，几乎没有学过专业，而学过专业的新闻传播从业人员很少懂双语的，都是外行人做传媒专业，无法满足双语专业媒体工作的需求；金融行业的从业人员，几乎没有用双语学过专业的，在当前民族地区的绝大多数银行，一个不懂汉语文的老百姓连最基本的存钱、取钱和汇钱等简单操作都做不到，更不要说理财等更加复杂的金融业务，严重缺失服务于群众的社会功能。不仅仅上述法律、新闻和金融行业才存在这样的问题，民族地区的各行各业都存在这样的问题，这就是当前双语教学功能最大的缺失，说明民族教育没有能够随着社会的进步和发展及时调整好它的功能，拓展它的内涵和外延，甚至可以说，目前的民族教育是一个残缺不全的教育体系。更严格地讲，新中国成立半个世纪以后，民族教育体系还没有完全形成。

目前的民族教育实际上指的就是以双语教育为主的各级学校教育，其核心实际上就是少数民族语文教学，中小学用少数民族语言讲授的数理化课程在逐年减少，大学教育中用双语讲授的专业和课程如蜻蜓点水，民族教育的内容远远没有能够涵盖民族地区需要的各行各业双语人才的专业面和知识面，甚至出现用民文教育来代替民族教育的趋势。实际上，民文教育或者双语教学仅仅是民族教育的一个组成部分，民族教育的内涵应该更加丰富，外延更加宽泛，民族教育应该将培养民族地区各行各业需要的双语人才作为它的主要内容，这个各行各业应该包括社会行业的主要部分，即语言、文字、法律、金融、新闻、医学、管理、旅游、艺术、博物，等等，作为培养这些专业双语人才的基础，在中小学期间除了汉文和民文以外，还要加强双语数理化的教学，并且持之以恒，避免一届领导换一个教学模式，一任局长换一套课程和教材，教学语言不稳定，课程体系不健全，知识体系不系统，所学课程缺乏专业特色，所学知识缺乏针对性和实用性，培养出来的学生缺乏竞争力。

另外一个问题也需要关注。20 世纪 50—60 年代，国家不仅提倡少数民族干部学习汉语和汉文，同时也提倡在民族地区工作的汉族干部学习少数民族语言和文字，而且这种政策执行力度很高，许多在少数民族地区工作的汉族干部确实学习少数民族语言和文字，并且学得很有成效，因而，他们在少数民族地区工作没有语言障碍，也有助于他们比较深入地了解少数民族群众，少数民族倍感亲切，他们与群众也没有隔阂，干群关系很好。但在 20 世纪 60 年代之后，国家政权逐步巩固，在少数民族地区工作的汉族干部逐年增多，已经形成汉语人群和汉语社会，汉族干部不再学习少数民族语言和文字。虽然少数民族学习汉语和汉文成效显著，但地处偏远地区的农牧民仍然不懂汉语汉文。更加令人担忧的是，到了21世纪，在民族地区工作的少数民族干部出现越来越多的人不懂少数民族语言文字，下乡不能用少数民族语言文字与群众沟通，加上汉族干部不学少数民族语言文字，政府工作人员与少数民族群众之间的语言障碍重新出现。

三、对双语教学的认识差异

一般来讲，我国少数民族地区存在两个教育模式，即普通教育和双语教育，前者全用汉语授课，后者是用一种民族语言文字和汉语言文字进行知识传授的教学模式。在双语教学模式中，像内蒙古自治区和青海省的一些比较成功的地区，双语教育又有第一模式、第二模式和第三模式之分：第一模式是针对少数民族聚居的农村和牧区的学生用民族语讲授所有的知识，加设汉语文课；第二模式是针对居住在城镇的少数民族学生以汉语文传授所有知识，加设民族语文课；第三种模式以民族语和汉语讲授的课占所有的课程的一半。学生和家长可以自由选择合适的教学模式。本来，针对不同的情况如农牧区和城镇地区的差异采取不同的教学模式是正确的，从20世纪50—60年代和改革开放以后的实践来看，这样的多种模式自由选择符合实际情况，受到了广大少数民族群众的一致欢迎，也为民族地区培养了大量的合格人才。广大少数民族都盼望在学习国家通行语言文字的同时，也学好本民族的语言文字，能够继承和发扬本民族优秀的文化传统。少数民族对本民族语言文字及其所承载的文化传统保持着深厚的感情，他们希望多民族的中华民族大家庭能够容得下各民族文化传统“百花齐放”，共同发展，共同建设新中国的“两个文明”。但是，在我国教育界，有一部分人在“极左”路线的影响下，总是居高临下，认为少数民族语言文字及其所承载的文化传统都是落后的、愚昧的、无知的，是一种需要逐渐被“淡化”“代替”和“过渡”掉的文化传统。有些地区虽然没有正式文件规定，但在具体实践中，不听少数民族学习本民族语言文字的呼声和要求，强行将第三模式改成第二模式，将第二模式改成第一模式，甚至有些民族自治地方的第一模式都被强行取消，在实践中达到“淡化”少数民族语言文字的目的。有些地区如四川阿坝藏族羌族自治州的金川、马尔康、小金、壤塘、黑水，甘孜藏族自治州的丹巴、康定，青海海北藏族自治州的祁连、门源、刚察、海晏和其他藏族聚居区如乐都等县已经从学校教育中完全或者部分取消藏语言文字教学，上述藏族自治州（乐都除外）的大多数藏族农牧民已经成为藏文文盲。在有些省区的民族教育工作中，地方政府的红头文件明文规定少数民族语言文字要在规定的时间段里从高中、初中和小学的教学体系中逐步退出，逐步被国家通行语言文字“代替”和“过渡”，使少数民族地区逐步成为单语的教学体系，最终将少数民族语言文字及其所承载的文化传统从学校教育体系中废除。对这种做法，在少数民族群众当中弥漫着强烈的不满和对本民族语言文字及其所承载的传统文化的前途深深的担忧。有些人认为这样的结果是当代教育的趋势，其实他们并不知道这样的做法具有很大的危害：

1. 危及社会稳定

如果少数民族群众的这种无奈、担忧和不满长期得不到解决，少数民族语言文字从学校教育中逐步被“代替”和被“过渡”掉，少数民族的不满情绪就会不同程度地爆发。几年前青海省教育厅颁布文件正式规定藏语文教学逐步从中小学教学体系中退出，引发了藏族中小学学生大面积游行和抗议，甚至波及大专院校的藏族学生，引起了少数民族地区社会的强烈动荡，甚至引发了国际社会的关注，不同程度地损害了中国的国际形象。这样的政策在有的省区目前仍在执行，其结果有目共睹。

2. 造成民族隔阂

这样的做法引发少数民族对本民族语言文字及其所承载的文化传统的前途的危机感，进而导致对政府和主体民族的不信任，造成了政府和主体民族与少数民族之间的隔阂，强化了少数民族对自己语言文字及其所承载的文化传统的前途的担忧，进而增强了他们对自身文化传统的保护意识和民族意识，结果势必在民族之间造成严重隔阂。任何时候，国家统一和民族团结都是国家的核心利益，上述做法已经成为危及国家核心利益的重大隐患。

3. 弱化国家认同

任何民族对国家的认同都不能仅仅靠传授爱国教育获得，更为重要的是，每个民族都要能在自己的国家里感到温暖和安全。中国的少数民族与一些国家的移民少数族裔不一样，他们都是土著民族，对世居地固有的土地、山川、语言、文字有着深厚的感情，具有强烈的归属感，这与那些已经离开世居地并已经飘移了好几代的族群有着很大的区别。少数民族在国家体制中的安全感包括许多方面，对本民族语言文字及其所承载的传统文化的安全感就是其中之一。如果继续这样的做法，更为严重的后果就是引发少数民族在自己国家里缺乏安全感，引发对国家的离心力，弱化少数民族对国家的认同，削弱中华民族大家庭的凝聚力，长此以往，后果不堪设想。

4. 违犯国家法律

《中华人民共和国宪法》明确规定“各民族都有使用和发展自己的语言文字的自由”。中国各民族及其文化、语言和文字的平等是宪法赋予他们的神圣权利，各个少数民族都有学习、发扬自己的文化传统的权利。上述做法已经违犯了国家的根本大法即宪法，也违犯了民族自治法。在国家正在稳步加强依法治国，依宪治国，依法治国逐渐成为国人的基本理念的时候，上述做法与基本国策背道而驰，已经成为违犯国家法律的行为。

四、双语教学与国家安全

在全球化浪潮中，各民族都接触到世界多元文化中的各种思潮，良莠不齐，泥沙俱下。这些思潮必然影响到教育界，影响到在校学生的思想状况，并直接影响及诱发一些民族意识。管理层对这些思潮的理解和处理方式，学生对这些思潮的理解和态度都可能影响到国家的教育安全。所以，任何国家在教育体系中必然设置国家认同教育，这是国家安全的一个重要方面，也是教育体系为国家安全服务的一个重要职责。无论从理论构建还是在实践环节这都是教育体系顶层设计的重中之重。从这个角度来讲，民族教育同样是其中一个重要的前沿阵地。新中国的民族教育在这方面进行了长期和卓有成效的探索，积累了丰富的经验，为国家认同教育，为中国的民族团结、边疆稳定做出了积极贡献。但是，在目前少数民族教育中的国家认同教育仍然存在一些误区，需要进一步思考和梳理，重新认识和重新应对。

目前民族教育中的国家认同教育，往往只注重爱国主义知识的传授，认为只要给少数民族学生传授有关爱国知识，灌输爱国思想，他们就会爱国，就会忠于自己的国家。有一种思想甚至认为，对少数民族学生应该强化汉语言文字教育，淡化民族语言文字及其文化意识，他们才会爱国，并将其作为国家认同教育的一个组成部分来进行设计和实施。进而认为，凡是重视自己民族的语言文字和传统文化就是消极的，甚至是危害国家利益的，当另类看待。其实，国家认同教育的知识传授固然重要，但这样的思路及实践忽略了一个重要方面，那就是任何民族只有对自己民族的语言文字及其所承载的文化传统感到安全的情况下才会产生对国家的认同感。以史为鉴，清朝尤其在康乾时期，藏族人民对清朝皇帝的认同和爱戴达到极致；清朝政府并没有推行满语文教育，更没有将皇帝画像强行送进寺院，清朝皇帝们作为文殊菩萨的化身早已进入了藏传佛教的信仰体系中，和菩萨一起被供养在藏传佛教各教派的佛堂里。藏传佛教高僧大德们纷纷进京朝觐，求得朝廷的册封。边疆地区一有风吹草动，立即上报清朝中央，并积极协助清朝剪除祸乱，主动维护祖国统一和边疆稳定。康乾盛世是中国历史上疆域最辽阔的时期，也是包括藏族在内的各少数民族的国家意识和国家认同最强的时期之一。其中最主要的原因就是，清朝政府高度尊重边疆少数民族的语言文字和文化传统，甚至皇帝自己也学习少数民族的语言和文化传统，还用民族文字著书立说。少数民族能够强烈地感受到国家对他们的语言文字和文化传统作为中国文化的认同，因而，少数民族对自己的语言文字及其所承载的文化传统的生存和发展没有危机感。质言之，少数民族的国家认同不是来自国家教育体系中的知识传授，而是来自国家体制对他们的语言文字和文化传统的认同。20 世纪 50—60 年代的新中国有过一些动荡，但那段时间是新中国建立以来各民族关系最好的时期，其主要原因就是那个时候的民族政策执行力度很大，党和政府非常尊重少数民族的语言文字和文化传统，政府提倡和鼓励汉族干部学习少数民族语言文字，尊重少数民族的风俗习惯，主体民族这种宽宏的气度和真诚的态度感动了少数民族，使少数民族真心拥护共产党和新中国，帮助建立各级地方政府，刻苦学习汉文和汉族文化，主动融入中华民族的大家庭，为新中国的建设做出了不可磨灭的贡献。

当今世界一个鲜活的例子同样可以说明这个问题，在加拿大，魁北克的法语族群由于英语文化的强力挤压和侵蚀，以及法语及其文化传统的生存和发展遇到挑战的危机感而长期谋求独立，法语文化被边缘化助长了魁北克法语族群的独立意识。虽然，魁北克的独立运动不仅仅是语言文化问题，但无法否认的是，它的产生和发展始终与法语语言文字和文化传统的危机感连在一起的，甚至在很大程度上，是通过语言文字和文化传统表现出来的。但是，加拿大政府通过政府行为采取了一系列措施，大力提高了法语及其文化传统的法律地位和社会地位，法语成为加拿大的官方语言之一，与英语具有同等的法律地位，加拿大的独立运动及其带来的紧张气氛迅速趋缓。再比如，瑞士是在一战和二战期间都没有经历战乱的非常稳定的国家，在研究其社会稳定的诸多因素中，确定德语、意大利语和法语三种语言为官方语言，给予这三种语言及其承载的文化传统以同等的法律地位是最主要的原因。还比如，美国早期是英语一统天下的国家，但是在多元文化的长期冲突中，语言文化政策开始多元化，采取双语教育，西班牙族裔和印第安族裔等少数族群可以用自己的语言和英语接受双语教育，这样的做法反而带来了社会的稳定和民族的融合。从历史到现实，从国内到国外，这些事例说明国家和民族之间相互认同才是最重要的，国家通过一系列政策法规及其实际执行来显示的对少数民族语言文字及其文化传统的高度认同，能够赢得少数民族发自内心的国家认同感，其效果事半功倍。当少数民族对自己语言文字和文化传统的生存和发展具有安全感，享受到国家体制内的实际平等，切实感受到国家的体制关怀和人文关怀的时候，他们会加倍感激国家，这样才能够产生对国家的认同感、向心力，才能增强中华民族的凝聚力。也就是说，在构建少数民族的国家认同的时候，只有当国家行为使少数民族对自己的语言文字及其所承载的文化传统有安全感，被尊重感，才可能赢得对国家的认同，二者是互动的，缺一不可。国家对少数民族语言文字的尊重不仅表现在教学体系中，更应该体现在文化生活的方方面面，如微软和苹果在他们的软件系统中开发了中国少数民族语言文字，对学习和发展中国少数民族的语言文字起到了重要作用，这本来是中国人自己应该做的。

五、双语教学的文化责任

中国是多民族国家，民族教育承担着多重责任，除了为民族地区培养各行各业的双语专业人才以外，另一个重要责任就是继承和发扬各少数民族的语言文字及其所承载的文化传统。中国少数民族的民族文化传统是中华民族传统文化不可分割的组成部分，进而是人类文化的重要组成部分，每一个少数民族的语言文字及其文化传统都是人类文明的结晶。任何文化之间只有差异，没有优劣之分，都是人类文明的珍贵遗产。原佛教协会会长问一位藏族干部：你知道藏民族对人类文明的贡献是什么吗？然后他自己回答道，藏民族对人类文明最大的贡献就是比较完整地传承了佛教文化。可见，任何民族的文明传统都是人类文明的组成部分，任何有远见的人都会珍惜的。所有的少数民族都有自己独特的文化传统，都需要花大力气去继承和发扬。

语言文字是文化传统的载体，如果没有语言文字，就无法很好地继承和发扬文化传统。语言文字还是民族的文化身份及其特征符号，它代表了一个民族文化传统的独特性和唯一性。实践证明，任何一个已经灭绝的语言文字是无法重新恢复的，拉丁语、梵语和满语的历史都证明了这一点。现在，全世界每年都有很多种语言文字在消失，这不仅是人类文明的极大损失，同样是人类的灾难和悲哀。国家为保护少数民族语言文字及其文化传统制定了一系列规章制度，投入了极大的人力和财力，新中国几代人付出了艰辛的努力，已经取得了很大的成就。其中，双语教学就是继承和发扬少数民族语言文字及其文化传统的最好途径，所以，做好双语教育工作，做好民族教育工作，保护好中国少数民族的语言文字及其所承载的文化传统既是中华民族的文化责任，更是地球人的历史责任。

总之，与汉文化一样，少数民族语言文字及其所承载的文化传统是中华民族文化的重要组成部分，我们所能做的只有继承和发展，而不是让它们被“淡化”和被“代替”。少数民族只有对自己的文化传统有了安全感，并且感受到国家体制对自己民族文化传统属于中华民族文化的政治认同尤其是实际支持时，才能增强他们对多民族国家的认同感，两者是互相影响，相辅相成的。当一个民族对自己独特的语言文字及其所承载的文化传统的继承和发展有了危机感，担心其被“淡化”和被“代替”时，他们对国家体制的认同感就会被削弱，就会产生离心力，久而久之，就会严重影响国家的民族团结、边疆的稳定和国家的统一。所以，双语教学在民族教育顶层设计中的政治定位及其实际工作中的具体实施，直接关系到国家的核心利益，这就是民族团结，边疆稳定，国家统一。

发挥新疆跨境少数民族文化在“一带一路”中的桥梁沟通作用

周 伟

（四川大学教授）

我的专业是宪法、人权法。作为法学背景的人参加这个会议让我感觉很新鲜。从文化角度来讲，文化也是一个法律上说的惯例、实践，适应不同的文化也需要程序上的、制度上的安排。这就是法学与文化学、人类学的共同点。

总体上说，“一带一路”上各国的文化环境，与基督教文化、天主教文化、佛教文化、道教文化或者无宗教信仰的社会环境差别很大。这就给我们提出一个问题：建设“一带一路”如何适应不同的文化？这也是我今天发言的主要目的。

我的发言主要分为三个核心方面：一、在实施“一带一路”战略中要重视发挥我国新疆维吾尔自治区与中亚各国跨境少数民族（即维吾尔族、哈萨克族、柯尔克孜族、蒙古族、俄罗斯族、塔吉克族、乌孜别克族、回族等）文化的桥梁沟通作用；二、我国新疆维吾尔自治区境内少数民族文化是中华文化的一部分，是实施“一带一路”战略中国其他民族文化无法替代的要素；三、发挥我国新疆维吾尔自治区境内少数民族的文化优势有助于消除实施“一带一路”战略中的文化差异导致的文化障碍。

一、“一带一路”国家、地区的文化类型及其相互影响特点

“一带一路”各国地理、人口的文化特点是存在几个不同的文化圈。我国的跨境少数民族文化圈从甘肃开始，到中亚诸国形成具有国际影响力的文化地带。“一带一路”沿线文化圈与我国跨境少数民族的文化相通，

东部从我国新疆维吾尔自治区、甘肃省开始，到中亚、西亚地区都与我国跨境少数民族文化具有共同特点，还有阿拉伯文化和波斯文化国家。这些文化虽然有所不同，但相似性、同质性远远超过它们的差异性。即使是在波斯文化的伊朗，也有 40% 的人口讲突厥语族诸语言。它们之间经过了一个长期影响的互融过程，形成了今天的多样文化形态。

第一，阿拉伯文化对我国新疆维吾尔自治区与中亚各国跨境少数民族文化的影响。中亚是我国新疆维吾尔自治区少数民族文化与阿拉伯文化的主要交融地。从哈里发奥斯曼时期（644—656）开始，在此后长达几个世纪的阿拔斯王朝时期，阿拉伯穆斯林先是通过武力征服了中亚地区，并以经济、政治策略等多元化手段，使中亚地区的居民接受了伊斯兰教。

第二，我国新疆维吾尔自治区与中亚各国跨境少数民族文化对阿拉伯文化的影响。我国新疆维吾尔自治区与中亚各国跨境少数民族文化对阿拉伯文化的影响主要体现在阿拨斯王朝时期以及奥斯曼土耳其帝国时期。影响的过程体现为历史上最初的抵抗、改信仰伊斯兰教以及成为推广伊斯兰教文化的一支力量。这些地区的人口改信伊斯兰教以后，便成为伊斯兰教的忠实信仰者，随着各地区人口的扩张或者迁移，伊斯兰文明的范围也随之不断扩大。

第三，波斯文化对中亚地区文化的影响。波斯人与我国新疆与中亚地区跨境少数民族的文化交流源远流长，相互影响、促进了该地区的人口先后接受伊斯兰信仰，并在文化上的交流变得更为频繁，如喀喇汗王朝以及之后相当长一段时间，新疆穆斯林精英将波斯语当作创作语言，促进了我国新疆与中亚地区跨境少数民族与波斯文化之间的沟通。

最后，汉族文化与我国新疆维吾尔自治区与中亚各国跨境少数民族文化、波斯文化、阿拉伯文化之间的相互影响。我国新疆地区是四种文化古代文明交织的熔炉。一方面，我国新疆维吾尔自治区与中亚各国跨境少数民族文化经过了长期的发展，各跨境少数民族文化是整个突厥语族语言文化的重要组成部分；另一方面，我国新疆维吾尔自治区与中亚各国跨境少数民族文化接受阿拉伯伊斯兰文化后，又不断影响我国新疆维吾尔自治区境内各民族的文化。中亚地区诸多民族改信仰伊斯兰教并成为推广伊斯兰教文化的一支力量后，为伊斯兰教向我国新疆境内的传播打开了大门。我国新疆境内少数民族文化也由此包含了多种文化元素，它既包含了突厥语族语言地区的文化元素和伊斯兰元素，也包含了大量的中华文化元素。正如学者所指出的那样：中国伊斯兰文化可以在儒家文明和伊斯兰文明的沟通、对话和交流互动中，具有第四座桥——文化交流的基点作用。

从世界的情况来看，讲突厥语族语言的人口有1.3亿左右。我国8个跨境少数民族人口约1400万左右，我国甘肃省的裕固族人口的方言，与中亚、西亚讲突厥语族语言的重合率有60%左右。我国新疆维吾尔自治区、甘肃省讲突厥语族语言的跨境少数民族，占世界突厥语族语言人口的10%多一点。在1000年以前，我国新疆维吾尔自治区境内少数民族对当时突厥语族语言文化人口的影响，也就是现在的中亚、西亚地区突厥语族语言人口文化的影响，类似于当时我国唐代的长安对亚洲以儒家为代表的中华文化圈的影响。500年前，这种影响力仍大体得以保持。400年前，我国新疆境内少数民族在中亚地区的文化影响力，开始经历由强转弱的变化。在这个时期同时被奥匈帝国时期土耳其的影响力所取代。100年前，我国新疆境内少数民族在中亚、西亚的文化影响力，步入降低的过程。

我国实施“一带一路”战略是一个长期的过程。在这个过程中，如何发挥我国新疆维吾尔自治区跨境少数民族文化的优势，使其重新融入或者进入世界突厥语族语言人口文化的中心，在“一带一路”上将我国新疆维吾尔自治区跨境少数民族的文化资源优势，转变为实现“一带一路”互联互通、人心相通优势的一部分，这是我们面临的选择。“一带一路”是国家的中长期战略，它需要多方面的推进，而其中发挥新疆维吾尔自治区跨境少数民族文化的桥梁作用是不应当忽视的要素。

二、我国新疆维吾尔自治区跨境少数民族文化在“一带一路”中亚、西亚地区的传播、影响

自从10世纪中叶喀喇汗朝萨图克·布格拉汗归信伊斯兰教开始，在公元10世纪末至16世纪初，当今我国新疆维吾尔自治区跨境少数民族人口逐渐改奉伊斯兰教，对中亚、西亚突厥语族语言地区和阿拉伯文化区的伊期兰文化发展起着一定的作用。目前，在58个伊斯兰国家都是实施“一带一路”的主要地区。据迪拜世贸中心预计，清真食品每年的市场规模约为1万亿美元，占全球食品贸易的1/5，加之化妆品、日用品等，可见，以文化为特点的经济贸易的空间不可忽略。

我认为，把我国新疆维吾尔自治区跨境少数民族的文化优势转化为我国对外的经济贸易优势，架起连接我国跨境少数民族文化与“一带一路”

各国跨境少数民族文化交流、沟通的桥梁，有必要认清以下几个方面的优势：

（1）宗教。伊斯兰教可以说是“一带一路”沿线各国和地区最突出的文化特征。沿路绝大多数国家的人口都信仰伊斯兰教。伊斯兰教渗透到人们日常生活的各个方面，从建筑到服饰再到饮食。共同的宗教文化，使得在饮食文化方面具有共同的特征，这决定了其具有相同的从事经济活动的思维方式以及选择商品的行为导向。

（2）语言。我国新疆维吾尔自治区跨境少数民族各自的语言是以阿拉伯字母为基础的，属于阿尔泰语系突厥语族。与西亚、中亚地区的土耳其语、乌兹别克语、哈萨克语等突厥语族语言人口的语言基本相同，只是在发音上有一些地区的口音、方言的区别，也有一些吸收现代科技语言等的区别。例如，当代我国新疆维吾尔自治区跨境少数民族语言中的医学、科技、技术、人名、地名、商品名称等，主要受汉语普通话的影响，吸收了现代汉语的词汇。总体上，新疆维吾尔自治区的维吾尔人、哈萨克人、柯尔克孜人等，到土耳其 1—3 个月基本上完全学会土耳其语和阿塞拜疆语，他们听这两种语言与听哈萨克等语言没有什么区别，就像是在听汉语不同地区的方言。突厥语族语言人口地区虽然有地方方言，但各地方言的差别可以说非常小。新疆维吾尔自治区跨境少数民族人口与中亚、西亚各地区人口的交流，并没有语言的障碍，也不需要进行语言文化知识的培训。中亚、西亚各国、地区突厥语族中几大方言，类似于我国普通话中的北京话和东北话的方言，最大的差别或许类似于北京话和四川话，没有北京话和广东话的方言上的差别。新疆维吾尔自治区跨境少数民族，与中亚、西亚国家和地区的语言的优势，如何在贸易当中去运用是值得认真思考的重要问题。

（3）文学。《突厥语大字典》是 11 世纪新疆喀喇汗王朝维吾尔人伊斯兰学者马哈穆德·喀什噶里编写的具有百科全书性质的词典。介绍了喀喇汗王朝时代维吾尔突厥语族各民族人群政治、经济、历史、地理、文化、宗教、哲学、伦理方面的知识和风土人情、喀喇汗王朝的疆域，相邻突厥语族各族群以及邻国的地理名称，较大的城市、村镇、交通枢纽、山川河流，并附有突厥语族各地人口分布地区的圆形地图。1914 年，土耳其学者克里斯利·里夫埃特把词典再度转抄，铅印出版后获得国际上著名突厥学家的重视。先后出版了德文、阿拉伯文、土耳其文、乌孜别克文译文等。我国出版了现代维吾尔文本三卷。《福乐智慧》是 11 世纪维吾尔族诗人、思想家、政治活动家玉素甫·哈斯·哈吉甫撰写的一部哲学思想的文学著作，原名为《赐予幸福的知识》，意为赐予幸福的知识，介绍治国之理与哲学、道德思想，建立理想王国的建议与忠告。先后翻译成土耳其文、乌兹别克文、俄文、英文、汉文译本等。哈萨克族《库孜少年和巴彦姑娘》、柯尔克孜族的《玛纳斯》等，是我国新疆维吾尔自治区境内少数民族杰出的文学作品，通过丝绸之路享誉世界，特别是对中亚的突厥人很有吸引力。

（4）艺术。“十二卡姆”是新疆维吾尔自治区境内少数民族中维吾尔族等的一种乐舞形式，对中亚、南亚、西亚、北非及整个伊斯兰文化圈都有影响，现在土耳其的音乐还有它的一些痕迹。新疆维吾尔自治区境内少数民族现代歌星在哈萨克斯坦、乌兹别克斯坦等国家，也很受欢迎。新疆维吾尔自治区境内少数民族的达瓦孜、刺绣、叼羊等艺术活动在乌兹别克斯坦，哈萨克斯坦等国家也是十分受欢迎的，是传统节日上必不可少的表演节目。

（5）餐饮。土耳其、哈萨克斯坦、乌兹别克斯坦等国家的穆斯林与新疆维吾尔自治区境内少数民族一样都食用清真食品，最常吃的主食也比较类似，比如：馕、羊肉抓饭、那仁、拌面、奶茶等。我们新疆的餐饮目前在中亚、西亚等突厥语族语言文化圈内还是有市场的。

三、发挥我国新疆维吾尔族自治区跨境少数民族文化在“一带一路”建设中的桥梁、沟通作用

我发言的第三个问题：桥梁作用。我们先看国家中长期战略的“一带一路”，总人口 44 亿，经济总量占全球的 29%。发挥我国跨境少数民族文化在“一带一路”建设中的桥梁作用，是指将文化传统的优势转化为完全产业的优势，互联互通的优势。我们看美国出口的 60% 是智力成果产品，不耗能源，没有污染。跨境少数民族文化的产品面向的是全球 15 亿—16 亿穆斯林人口，58 个伊斯兰国家，它们的市场，它们的文化产品谁来提供？怎么提供？新疆卡尔罗媒体科技有限公司是我国目前较大的超高清三维数字动画生产与软件开发、服务外包企业之一，其在动漫领域的产品在伊斯兰国家的市场前景较大。

我国新疆维吾尔自治区境内少数民族与“一带一路”沿线讲突厥语族语言国家、地区的人口，具有人种、语言、宗教等同质同类特点，我们

怎么去发挥这个优势？我们举个例子，美国第十任驻中国大使骆家辉是华裔美国人，美国选派他来中国，显然是发挥其具有与华人的同文、同种的优势，也有增加亲和力的特点。在实施“一带一路”过程当中，无论是产品贸易，还是基础设施、建设工程等，最终都是需要人去做的。需要我们在人才、文化、教育上的重新认识和思考。

当然，发挥我国新疆维吾尔自治区境内少数民族文化在“一带一路”中的桥梁作用，实际上也是一个多样文化、不同文化的协同发展工程。为此，需要全面评估我国新疆维吾尔自治区境内少数民族文化中，有哪些要素和成分可以在我们“一带一路”中发挥作用，哪些能够转化为我们经济贸易的优势，哪些有助于发挥互联互通的优势。

我国新疆维吾尔自治区境内少数民族文化产品的开发，包括文学艺术作品、现代音乐歌舞、影视戏剧。目前，我国新疆维吾尔自治区境内少数民族文化产品还没有形成一个生产市场，而主要是消费市场，所以我们需要转化。例如，阿拉伯文化背景的科幻动漫的市场前景也不小。阿拉伯国家的文化经典《一千零一夜》，在伊斯兰世界有相当大的市场前景。把这部世界著名的文学作品转化成现代信息技术载体的科幻动漫片，可以从事这个科幻动漫制作的人员，只能是具有伊斯兰文化背景的人员才有优势。接受西方基督教文明背景下的人员对作品理解、想象力，与儒家文化背景的东南亚国家、地区人口一样，都达不到伊斯兰文化背景下的人才可以去理解、想象和发挥的程度。据新疆卡尔罗媒体科技有限公司介绍，他们目前的员工、设施和条件，未来 20 年都做不完这一个项目，现在签约了一部分。我国新疆跨境少数民族人口有优势，但需要经过严格的培训、积累，仅仅具备计算机编程等知识、技能是不够的。

在媒体、语言文字出版、宗教等方面，喀什历史上可以说是影响中亚地区的中心。同时喀什也是我国西部近代对外开放的极少数城市之一，与东部的上海等城市同步。1893 年，俄国在喀什市色满路设立喀什噶尔领事馆。1912 年，英国在喀什市色满路设立领事馆，1904 年，瑞典基督教行道会在喀什设立外国民间团体代办处，以传教和行医为主要活动，与中方外事交涉均由英国驻喀什噶尔领事馆代为管理。我国新疆维吾尔自治区境内少数民族可以开发相应的旅游工艺品、民族语言教育、网络信息产品等，在经济、贸易、语言文化、伊斯兰教研究、艺术传播等方面，新疆也可以影响中亚、南亚等地区。

“一带一路”战略要实现“政策沟通、设施联通、贸易畅通、资金融通、民心相通”，要以文化交流、文化交融、文化发展为先导，充分利用新疆维吾尔自治区境内少数民族文化与沿路各国文化的同质、类似、相同等特点，注入中国各民族文化的内容，扩大、增加中国文化的对外影响力。同时，注重发挥中国在教育、文化艺术、职业培训等方面的多重优势，为“新丝绸之路”沿路各国居民的便利交流创造条件。“新丝绸之路”的建设离不开新疆维吾尔自治区跨境少数民族的参与，发挥好新疆维吾尔自治区跨境少数民族具有血缘、人缘、教缘、语缘的优势，重用、善用新疆维吾尔自治区跨境少数民族文化，发挥他们的积极性、主动性，才能又好又快地建设“新丝绸之路”。在“新丝绸之路”建设中，充分发挥新疆维吾尔自治区跨境少数民族的文化和人才优势，本身就是发展新疆经济、创造就业岗位、提高新疆维吾尔自治区各民族就业率的过程，也是平衡区域发展、实现民族之间和谐、平等发展的过程。

总之，发挥新疆维吾尔自治区跨境少数民族文化在“新丝绸之路”建设中的桥梁作用，需要在以下方面做出努力：

第一，将新疆维吾尔自治区跨境少数民族文化资源优势转化为文化交流和文化产品优势；

第二，加快培养新疆维吾尔自治区跨境少数民族文化发展人才；

第三，开展适应新疆维吾尔自治区跨境少数民族文化圈交流发展的语言文化教育；

第四，发展我国新疆维吾尔自治区跨境少数民族文学、诗歌、音乐、美术文化产品；

第五，建立我国新疆维吾尔自治区跨境少数民族文化、宗教、历史、文学艺术、音乐教育中心；

第六，制定中国文化经典精品翻译新疆维吾尔自治区跨境少数民族语言文字出版计划；

第七，健全我国新疆维吾尔自治区跨境少数民族专业研究机构，培养高级专业人才；

第八，创作一批适应新疆维吾尔自治区跨境少数民族文化市场需求的当代文化产品；

第九，提高我国新疆维吾尔自治区跨境少数民族文化的对外传播力和影响力。

因俗而治

——历史上中国西南边疆治理模式研究

徐杰舜

（广西民族大学教授）

中国历代王朝治理西南边疆的思想虽然都是羁縻和怀柔，但是，由于族群结构、历史渊源、人文背景、自然环境的不同，具体治理政策又千差万别，从而形成不同的治理模式，这就是所谓的因俗而治。

一、划分中国西南边疆治理政策类型的依据

分类是人们观察世界、认识世界及进行科学研究的重要途径。人们一般按照一定的标准通过对观察、感知的不同事物相似性和差异性来对事物进行归类。一般有三种分类形式：一是实用分类，即基于实用的目的，属性大都选取便于人们直观把握的外部标志，并不一定反映事物的本质；二是现象分类，是以事物的表面属性和外部特征为标准所进行的分类，并不一定能够反映事物的本质联系；三是本质分类，是以事物内在的本质属性为标准所进行的分类。[①] 这里我们对历代治理西南边疆政策的分类主要是基于现象分类基础上的本质分类。分类一般有两种途径：一是类型学（Typology），二是分类学（Taxonomy）。二者的基本区别在于：前者主要是概念的，后者是经验的。这里我们对历代治理西南边疆政策分类的讨论主要集中在理论层面，属于类型学的分析。

类型学是一种分组归类方法的体系。而传统类型学的分析大多只强调类同性的研究，而忽视对异质性的关注。在这一理论的指导下，大多数类型学研究只强调求同。而我们对西南边疆治理模式的分类，恰恰不仅强调

① 林康义、唐永强：《比较·分类·类比》，辽宁人民出版社 1987 年版，第 67—82 页。

类同性的研究，还注重异质性的研究。西南边疆云南、广西和西藏三省区的类同性在于三省区都是中国西南边疆省区，又都是少数民族聚居的地区，而其异质性在于各自实施的具体政策又不尽相同，从而形成不同的类型模式。从这个认识出发，在羁縻和怀柔治理思想的指导下，因俗而治的具体政策不同而形成广西土司模式、云南卫所模式和西藏政教合一模式。

二、广西土司模式

羁縻和怀柔思想贯穿于历代封建王朝统治者对于广西的治理之中，因俗而治以怀柔广西少数民族的政策随历史的变迁，最后定格在土司制度上，形成广西土司模式。

中国土司制度作为历史上协调民族关系的一种政治制度，大体是渊源于秦、汉代的属国都尉、道；中经魏、晋、南北朝的僚郡县、左郡县，隋、唐、宋时期的羁縻府州，不断得到充实；正式形成于元代；完备于明代和清初；清雍正改土归流后，则逐渐衰微。这是整个中国土司制度发展演变的大致情形。在此仅就土司制度在广西的实施及发展进行论述。

广西的土司制度是中原封建王朝对广西少数民族所施行的一种特殊的政治制度和民族政策。从历史发展的进程来看，广西土司制度的产生，其源头大体可以追溯到秦汉王朝的羁縻之治时代，唐宋羁縻统治时期是广西土司制度形成的基础，而其最终确立则是在元代，到明代时进入全盛时期，至清代随着改土归流的大规模进行而趋于衰落，民国时期则归于消亡。[①] 其间经历了一千多年的历史，对广西地方民族社会历史的发展产生过重要的影响。

唐宋羁縻制度在广西民族地区一直存而未废，这是形成广西土司制度的重要基础。同时，我们也注意到，广西是所有边疆地区中实行土司制度的时间最为久远的一个地方，因此，广西的土司制度是历史上治理广西边疆地区的重要模式之一。

元代统一全国以后，在唐宋羁縻制度的基础上，在边疆少数民族地区

---

① 蓝武：《元明时期广西土司制度研究》，暨南大学博士学位论文，2005 年 4 月，第 13—14 页。另外，也有学者认为广西土司制度形成于宋代，如黄现璠认为“广西壮族自治区的土官制度，开始于唐代的羁縻制度，形成于宋代，繁荣于明代，崩溃于清代，结束于本世纪初，长达一千多年”。见黄现璠、黄增庆、张一民：《壮族通史》，广西民族出版社 1988 年版，第 372 页。

普遍设立了众多的宣慰司、宣抚司、安抚司、招讨司、长官司、路军民总管府、土府、土州、土县等土司机构。就广西地区而言，元朝中央政府在左、右江及红水河流域一带少数民族聚居地区，在唐宋时期设立的羁縻州县的基础上，依例分设路、司制，并于路、司辖区内，设有众多的土州、土县、土司等，元朝在广西所设的军民总管府、安抚司、宣慰司等，多数委流官充任，其中有不少是蒙古贵族，其辖下的土司，仍循旧例，以少数民族首领充任，官皆世袭，从而实现对该地区实行区域性的民族自治。①

元朝在今广西地区设置的土府（路）、州、县、峒、司数量，史书记载不一。按《元史》记载，迄至元二十五年（1288 年）时，“左、右江口溪洞蛮僚，置四总管府，统州、县、洞百六十”②。据《贞一斋稿》所记，岂州路之左、右两江地区，“地方千里，列田州、来安、镇安、思明、太平（等路）军民总管府，分统州五十余、县二十余”③。按《傅与砺集》记载，天历年间，广西两江道宣慰司南宁分府所部“两江州郡数十”④。

尽管说法不一，但从相关统计结果来看，元代广西土司设置确实已具一定规模，土司制度在广西民族地区业已具有较大的影响力。

明代土司制度的建立，最先是从元代土官的归附开始的。早在明王朝正式建立之前，朱元璋即已注意对南方少数民族的招抚。为了更加有效地加强对广西少数民族地区的统治，明王朝在政治上全面推行了土司制度，将壮族首领直接纳入封建王朝官僚体系之中，并通过壮族土官去直接统治广西少数民族地区，以巩固其于广西民族地区的统治地位，使得明代广西的土司制度在元代原有的基础上，达到了更加完备的程度，进入了它的全盛时期。

广西地区为明朝最早建立土司统治的地区。洪武元年平定广西后，明陆续于各地设置衙门，在全省的 11 府、48 州和 50 县中，有思恩、思明、田州、镇安等 4 处土府，泗城、归顺等 42 处土州，忻城、上林等 9 处土县；仅左右两江地区，在宣德时即设土官衙门大小 49 处⑤。正如方铁

① 蓝武：《元明时期广西土司制度研究》，暨南大学博士学位论文，2005 年 4 月，第 45 页。
② 《元史》卷 15，《世祖本纪十二》。
③ （元）朱思本：《贞一斋稿》卷 1，《两江释》。
④ （元）傅若金：《傅与砺集》卷 5，《送南宁路总管朱侯之官序》。
⑤ 《明史》卷三一七《广西土司传一》。

所言：

> 明中叶以后，为镇压瑶、壮人民的反抗，明朝于起事较多的地区增置土千户所、百户所和巡检司等军事统治机构，另外对一些势力强大且常挑起事端者如田州、思恩两土府，在派兵镇压后将其辖地划为若干块，添设众多小土司以分治之，土司的数目也由此增加。明代广西设置土司最多时达344处，其中土指挥使1处、土千户5处、土百户11处、长官7处、副长官3处、土千总1处、土营长2处、土知府4处、土知州42处、土州判1处、土知县9处、土主簿1处、土巡检76处、土副巡检144处、土典使2处、土驿丞28处、土吏目5处和土头目2处。所设土官土司大部分是壮族，少数几家的始祖为汉族，但后裔也都融合入壮族。广西壮族地区的土官土司以文职为主，土府州县的数量较多，土官的官阶亦高，武职则仅长官司一类，但文职土官多率土军和俍兵，武力十分强大。另外，桂西土官的数量及势力远超桂东，而桂东虽大土官较少，各地却遍设小土官巡检和副巡检，这是明代广西所设土官土司的一个显著特点。①

清代，为了消除地方割据势力，进一步实行改土归流，因而广西地区设置的土府州县司，数量比前代少。据《清史稿·地理志》《清会典》《清通典》《清朝文献通考》等书及张鸣歧的“奏折”中都有详细的记载，在此不赘。总之，有清一代，广西土属各级行政区划共计56个。②

然而，进入清朝以后，土司制度暴露出许多弊端，土官是封建王朝封赐的独霸一方的统治者，土官对土民的压制和剥削日益深重，“生杀予夺，尽出其酋”。土司制度越来越不适应社会的发展需要，这时，土司制度逐渐走向衰落，一个突出的表现就是清政府加大了“改土归流”的力度，从而达到抑制土官权力，改为流官治理的目的。

广西地区的“改土归流”，自明代中叶以后便逐步开始。黄现璠、黄

---

① 方铁：《西南通史》，郑州：中州古籍出版社2003年版，第657—658页。

② 粟冠昌：《唐宋元明清广西羁縻州县或土府州县洞司等设置概况》，《广西民族研究》1986年第1期。

增庆、张一民所著《壮族通史》这样论述道：

> 开始改流时，一般采取两种办法：一是从上而下，先改土府，后改土州。二是抓住一切有利时机进行，如有的土官绝嗣，后继无人，或宗族争袭，就派流官接任；土官之间互相仇杀，被平定后，即派流官接任；有的土官犯罪，或反王朝被镇压后，“以罪革职”，改由流官充任；有的在土民向封建王朝申请“改土归流”时，王朝以所谓从民之意，就革除土官世袭，改为流官。
>
> ……
>
> 到清代康熙、雍正年间，封建王朝在我国西南土官地区大规模推行“改土归流”政策。清王朝采取的方法是软硬兼施，从上而下，把立足点着重放在军事镇压的“擒”“剿”上面。因而使“改土归流”的推行势如破竹。在清王朝未厉行“改土归流”之前广西全省有一百二十八个土府州县，经改土后，流州县已达八十七个，剩下土州县虽还有四十一个，但所占地区很小，且多归太平府流官管辖。清政府后来在土官地区设置并不动摇土官经济基础的弹压官，从政治上抑制土官。民国初，仍有进行“改土归流”的扫尾工作。到民国十八年（公元1929年），“改土归流”才全部告终。①

在广西持续存在长达一千多年的土司制度，对广西的历史发展产生过非常重要的影响。同时，也是封建王朝对广西边疆地区实施治理的重要举措。尤其是在元明时期，封建王朝对广西土官的倚重是相当明显的。其所以如此，主要原因不外乎如下几个方面。

一是广西是少数民族聚居的地区，土官在处理少数民族地区的内部事务方面具有得天独厚的优势。元明时期，广西境内由以瑶、壮为主体的非汉民族维持着固有的社会。土司地区更是传统的壮族聚居区，各种情况甚为复杂。要对如此复杂的边疆民族地区进行较好的治理，仅仅依靠流官是难于实现的。

---

① 黄现璠、黄增庆、张一民：《壮族通史》，广西民族出版社1988年版，第370—372页。

二是广西地区气候条件恶劣，瘴病较重，流官多不愿赴任。广西僻处边檄，地多山险，交通不便，“昔人皆视为畏途”。特别是由于地处亚热带地区，气候湿热，瘴气较重。瘴病毒气，危及生命，让人望而生畏，乃至岭南瘴乡成了封建朝廷安置贬谪官员、流放犯人的主要场所。所以，环境的因素也导致元明王朝不得不依靠广西土官以对广西进行有效管理。

三是广西西部壮族聚居区的社会经济基础适于土官统治。

四是唐宋羁縻制度的推行为土官势力的增长创造了条件，奠定了基础。

五是封建王朝的治边策略造成对土官的倚重。中央王朝和地方土司之间，彼此找到了利益的共区，封建王朝必须倚重于土官才能实现其对广西的统治，也才能实现其形式上的大一统，这便是元明时期封建统治者在广西推行土司制度并维持其长期存在的重要原因。①

因此，长达一千多年的土司制度，是封建王朝治理广西边疆民族地区最重要的制度，其存在的时间之久和土司数量之多也是西南边疆地区中最突出、最典型、最完整的。土司制度是历代封建王朝治理广西的基本政策，从而形成以土司制度为特点的治理西南边疆的广西土司模式。

三、云南卫所模式

云南边疆治理思想和政策的重要模式之一就是卫所制度。卫、所是明代军队的基本编制单位。1383 年，明军平定云南后，在云南实行了“卫、所参设”的统治。所谓“卫、所参设”，就是以地方军事指挥机构的“卫”与地方行政机构“府”配合设置，就是以军事支持政治的所谓“文武相维”。

（一）卫所制度在云南的实施

据记载，明军用了十余年的时间，花费很大气力才最终平定了云南与贵州。缘由于此，朱元璋先后派遣了大量军队驻扎在今云南和贵州地区。在云南基本被平定后，除留一部分军队“控制要害”外，大部分军队一度撤回内地，但以后又多次增兵入滇。

---

① 蓝武：《元明时期广西土司制度研究》，暨南大学博士学位论文，2005 年 4 月，第 33—44 页。

根据万历《云南通志·兵食志》所载，明朝在云南共设置36个卫所，管辖这些军屯户（其中卫20，千户所18，御3）：曲靖卫（驻今曲靖市西部），平夷卫（驻今富源县），越州卫（驻今曲靖市南部越州镇），金齿卫（驻今腾冲），陸凉卫（驻今陆良县），云南前卫（驻今昆明市东部），云南中卫（驻今昆明市东北部），广南卫（初驻广南府，永乐元年迁驻今昆明市东部），云南左卫（驻今昆明市东部），云南右卫（驻今昆明市西南），临安卫（驻今建水县），楚雄卫（驻今楚雄东部），景东卫（驻今景东西北），大罗卫（驻今宾川北部），洱海卫（驻今祥云东部），大理卫（驻今大理南部），蒙化卫（驻今巍山县），澜沧卫（驻今永胜南部），永昌卫（驻今保山县），腾冲卫（驻今腾冲南部）。

乌撒卫后所（驻今宣威县），马隆守御千户所（驻今马龙县），杨林堡千户所（驻今篙明县杨林），木密关千户所（驻今寻甸县东南部之易龙），凤梧千户所（驻今寻甸东部），安宁千户所（驻今安宁县西部），宜良千户所（驻今宜良西部），易门千户所（驻今易门南部），临安千户所（驻今建水县），新安千户所（驻今蒙自县西南之新安所），十八寨千户所（驻今弥勒县虹溪），武定千户所（驻今武定西南），定远千户所（驻今牟定东部），姚安千户所（驻今姚安北部），姚安中屯千户所（驻今大姚东部），镇安千户所（驻今龙陵县东部之镇安），镇姚千户所（驻今施甸南部之姚关）。

通海御（驻今通海北部），鹤庆御（驻今鹤庆北部），永平御（驻今永平北部）。

未置卫所的有丽江、永宁、镇源、元江、广南、乌蒙、东川、芒部（今镇雄）等府和边境御夷府州及土司区域。以每卫5600人，每所1120人计，则屯军的数目为143360人，也就是143360户。以每户4人计，从事军屯的实际人数可达573440人。众多内地汉族军户，来到云南后，士兵们耕地面积情况："每军种田五十亩为一份，或百亩、七十亩、三十亩、二十亩不等"。至于军官，随官阶品秩不同而有所差异，"七分屯田，三分操备，盖以七人所种之谷养三人也"。凡军户自行开荒的田土，三年不纳税赋，从而使屯田数字不断增加。①

---

① 郝军亮，伍家旺：《明朝治理云南边疆民族地区的经济举措》，《中国商界》（下半月），2009（6）。

明朝于洪武十五年设立贵州、云南两都司；宣德中又于建昌置四川行都司。“都司掌一方之军政”，各地的卫所归当地的都司或行都司统一管辖。

明朝的卫所制度颇具特色。从《明史》的记载来看，卫所制度下的军士皆为世籍，父死子继不得更改；未得朝廷的命令，军队驻地不能移动；军队在驻地长期屯田，驻守，军士可带家眷。事实上被编入卫所派镇各地的军士，也就是官府强制发遣的移民，所不同者，是遇有战事这些丁壮必须接受调遣参加战争，事毕方返回驻地。在云南、贵州一些未设置州县的地区，还有一部分卫所兼管民政，这一类卫所称为“实土卫所”。由于军事上的需要，卫所遍布西南各地。明代后期随着卫所制度的崩坏，编入卫所的军士大部分成为自耕自食的农民，僻地和山区亦可见其踪影。据记载，明代派至西南的军队和因各种原因进入边疆的内地百姓，在当地人口中占了很大的比例。据记载，云南布政司洪武二十六年有人 25 万余口，万历六年有人 147 万余口。①

（二）屯田——卫所制度赖以存在的经济基础

由上可见，明朝派驻云南的军队数目之庞大，如何解决庞大的军队给养问题是朝廷面对的首要问题。为解决军粮供应，确保军心稳定，驻守云南边疆地区的军队及其家属，被组织起来进行了大规模的屯田。明朝开展军屯的首要目的是为了解决军粮供应问题。这就是卫所制度赖以存在的经济基础——屯田制度。我国的屯田之制由来已久，尤其是军屯，它是国家缓解戍守与军费供给矛盾所采取的一种有效办法。为了解决驻军的给养，同时基于西南地区有大量适合耕种的土地，明朝在各地进行了包括军屯、商屯和民屯在内的多种形式的屯田，其中以军屯的规模最大，影响也最为深远。

朱元璋曾在给征南将军傅友德等的上谕中说：“有粮军回，云南无后患；若守军无粮，大军既回，其守军必逃。军逃日久，城中必虚，蛮人知其所以，其患复作，事难制矣。”② 事实亦证明，解决粮饷问题已成为巩

---

① 方铁：《西南通史》，中州古籍出版社 2003 年版，第 578 页。

② （明）刘文征：《滇志》（卷一八，艺文志十一 · 御制类），云南教育出版社，古永继点校本，1992 年。

固在西南地区统治刻不容缓的事情。洪武十九年，沐英奏："云南土地甚广，而荒芜居多，宜置屯令军士开耕，以备储待。"这一建议深得朱元璋赞赏，并谕户部曰："屯田之政，可以纾民力足兵食，边防之计莫善于此。……英之是谋，可谓尽心，有志古人，宜如所言。"[①] 遂令户部加以推广。于是屯田成了云南军政的一项基本制度。云南地区的军屯始建于洪武中期。以后驻守云南的明军开始进行大规模屯田，明朝还规定驻守边地的军队三分守城、七分屯种。由于投人屯田的军士为数众多，在较短的时间就取得了明显成效。

据《明史》记载，沐英镇守云南时"垦田至百万余亩"；洪武二十五年沐英卒，子沐春袭职；沐春镇滇 7 年，"大修屯政，辟田三十余万亩"。据《明会典》云南都司见额屯田 110 万余亩，粮 38 万余石，可见《明史》关于云南军屯田亩数为 100 余万亩的记载是可信的。[②] 洪武二十一年（1388 年）云南都司所属各卫军屯田为 435036 亩。到正德五年增加到 1276630. 94 亩。一百多年中增加了近三倍。上述数字仅为卫所军屯数。[③]

明王朝以军屯、民屯、商屯形式所组织的大规模移民，大大加快了边疆民族地区的经济发展步伐。明代云南地区的人口比元代多得多，至少在 350 万以上。据此推算，明代进入西南地区的外来人口，在当地人口数中占了相当大的比例，如云南地区即占到 1/4 强。[④] 经过这些移民们艰辛的开垦，大片原本荒芜的山地变成了良田。对西南地区社会经济文化的发展产生了积极的推动作用。同时，屯田为后来汉民的移入，西南地区的开发及西南边疆形势的稳定，确保西南与内地的统一发展，起到了重要而积极的作用。

总的来看，由于卫所制度所具有的特点，镇守各地的军士事实上成为明朝强制迁徙的移民。明代对西南诸省强制移民（主要是军士及其家眷）的数量很大，分布亦广，同时屯田具有相当大的规模和效用，客观上对西南地区社会经济的发展产生了极大的推动作用，使明代成为西南地区发展最快的历史时期之一。[⑤]

---

① 《明太祖洪武实录》（卷一七九）。

② 方铁：《西南通史》，中州古籍出版社 2003 年版，第 575 页。

③ 徐杰舜、韦日科：《中国民族政策史鉴》，广西人民出版社 1992 年版，第 357 页。

④ 方铁：《西南通史》，中州古籍出版社 2003 年版，第 578 页。

⑤ 方铁：《西南通史》，中州古籍出版社 2003 年版，第 585 页。

众所周知，自古以来，羁縻和怀柔思想贯穿于历代封建王朝统治者对于云南的治理之中，因俗而治以怀柔云南少数民族的政策随历史的变迁，最后定格在卫所制度上，从而形成以卫所制为特点的治理西南边疆的云南卫所模式。

四、西藏政教合一模式

中国历史上治理西藏的政策与云南、广西相比，又显示出另一种完全不同的特点，即从宗教在西藏的特殊地位和作用，加上自然环境和文化的独特性，在羁縻和怀柔思想贯穿于历代封建王朝统治者对于西藏的治理之中，逐渐形成政教合一的制度。

元朝将西藏地区纳入中央统治之后，为了巩固对这一地区的统治，就决定利用当地藏传佛教势力及其影响，实行政教合一的行政管理体制。元朝治藏政教合一的行政管理机构是宣政院。忽必列至元元年（1264 年），元帝国设总制院“掌浮图之教兼治吐蕃之事”①，以国师八思巴领院事。掌握实权的是院使，初置 2 人，后增至 10 人，其首位以朝廷大臣担任，位居第二者任用僧人担任，由国师辟举。至元二十五年（1288 年），尚书右丞相兼总制院使用权桑哥“以总制院所统西番宣慰司，军民财谷，事体甚重，宜有以崇产异之，奏改为宣政院”②。于是，宣政院遂作为从一品衙门所管辖吐蕃地区政务的最高行政机关，与元帝国最高行政机构中书省，最高军事机构枢密院、最高监察机构御史台同为“得自先官”的四个主要中央机构，铨授官吏、处理职权内的事务不必通过中书省而可直接请皇帝批准。

由于忽必列本人信奉佛教，尤其笃信藏传佛教，因而至元元年（1264 年）封八思巴为“国师”。至元七年（1270 年）又将其国师升为“帝师”，藏传佛教受到元帝国的特别尊崇。由于藏传佛教受到特别的尊崇，其上层人士的政治地位很高。《元世各教名考》云：“帝师佛子，殊宠绝礼，百年之间，所以隆奉敬信之者，无所不用其至。”八思巴被拜为帝师以后，历代皇帝都封有帝师，每一个新皇帝即位，都要先谒见帝师，成为定例。而每当帝师迎立，元帝国必派大臣颁“珠字诏”以“速驾”；

---

① 《元史·百官志三》。

② 《元史·桑哥传》。

帝师抵达时，则令“中书大臣驰驿，累百姓以往，所进供亿送迎”；帝师在朝，“正衙朝会，百官班列，惟帝师专席于座隅”；帝师卒时，规定“百官出郭祭饯”，派大臣“乘传护送”①。

明朝承袭元代对乌思藏实行僧俗并用、政教合一的统治方法，不断对其宗教上层人士封授王号。早在洪武六年（1373 年），故元摄帝喃加卜入朝，即被授予佛宝国师称号。次年，元帝师八思巴之后公哥监藏卜及另一僧人答力麻八剌遣使来朝，请求封号，被分别授以弘教大国师和灌顶国师称号。

清入关后，顺治帝进一步认识到蒙古族、藏族人民笃信藏传佛教，其上层分子更是“惟喇嘛之言是听”②，要控制好蒙、藏地区，就必须利用藏传佛教笼络宗教上层人物。

康熙到乾隆年间是清代对藏传佛教政策进一步完善时期。其重视藏传佛教的目的，我们可以从康熙的话中一目了然：“国家宠信黄僧，并非崇奉其教以祈福祥也。只以蒙古诸部敬信黄教已久，故以神道设教，借仗其徒，使诚心归附，以障藩篱。”③

对藏传佛教的推崇，对稳定蒙、藏局势起了很大作用。清帝国对西藏的治理不仅注意了政策的实施，还重视政策的法制化。乾隆五十八年（1793 年）清朝平定廓尔喀对西藏的入侵后，颁布了《钦定藏内善后章程二十九条》。这一章程，对西藏的政治、军事、外交、财政金融等方面作了详细的规定。其中第一条关于“金瓶掣签”制和第十条关于驻藏大臣与达赖、班禅平等的规定，使中央政府对西藏的治理达到了法制的层面。

这样，羁縻和怀柔思想贯穿于历代封建王朝统治者对于西藏的治理之中，因俗而治以怀柔西藏少数民族的政策随历史的变迁，最后定格在政教合一制度上，从而形成以政教合一为特点的治理西南边疆的西藏政教合一模式。

五、反思与启示：因俗而治对中国社会的影响

中国西南边疆治理模式是对历史上西南边疆治理思想和政策的一种概

① 以上所引均见《元史·释老传》。
② 《清世祖实录》卷六十八。
③ 《啸亭杂录·章嘉喇嘛》。

括和归纳。通过对云南卫所模式、广西土司模式和西藏政教合一模式的提炼，人们可以更清晰地从理性上认识到，中国历史上治理西南边疆异质性的目的是要反证历史上治理西南边疆同质性。什么是历史上治理西南边疆同质性？简言之，就是历史上治理西南边疆的模式无论怎么不同，差异有多么巨大，但九九归一，条条道路通罗马，即都是为了一个目的，在“天下观”的观照下，实现“大一统”。历史已经证明：无论是广西土司模式，还是云南卫所模式，或是西藏政教合一模式，都达到了这个目的，正所谓殊途同归。

历史总是发人深思。中国历史上西南边疆不同的治理模式给中国社会以什么影响呢？有什么启示呢？

（一）大智慧：有助于中国统一多民族国家的形成和发展

国家，作为一个特定的社会生活共同体，一般来说，具有人民、土地、主权者三要素[①]，正如梁启超所说：“夫国家者何物也？有土地有人民，以居于其上之人民，而治其所居地之事，自制法律而守之。有主权，有服从，人人皆有主权者，人人皆服从者，夫如是斯谓之完全成立之国家。”[②] 中国，作为一个历史悠久而连绵的主权国家，是由中国各民族共同缔造的。

但是，中国这个统一多民族的国家不是一蹴而就的，它的形成和发展经过分分合合，合合分分，真是千回万转，百折千回，九曲十八弯，在“天下观”的观照下，历代王朝因俗而治，尤其在西南边疆，面对广西、云南和西藏的方方面面的复杂态势，运用自己的政治智慧，在人们不可想象的情况下，在不同的历史时期，对不同的民族或族群，一切从实际出发，在“大一统”的方向上采取了非常灵活的政策，用土司制度协调了与广西民族或族群的关系，用卫所制度协调了与云南民族或族群的关系，用政教合一制度协调了与西藏民族或族群的关系，从而大大有助于巩固中国统一多民族国家的形成和发展。

---

① 王浦劬主编：《政治学基础》，北京大学出版社 1995 年版，第 237 页。另一说为四要素论，即领土、民、政治制度与主权。见吕亚力：《政治学》，台北三民书局，2001 年第 4 版，第 74 页。

② 梁启超：《少年中国》，第 40 页。转引自王浦劬主编：《政治学基础》，第 237 页。

对此，值得深思的是，如果不采取灵活的因俗而治政策，在早已形成了羁縻制度和土司制度的背景下，如果对云南的治理政策仍旧照搬照用，那么云南地方割据的状态恐怕很难从根本上改变，那对中国统一多民族国家形成和发展的巩固显然是无助的。西藏的情况更加特殊，如果照搬云南的卫所制度模式，那在当时的历史背景和条件下，要巩固西藏的边疆，维护国家的“大一统”，恐怕也是很难奏效的。

政策可以灵活，但原则不可改变？什么原则呢？就是无论如何因俗而治，都必须承认中央政权的领导，即承认“天子”[①] 的地位。以明代的卫所制来说，明帝国制定了一套管理羁縻卫所的制度，其主官员的任命均参照各人在当地少数民族的原有地位，分别授予不同职衔，不允许次序颠倒；凡设卫置官，必给诰印为凭；各卫所必须对明称臣，并定期朝贡；凡按期朝贡者，明王朝或赏赐、或升官，以示鼓励；卫所必须服从朝廷调遣。

西藏实行政教合一的制度，行政上，西藏地方官吏和委任、升迁，《藏内善后章程二十九条》（以下简称章程》）第十一条规定：“噶伦和代本须呈清大皇帝任命”，“其余人员可由驻藏大臣和达赖喇嘛委任，并发给满、汉、藏三种文字的执照。噶伦、代本以下人员和各个宗本，今后均按上述规定逐级升迁；不得逾规乱为”。军事上，《章程》第四条规定：“以前前后藏都没有正规军队，用时临时征调，不仅缺乏作战能力，并且造扰人民，为害很大。这次呈请大皇帝批准，成立三千名正规军队”，“所有征调的兵员，应填造两份名册，一份存驻藏大臣衙门，一份存噶厦”；《章程》第十三条还规定驻藏大臣每年分春秋两季出巡前后藏各地和检阅军队。外交上，《章程》第二条规定：今后邻近各国来藏旅客和商人，“必须进行登记，造具名册呈报驻藏大臣衙门备案。准许尼泊尔商人每年来藏三次，克什米尔商人每年来藏一次，各该商人无论前往何地，须由该管主脑呈报驻藏大臣衙门”；《章程》第十四条规定，毗邻国家写给达赖、班禅的信件，必须报请驻藏大臣先行查验，然后由驻藏大臣代为酌情回复，不得私自缮写回信。经济上，《章程》第三条规定了由“驻藏大臣派汉官会同噶伦对所铸造之章卡进行检查”，并统一货币为“正面铸‘乾隆宝藏’字样，边缘铸年号，背面铸藏文”，还规定“其比价一律为

---

① 天子：一般认为，将封建社会最高统治者称为“天子”始于周代。

汉银一两换百枚”，不准私自铸造，否则严厉处分。《章程》第十九、二十、二十一、二十九条规定，西藏地方的赋税和地方政府的收支，统归驻藏大臣稽查总核；全藏差税的增减和各地储备粮饷数目，也统由驻藏大臣统一核算安排①。可见，西藏诸方面大权都牢牢掌握在清王朝手中，加强了国防管理，有利于维护祖国统一。正如魏源所说：“于是权始归一，自唐以来，未有以郡县治卫藏于今日者”，“自元明以来，未有以齐民治番僧如今日者”②。

从上可见，这种因俗而治所体现出来的大智慧，有助于巩固中国统一多民族国家的形成和发展，是中国宝贵的政治遗产。

（二）大气魄：有助于中央与地方关系的协调

中央与地方关系是一个历史范畴。中央与地方关系从根本上说，是以集权与分权划分为中心的物质利益基础上的社会政治组织——国家的一种政治关系。众所周知，中央与地方关系产生的必要条件是国家的存在，但它不是与国家同时产生的。它产生的充分条件是国家地域、人口、管理事务的不断扩大，才可能出现这种关系。

事实上，历史的经验告诉我们，中央与地方的关系问题，是一个事关国家的稳定与动乱、统一与分裂、兴盛与衰亡的问题。古往今来的国家，都存在着中央与地方的关系问题。在我国，自秦朝创建统一的多民族国家以来，中央与地方关系中的冲突和矛盾从来没有停止过。秦朝的“废分封，立郡县”；汉武帝的“推恩令”；元代实行行省制，“方天下之治”；这些都是统治者为了处理中央与地方的矛盾所采取的措施。

因此，从根本上来说，西南边疆的治理问题也体现了中央与地方的关系，而这个所谓的“地方”，指的是边疆民族地区。其内涵一是边疆，二是少数民族地区。而处理中央与地方的关系无外乎集权与分权两种办法。

从中国处理边疆的关系来看，历代王朝对边疆，在怀柔思想的指导下，对西南边疆采取的都是分权政策来协调中央与边疆地方的关系问题。具体来讲对广西实行了土司制度，对云南实行了卫所制度，对西藏实行了

---

① 《藏内善后章程二十九条》，均引自王辅仁等：《蒙藏民族关系史略》附录，中国社会科学出版社 1985 年版。

② 《圣武记·国朝抚绥西藏记下》。

政教合一制度。为了怀柔，所有这些制度都将中央掌握的部分权力分给了西南边疆的土著民族。这些权力包括的范围很广，有人事权、财权、地方行政权、赋税豁免权，甚至还可拥有“土兵”的军事权。如唐帝国羁縻府州的区划以少数民族的范围为基础，“即其部落列州县”；任命少数民族首领为羁縻府州的都护、都督、刺史，递相统率，皆得世袭；居民不直接向国家缴纳赋税，户口不呈送户部，由本族酋长向朝廷进献象征臣服的方物土产，同时向都护府或都督府进呈一定的贡物；羁縻府州可以保留兵卒，守疆卫土，受都护府的节制，服从朝廷的调遣。① 又如明朝为了“怀绥远人”，凡少数民族首领及所遣使臣入朝，均要给予优厚的赏物，其价值一般都超过其所贡物品。目的就是要“于厚往薄来之中，默寓招夷来远之道”②。

从上可见，这种怀柔政策所体现出来的大智慧，大大有助于中央与地方关系的协调。

（三）大发展：有助于中国西南边疆的开拓

一般来说，边疆比中心地区的社会发展都要后进或滞后一些。如广西的俚人社会，到东汉时，由于封建官吏“教其耕稼，制为冠履，初设媒娉”，才“始知婚娶，建立学校，导之以礼仪”③。有的在刘宋时还“皆巢居鸟语”④。在两晋至南北朝时，才进入奴隶社会，“生口”（奴隶）与珍宝同列，成为俚人豪酋财富和势力的重要标志。因此，他们盛行蓄奴，劫掠和买卖奴隶，有的因债务无法偿还被沦为奴，甚至父子相质。各部落间因劫掠奴隶而互相劫掠，攻战不休，“鬻口为货，掠人为奴婢”⑤。社会组织以“峒”为单位，拥有铜鼓的首领称都老，都老击铜鼓集合或出战。而乌浒人，《后汉书·南蛮传》记载其社会情况云：“《礼记》称南方曰蛮，雕题交趾。其俗男女同川而浴，故曰交趾。其西有啖人国（即吃人国），生首子辄解而食之，谓之宜弟，味旨则以遗其君，君喜而赏其父。

---

① 参阅徐杰舜、韦日科主编：《中国民族政策史鉴》，广西人民出版社1992年版，第187—188页。

② 《明神宗实录》，万历三十二年三月丙辰。

③ 《后汉书·南蛮传》。

④ 《宋书·徐豁传》。

⑤ 《新唐书·孔戣传》。

取妻美则让其兄。今乌浒人是也。”万震《南州异物志》亦云：乌浒人“恒出道间，伺候行旅，辄出击之，以得人食之，不贪财货。并以其肉为佳肴，又取其骷髅，破之以饮酒，以人掌趾为珍异。”杨孚《异物志》又云：“乌浒，南蛮之别名，巢居鼻饮，射翠取毛，割蚌求珠为业，无亲戚，重宝货，卖子以接衣食，若有宾客，易子而烹之。”可见乌浒人仍旧是处在原始社会时期的族群。

再如及至隋唐，云南的僚族，《北史·僚传》云：“其俗畏鬼神，尤尚淫祀。所杀之人美鬓髯者，乃剥其面皮，笼之于竹，及燥，号之曰鬼，鼓舞祀之，以求福利。”而朴子蛮“勇悍矫健，以青纱罗段为通身袴。善用白箕竹（弓），深林间射飞鼠，发无不中。部落首领谓酋为上。无食器，以芭蕉叶籍之”①。望蛮妇人跣足，以青布为衫裳，联贯珂贝巴齿真珠，斜其身数十道，有夫者竖分发为两髻，无夫者顶后为一髻垂之。男子也跣足，其武装的服饰是“衣短甲才蔽胸腹而已，股膝皆露，兜鍪（音móu）上插犛（音chí）牛尾”②。到了明代，栗些族仍以狩猎为主而辅以采集。正如景泰《云南图经志书》卷四北胜州所说：栗些“居山林，无室屋，不事产业，常带药箭弓弩，猎取禽兽。其妇人则掘取草木之根以给日食”。其风俗“男囚（首）跣足，衣麻布直撒衣，披以毡衫，以毳为带束其腰，妇女裹白麻布衣。善用弩，发无虚矢，每今其妇负小木盾经三、四寸者前行，自后发矢中其盾，而妇无伤”③。

但是，通过历代王朝的治理，在边疆与中心的交流和互动中，尤其在汉文化的影响下，西南边疆逐渐得到开发，社会的面貌相应得到改变。在从南北朝到隋唐的开发中，由于汉族文化的传播，汉族经济的影响，在岭南的俚族地区“建城邑，开役学校，华夷感敬，称为大化”④，使一部分俚族人“皆列为郡县，周之齐人（汉族）”⑤了。经过南朝四代，169年的开发，本来，广质是“南蛮杂种，与华人错居，曰蜒、曰獽、曰俚、曰獠，曰笣，俱无君长，随山洞而居，古所谓百越也”⑥。经过魏晋南北

① 《蛮书》卷4。

② 《蛮书》卷4。

③ 天启《滇志》卷三十。

④ 《隋书·今狐熙传》。

⑤ 《隋书·南蛮传》序言。

⑥ 见《隋书·南蛮传》。

朝时期如火如荼的开发，则“浸以微弱，稍属于中国，皆列为郡县，同之齐人”①。《通典》对僚族开绒的情况有一段生动的记述，其说：獠“初，因蜀李势乱后，自蜀汉山谷出，侵扰郡县。至梁时，州郡每岁伐獠以自利，及后周平梁益，自尔遂同华人矣”②。因此，到了隋朝时，汉中地区“杂有獠户，富室者颇参夏人为婚，衣服居处言语，殆与华不别”；很清楚，这里所谓“殆与华不别”都说明广西边疆得到了大发展。

云南边疆虽然发展更加滞后，经过边疆治理，也加速了经济社会的发展，原来“随畜迁徙，毋常处，毋君长”③ 的昆明、叟部族，到 7 世纪唐朝初年时以六诏为主的西部发展成“人多殷实，多于蜀川”④ 大者五六百户，小者二三百户，“无大君长”，“各擅一州”⑤ 的农业族群了。《太平御览》卷七百九十所引《唐书》关于松外蛮的生产活动透露了一些信息，这就是：“其土有稻、麦、粟、豆，种类亦与中国同。菜则葱、韭、蒜、菁，果则桃、梅、李、柰。有丝、麻。女工蚕织之事，出絁、绢、丝、布……畜有马、牛、猪、羊、鸡、犬。饭用竹筒搏之。有船无车。”

西藏在吐蕃时期在开发过程中社会发展也出现了新的转型，吐蕃从奴隶制向封建制的过渡，首先，是从邻近内地的地区开始的。邻近内地的地区，即现今甘肃、青海、四川、云南等省的部分地区。这些地区历史上受先进生产方式的影响较早，吸收封建制的因素较多，与内地封建王朝的政治联系更直接一些，农牧业生产一向比较发达，所以封建化的过程完成得比较早。但是后来，西藏地区的封建制度也逐步发展起来。这表现在土地出现了自由买卖、转让和赠送等情况，与奴隶制时期，一切土地都是“王田”，私人没有土地所有权的情况已完全不同。其次，是过去大奴隶主的后代，都成了新兴的封建农奴主，如 10 世纪后半期，一个自称是朗达玛后裔，名叫拉德的人，作为西藏西部阿里地区古格地方封建势力的首领，他把辖区内布让一带的协尔等三个地方，赐给翻译佛经有功的仁钦桑布译师，作为“却谿”，即供养庄园。从此以后，“谿”或“谿卡”就普遍地应用在吐蕃封建农奴制社会了。最后，是被称为农奴的劳动者，也与

---

① 见《隋书·南蛮传》。
② 《通典》卷一八七《南蛮》。
③ 《史记·西南夷列传》。
④ 《通鉴》卷 199 唐高宗永徽二年条。
⑤ 《唐会要》卷 98 昆弥国条，此所谓“州”，实指“川”，即一个平坝。

奴隶完全不同，他们开始有了自己一小部分独立的经济。这样，到 13 世纪初叶，西藏的阿里、藏、卫、塔布、工布等地区，普遍确立了封建农奴制。

从上可见，这种边疆开发所体现出来的大发展，有助于中国西南边疆的开拓。

（四）大解读：有助于认识中国民族关系发展的大趋势

中国民族关系发展的大趋势是什么？了解这个问题，对于认识历史上治理西南边疆政策的社会影响将会有重要的启迪。

趋势，就是事物发展的运动方向。大趋势，就是事物发展长时期的总的运动方向。要发展边疆，就必须了解中国民族关系发展的大趋势是什么？过去人们是怎样认识这个问题的呢？20 世纪 80 年代初，人们普遍认为：历史上的中国不仅包括中原王朝，而且包括中原王朝以外的由少数民族建立的国家和政权。中国早在秦汉时期就形成了统一的多民族国家，此后经过两千多年的发展变化，在清朝完成统一后，疆域和民族大体确定，在这个疆域内居住与活动的民族，都是中国历史上的民族，因此少数民族的历史应该是中国历史的组成部分。尽管历史上各民族之间有战有和，也曾出现过统一和分裂的局面，但各民族之间，还是互相依存，逐步接近，经过共同努力不断将中国历史推向前进，这就是中国历史上民族关系的主流。① 在此后相当一段时期内，“各民族共同促使历史前进”的观点几乎是中国学者们对中国民族关系发展趋势的共识，也成了翁独健先生后来主编《中国民族关系史纲要》的指导思想。

诚然，《中国民族关系史纲要》在中国学术史的贡献和地位不容置疑，而且人们长期关注的关于中国历史上的少数民族政权及历史疆域、民族战争、民族英雄、民族同化和民族融合等问题，也确实是中国民族关系发展过程中客观存在的问题。但是，从中国民族关系发展的大趋势这个视角来看，上述种种涉及中国民族关系的问题和论述，除了民族同化和民族融合属于民族关系发展趋势范围的问题之外，其余大都只是中国民族关系发展中的具体问题，并不涉及中国民族关系发展的趋势，更没有正面、准

---

① 参阅罗贤佑：《中国民族关系史研究的奠基之作——〈中国民族关系史纲要〉》产生过程》，载《中国社会科学院院报》，2006 年 11 月 23 日第 004 版。

确地回答究竟什么是中国民族关系发展的大趋势。

中国民族关系发展的大趋势究竟是什么？既然大趋势就是事物发展长时期的总的运动方向，那么，中国民族关系发展的大趋势就是中国民族互动、整合、融合和认同的长时期内总的运动方向。

纵观上下五千年的中国历史，根据中国历史和中国民族关系发展不同时期的不同特点，中国民族关系发展的大趋势可分为三大阶段。在中国民族关系发展的上下五千年的历史上，先后出现过从夏、商、周三代到秦，历时二千多年从多元融合到华夏一体的大趋势；从两汉到清代，又历时二千多年从民族互化到以汉化成为民族融合主流的大趋势；从1911年辛亥革命，推翻清帝国开始，直到当下中华民族认同已成为中国民族关系发展的大趋势。

如果在这个大趋势下去解读历史上西南边疆治理思想和政策，那么，我们就能很好地理解为什么在西南边疆治理思想中包含了深邃的汉文化因素，因为从“天下观”到“大一统”，从羁縻思想到怀柔思想，无不出自汉文化。所以无论广西土司制度模式，还是云南卫所制度模式，还是西藏政教合一模式无不是在“天下观”的观照下，归于“大一统”之中。

“会当临绝顶，一览众山小。”过去人们看中国民族关系发展的趋势，总是因为站得太低，故而看不远，看不清，总是只能就事论事，捡了芝麻丢了西瓜。从上可见，这种大解读，才有助于认识到中国民族关系发展的大趋势。

（五）大方向：有助于认识中华民族从多元走向一体的过程

从多元走向一体是民族发展普遍的历史过程。一般来说，这还是一个很长的历史过程。这个过程之所以长，是因为这个过程代表了各民族互动整合发展的一个历史趋势，甚至可以说也代表了世界民族发展的历史大趋势。在这个历史过程中，民族与民族之间的分分合合、合合分分必然会形成一些阶段性的民族融合成果，当一个从多元走向一体的民族过程完成后，往往会走进另一个从多元走向一体的民族过程，无数个这样从多元走向一体的民族过程最后才能达到“天下大同”。从这个认识出发，人们会问：中华民族要到哪里去？也就是中华民族的未来走向如何？

中华民族的未来走向如何，我们从汉民族的形成和发展中可以窥见。汉民族从多元走向一体的过程十分漫长，同时也是分阶段的。汉民族形成的三个阶段经历了夏、商、周、楚、越等族从部落到民族的发展，又经历了夏、商、周、楚、越等族及部分蛮、夷、戎、狄融合成华夏民族，最后形成于汉代漫长而复杂的三个历史阶段[①]。继而又很自然地转入了汉民族滚雪球发展的过程，这个过程经历了魏晋南北朝及隋唐滚雪球的发展，宋辽夏金及元明滚雪球的再发展，清及民国滚雪球的大发展三个阶段[②]。

我们考察了汉民族从多元走向一体的过程和结构这样一个案例，再把历史上对西南边疆治理的思想和政策加以比照，我们就不难明白中华民族这个更高认同层次民族共同体的形成也绝对不是可以一蹴而就的，它的形成过程应该比汉族漫长得多，不是漫长一二百年，也不是三五百年，而是一二千年；我们就不难明白中华民族也是有族群结构的，其结构比汉民族更复杂，内部差异更巨大，构成中华民族的族群更多；我们就不难明白中华民族也一定是一个“和而不同”的整体，人们不仅在学术上、文化上高度认同中华民族，也一定会在政治上、法律上高度认同中华民族；我们就不难明白中华民族创造的丰富多彩的中华文化，既是中华民族的灵魂，也是中华民族的凝聚力之所在。这种凝聚力一定会使中华民族这个雪球越滚越大，越滚越结实，从而屹立于世界民族之林。

从上可见，这种大方向，才有助于认识中华民族从多元走向一体的过程。

总之，这些大智慧、大气魄、大发展、大解读和大方向，都是中国历史上西南边疆治理思想和政策对中国社会影响的种种文化表达。如此而已，岂有他哉?!

六、结语：统一是中华民族心中不可动摇的信念

统一是多民族国家永恒的主题。

如何实现统一？这是历代政治家们都必须完成的一份政治试卷。在历代政治家们各式各样的答卷中，他们在治理西南边疆的答题中，向历史交出了一份有价值、有意义的答卷。广西土司制度模式、云南卫所制度模式和西藏政教合一模式，犹如三块丰碑，永远屹立于史册。这三块丰碑告诉人们：统一是中华民族心中不可动摇的信念！

国家统一是国家主权的政治表达。与统一相对的是分裂，这种态势正

① 参阅徐杰舜：《汉民族发展史》，四川民族出版社 1992 年版，第 77—227 页。

② 参阅徐杰舜：《汉民族发展史》，四川民族出版社 1992 年版，第 228—306 页。

是一个国家内部各种政治力量失衡的一种结果。中国国家形成和发展的历史，就是统一与分裂博弈的历史。《三国演义》中开篇所言：天下之势，分久必合，合久必分。虽然是对中国历史形势一种很形象的总结，但是罗贯中只是站在泰山脚下看风景，眼光比较浅短。而“会当凌绝顶，一览众山小”①，当我们站在历史的制高点上，观天下大势，可以看到中国的历史形势虽然分久必合、合久必分，但大趋势是向统一方向发展。所以，尽管中国统一的道路历经许多曲折，分裂的局面以各种不同的形式不断在历史上出现，但是，同宗同祖的“黄帝子孙们总是渴望统一、支持统一。例如东汉后，尽管形成三国鼎立的局面，可是三国之中，谁也不是只甘于割据一方：曹操想统一中国，他的《龟虽寿》诗：“老骥伏枥，志在千里。烈士暮年，壮心不已”，正是他要实现统一大业抱负的写照；刘备也想统一全国，诸葛亮在“隆中对策”中为其拟订了统一全国的大政方针；孙权也想统一全国，所以张昭、周瑜等谓他“可成大业”②。可见，统一确实是中国人心中不可动摇的信念。

三国争雄想统一，农民起义，尤其是少数民族起义是不是也想着统一呢？想！照样想！最典型的是广西壮族侬智高起义。据壮族研究的权威学者黄现璠研究，侬智高起兵的主要原因是侬智高为屡求内附被拒而起义。③在《 侬智高起兵反宋是正义的战争》一文中，黄现璠说得很清楚，侬智高是“请求内附，希望能与汉族人民一起生活”被拒而起义。依笔者的理解和认识，就是侬智高请求被“统一”遭拒。这种请求被“统一”的情结正是历代中央王朝，尤其是国势强大的汉、唐帝国长期实行羁縻政策培养出来的。从秦汉到宋一千多年的历史沧桑岁月，在羁縻政策之下，包括壮族先民在内的广西土著民族过着和谐而稳定的生活，能不对中央政权产生向心力④吗？而国势衰落的北宋对侬智高的情结不可理解，而多次

---

① 杜甫：《望岳》。

② 《三国志・孙权传》。

③ 黄现璠：《 侬智高起兵反宋是正义的战争》，载《广西日报》1962 年 4 月 2 日。

④ 所谓向心力，本来是物理学上的一个名词，专指使物体沿着圆周或其他曲线运动的力，跟速度的方向垂直，向着圆心。笔者借用物理学的这个名词来说明在中国表现中央与地方关系一个重要方面的民族关系中，边疆的少数民族对中央政府有一种“向着圆心”的向心力。一部上下五千年的中国史从某种意义上来讲既是一部处理中央与地方关系的历史，又是一部处理边疆少数民族与中央政权关系的历史。

拒绝侬智高请求“内附”“统一”的要求，正如黄现璠所云：“智高接二连三的请求内附，诚意恳切，并且所求不大，无奈宋统治者顽固到底，终于拒绝，逼虎跳墙，至使智高‘无所容止，有反耳’。”①

不仅广西壮族有“统一”情结，云南佤族等也有。阿佤山班洪、班老一带的银、铝矿早已为英帝国主义垂涎。1934 年公然用武力侵占矿区，制造了有名的“班洪事件”。班洪、班老部落首领邀集周围十多个部落，椎牛立盟，组织武装，誓将英帝国主义分子驱逐出去。双江、澜沧、耿马等地佤、汉、傣各族人民也组成千余人的“义勇军”前来支援。1936 年，以班洪为首的 17 个部落发出了《告全国同胞书》，严正申言：“我佧佤山数十万户虽血流成河断不作英国之奴隶……我佧佤山民众决不愿听英帝之驱使，愿断头颅，不愿为英帝之牛马。”后来在全国舆论的支持下，终于挫败了英帝国主义分子的强盗行径②。云南佤族、傣族、汉族等民族反英帝国主义的斗争，维护“统一”的信念，从一定的意义上来说，不也正是中国历代王朝治理西南边疆的一个成果吗？

从对治理中国西南边疆样本的分析中，可见统一是中华民族心中不可动摇的信念，这正是中华民族在中央与边疆博弈中的凝聚和升华。

① 黄现璠：《侬智高起兵反宋是正义的战争》，载《广西日报》1962 年 4 月 2 日。

② 徐杰舜：《中国民族史新编》，广西教育出版社 1991 年第 2 版，第 450—451 页。

以中央民族工作会议精神为指导深化边疆治理实践的几点思考

刘宝明

（国家民委民族问题研究中心调研员）

2014 年 9 月召开的中央民族工作会议，提出了一系列新的历史条件下深化民族事务治理实践的新思想、新论断、新要求和新举措，必将对推动国家民族事务治理体系和治理能力现代化产生重大而深远影响。会议提出的一系列新思想、新论断、新要求和新举措，对进一步深化边疆治理实践具有很强的针对性和指导性。这次会议至少实现了 10 个方面的理论创新：

一是提出了“多民族是我国的一大特色，也是我国发展的一大有利因素”的重要论断。这一重要论断，为我们正确认识和把握我国多民族的国情破了题、引了路、指明了方向。在一个把“多民族”作为“负能量”历史很长的国家，在民族问题日益成为复杂而敏感社会问题的当今世界，把“多民族”视为国家发展优势，视为正能量，这是需要宏大政治气魄和博大文化胸怀的。古今中外历史表明，把“多民族”当作“包袱”，“包袱”只会越来越重；把民族问题当作“麻烦”，“麻烦”只会越来越多。习近平总书记的这一重要论断，开辟了民族工作的新境界，是中国党和政府解决民族问题的理论、道路和制度自信的重要体现，对中国特色民族事务治理将产生重要的价值引领。

二是揭示了中华民族“多元一体”的基本内涵。这不仅是一个理论问题，也是一个重大的实践问题。习近平总书记指出，中华民族和各民族的关系，是一个大家庭和家庭成员的关系；各民族之间的关系，是一个大家庭里不同成员的关系。这是对中华民族命运共同体内在逻辑的科学揭示，表明我们中国党和政府对当代中国的民族问题和中华民族发展规律的认识迈上了新层次。

三是揭示了中国特色解决民族问题正确道路的科学内涵。习近平总书记用“八个坚持”概括了中国特色解决民族问题正确道路的科学内涵。“八个坚持”，涵盖了我国民族工作的基本理念、基本方向、基本方针、基本原则、基本任务、基本目标和基本保障，为我们更加自觉地坚持走中国特色解决民族问题正确道路提供了方向指南和行动准则。

四是提出了“民族区域自治是党的民族政策的源头”的重要论断。习近平总书记指出，民族区域自治是党的民族政策的源头。这个源头变了，民族理论、民族政策、民族关系等就会产生多米诺效应。这是一个原则性、针对性和科学性很强的重大论断。把民族区域自治置于党的民族政策的源头地位，在中国共产党民族工作思想史上尚属首次。这一重要论断，是继2005年中央民族工作会议关于民族区域自治“三个不容”重要论断之后的又一理论创新，对新形势下坚持和完善民族区域自治制度意义重大。

五是提出了“做好民族工作，最关键的是搞好民族团结，最管用的是争取人心”、“做民族团结重在交心，要将心比心，以心换心”的重要论断。这一重要论断，深刻揭示了民族工作的本质和特点，指出了民族工作的根本方法，确立了衡量民族工作得失的根本标准，是对我们党民族工作光荣传统核心内容的具体化和精准化，对做好新形势下的民族工作具有重大的现实意义。

六是提出了“民族工作要见物，更要见人”的重要论断。这一重要论断，从全新的角度揭示了民族工作的本质和特点，阐明了民族工作的根本着眼点和落脚点，是检验民族工作成功与否的重要标准。

七是提出了“要解决好民族问题，物质方面的问题要解决好，精神方面的问题也要解决好，哪一方面的问题解决不好都会出问题”的重要论断。这一重要论断，深刻揭示了民族工作的本质特征和基本方法。民族工作实践深刻表明，只有坚持物质和精神两手抓、两手硬，才能把民族工作做实、做全面。

八是提出了“加强民族团结，长远和根本的是增强文化认同，建设各民族共有精神家园，积极培养中华民族共同体意识”的重要论断。这一论断，深刻揭示了民族团结的本质和核心。建设各民族共有精神家园、培养中华民族共同体意识，事关民族团结的思想基础和情感纽带。这是我国民族工作一项长期的根本性的战略任务。

九是提出了“坚持从政治上把握民族关系、看待民族问题”的重要论断。这是基于对我国民族关系基本特征和民族问题基本特点深刻把握而提出的重要思想，反映了民族关系在我国社会各种重大社会关系中的特殊地位，具有很强的现实意义。

十是提出了“做好民族工作关键在党、关键在人”的重要论断。这一论断，阐明了党在民族工作中的核心地位，揭示了党的建设与推动民族工作发展的内在联系。党领导人民制定民族事务治理的法律和政策，依靠人民推动民族团结进步事业，“做好民族工作关键在党、关键在人”的表述与通常情况下“加强党对民族工作的领导”的表述，在分量上是有区别的。它突出地昭示：党的民族工作思想理论绝不能出大的问题、党的各级领导干部必须有做好民族工作的自觉性和自信心。

中央民族工作会议产生的这些丰富而重要的理论创新成果，反映了以习近平同志为总书记的党中央对我国多民族基本国情和民族工作重要性的新认识、对民族工作形势的新判断和对推进民族团结进步事业的新谋略，突出彰显了以习近平同志为总书记的党中央坚持和发展解决民族问题的中国道路、丰富和完善解决民族问题的中国经验的信心和决心，在新的历史条件下丰富和发展了中国特色社会主义民族理论体系。这些新思想、新论断概括起来讲，就是“多民族”是国家发展的优势而非劣势，民族工作能够做得更好也必须做得更好。

边疆治理是国家治理的重要内容。由于我国边疆地区多数是多民族聚居区，民族因素是边疆治理各要素中最关键的要素之一，边疆治理的主体内容在一定意义上可以理解为民族事务治理。因此，深入学习领会中央民族工作会议精神，自觉运用中央民族工作会议理论创新重大成果指导边疆治理实践，也就成为当前和今后一个时期边疆治理的重要任务。就当前而言，我认为要着重解决好以下几个问题：

第一，转变观念。以经济全球化、政治多极化为主要特征的国际形势深刻变化和以全面深化改革、实现国家治理体系和治理能力现代化为主要目标的国内改革发展新要求，促使我们必须转变边疆治理观念。由于复杂的原因，在相当一部分人的观念中，边疆地区是“经济落后区”“文化异质区”和“政治危险区”，“边疆”一度成为“落后”“异类”甚至是“危险”的代名词。按照现代国家治理理念，国家不应有边疆与非边疆之分，各区域、各民族之间有经济社会发展程度高低不同，但没有文化上的先进与落后之别。历史上多数封建统治者把少数民族作为负面因素对待，治理边疆少数民族成为历史上边疆治理重点内容，只要边疆少数民族不“闹事”，就算成功的边疆治理。历史证明，在这样一种思想前提下的边疆治理，很难使边疆实现真正安宁。按照中央民族工作会议新精神，适应推进国家治理体系和治理能力现代化新要求，边疆治理急需实现观念转变：一是要“去消极化”。不把边疆地区的“多民族”作为消极因素对待，而要切实按照中央民族工作会议的新精神，从理论与实践相结合的角度，把“多民族”作为一种积极因素和发展优势对待；二是要“去落后化”。不能只看到现阶段边疆地区经济社会发展水平相对滞后的一面，还应该看到边疆地区有包括民族文化多样性在内的多种优势的另一面。随着改革开放的深入发展，许多边疆地区将成为我国经济社会发展新亮点的富集地；三是要“去危险化”。尽管个别边疆地区成为恐怖事件多发地，但恐怖主义威胁已经不局限于边疆地区，已经没有地域界限。如果社会上多数人都把边疆地区视为不安全地区，那一定会导致刺激边疆地区危险因素增加的后果；四是要“去边缘化”。不因边疆地区人口相对较少等因素，使边疆地区在基础设施建设及医疗、教育、社会保障等公共服务方面得不到足够重视，影响边疆地区公共服务均等化；五是要“去极端化”。不能因为个别边疆地区是暴力恐怖事件多发地而对边疆地区的群众采取特殊安全检查及产生宾馆拒住、出租车拒载等极端行为。总之，为了实现国家善治目标，我们应该以科学的态度和更加积极的心态认识和对待边疆，深入研究实现边疆善治的举措，科学审视关涉边疆治理的各种行为。

第二，提高认识。我国面积辽阔，陆地边境线长达两万多公里。边疆地区是我国自然资源相对富集地区、生态功能特殊重要地区、保护文化多样性重点地区、贫困人口相对集中地区、睦邻友邻周边外交的前沿地区。国际地缘政治格局的深刻变革及国内全面深化改革的新任务、新理念、新思路和新要求，促使我们不能不重新认识边疆地区在国家发展大局中的地位和作用：一是从实现“两个一百年”奋斗目标、实现中华民族伟大复兴中国梦的角度看，边疆地区丰富的自然资源无疑是最重要的基础条件和保障。我们应当着眼于中华民族永续发展，进一步提高珍惜各种资源的意识，加强对边疆地区资源开发的监管，提高各种资源利用效率。更加注重边疆地区环境保护与建设，提高认识，加大投入，加强监管，使事关中华民族整体和长远利益的边疆地区生态环境得到有效保护。二是从实现全面建成小康社会奋斗目标角度看，边疆地区不仅集中了全国大部分贫困人口，而且在基础设施建设、社会建设以及城镇化水平等方面也与发达地区存在较大差距。虽然全面建成小康社会并不等于同步建成小康社会和实现同一水平的小康社会，但边疆地区与发达地区的基础设施、社会公共服务水平不能有太大差距。如果不解决好这个问题，短期看会影响小康社会目标实现质量，长期看会影响民族凝聚力。三是从建设丝绸之路经济带、拓宽拉动经济发展的国际空间角度看，充分发挥边疆地区天然的通道和桥梁作用十分重要。边疆地区有30多个民族与国外同一民族毗邻而居，并且在经济社会发展方面互动性强，充分发挥边疆地区的自然与人文资源优势，充分调动边疆地区各族群众的积极性创造性尤为重要。四是从实现以友邻睦邻为优先目标外交任务角度看，边疆地区基于特殊地理与人文特点的服务功能和窗口作用更加凸显。五是从确保国家安全角度看，加快边疆地区发展，不断提高各民族群众的生活水平，增强各民族群众对伟大祖国的自豪感，是有效抵御渗透破坏活动的治本之策。总之，边疆地区在中国特色社会主义建设整体事业中的地位在不断上升，我们要把对做好边疆地区各项工作重要性的认识统一到中央的要求上来，形成全社会以更加积极的姿态支持和帮助边疆地区加快发展的良好氛围。

第三，明确目标。目标决定思路和政策。现阶段边疆治理的目标应当是，充分发挥好边疆地区在统筹国际和国内两个大局中的服务功能，实现边疆地区在国内和国际两个平台上的和谐发展。从经济建设上看，要走有中国特色、边疆地区特点的发展路子。我国边疆辽阔，同为边疆地区，西北、东北、西南边疆地区无论在资源、区位和人文等方面的情况不尽相同，这就决定了边疆地区经济建设不可能有统一模式。因此，我们既不能将内地的发展模式置于边疆地区，也不能将这一边疆地区的模式置于另一边疆地区。当前要立足增强边疆地区自我发展能力，重点扶持边疆地区加快基础设施建设，既要重视打通边疆地区对外联系的“大通道”，也要重视保证边疆地区与“大通道”联系的“静脉”与“毛细血管”畅通。要以更加有力的举措扶持边疆地区发展优势产业，提高边疆地区经济竞争力；从政治建设上看，要着眼于充分发挥民族区域自治制度的优越性，将这一制度的优越性最大限度转化为加快边疆发展的综合动力；从文化建设上看，要着眼于提高边疆地区文化的影响力，统筹考虑边疆地区文化建设的中长期任务。特别要重视各民族优秀传统文化的保护、传承和开发利用，提高边疆地区各民族文化在国内和国际舞台上应有的影响力，确保边疆地区文化魅力长盛不衰；从社会建设上看，要立足于提高边疆地区的教育、医疗、社会保障水平，确保各民族共享改革发展成果，进一步加大投入，促使边疆地区社会建设迈上一个大的新台阶；从生态环境建设上看，要把边疆地区生态保护置于更加突出位置，充分发挥边疆地区生态在统筹两个大局中的特殊功能。总之，新形势下边疆治理的目标应该是确保边疆地区成为经济发展、文化昌盛、生态良好、环境优美、社会和谐、人民幸福之地，成为展示中国特色社会主义优越性的大平台。

当前，全面提升边疆治理水平正面临难得机遇。我们应该在深入学习习近平总书记系列重要讲话精神、中共十八届三中和四中全会精神、中央民族工作会议精神的基础上，以更加宽阔的眼光看待边疆治理，以更加积极的态度对待边疆治理，以更加饱满的热情投入边疆治理，以更加有力的举措推进边疆治理，切实转变治理观念，进一步理清治理思路，进一步完善治理体制机制，最大限度凝聚正能量，实现边疆治理的系统化、法治化、协同化和科学化。

吉尔吉斯斯坦代表
拉伊厄姆别科夫的发言

拉伊厄姆别科夫（Raiymbekov Bagyshbek）

（吉尔吉斯国家地方自治和民族关系署民族关系局局长）

尊敬的各位学者，我代表吉尔吉斯斯坦国家地方自治和民族关系署来做一个简短的发言。

在本次论坛上，来自各个国家的学者进行了激烈的讨论，发表了各自的观点，我们非常高兴能够听到各种不同的声音。尊敬的哈萨克斯坦的吐尔逊·朱尔特拜先生做的关于哈萨克斯坦民族问题的发言也给了我们很多的启示。

我昨天从乌鲁木齐过境到北京。新疆有很多柯尔克孜族，跟我们吉尔吉斯斯坦有着共同的渊源。现在很多柯尔克孜族人在吉尔吉斯斯坦工作，无论从我的工作经验看，还是从我读到的很多柯尔克孜族的文献看，我们可以说这些人不光是为了追求经济利益而来的移民，在这个过程当中他们也促进了两国文化的交流。

吉尔吉斯斯坦和中国本来就有很深厚的文化交流，有着很深的文化渊源。大家都知道，历史上丝绸之路对于吉尔吉斯斯坦来讲也是一个非常重要的文化现象和经济现象。当时从古中国把很多丝绸和瓷器，还有其他的一些物品运到吉尔吉斯斯坦，在这个过程当中吉尔吉斯斯坦也得到了相当大的发展。现在我们看到出现了在原来古代所有基础上继续发展的需求，显然不只是从经济层面上。在这次论坛上我听到了很多中国学者、专家对新的丝绸之路概念的阐述，他们赋予了新的丝绸之路不只是经济意义，还有很多文化意义，甚至把文化，把地区发展作为新丝绸之路发展的一个中心。

我很庆幸能够有“新丝路”这样一个概念，让我们这些古丝绸之路沿线的国家重新结合在一起，因此这次国家民委主办这样的论坛意义重大。前苏联的各个加盟共和国、五个中亚国家都有像国家民委这样的组织。通过新的丝绸之路，我相信在这样的组织之间的合作会更加紧密。我觉得新丝绸之路概念的提出会使得中亚地区的国家得到进一步的发展，因为我们知道苏联解体之后中亚五国经历过一段非常困难的时期，现在我们也意识到我们需要新的契机来发展自己。

因此，亲爱的各位朋友，我也想说，在这次会议上我们提出了很多很好的建议和观点，我们应该努力去实践这些观点，使它们能够变成现实。下一步我们还需要举行一些活动，类似于这样的论坛我觉得应该每年都召开，我们也会再想一些这样的方式来进行合作，谢谢大家！

用丝路共享理念引导参与式发展

——青觉副校长致闭幕辞

青　觉

（中央民族大学副校长、教授）

尊敬的周明甫主任、倖兰司长、赵曙清所长，尊敬的各位嘉宾和同行同事：

中央民族大学和国家民委国际司联合举办的“边疆发展中国论坛2014”进程两天，参会91人，代表了9国37个机构：其中外宾15人代表8国11个机构；内宾76人代表26个机构。国内外发言专家35人，主持评议16人，共计51人，听众超过百人。

论坛听取了周明甫主任、郝时远研究员、汪晖教授和伊朗专家阿瓦尼教授主旨演说，听取并讨论了50名学者关于新丝路建设的见解和建议。论坛进程紧张热烈气氛和谐，初步达到预期效果。我代表中央民族大学对论坛的成果表示祝贺！对各位的知识贡献表示感谢！同时就论坛成果做出四点总结。希望这能成为我们今后开展合作研究的共识基础：

第一，我们认识到：本届论坛在全球多国领导人频密举行中国北京APEC、缅甸内比都东盟和澳大利亚布里斯班G20三个峰会之后举办。它及时反映了各国各地各民族通过重建丝绸之路网络振兴全球经济、创新发展方式、提升治理能力和公平性的时代精神和问题意识。

第二，我们认识到：丝绸之路不仅是贸易交流线，还是联接欧亚大陆和全球各地各民族的庞大文化网络。它既有主线支线又有沿途的网眼节点。其中的每个网眼和节点都既是多民族共生的文化生态家园，又是各民族进行跨界交流的纽带、桥梁和中继站。沿线各民族各有能力，各有使命，各有主体agency发展需求，因而都是新丝绸之路的建设者、治理者、成果分享者、利益相关方和平等参与者。

第三，我们认识到：各国政府和领导人关于重建丝绸之路经济带的创意和顶层设计固然重要，但沿线各地各民族的文化生态智慧和底层创新传统同样重要。两者具有兼容互补的关系。就像电脑的新系统对于原有系统只能兼容套装而不能排斥替代。本次论坛的主旨“新丝路·新思路”（New Silk Road，New Way of Thinking）和三个关键词即“平等、共享、多样性”（Diversity，Equity，Commonwealth），能够呈现丝路沿线的民族、语言、宗教景观地貌、自然生态和居民心态，能够体现“以人为本的参与式发展”和“讲信修睦的公平制度建设”的必要性，因而值得倡导推广。中国的民族区域自治基本政治制度，就是这种新发展观的良好体现形式之一。

第四，我们认识到：由于本次论坛筹备时间很短且是首次采用多国合作方式，因而在接待和成果展示方面仍有很多地方未能尽如人意。但它毕竟回应了时代需求，做出了良好开端。我们因而要向各位领导嘉宾、专家学者和同行同事表示感谢和祝贺，同时要向筹备和支持这次论坛的老师和研究生同学表示由衷感谢。

各位领导和嘉宾，各位同行同事和同学，这次论坛在2014年的年终岁尾举办。论坛结束后，各位回家就要准备辞旧迎新，享受圣诞节、冬至节和新年的节期假期。现在请允许我代表中央民族大学的全体师生，向各位与会者预祝新年快乐。同时再向各位拜托一件大事，请各位在享受节假日的同时抓紧修改论文并寄回定稿，支持我们尽快编出文集，好让今后的论坛更上一层楼。最后祝福各位嘉宾和同行同学同事来年更加吉祥！

谢谢！

后　记

2014年12月8至9日，由国家民族事务委员会国际交流司和中央民族大学联合主办，中央民族大学中国少数民族研究中心（教育部人文社会科学重点研究基地）、世界民族学人类学研究中心、国际合作处、科研处和期刊社联合承办的“边疆发展中国论坛2014·新丝路 新思路”国际学术研讨会在京举行。全国政协民族和宗教委员会原副主任周明甫、国务院发展研究中心民族发展研究所所长赵曙清、国家民委国际交流司司长倖兰、中国社会科学院秘书长郝时远、中央民族大学副校长宋敏、青觉、邹吉忠等出席会议。来自俄罗斯驻华大使馆、吉尔吉斯斯坦地方自治与民族关系署、塔吉克斯坦国家统一与复兴运动委员会、乌兹别克斯坦对外友好协会、哈萨克斯坦欧亚大学、日本大阪大学、匈牙利东方语言学校、伊朗世界伊斯兰哲学研究所、英国纽卡斯尔大学和埃克斯特大学等9个国家11个机构的15位国际代表和中国社会科学院、新疆社会科学院、宁夏社会科学院、吉林省民族宗教研究中心、中共中央党校、中央编译局、北京大学、清华大学、中国人民大学、中央民族大学、内蒙古大学、宁夏大学、兰州大学、云南大学、贵州大学、四川大学、广西民族大学等国内26家教学研究机构的76名专家学者参会。35位中外代表在会上宣读了论文。

“边疆发展中国论坛”是教育部社会科学司、国家民委教育科技司、国务院发展研究中心民族发展研究所和中央民族大学在2010年共同发起和打造的边疆民族发展和民族宗教治理学术交流创新平台，每逢双年开办。论坛2010和2012分别研讨过“发展方式变革与机制创新”“百年中国边疆民族宗教治理的经验回顾与现实思考”等主题并出版论文集。本届论坛的主题是“新丝路·新思路”，旨在围绕陆海两条丝绸之路经济带建设及其对中国边疆民族宗教事务治理的创新需求，邀请国内外多学科专家学者和相关领域的政府官员，围绕“平等、共享、多样性”等专题，交流分享中国西部、周边国家地区乃至西亚和中东欧的历史地理和民族文化地貌、经济发展和社会治理方面的研究成果，努力推进相关学科领域的理论创新和相关地区的经验交流。

本届论坛分为主旨演讲和专题研讨两大部分。全国政协民族宗教委员会原副主任周明甫先生、中国社会科学院学部委员郝时远研究员、伊朗世界伊斯兰哲学研究所前所长阿瓦尼（Gholamreza Aavane）教授、清华大学人文学院汪晖教授分别作了题为“用和平发展理念引领新丝路研究”“新丝路建设与多民族优势”“作为全球化时代对话新方式的新丝绸之路（The New Silk Road as a New Way of Dialogue in the Global Age）”“大陆—海洋与亚欧的区域化”的主旨发言。专题研讨随之按照“观念与范式”“文化与社会”“现实与治理”三个方面八个主题展开，并取得如下共识理念。

一、探讨了“边疆”和“去边疆”概念、边疆理论和研究范式的转变。与会专家认为，“边疆”概念随着当今全球政治“碎片化”不再具有理论有效性，中国的新丝路战略以欧亚大陆的地理联系为基础，能够为当今“碎片化”的全球政治途径提供新的普遍意义的政治想象；而理解边疆的性质、改变对边疆的态度，能够实现这些地区亟需的政策修正，避免以“进步”名义而进行的强制文化同化，保持边疆的特色和应有的特性。

二、以匈牙利税务与海关总局和东方语言学校促进旅匈华人融入匈牙利社会、加拿大多元文化主义背景下的语言和教育政策、乌兹别克斯坦的包容性政策与族际关系、20 世纪 20—30 年代中亚地区民族—国家划界、作为海上丝绸之路移民的菲律宾和马来西亚华人等案例说明，多元文化主义和文化的多样性应是实现平等、稳定、和平的必由之路，而且能够使各民族互相融合，互相给予营养。

三、从内陆欧亚/西域的概念内涵入手，以中国北方民族的主体性、作为中国内陆边疆的东北的特殊性、作为多元生成文化区的新疆的地缘基础、源流、成因与结构路径，以及“古苗疆走廊”对于连接中国与东南亚和印度的独特作用为参考，探讨了现代民族国家建设思路下以及自上而下的国家治理的导向下，边疆—民族地区的历史书写所提出的根本性挑战，其本质是深层历史观危机和困境。

四、以哈萨克斯坦民间神话中的“生命之树”以及中国北方各民族民俗生活中至今存在的萨满信仰和仪式为案例说明，宗教对当代人理解其他民族的文化传统，对于不同民族文化传统的传承发展，对于展示世界文化多样性极其重要；而境外基督教在中国吉林省的传播活动，中缅交界地带佛教、基督教、天主教和当地各民族原始宗教互动交融，则展示了宗教对于孕育丰富多彩兼具地域与民族特色的地区文化的重要性。宗教也同其他文化事项一样，与时俱进不断实现再生产。

五、突厥民族文化因与丝路沿线国家具有血缘、人缘、语缘、教缘等联系，在新思路战略中可以发挥重要的桥梁和纽带作用，因而合理运用突厥民族文化的影响力是综合的文化发展工程，需要制定适应丝路沿线各国居民文化心理、文化需求和文化市场的文化发展战略。

六、“丝绸之路经济带战略”是一种经济向外拓展延伸的新努力，其所必然带动的新的问题意识需要引起关注，包括：在多个不同民族各有优势的文化区域，如何在不断累积的相互嵌入式的民族关系复杂网络中再添加上民族互动的新方式并能实现各民族的真正发展？如何激发和理解各种经济互惠的新模式？政治上如何化解因丝路经济带战略而可能带来的文化、宗教和民族冲突，即异质性多元共生的区域如何协同各方努力共同致力于促进和谐？

七、面对“丝绸之路经济带”战略可能引发的国际问题，与会学者指出这一新战略对国内民族宗教问题的解决将会形成倒逼机制。“丝绸之路经济带”战略对西部地区特别是新疆无疑是一个机遇，但同时要求国家和地方各级政府在新疆问题解决上必须提出更符合国家整体和长远利益和有战略眼光的新思路，避免推出有违国际社会共识或相关国际公约的地方性政策。

八、在国内边疆民族宗教治理方面，学者指出：由于人们对边疆历史和现实认识不足、甚至是偏误的理解，致使当前国内存在着对边疆的浪漫主义想像和开发维稳的宏论这样两种话语；历史上既有中央王朝在南方丝绸之路拓展中采取“同一化”策略引起文化冲突的案例，也有顺应因民族结构、历史渊源、人文背景、自然环境差异而实行因俗而治、取得成功的案例，说明审视当今新思路建设中兼容他者观处理丝路沿线各民族关系和国际关系的重要性。一些学者还以藏区为例提出通过双语教育促进国家认同和传承民族文化、以蒙古族姓名为例提出规范使用非汉民族公民姓名、以贵州为例提出“认同体系建设”推进民族社会工作的建议。

本次论坛通过主旨发言、专题研讨，国内外政学两界进行了开放式且富有成效的交流，促进了中国与丝路沿线国家的互动，增进了彼此友谊，对凝结共识、创新理念，为新丝路建设提供智力支持具有积极意义。中国少数民族研究中心据此确认，在边疆民族领域政治改革和制度建设急需启动但各方力量相持的背景下，“深入开展民族团结进步教育”，推动中国民族团结进步百年行动，乃是中国民族领域、中央民族大学和本论坛今后的努力方向。

“靡不有初，鲜克有终”。当今中国，广义的边疆民族领域学术论坛数以百计，个个需要相对稳定的研究机构实体维护才能持续运行。中央民族大学这个论坛能坚持到今天，首先要感谢教育部人文社会科学重点研究基地计划创建的中国少数民族研究中心。其次要感谢为论坛创建维护付出了心血的各位前辈学者、历任领导和同仁同学。

明年金秋又是论坛2016召开之日，我们初步推荐主题为“民族团结进步行动：理念、目标、内容和制度保障”。欢迎大家着手准备以文会友。预祝民族研究领域在2016年更辉煌！

中国少数民族研究中心　张海洋　丁娥　刘岩

2015年11月